Interaktivität

Interaktiva

Schriftenreihe des Zentrums für Medien und Interaktivität (ZMI), Gießen

Herausgegeben von Christoph Bieber, Claus Leggewie und Henning Lobin

Christoph Bieber, Dr. rer. soc., ist wissenschaftlicher Assistent am Institut für Politikwissenschaft der Universität Gießen und dort am Zentrum für Medien und Interaktivität (ZMI) tätig. *Claus Leggewie* ist Professor für Politikwissenschaft in Gießen und Direktor des ZMI (www.zmi.uni-giessen.de).

Christoph Bieber, Claus Leggewie (Hg.)

Interaktivität

Ein transdisziplinärer Schlüsselbegriff

Campus Verlag
Frankfurt/New York

Bibliografische Information der Deutschen Bibliothek
Die Deutsche Bibliothek verzeichnet diese Publikation in der Deutschen Nationalbibliografie.
Detaillierte bibliografische Daten sind im Internet über http://dnb.ddb.de abrufbar.
ISBN 3-593-37603-2

Das Werk einschließlich aller seiner Teile ist urheberrechtlich geschützt. Jede Verwertung ist ohne
Zustimmung des Verlags unzulässig. Das gilt insbesondere für Vervielfältigungen, Übersetzungen,
Mikroverfilmungen und die Einspeicherung und Verarbeitung in elektronischen Systemen.
Copyright © 2004 Campus Verlag GmbH, Frankfurt/Main
Druck und Bindung: KM-Druck, Groß-Umstadt
Gedruckt auf säurefreiem und chlorfrei gebleichtem Papier.
Printed in Germany

Besuchen Sie uns im Internet: www.campus.de

Inhalt

Definitionen und Grundlagen

Interaktivität – Soziale Emergenzen im Cyberspace? 7
Claus Leggewie, Christoph Bieber

Skalenfreie Netze 15
Albert-László Barabási, Eric Bonabeau

Verknüpfungskulturen – Die Dynamik des Internet und seiner Vorläufer 28
Diedrich Diederichsen

Die Gesellschaft im *Ad-hoc*-Modus – dezentral, selbst organisiert, mobil 41
Armin Medosch

Der Computer als Medium und Maschine 67
Elena Esposito

Wie interaktiv sind Medien? 97
Lutz Goertz

Interaktivität und virtuelle Communities 118
Winfried Marotzki

Online-Interaktivität –
Ein hybrider Begriff für eine hybride Kommunikationsform 132
Hans-Jürgen Bucher

Ausprägungen und Anwendungen

Medialisierung und Interaktivität – das Beispiel Wissenschaft 168
Frank Marcinkowski, Andrea Schrott

Der Autor ist tot, es lebe der Autor – Autorschaften im Internet 190
Roberto Simanowski

Kollaboratives Schreiben 216
Rainer Kuhlen

Recht in interaktiven Umgebungen 240
Eike Richter

Sicherheit oder Freiheit im Internet? 257
Markus Möstl

Computerspiele sind nicht interaktiv 272
Mathias Mertens

Mausklick und *cookie* – Erweiterungen des Körpers im Datenraum 289
Arne Moritz

Cyberraum versus Theaterraum – Zur Dramatisierung abwesender Körper 308
Helga Finter

Redirecting the Net –
Theatrale Streifzüge zwischen Biotechnologie und Semiotik 317
Jens Heitjohann, Steffen Popp

Interaktive Plattformen – Ein Zwischenbericht 329
Zentrum für Medien und Interaktivität

Autorinnen und Autoren 346

Interaktivität – Soziale Emergenzen im Cyberspace?[1]

Claus Leggewie, Christoph Bieber

»Wir wissen sehr wenig darüber, was Interaktivität tatsächlich bedeutet. Die meisten Menschen, die etwas Interaktives beschreiben, beschreiben etwas, das meiner Meinung nach nicht gerade sehr interaktiv ist. Es ist im Grunde fast schon eine Beleidigung für das Wort. Ich weiß nicht genau, was interaktiv tatsächlich bedeutet, aber ich glaube, dass es ein Abenteuer ist, die tatsächliche Bedeutung herauszufinden.«

Jaron Lanier[2]

Interaktivität ist das Schlüsselwort der neuen Informations- und Kommunikationstechnologien, das ihre spezifische Differenz und den Vorsprung gegenüber den »alten« Print-, Ton und Bildmedien markieren soll. Die Verheißung war grenzenlos, die so genannte »Datenautobahn« wurde als *open frontier* des Informationszeitalters ausgegeben. Nicht nur die Metapher wirkt veraltet, heute muss man auch eher nach den Grenzen von Interaktivität fragen. Nicht alles, dem das Etikett anheftet, ist wirklich interaktiv. Aber, wie es der Schöpfer eines anderen Fang- oder Plastikwortes, *Virtual Reality*, im eingangs zitierten Motto ausführt: Was war mit dem *terminus technicus* eigentlich gemeint?

»Interaktivität« blieb so schillernd wie »Medien« in den Kulturwissenschaften, »Information« in der Informatik und »Interaktion« in der Soziologie. Als herausragendes Merkmal interaktiver Medien wurde ihre »Rückkanalfähigkeit« herausgestrichen, also eine technische Eigenschaft, und damit verbunden die Chance eines einfachen und kontinuierlichen Rollentausches zwischen den Sendern und Empfängern von Informationen. Anders gesagt: Die Teilnehmer eines Kommunikationsaktes behalten die Kontrolle über dessen technische Voraussetzungen, die Dauer und Taktung des Austauschs und ihre Möglichkeiten zum Rollenwechsel.

---

1 Der Beitrag basiert auf einem *Mission Statement*, das anlässlich der Konferenz »Grenzen der Interaktivität« (13. bis 15. November 2003) am Zentrum für Medien und Interaktivität (ZMI) der Justus-Liebig-Universität Gießen erarbeitet wurde.
2 In einem Gespräch mit der Zeitschrift *c't* im Jahr 1995 (Nr. 6/1995, S. 68).

Diese im persönlichen Gespräch (*face-to-face*) wie beim Telefonieren übliche Reziprozität und Responsivität machte weitere Unterscheidungen erforderlich: die zwischen Kommunikation und Interaktion, die zwischen Massenmedien und interaktiven Medien und nicht zuletzt die zwischen der Kommunikation von Menschen via Computer und der Kommunikation von Mensch und Maschine. Die erste Unterscheidung vermeidet eine »Übergriffigkeit« der Soziologie, die oft das gesamte soziale Geschehen als Kommunikation und/oder Interaktion deutet. Die zweite Unterscheidung soll verhindern, alle medialen Kommunikationen allein durch die Brille der (elektronischen) Massenmedien zu deuten. Und vor allem die dritte Unterscheidung kann die Spezifik der digitalen Medien genauer in den Blick fassen.

Wird somit Interaktivität genauer von sozialer Interaktion und technisierter Kommunikation unterschieden, lassen sich weit verbreitete Illusionen vermeiden: Das war zum einen die »sozial-romantische« Vorstellung, das Internet würde aus sich heraus »virtuelle Gemeinschaften« schaffen, zum anderen war es die Anmutung der Mensch-Maschine-Kommunikation als sozialer Interaktion. Dazu gehören seit Georg Simmel personale Anwesenheit und Intersubjektivität, und programmatisch formuliert wurde dieses Modell einer Sinn stiftenden Beziehung zwischen *ego* und *alter* im symbolischen Interaktionismus, aber auch die Luhmann-Schule definiert Interaktionssysteme als Kommunikation unter Anwesenden. Technische Vorkehrungen werden dabei kaum reflektiert, in einem Raum, in dem sich alle sehen und hören, benötigt man nicht einmal ein Fernglas oder eine »Flüstertüte«

Welche Rolle spielen aber technische Vorkehrungen bei Interaktion und Kommunikation? Im Englischen wird schon das Betätigen eines Videorecorders oder die Fernbedienung eines TV-Geräts häufig als *interaction* bezeichnet, dabei sollte man in solchen Fällen lieber vom Beginn mehrstufiger Online-Transaktionen sprechen. Diese wachsen mittlerweile explosionsartig an und entwickeln im Ensemble alltäglicher Austauschprozesse eine »kritische Masse«. Das Shopping im Netz, die Teilnahme an Auktionen und das *Home-Banking*, auch virtueller Behördenverkehr sind heute für viele Routine geworden und rechnet man die Vertrautheit heutiger Jugendlicher mit Neuen Medien hoch, wird das »Netzwerk der Netzwerke« als Arena des sozialen Alltags bald ebenso selbstverständlich sein wie andere Formen der Telekommunikation.

Aber wie genau »interagieren« eigentlich Menschen via Computernetzwerk miteinander, wie mit Computern? Das eine geht nicht ohne das andere, beides kann aber heuristisch getrennt werden: Als Medien der Kommunikation erlauben vernetzte Computer synchrone und vor allem diachrone Verständigung unter Abwesenden, doch im Unterschied zu Ferngesprächen können sich jetzt große Gruppen und ausgedehnte Netzwerke in wechselnden Arrangements und Richtungen (*one-to-one, one-to-many, many-to-many*) gleichzeitig oder zeitversetzt austauschen. Und im Unterschied zur herkömmlichen Massenkommunikation animieren interaktive Medien auch diejenigen, die in bisherigen massenmedialen Konstellationen als passive Leser, Zuhörer und Zuschauer positioniert waren. Sicher war Medienrezeption niemals bloß unbeteiligte Aufnahme von Information, gerade das intensive Lesen eines Buches kann höchste Anteilnahme erzeugen und im Lesezirkel oder Literaturkränzchen auch zur sozialen Praxis werden. Doch ist es keine leere Phrase, dass sich in der Netzkommunikation die Hierarchie zwischen Sender und Empfänger (respektive Produzenten und Rezipienten von Information) abflacht und zu einer symmetrischen Wechselwirkung tendiert, die »Nutzer« also erheblich mehr Wahl- und Kontrollmöglichkeiten besitzen als in »herkömmlichen« Medienumgebungen. Hierbei kommen drei miteinander verbundene Faktoren in Betracht: *die technische Apparatur, das Setting der Kommunikation und die psychische Struktur der Beteiligten.* Die Technik bestimmt Geschwindigkeit, Reichweite, Flexibilität und sensorische Komplexität der Kommunikation. Das Setting ist bestimmt durch soziale Präsenz bzw. Abwesenheit und wechselseitige Bezugnahme von ausgetauschten Informationen oder Botschaften, die so genannte *third-order-dependency* (Sheizaf Rafaeli). Der Wahrnehmungsaspekt betrifft die subjektiven Wahrnehmungen von Technik und *Setting*, die Telepräsenz und die Simulation von Nähe zunehmend bewusst machen und inkorporieren.

Pseudo-interaktive Anwendungen spiegeln solcherlei nur vor: Das meiste, was als »interaktives Fernsehen« angepriesen wird oder unter dem Banner »interaktiver Kunst« läuft, reduziert sich auf die begrenzte Auswahl aus einem starren Menü, erst in zweiter Linie sind minimale inhaltliche Eingriffe in das Medienangebot möglich, etwa bei der »Mitbestimmung« über den Ausgang eines Kriminalfilms, die nicht als »interaktiv« bezeichnet werden sollte. »Echte« Interaktivität verlangt mehr: Sie erfordert Einfluss auf Inhalt und Form, auf Ablauf und Dauer einer Kommunikation – und das heißt letztlich: die aktive De- und Reprogrammierung des »Programms« sowie die offene und autonome Mitgestaltung der Netzwerkarchitektur. »Es liegt in der Natur der Sache, dass das Gegenüber, mit dem Sie interaktiv sind, sich gleichzeitig mit Ihnen ändert«, tastete sich Lanier voran, und wir können unterstellen, dass das »Gegenüber« auch die Maschine sein kann.

Derart anspruchsvolle Arrangements wie »interaktive Spiele« oder »interaktive Demokratie« müssen sich immer wieder mit dem Vorwurf auseinandersetzen, sie seien nicht nach dem Geschmack des Massenpublikums und würden dieses überfordern. Das verwechselt die neuen Medien freilich wieder mit den alten Massenmedien: An konventioneller Massenkommunikation nimmt man eben nicht teil, um personal zu interagieren, sondern um mit Unbekannten auf einem als gemeinsam angenommenen Informationsniveau verkehren zu können. Das heißt: Massenmedien sorgen für die Fiktion einer einheitlichen und allen zugänglichen Konstruktion von Wirklichkeit. Genau das müssen neue Kommunikationstechnologien nicht tun, auch wenn sie es durchaus (simulieren) können. Genau in diesem Sinne haben kommerzielle wie öffentlich-rechtliche Betreiber sie als weiteren Kanal für zentrale Mitteilungen an viele Empfänger missbraucht.

Wer die Trägheit des Massenpublikums herausstreicht oder den oft allzu propagandistisch eingesetzten Aktivierungsimperativ der Medien ironisch-subversiv mit »Interpassivität« kontert, übersieht leicht die Phänomene tatsächlicher Gemeinschaftsbildung im Cyberspace. Oft sind sie so flüchtig wie die zuletzt für Aufsehen sorgenden *flash mobs*. Solche spontan aus dem Netz rekrutierten Versammlungen interessieren nicht nur im Hinblick auf die Anschluss-Kommunikationen unter ephemeren Gesinnungsgenossen, auch nicht allein wegen der gewöhnlich hohen »Interaktionshaltigkeit« von Netz-Agenden, die häufig kollektive Güter ausloben und auf breite Mobilisierung setzen. Relevant sind sie vielmehr vor allem als Ausdrucksformen individualisierter Massenkommunikation, die offenbar im Trend des langfristigen Wandels von Werten und Mentalitäten, Weltbildern und Kooperationsformen liegt und eine eigene Ordnung kommunikativen Handelns zu schaffen beginnt. Auch die Kommunikations- und Unterhaltungsbranche stellt sich darauf mit der Bereitstellung digitaler, interaktiver Medienumgebungen mit Endgeräten für ein persönliches, mobiles und multimediales Kommunikationsverhalten ein.

Mit solchen Netzanwendungen, die von den ursprünglichen Internet-Visionen und -*Hypes* oft weit entfernt liegen, ist ein Handlungsfeld zwischen Massen- und Individualkommunikation entstanden, die sich an ein diffuses Gegenüber wendet oder, soziologisch gesprochen: eine Variation des »generalisierten Anderen« (G.H. Mead) adressiert. Der Unterschied zwischen sozialer Interaktion und Interaktivität unter Abwesenden wird damit nicht aufgehoben, aber die Grenze wird durchlässiger. Die physische Kopräsenz anderer, mit denen man sich an einem gegebenen Ort zu einer gegebenen Zeit verbal und non-verbal austauscht, wird durch einen personalisierten und nicht-anonymen Austausch mittels Computern unterstützt, ohne dass man diesen Emergenzen von Sozialität noch mit den herkömmlichen Begriffen von Nähe, Identität und Gemeinschaft beikommt. Man kann die betreffenden Vorgänge aber durchaus als soziales Handeln einordnen, wenn sich auf dieser medialen Grundlage *Newsgroups* und *Netizens*, Spieler und *Chat*-Zirkel vergemeinschaften.

Die multimediale Konfiguration des Internet, die alles vom intimen Zwiegespräch bis zur globalen Massenwurfsendung inkorporiert, unterstützt diese Formen parasozialer Interaktion wohl mehr als das Multimediaspektakel, mit dem diverse »Programmgestalter« im Netz die Massen auf althergebrachte Weise unterhalten wollen. Diese Beobachtung führt zu der Frage, ob jenseits oder auch mit der Übermittlungsfunktion des Computers zugleich kreative Intelligenz an die Maschine delegiert wird. Als Beispiel sei hier angeführt, dass man derzeit über eine »artifizielle Moral« nachdenkt, und das heißt: die computergestützte Simulation ethischer Dilemmata, was natürlich die Frage nach der »Verantwortlichkeit« der Maschine aufwirft. In ähnlicher Richtung werden neuerdings Versuche unternommen, die allfälligen Defizite der Friedenssicherung durch künstliche Intelligenz zu kompensieren. Die beiden Beispiele zeigen schon, dass das Faszinosum computervermittelter Kommunikation für viele Anwender weniger darin besteht, Kontakte zu anderen menschlichen Wesen zu erleichtern, sondern Information in einer Weise zu verarbeiten, die den Computer in bestimmter Weise »autorisiert« und die Benutzer in eine parasoziale Interaktion und Kooperation mit ihm versetzt. Was man heute beim Online-Shopping geboten bekommt, wenn einem auf der Grundlage einer Verknüpfung zuletzt getätigter (eigener wie fremder) Kaufakte oder Recherche-Pfade durchaus nicht nur banale Empfehlungen gegeben werden, sondern man latente Vorlieben und mögliche Ergänzungen gespiegelt bekommt, ist nur ein Vorspiel künftiger Möglichkeiten.

Interaktivität erschöpft sich also beileibe nicht darin, dass man mit seinem PC spricht und den Bildschirm anflucht oder umschmeichelt, »ihm« (oder »ihr«) also eine Aura des Persönlichen verleiht. Die Rezeptionsforschung zeigt, dass die Mensch-Maschine-Kommunikation, exemplarisch bei Computerspielen, quasi-dialogisch angelegt ist und dabei in mannigfache soziale Kontexte eingebettet ist. Das wortreich beklagte Fehlen von Medienkompetenz scheint weniger in der Auslieferung des Humanen an tote Apparate (mit der Folge von sozialer Vereinsamung und Informationsüberflutung) zu liegen als in der Weigerung, diese »Untoten« als intelligente Agenten einzusetzen und tätig werden zu lassen. »Soziales« emergiert, auch wenn sich das Handeln nicht auf einen anderen Akteur bezieht und Reflexivität nur virtuell gegeben ist. Darin könnte ein Äquivalent bzw. eine Variante dessen liegen, was der Ethnomethodologe Harold Garfinkel im Blick auf mikrosoziale Interaktion das »gemeinsame Hintergrundwissen« genannt hat. Wie sich das vollzieht, ist auch nach zwei Jahrzehnten rasant verbreiteter »Interaktivität« immer noch ein Forschungsprogramm. Bisherige Ergebnisse legen nahe, Interaktivität als technisch-soziale Beziehung *sui generis* anzusehen, die vielleicht nicht den Rang so ehrwürdiger Kulturtechniken wie Kommunikation und Interaktion einnimmt, aber gleichwohl der Vertiefung bedarf. »Interaktivitätsstudien« gibt es freilich bisher kaum, und die herkömmliche, nur wenig auf digitale Medien eingestellte Kommunikationswissenschaft bearbeitet das weite Feld aus enger, disziplinärer Sicht. Auffällig ist die internationale Konjunktur des auf seltsame Weise aufgeklärt-ungeklärten Begriffs der Interaktivität – *Interactivity, Interactivité* und *Interactividad* ist in den etablierten Sprachräumen keineswegs eine unbekannte Vokabel. Bereits eine flüchtige Tour durch die internationalen Wissensfabriken fördert schnell ähnliche Verarbeitungsmuster zutage – das Thema fristet weltweit ein zwar lebendiges, aber doch randständiges Dasein zwischen den Lehrstühlen der Informatik und Informationswissenschaft, den Kommunikations- und Medienwissenschaften, den Zentren für Design- und Multimedia-Entwicklung und nur gelegentlich den Gesellschafts- und Geisteswissenschaftlichen Fakultäten. Dass auch die Natur- und Technikwissenschaften ein nur zu berechtigtes Interesse an den Untiefen des Interaktivitätsbegriffs haben sollten, zeigen mehrere in diesem Band versammelte Beiträge. Szenarien von Interaktivität entstehen offenbar gerade dort besonders intensiv und nachhaltig, wo sich kommunikative Arrangements entfalten, die zwar hauptsächlich von menschlichen Kommunikateuren gespeist, dabei aber auf maschinelle Routinen und Strukturen nicht verzichten können oder wollen.

In einer interdisziplinären Perspektive, die die je spezifischen Schwerpunkte möglicher Annäherungen an das Phänomen »Interaktivität« zu integrieren sucht, lassen sich mehrere Dimensionen interaktiver Medienkommunikation unterscheiden und an aktuellen Anwendungen in der Arbeits- und Lebenswelt heutiger »Netzwerkgesellschaften« untersuchen. Vier davon dienten der Strukturierung der Beiträge zur Konferenz »Grenzen der Interaktivität« vom November 2003 am Zentrum für Medien und Interaktivität an der Justus-Liebig-Universität Gießen: *Technik, Verfahren, Inhalte* und *Nutzer*.

Für die Konzeption des vorliegenden Bandes wurde auf eine ähnlich rigide Kategorisierung der Beiträge verzichtet – diese heuristischen Klärungsversuche mögen sich sehr gut zur Sequenzierung einer mehrtägigen *face-to-face*-Veranstaltung eignen, als Strukturelemente für eine Textsammlung, die bei jeglichem Lesezugriff neu geordnet, strukturiert und genutzt werden kann (und soll), wären sie ein zu enges Korsett gewesen. Die Mischform des vorliegenden Bandes, der zum einen aus Konferenzbeiträgen hervorgegangene Texte dokumentiert, zum anderen begriffsbildende und -bestimmende Überlegungen versammelt, legte schließlich eine Zweiteilung in einen stärker »definitorisch-theoretischen« und einen eher »empirisch-praktischen« Abschnitt nahe. Gleichwohl weisen zahlreiche Texte ähnlich gelagerte Strukturierungs- und Dimensionierungsversuche auf, wobei sich tendenziell jedoch eine »Dreiteilung« des Interaktivitätsbegriffs durchgesetzt zu haben scheint. Unbenommen scheint die Bedeutung technischer Rahmensetzungen (in einigen Beiträgen als *features* bezeichnet) zu sein, ebenso muss ganz offensichtlich die Nutzer- oder Rezeptionsebene berücksichtigt werden (*user, perception*). Einen dritten Bereich bilden Inhalte und Inhaltsstrukturen (*content*), die in unterschiedlichen Komplexitätsstufen systematisiert werden können.

Die Frage nach dem »Wesen der Interaktivität« kann und will auch der vorliegende Band nicht beantworten – allerdings ermöglicht er unter diesem Dach die Verbindung von Fragen aus Informatik und Computerlinguistik, zu Medien- und Urheberrecht, zur Demokratietheorie oder dem »Kulturraum Internet«. Zugleich werden Verbindungen hergestellt zu konkreten, fallorientierten Herausforderungen wie *open source, digital divide* oder einem neuartigen *right to communicate*. Phänomene wie »kollektive Autorschaften«, der Wandel des Eigentumsbegriffs oder die Entgrenzung öffentlicher Kommunikationsräume und deren (Neu-)Ordnung erscheinen dabei nicht allein als Ausprägungen einer virtuellen Diskussion um Meinungs- und Redefreiheit. Auch die Irritationen oder Grenzen der Interaktivität, beispielsweise in Form von Informationsmüll, permanenter Datenspurensuche und ubiquitärer Ausforschung können nicht allein als »Sicherheitsproblem« deklariert werden. Vielmehr verweist die Vielzahl der offenen Fragen und deren vielfache Verbindungen untereinander auf einen tatsächlich *transdisziplinären* Charakter von Interaktivität.

Die sich aufdrängende Beobachtung, dass die Herstellung und Übermittlung von Botschaften in den Kommunikationsräumen der Neuen Medien anderen Gesetzmäßigkeiten folgt als in den klassischen Öffentlichkeiten massenmedialen Zuschnitts, dass sich die Beteiligten an diesen Kommunikationsvorgängen möglicherweise aus Menschen, Medien *und* Maschinen rekrutieren und dass es ganz offenbar Rückwirkungen dieser Kommunikationen auf handfeste gesellschaftliche Prozesse und Strukturen gibt, unterstreicht die Aktualität und Brisanz der Diskussion um Interaktivität.

Damit sich künftig eine anspruchsvolle, *transdisziplinäre* Diskussion um den Begriff der Interaktivität entfalten kann, werden Orientierungspunkte benötigt, die diesen ebenso unscharfen wie gehaltvollen Begriff für eine Betrachtung aus unterschiedlichen Fachperspektiven markieren. Die nachfolgenden Beiträge machen deutlich, dass vor allem Begriffe wie *Raum*, *Körper* oder *Interface* diese eminent wichtigen Funktionen als »begriffliche Objektträger« übernehmen können.

Zumindest eine klare Aussage lässt sich daraus ableiten – Interaktivität ist *kein* einfaches Medienphänomen, das als Modebegriff die Übergangsphase von den elektronischen alten zu den digitalen neuen Medien anzeigt und nach einer Beruhigung der Technologieentwicklung wieder verschwindet. Vielmehr legen die Befunde der unterschiedlichen Beiträge die Vermutung nahe, dass das Aufkommen interaktiver Kommunikations*räume* tatsächlich einen qualitativen Sprung der Medienevolution darstellt. Die zunehmende Verwachsung vormals getrennter, vielleicht benachbarter »Medienformate« zu immer komplexer strukturierten »Medienumgebungen« bleibt nicht ohne Folgen für die Disposition gesellschaftlicher Kommunikation. Die Besonderheit der Trennung von »realem« und »kommunikativem« *Körper* fügt sich in dieses Bild – es gibt nicht nur neue Medienumgebungen, auch die darin befindlichen Akteurspopulationen sind in Veränderung begriffen. Innerhalb dieses Gefüges erhält die Berührungsfläche von Raum und Körper, das *Interface*, ein besonderes Gewicht. Diese Kontaktschwellen zwischen Mensch, Medium und Maschine regeln offenbar maßgeblich die Wahrnehmung von »Interaktivität« und damit in einem zweiten Schritt auch die Möglichkeiten und Grenzen zur Rekonfiguration gesellschaftlicher Kommunikation. Allein durch den Blick auf eine sich entwickelnde Vielfalt medialer Formen, Inhalte und Strukturen kann der Begriff der »Interaktivität« also gar nicht entwirrt und bestimmt werden – viel wichtiger sind die non-medialen, man könnte auch sagen: die sozialen Rückwirkungen im interaktiven Zusammenspiel von *Raum*, *Körper* und *Interface*.

Skalenfreie Netze[1]

Albert-László Barabási, Eric Bonabeau

Vernetzte Strukturen sind allgegenwärtig. Die Nervenzellen des Gehirns sind durch Synapsen miteinander verbunden; jede Zelle ihrerseits enthält zahlreiche Stoffe, die verbunden sind in dem Sinne, dass sie miteinander reagieren. Innerhalb von Gesellschaften gibt es Beziehungen unter Menschen in Form von Freundschaften, Verwandschaften und beruflichen Bindungen. Oder die Elemente der vernetzten Struktur sind ganze Tier- und Pflanzenarten, deren – weniger freundschaftliche – Beziehung darin besteht, dass die eine die andere frisst. Weitere, technische Beispiele sind das Internet, Stromnetze und Transportsysteme. Selbst die Wörter der Sprache, in der wir Ihnen diese Gedanken übermitteln, stehen miteinander in syntaktischer Beziehung.

Wir wollen Sie in diesem Artikel einladen, alle derartigen Strukturen von einem sehr abstrakten Standpunkt aus zu betrachten. Menschen, Nervenzellen, Websites und so weiter sind nichts weiter als Knoten in einem gedachten Netz (*network*), und die Beziehungen zwischen ihnen, so verschiedenartig sie im konkreten Fall sein mögen, sind einfach Fäden (»Kanten«) zwischen den Knoten. Damit ist die Fülle der jeweiligen Realität reduziert auf das, was die Mathematiker einen Graphen nennen. Unter dieser Betrachtungsweise treten zwischen den unterschiedlichsten Netzen überraschende Gemeinsamkeiten zu Tage. Überraschend auch für die Fachleute. Denn trotz ihrer Allgegenwart und großen Bedeutung sind Struktur und Eigenschaften solcher Netze bislang kaum verstanden. Wie kann das Zusammenspiel einiger defekter Knoten in dem komplizierten biochemischen Netz einer Körperzelle zu Krebs führen? Wie kommt es zu der explosionsartigen Ausbreitung von Gerüchten, Epidemien und Computerviren in sozialen und Kommunikationssystemen? Wie kommt es, dass einige Netze selbst dann noch funktionieren, wenn die übergroße Mehrheit ihrer Knoten ausfällt?

---

1 Der Beitrag ist in deutscher Sprache erstmalig erschienen in: Spektrum der Wissenschaft, Nr. 7/2004, S. 62-69. Die Herausgeber danken dem Verlagshaus Spektrum der Wissenschaft für die freundliche Überlassung des Textes.

Neuerdings gibt es erste Antworten. In den letzten Jahren entdeckten Wissenschaftler unterschiedlicher Disziplinen, dass viele Netze – vom World Wide Web bis hin zum Stoffwechselsystem einer Zelle – durch eine relativ geringe Zahl von sehr großen Knoten beherrscht werden, das heißt solchen, die mit besonders vielen anderen verbunden sind. (Die »Größe« eines Knotens ist die Anzahl der Verbindungen, die von ihm ausgehen.) Solche prominenten Knoten werden als »Naben« (*hubs*) bezeichnet, in Anspielung auf die vielen Speichen, die von einer Fahrradnabe ausgehen. Netze dieser Art weisen in aller Regel eine Eigenschaft auf, die »skalenfrei« (*scale-free*) genannt wird. Ein besserer Name wäre »maßstabslos«. Gemeint ist nämlich: In skalenfreien Netzen gibt es keine Knotengröße, die als »normal« und damit als Maßstab gelten könnte. Es ist also nicht etwa so, dass die überwiegende Mehrheit aller Knoten die Größe – sagen wir – 6 hätte und die anderen von dieser Größe mehr oder weniger zufällig nach unten abwichen. Vielmehr sind die Knoten umso zahlreicher, je kleiner sie sind, und zwar so, dass keine Größe bevorzugt ist.

Skalenfreie Netze haben regelmäßig – vorhersagbar – einige gemeinsame Eigenschaften. So sind sie bemerkenswert widerstandsfähig gegen zufällige Funktionsstörungen, aber äußerst anfällig gegenüber koordinierten Angriffen. Im Gegensatz zu früheren Theorien finden wir nun in sehr unterschiedlichen komplexen Systemen gemeinsame Prinzipien. Deren Kenntnis ist in Anwendungen umsetzbar. So findet man neue Strategien zur Entwicklung von Medikamenten, zum Schutz des Internet vor Hacker-Angriffen und zur Eindämmung tödlicher Epidemien.

1. Netze ohne Maßstab

Die traditionelle Theorie der komplexen Netze beginnt mit den Arbeiten zweier ungarischer Mathematiker, des unvergleichlichen Paul Erdős (1913–1996) und seines engen Mitarbeiters Alfréd Rényi (1921–1970). In einer Veröffentlichung von 1959 präsentierten sie für Netze, wie man sie in Nachrichtentechnik und Biologie betrachtet, ein einfaches und elegantes Modell: Ein Zufallsprozess knüpft Verbindungen innerhalb einer vorgegebenen Menge von Knoten. Der Zugang war so fruchtbar, dass die Graphentheorie zu neuem Leben erwachte und die »Theorie der zufälligen Netze« zu einem veritablen Zweig der Mathematik heranwuchs.

Wie bei Zufallsprozessen üblich, herrscht unter den Knoten Chancengleichheit: Jede der Verbindungen, die durch den Zufallsprozess etabliert werden, trifft jeden der Knoten mit der gleichen Wahrscheinlichkeit. Im Ergebnis sind die Verbindungen ziemlich gleich verteilt, und die relativen Abweichungen werden mit zunehmender Anzahl der Verbindungen immer geringer. Sortiert man die Knoten nach Größe (sprich Anzahl ihrer Verbindungen), so ergibt sich die so genannte Poisson-Verteilung: Die Kurve ist glockenförmig, die Größen der Knoten häufen sich um einen Mittelwert herum, und Knoten mit viel mehr oder viel weniger Verbindungen sind eher die Ausnahme. (Wenn dieser Mittelwert selbst eine große Zahl ist, dann ist die Kurve der Poisson-Verteilung von der bekannten Gauß'schen Glockenkurve kaum zu unterscheiden.) Netze dieser Art nennt man auch »exponentiell«, weil die Wahrscheinlichkeit dafür, dass ein Knoten mit genau k anderen Knoten verbunden ist, mit wachsendem k exponentiell abnimmt.

Für diese Netze hat sich der Name »zufällige Netze« (*random networks*) eingebürgert[2], der inzwischen irreführend ist: Auch die skalenfreien Netze stellt man sich durch einen Zufallsprozess entstanden vor – aber eben einen anderen. Ein zufälliges Netz im Sinne von Erdős und Rényi erwarteten wir auch zu finden, als wir 1998 gemeinsam mit Hawoong Jeong und Réka Albert von der Universität von Notre Dame (Indiana) das World Wide Web zu kartieren begannen. Die Voraussetzungen schienen zweifelsfrei erfüllt: Ein Mensch, der sich zu entscheiden hat, mit welchen anderen Seiten im Internet er seine ins Netz gestellten Dokumente per Hyperlink verbinden soll, wird sich in erster Linie von seinen persönlichen Interessen leiten lassen. Angesichts der großen Anzahl an Teilnehmern und Websites ist das Muster der Einzelinteressen von einem Zufallsmuster nicht zu unterscheiden – dachten wir.

Die Messungen widerlegten diese Erwartung. Für unser Vorhaben hatten wir ein Programm geschrieben, das von einer Internetseite zur nächsten springt und dabei so viele Verbindungen sammelt, wie es nur kann. Aus den so gesammelten Daten erstellte es ein Verknüpfungsschema, eine Art abstrakter Landkarte, die zwar nur einen winzigen Ausschnitt des Internets wiedergab, aber gleichwohl eine Überraschung bot: Das World Wide Web wird im Wesentlichen von sehr

---

2 Ein typisches Zufallsnetz ist das Autobahnnetz der USA. Trägt man die Anzahl der Knoten mit einer, zwei, drei usf. Verbindungen in einem Diagramm auf, ergibt sich eine Glockenkurve: Die meisten Knoten haben annähernd dieselbe Anzahl an Verbindungen. In skalenfreien Netzen wie dem Flugliniennetz der USA ist die Verteilungsfunktion dagegen monoton fallend und erscheint in der doppeltlogarithmischen Darstellung als Gerade: Es gibt wenige verbindungsreiche Knoten (»Naben«) und viele verbindungsarme.

wenigen, sehr großen (verbindungsreichen) Knoten zusammengehalten. Mehr als 80 Prozent der Seiten auf unserer Karte haben weniger als vier Verknüpfungen, aber eine kleine Minderheit von weniger als 0,01 Prozent aller Knoten jeweils mehr als tausend! Eine spätere Suche fand sogar ein Dokument, auf das mehr als 2 Millionen anderer Seiten verweisen.

Darüber hinaus ergab die Sortierung der Internetseiten nach Größe, dass ihre Verteilung nicht exponentiell ist, sondern einem »Potenzgesetz« (*power law*) folgt: Die Wahrscheinlichkeit dafür, dass ein beliebiger Knoten genau k Verbindungen aufweist, ist ungefähr proportional zu $1/k^n$. Wenn man die Zählung auf »eingehende« Verbindungen beschränkt, also Hyperlinks, die nicht auf der Website selbst stehen, sondern von anderen auf sie verweisen, ergibt sich für den Exponenten n etwa der Wert 2. Das heißt, Knoten mit k eingehenden Verbindungen sind ungefähr viermal so häufig wie solche mit der doppelten Anzahl $2k$.

Die Verteilungskurve eines Potenzgesetzes unterscheidet sich erheblich von den Glockenkurven, die für zufällige Netze typisch sind. Sie hat nicht das ausgeprägte Maximum bei der typischen Größe, sondern fällt monoton: Mit zunehmender Größe nimmt die Anzahl der Knoten ab. In einer doppeltlogarithmischen Darstellung erscheint sie als Gerade. Von der Chancengleichheit der Zufallsnetze kann keine Rede mehr sein: Wenige Naben, wie Yahoo und Google im Internet, dominieren das ganze Netz.

In zufälligen Netzen kommen Naben nicht vor – sie sind einfach unmöglich. Dass wir bei unserer Kartierung des Internets derartig große Knoten vorfanden, war demnach ungefähr so überraschend, als wären wir bei einer Messung menschlicher Körpergrößen (die zweifelsfrei glockenförmig verteilt sind) auf eine beträchtliche Anzahl von Dreißigmetermenschen gestoßen.

Ist die Aufmerksamkeit erst einmal geweckt, finden sich skalenfreie Netze allenthalben. Im Gegensatz zu unserer Untersuchung, die sich auf die Hyperlinks als Verbindungen konzentrierte, analysierten Michalis Faloutsos von der Universität von Kalifornien in Riverside, Petros Faloutsos von der Universität Toronto und Christos Faloutsos von der Carnegie-Mellon-Universität in Pittsburgh (Pennsylvania) die physikalische Struktur des Internets. Ein Knoten in diesem Netz ist ein Kommunikationsrechner (Router), und eine Verbindung ist ein (gewöhnliches oder Glasfaser-)Kabel zwischen Routern. Die drei Brüder, sämtlich Informatiker, fanden, dass dieses Netz ebenfalls skalenfrei ist.

2. Sexualkontakte mit Potenzgesetz

Das gilt auch für soziale Netze. So untersuchten Wissenschaftler der Universitäten in Boston und Stockholm das Netz der Sexualkontakte zwischen Menschen und fanden auch hier eine Verteilung nach dem Potenzgesetz: Die meisten Menschen haben in ihrem Leben nur wenige Geschlechtspartner, einige wenige (die »Naben«) dagegen Hunderte. Eine neuere Untersuchung unter Leitung von Stefan Bornholdt vom Interdisziplinären Zentrum für Bioinformatik der Universität Leipzig ergab, dass das durch elektronische Post geknüpfte Netz – zwischen zwei Menschen besteht eine Verbindung, wenn sie einander eine E-Mail geschrieben haben – skalenfrei ist. Das Gleiche gilt, wenn als Verbindung unter Wissenschaftlern definiert wird, dass der eine den anderen in einer Veröffentlichung zitiert, wie Sidney Redner von der Universität Boston ermittelte.

Oder man nennt es eine Verbindung, wenn zwei Wissenschaftler gemeinsam eine Arbeit verfassen. Das so definierte Netz ist skalenfrei für Angehörige unterschiedlichster Disziplinen, darunter Ärzte und Computerwissenschaftler, wie Mark Newman von der Universität von Michigan in Ann Arbor zeigte. Das bestätigte unsere eigenen Untersuchungen über Mathematiker und Neurologen. Interessanterweise ist die wahrscheinlich größte Nabe der Mathematikergemeinschaft Paul Erdős, der mehr als 1.400 Artikel mit nicht weniger als 500 Koautoren verfasste.

Skalenfreie Netze gibt es auch im Geschäftsleben; als Verbindung zählt dabei eine Kooperations- oder Lizenzvereinbarung. Walter W. Powell von der Universität Stanford (Kalifornien), Douglas R. White von der Universität von Kalifornien in Irvine, Kenneth W. Koput von der Universität von Arizona und Jason-Owen Smith von der Universität von Michigan analysierten entsprechende Datenbanken der biotechnologischen Industrie der USA und entdeckten auch hier Naben: Unternehmen wie Genzyme, Chiron und Genentech haben eine unverhältnismäßig große Anzahl von Partnerschaften mit anderen Firmen. Forscher in Italien werteten eine von der Universität Siena erstellte Datenbank für die chemische Industrie aus, die Informationen über etwa 20.100 wissenschaftliche Kooperationsabkommen unter mehr als 7.200 Einrichtungen umfasst. Sie fanden, dass die von Powell und seinen Kollegen entdeckten Naben tatsächlich zu einem skalenfreien Netz gehören.

Wesentlich abstrakter sind skalenfreie Netze in der Biologie. Ein Knoten in dem Netz ist ein Molekül, und eine Verbindung besteht zwischen ihnen, wenn beide an einer biochemischen Reaktion beteiligt sind. Gemeinsam mit Zoltán

Oltvai, einem Zellbiologen von der Northwestern University in Evanston (Illinois), fanden wir eine skalenfreie Struktur im Stoffwechselsystem der Zellen von 43 verschiedenen Organismen aus allen drei Urreichen des Lebens, darunter *Archaeoglobus fulgidus* (ein Archaebakterium), *Escherichia coli* (ein Eubakterium) und *Caenorhabditis elegans* (ein Eukaryont). Das Stoffwechselsystem betraf die Energiegewinnung aus der Nahrung durch die Aufspaltung komplexer Moleküle in einer Zelle. Wir fanden, dass die meisten Moleküle nur in einer oder zwei Reaktionen eine Rolle spielen, während einige wenige »Naben«, darunter Wasser und Adenosintriphosphat (ATP), an der Mehrzahl aller Reaktionen beteiligt sind.

Auch die Proteine einer Zelle bilden ein skalenfreies Netz. Dabei werden zwei Proteine als verbunden angesehen, wenn sie (soweit wir wissen) miteinander reagieren. Die Bäckerhefe, eine der einfachsten Zellen mit Zellkern, enthält Tausende von Proteinen, die zu einem skalenfreien Netz verknüpft sind: Die meisten von ihnen reagieren lediglich mit einem oder zwei anderen, aber manche binden sich physikalisch an eine immense Anzahl anderer Proteine. Ähnliche Verhältnisse zeigten sich auch bei den Proteinen eines ganz anderen Organismus, des einfachen Bakteriums *Helicobacter pylori*.

3. Ursachen der Skalenfreiheit

Diese überreiche Ernte an skalenfreien Strukturen wirft eine wichtige Frage auf: Wie können so grundverschiedene Systeme wie eine Zelle und das Internet denselben Gesetzen genügen? Über ihre Skalenfreiheit hinaus haben diese Strukturen nämlich noch eine weitere merkwürdige Gemeinsamkeit: Aus noch unbekannten Gründen liegt der Wert des Exponenten n im Potenzgesetz $1/k^n$ in der Regel zwischen 2 und 3.

Vor dieser Frage stellt sich noch eine andere: Warum kann die hoch gelobte Theorie zufälliger Netze die Existenz von Naben nicht erklären? Bei näherer Betrachtung stellt sich heraus, dass zwei wesentliche Voraussetzungen des ursprünglichen Modells von Erdős und Rényi nicht erfüllt sind.

Erstens gingen die beiden Ungarn davon aus, dass alle Knoten von Beginn an vorhanden sind und die Verbindungen erst danach geknüpft werden. Dagegen ist die Anzahl der Dokumente im Internet alles andere als konstant. Immerhin ist das World Wide Web in wenig mehr als zehn Jahren von null auf mehr als drei Milliarden Seiten angewachsen. Auch sexuelle oder wissenschaftliche Beziehungsnetze legen dadurch zu, dass stets Neulinge eine Beziehung suchen. Ein neuer Router im Internet wartet nicht, bis ihn das Zufallsereignis einer Verbindung trifft, sondern wird gezielt an einen anderen Router angeschlossen, der bereits im Netz hängt. Allgemein gilt: Je älter ein Knoten ist, desto mehr Gelegenheiten hatte er, sich eine Verbindung zuzulegen. Aus diesem Grund sind tendenziell die Knoten umso größer, je länger sie schon im Netz sind.

Zweitens sind – über den Altersunterschied hinaus – nicht alle Knoten gleich. Wer eine neue Seite ins Internet stellt und sie an andere anbinden möchte, hat im Prinzip die Auswahl unter mehreren Milliarden Adressen. Davon kennen die meisten von uns aber nur einen winzigen Bruchteil, und zwar vorrangig die Seiten, die man leichter findet, weil sie schon viele Verbindungen haben. Indem man sich an diese bevorzugten Knoten hängt, bestärkt man noch diese Bevorzugung.

Diese »Verknüpfungsvorliebe für die Großen« (*preferential attachment*) gibt es auch anderswo. Im Internet schließt man neue Router bevorzugt an viel benutzte Router an, die typischerweise über eine größere Bandbreite verfügen. In der Biotech-Industrie der Vereinigten Staaten üben die gut etablierten Firmen wie Genzyme eine größere Anziehungskraft für Kooperationen aus; jede bereits bestehende Zusammenarbeit erhöht wiederum die Attraktivität der Firma für künftige Partnerschaften. Viel zitierte Artikel in der wissenschaftlichen Literatur werden viel gelesen und, wenn sie dadurch als Grundlage neuer Arbeiten dienen, auch wieder zitiert. Dieses Phänomen nennt der bekannte Soziologe Robert K. Merton den »Matthäus-Effekt«: »Denn wer da hat, dem wird gegeben, dass er die Fülle habe; wer aber nicht hat, dem wird auch das genommen, was er hat« (Matthäus 13, Vers 12).

Diese beiden Mechanismen – Wachstum und Verknüpfungsvorliebe – helfen, die Existenz von Naben zu erklären: Neu auftretende Knoten verbinden sich bevorzugt mit den größeren Knoten, die bereits beliebten Stellen sammeln dadurch mit der Zeit noch mehr Verbindungen als ihre armen Nachbarn und werden demnach in der Tendenz eher zu Naben.

Gemeinsam mit Réka Albert haben wir mit Hilfe von Computersimulationen und Berechnungen gezeigt, dass ein wachsendes Netz mit Verknüpfungsvorliebe für die Großen tatsächlich skalenfrei wird und die Verteilung seiner Knotengrößen sich einem Potenzgesetz nähert. Dieses theoretische Modell ist zwar stark vereinfacht und muss noch auf den jeweiligen Einzelfall angepasst werden; aber es liefert immerhin den guten Ansatz einer Erklärung dafür, dass skalenfreie Netze in der realen Welt so allgegenwärtig sind.

Für ein biologisches System konnten Andreas Wagner von der University of New Mexico in Albuquerque und David A. Fell von der Oxford Brookes University in Oxford (England) diese Erklärung bestätigen: Sie fanden heraus, dass die größten Knoten zugleich die ältesten sind. Die meistverknüpften Moleküle im Stoffwechselnetz von *Escherichia coli* haben eine lange Evolutionsgeschichte. Einige stammen vermutlich noch aus der so genannten RNA-Welt (dem Zeitalter vor dem Auftreten der DNA), andere gehören zu den entwicklungsgeschichtlich ältesten Reaktionsketten. Interessanterweise folgt die Verknüpfungsvorliebe in der Regel einem linearen Gesetz. Das heißt, ein neuer Knoten knüpft zwar seine Verbindungen zum bereits existierenden Netz nach dem Zufallsprinzip. Aber nehmen wir an, das Netz enthält gleich viele Knoten der Größe 100 wie der Größe 50, dann ist die Vorliebe des neuen Knotens für die Großen gerade so groß, dass er doppelt so viele Verbindungen zu den Hunderterknoten etabliert wie zu den Fünfzigern. Der bereits erwähnte Sidney Redner hat gemeinsam mit anderen Forschern verschiedene Typen von Verknüpfungsvorliebe untersucht. Ihr Ergebnis: Wenn die Vorliebe schneller als linear mit der Knotengröße ansteigt, sodass ein doppelt so großer Knoten nicht nur die doppelte, sondern zum Beispiel die vierfache Beliebtheit genießt, dann zieht im Allgemeinen eine Nabe den Löwenanteil aller Verbindungen an sich. Man weiß zwar vorher nicht, wer dieser Sieger ist, aber am Ende ist das Netz im Wesentlichen sternförmig: In der Mitte sitzt der Sieger mit Verbindungen zu (fast) allen anderen, die untereinander kaum verbunden sind.

Da das alltägliche Funktionieren der Gesellschaft zunehmend von Strom- und Kommunikationsnetzen abhängig wird, erhebt sich immer öfter die besorgte Frage, wie zuverlässig diese Netze sind. Die gute Nachricht ist: Komplexe Systeme können erstaunlich robust gegen zufällig auftretende Störungen sein. Zu jedem beliebigen Zeitpunkt sind im Internet mehrere hundert Router außer Betrieb, ohne dass dies das Netz merklich beeinträchtigen würde. Lebende Systeme sind ähnlich robust: Der Mensch spürt es meistens überhaupt nicht, wenn viele seiner Zellen Mutationen erleiden oder ihre Funktion nicht mehr erfüllen. Woher kommt diese Robustheit?

4. Zerstörbare Zufallsnetze

Wenn sehr viele Knoten ausfallen, muss das Netz irgendwann in lauter isolierte Teilstücke zerfallen – sollte man meinen. Für zufällige Netze trifft das zweifellos auch zu. Wird eine kritische Zahl von Knoten entfernt, dann zerbricht ein solches System in winzige Inseln, die keinen Kontakt miteinander haben. Skalenfreie Netze zeigen jedoch in Simulationen ein anderes Verhalten: Wenn man per Zufall bis zu 80 Prozent aller Router im Internet ausschalten würde, käme man auf dem verbleibenden Netz immer noch von jedem Knoten zu jedem anderen. Ebenso schwierig ist es, das Netz der Proteinreaktionen einer Zelle zu zerreißen: Nach unseren Beobachtungen setzen selbst nach einer großen Anzahl zufällig gesetzter Mutationen die nicht betroffenen Proteine ihr Zusammenwirken fort.

Diese Robustheit skalenfreier Netze beruht – wen wundert's – auf ihrer Skalenfreiheit, genauer: darauf, dass die Knoten mit abnehmender Größe immer zahlreicher werden. Ein zufälliger Ausfall trifft daher mit der größten Wahrscheinlichkeit die kleinsten Knoten, die zum Zusammenhalt des Netzes wenig oder gar nichts beitragen. Wenn es aber doch eine Nabe trifft, ist der Schaden groß. In Simulationen fanden wir, dass bereits die Entfernung weniger wichtiger Naben aus dem Internet das Netz in lauter kleine Inseln zerlegen würde. Ähnlich im biochemischen Netz der Hefe: Wenn man (durch so genannte Knock-out-Gene) reich verknüpfte Proteine aus dem Stoffwechselsystem herausnimmt, stirbt die Zelle mit weitaus höherer Wahrscheinlichkeit, als wenn ein beliebiges Protein betroffen ist.

Die Widerstandsfähigkeit gegenüber Zufallsschäden und die Empfindlichkeit gegenüber gezielten Angriffen können je nach Situation ein Vorteil oder ein Nachteil sein. Erstere ist hilfreich sowohl für das Internet als auch für die Zelle. Wenn eine Krankheitserregerzelle eine empfindsame Nabe hat, dann könnte es ein Medikament geben, das durch Ausschalten dieser Nabe die ganze Zelle umbringt, ohne den Körperzellen des Menschen etwas anzutun. Andererseits könnte eine kleine Gruppe versierter Hacker das ganze Internet durch einen gezielten Angriff auf seine Naben lahm legen.

Nach neueren Untersuchungen geht das relativ schnell. Ein skalenfreies Netz bricht zusammen, wenn zwischen 5 und 15 Prozent seiner Naben zerstört werden. Nach unseren Simulationen würde ein Angriff auf das Internet, der die Naben der Reihenfolge nach zerstört – die größte zuerst, dann die zweitgrößte und so weiter –, bereits nach wenigen Treffern erheblichen Schaden anrichten. Es erscheint also zweckmäßig, diesen höchstverbundenen Knoten im Internet besonderen Schutz gegen böswillige Angriffe angedeihen zu lassen.

Die Verletzlichkeit eines Netzes hängt allerdings stark von seiner individuellen Struktur ab. So wäre eine eigene Untersuchung erforderlich, um beispielsweise die Frage zu beantworten, ob der Konkurs von Naben wie Genzyme und Genentech zum kompletten Zusammenbruch der Biotech-Industrie der USA führen würde.

Ein Schaden ganz anderer Art, der ein Netz treffen kann, ist eine ansteckende Krankheit, wobei die Ansteckung entlang der Verbindungen des Netzes verläuft. Klassisches Beispiel sind die Geschlechtskrankheiten: Ein Knoten des sexuellen Beziehungsnetzes steckt nur diejenigen an, mit denen er Kontakt hat. Aber das abstrakte Modell ist allgemeiner; es passt auf Epidemien aller Art, Gerüchte, Moden und im Internet natürlich auch auf Computerviren.

5. Unaufhaltsame Computerviren

Epidemiologen und Marketingexperten pflegen derartige Ausbreitungsvorgänge als Diffusionsprozesse zu modellieren: Ein Individuum ist umso stärker bedroht, je mehr von seinesgleichen in seiner unmittelbaren Umgebung bereits erkrankt sind und je höher die Kontagiosität, das heißt je ansteckender die Krankheit ist. Aus diesen seit Jahrzehnten studierten Modellen ergibt sich ein Schwellenwert für die Kontagiosität, der bestimmt, wie eine Epidemie in einer Population verläuft. Jedes Virus, jede Krankheit und auch jede Mode, die weniger ansteckend ist, als dieser Wert angibt, stirbt unweigerlich aus. Diejenigen jedoch, die ansteckender sind, verbreiten sich exponentiell und befallen schließlich das gesamte System.

Romualdo Pastor-Satorras von der Technischen Hochschule von Katalonien in Barcelona und Alessandro Vespigniani vom Internationalen Zentrum für Theoretische Physik in Triest haben vor kurzem diesen Schwellenwert für ein skalenfreies Netz berechnet und kamen zu dem erschreckenden Ergebnis, dass dieser Wert gleich null ist: Alle Viren, selbst die, die kaum ansteckend sind, breiten sich unaufhaltsam im System aus und überdauern dort. Das erklärt, warum das Virus *I love you*, das bisher von allen Computerviren den größten Schaden anrichtete (immerhin legte es im Jahr 2000 das britische Parlament lahm), ein Jahr nach seiner angeblichen Ausrottung noch immer eines der verbreitetsten Viren war.

Ursache dieser Anfälligkeit ist die herausgehobene Stellung der Naben. Da sie zu vielen anderen Knoten Verbindungen haben, holt sich in der Regel mindestens eine von ihnen die Krankheit von einem ihrer zahlreichen Verbindungspartner. Dann aber gibt es kein Halten mehr: Die infizierte Nabe steckt über ihre vielen Verbindungen zahlreiche andere Knoten an, darunter auch weitere Naben, sodass die Krankheit das gesamte System befällt.

Da offensichtlich zahlreiche soziale Netze skalenfrei sind, sollte das den Epidemiologen und Gesundheitspolitikern zu denken geben. Demnach wäre nämlich eine herkömmliche Impfkampagne, bei der man nur einen Teil der Bevölkerung behandelt und darauf vertraut, dass damit die Ansteckungskette an genügend vielen Stellen unterbrochen wird, ineffektiv oder gar wirkungslos. Solange man nicht gezielt die Naben des Netzes ausschaltet, das heißt die entsprechenden Leute impft, bleibt das Netz zusammenhängend, und die Krankheit kann sich ausbreiten. Um durch Impfungen nach dem Zufallsprinzip das Netz wirksam zu zerreißen, müsste nahezu jeder geimpft werden (zum Beispiel bei Masern 90 Prozent der Bevölkerung), damit keine Nabe ausgelassen wird. Derselbe Effekt könnte durch die Impfung eines viel kleineren Bevölkerungsteils erreicht werden – vorausgesetzt, alle Naben sind darunter.

Allerdings ist es sehr schwierig, in einem konkreten sozialen Netz die Naben ausfindig zu machen. Aber Reuven Cohen und Shlomo Havlin von der Bar-Ilan-Universität in Ramat-Gan (Israel) sowie Daniel ben-Avraham von der Clarkson-Universität in Potsdam (New York) fanden ein genial einfaches Näherungsverfahren: Man beginne mit wenigen zufällig ausgewählten Personen, wähle wiederum per Zufall einen kleinen Teil von deren persönlichen Bekannten, von den persönlichen Bekannten dieser Bekannten und so weiter. Unter den so ausgewählten Personen sind mit hoher Wahrscheinlichkeit auch die Naben, denn diese stehen mit besonders vielen Personen in Verbindung. Selektiv nur diese Personen zu impfen ist ethisch nicht unproblematisch, denn viele Bekannte zu haben ist nicht gerade ein Verdienst, das eine Vorzugsbehandlung – wie die Impfung gegen eine gefährliche Krankheit – rechtfertigen würde. Aber in Ländern oder Regionen, in denen die Mittel zur Behandlung der gesamten Bevölkerung nicht zur Verfügung stehen, kann das aus pragmatischen Gründen die beste Strategie sein.

Wenn es nicht um eine Krankheit, sondern um eine Idee oder die Begeisterung für ein neues Produkt geht, wollen die Verfechter die Verbreitung natürlich nicht eindämmen, sondern fördern. Dass manche »Multiplikatoren« dabei wirksamer sind als andere, wissen die Marketingexperten schon lange. Aber mit der Theorie skalenfreier Netze können sie ihr Geschäft jetzt wissenschaftlich fundiert betreiben.

Bisher haben wir in der Theorie von solchen Einzelheiten abgesehen und die vielen Netzen gemeinsamen abstrakten Strukturen studiert. Dabei wurden erhebliche Erfolge erzielt. So hat die Erkenntnis, dass das Internet nicht ein Zufallsnetz, sondern skalenfrei ist, umfangreiche Aktivitäten zur Verbesserung seiner Funktion ausgelöst. Impfpläne haben ebenfalls von diesen abstrakten Modellen profitiert; wenn man die Vernetzungsstruktur des Geschäftslebens besser kennt, könnte man auch lawinenartige Zusammenbrüche, bei denen der Konkurs einer Firma viele andere mit in den Abgrund reißt, verstehen und vielleicht sogar beherrschen.

Ist denn nun praktisch jedes Netz skalenfrei? Keineswegs! Autobahnnetze und elektrische Hochspannungsleitungsnetze sind bedeutende Ausnahmen, ebenso Kristallgitter: Alle Atome haben annähernd die gleiche Anzahl von Bindungen zu ihren Nachbarn. Nahrungsnetze – zwei Tierarten gelten als verbunden, wenn eine die andere frisst – sind zu klein, als dass man klare Aussagen über ihren Typ treffen könnte. Dagegen ist das Netz der Neuronen im menschlichen Gehirn zwar alles andere als klein, aber noch nie auch nur annähernd repräsentativ aufgezeichnet worden, sodass wir auch dessen Natur nicht kennen. Skalenfreiheit ist auch nur eine von vielen Eigenschaften eines Netzes, die es zu erforschen lohnt. Eine andere ist die maximale Weglänge (der »Durchmesser«). Gemeint ist die Anzahl der Schritte (von einem Knoten zum nächsten entlang einer direkten Verbindung), mit denen man von einem beliebigen Knoten des Netzes zu jedem beliebigen anderen kommt.

6. Erdős-Zahlen der Mathematiker

Da Paul Erdős eine so ungewöhnlich große Nabe im Netz der Mathematiker war, haben sich seine Fachkollegen einen Spaß daraus gemacht, für jeden unter ihnen die »Erdős-Zahl« zu definieren: Das ist die Anzahl von Schritten, mit der man von dem entsprechenden Menschen zu Erdős kommt (eine Verbindung zwischen zwei Knoten besteht immer dann, wenn beide gemeinsam eine wissenschaftliche

Arbeit veröffentlicht haben). Die meisten Mathematiker haben erstaunlich kleine Erdős-Zahlen.

Bei manchen Netzen sind die Voraussetzungen für die Skalenfreiheit nicht erfüllt, insbesondere die Hypothese, dass es nur von der bereits erreichten Größe (Verbindungsanzahl) eines Knotens abhänge, wie attraktiv er für neue Verbindungen ist, und im Übrigen die Verbindungen nach dem Zufallsprinzip geknüpft würden. So sind etwa bei einem Autobahnnetz nicht alle Verbindungen im Prinzip gleich. Vielmehr sind Autobahnen zwischen geografisch weit entfernten Punkten sehr viel teurer als solche zwischen Nachbarstädten, weswegen in der Regel nur die Letzteren wirklich gebaut werden.

Oder die Knoten sind nicht alle gleich: Im Nahrungsnetz sind manche Beutetiere leichter zu fangen als andere und damit häufiger Ziel von Verbindungen. Der Fuchs wählt den Hasen zum Ziel seiner Aktivität, weil er ihn fangen kann und nicht etwa, weil der Hase schon bei anderen Raubtieren als Nahrung so beliebt ist. In sozialen Netzen gibt es Verbindungen verschiedener Qualität, so dass sich Krankheiten und Gerüchte viel schneller innerhalb einer Familie ausbreiten als unter flüchtig Bekannten. Es kommt auch vor, dass Verbindungen einander beeinflussen, etwa wenn durch einen Stau auf der (echten oder Daten-) Autobahn die Ausweichrouten überfüllt werden und dort der Verkehr ebenfalls zusammenbricht.

Für die Zukunft bietet die abstrakte Theorie eine Grundlage, auf der sich solche Abweichungen von der reinen Lehre mit Aussicht auf Erfolg studieren lassen. Hinzu kommt die häufig komplizierte und schwer durchschaubare Dynamik in solchen Netzen, deren Struktur mittlerweile recht gut verstanden ist.

Literatur

Albert, Réka/Barabási, Albert-László (2002): Statistical mechanics of complex networks. In: *Reviews of Modern Physics*. Bd. 74, S. 47
Barabási, Albert-László (2002): *Linked: The new science of networks.* Cambridge, Ma.
Cohen, David (2003): All the world's a net. In: *New Scientist*. Bd. 174, Nr. 2338 (13. April 2003). S. 24.
Körkel, Thilo (2003): Ein Netz guter Beziehungen. In: *Spektrum der Wissenschaft*. März 2003, S. 12.
Mendes, J. F. F./Dorogovtsev, Sergei N. (2003): *Evolution of networks: from biological nets to the Internet and WWW.* Oxford.

Verknüpfungskulturen –
Die Dynamik des Internet und seiner Vorläufer[1]

Diedrich Diederichsen

Ich werde nicht von einer netztheoretischen oder interaktivitätswissenschaftlichen Perspektive die Frage nach den Grenzen der Interaktivität adressieren, sondern mir eher von einer kulturdiagnostischen Fragestellung aus Modelle und Vorstellungen ansehen, die von Netzkultur und damit verbunden Interaktivität als einem kulturellen Faktor kursieren.

Nach gut zehn Jahren World Wide Web sollte sich resümieren lassen, ob das Internet tatsächlich das Leben im Westen, ja in der ganzen Welt so verändert hat, wie gemeinhin behauptet. Vor zehn Jahren, als politische Hoffnungen auch generell noch großäugiger formuliert wurden, waren die speziellen, mit den Möglichkeiten des Netzes verbundenen Ideen einer Reformulierung von Untergrund, Gegenkultur und Gegenöffentlichkeit, Überwindung des Privateigentums, neuer Ökonomien der Gabe und des Tausches noch ziemlich euphorisch. Weltumspannende Netzwerke auf Internetbasis hätten, so war auch noch die Rede anlässlich der Ereignisse von Seattle, zu einer neuen nicht nur a-hierarchischen, pluralistischen und freien, sondern auch schlagkräftigen, handlungsfähigen politischen Gegenkultur beigetragen. Frei kursierende Daten bewirkten eine explosive Wissenskonstellation jenseits und gegen die traditionellen Eigentümer von Wissen und den Rechten zu seiner Verwendung.

Im selben Maße, in dem das Ende des Eigentums, *Open Source* und freier Datentausch, den Stoff spendeten, aus dem solche Utopien waren, entstanden auch andere, nämlich kapitalistische und Business-Utopien, die mit der gleichen Verve und Begeisterung so in etwa das Gegenteil verkauften: einen immens beschleunigten und vereinfachten Handel mit hauptsächlich Kulturwaren (*Viagra* und Netz-Apotheken folgten später), ein superfeines und genaues Marketing ohne Streuverluste und einen von diversen Kosten entlasteten Informations- und Warenfluss, der mit denselben Dingen, die die einen frei tauschen wollten, nun-

---

[1] Dokumentation des Vortrags zur Konferenz »Grenzen der Interaktivität« (13. bis 15. November 2003) am Zentrum für Medien und Interaktivität der Justus-Liebig-Universität Gießen.

mehr den anderen schwunghaft Profite einbringen sollte: Daten, Wissen, Kunst, Informationen.

Heutzutage ist es Mode, beide Euphorien zu belächeln. Linke Netzaktivisten verabreden sich im ironischen Kampf dafür, dass Karl Marx bei »Unsere Besten« in die *Top Ten* kommt. Und obwohl vor unseren Augen etwa die Schallplattenindustrie, wie wir sie kennen, mit immensen kulturellen Folgen den Bach runtergeht, auch wenn das nicht nur eine Folge des Internet ist, sondern der Digitalisierung an sich, gewinnt die Überzeugung an Boden, die kulturellen und politischen Einschnitte durch die Popularisierung und Ökonomisierung des World Wide Web seien denn doch geringer als ursprünglich erwartet. Die GEMA verschickt gerade ebenso unverschämte wie verzweifelte kleine Bescheide an die Labels digitaler elektronischer Musik, man möge doch für all die Werke, die man vertreibt, Partituren einreichen, andernfalls sähe sich die GEMA außerstande, die betreffenden Werke weiterhin an Ausschüttungen zu beteiligen. Es handele sich dann nicht mehr um Musik im Sinne der GEMA. Damit würde die im Netz kursierende, im Idealfall dort nicht nur gehörte, sondern im besten Sinne einer prozessualen, trans-subjektiven Netzkultur weiterverarbeitete, digitale Musik aus der Kultur, der Kunst und deren durch neue Urheberrechte künstlich im traditionellen Rahmen fixierten Verwertung ausgeschlossen werden.

Unabhängig von der dazugehörigen Diskussion und nötigen Empörung ist an diesem Beispiel bemerkenswert, dass es auch zu bestätigen scheint, was ich vorhin schon als Trend eingeführt hatte. Man glaubt die kulturellen Folgen des Netzes aussitzen zu können oder repressiv einzudämmen. Das mag damit zu tun haben, dass die Sichtbarkeit dessen, was sich verändert hat, für Außenstehende nicht besonders massiv ist: Es ist wenig spektakulär, sondern, wie auch nie anders behauptet, eher mikrophysisch und mikrologisch. Scheinbar geht es doch immer noch um dieselben Sachen: Musik, Ideen, Informationen. Multiplikation, Diversifizierung, Verschwinden einer ersten Quelle, Tod des Autors.[2]

Aber dass die mikrokulturellen Veränderungen in der alltäglichen elektronischen Aktivität nicht revolutionär aussehen und nur subkutan viele Kategorien untergraben und schon untergraben haben, an denen unsere Begriffe zum Beispiel von Musik, Idee und Information hängen, weil sie so klein sind, ist nicht der einzige entscheidende Grund, warum die veränderte Welt nicht verändert aussieht und sich eine futuristische Filmreihe wie *Matrix* immer noch mit so komischen grünen Zahlenkolonnen von alten *Commodore*-Computern behelfen muss, um einen Look des Digitalen wieder erkennbar zu machen. Der andere

---

2 Vgl. dazu die Beiträge von Rainer Kuhlen und Roberto Simanowski in diesem Band.

Grund ist der, dass sich das World Wide Web erst perfektioniert und auf die E-
bene einer technischen Form und verbindlicher Standards gestellt hat – und zwar
nicht immer großindustrieller und nicht immer staatlicher Standards.
Das Netz stellt – dieser These zufolge – nur solche kulturellen Entwicklungen auf eine technisch-mediale und damit in einem gewissen Sinne handfestere
und vereinheitlichte Basis, die schon lange begonnen haben. Es macht so im
Nachhinein auch diese Entwicklungen greifbarer und leichter diskutierbar, indem
es Metaphern aus seiner medialen Architektur liefert. Diese sind einleuchtender,
insofern, als so der Schein fasslicher Funktionalität auf kulturelle Diagnosen
fällt, die anderweitig auf zahllose Beispiele von Einzelfällen angewiesen wären.
Die Kultur des Netzes lag historisch vor dem Netz und bekam erst im Netz nachträglich ihre Begrifflichkeit. Das heißt aber auch, dass sie jetzt, nach der vollen-
deten Durchsetzung von Netzrealität so zu existieren aufhört und eine andere
werden wird oder schon geworden ist. Mit anderen Worten: Wenn wir die Kultur
des Netzes anhand der auffälligen kulturellen Phänomene, die man mit ihm normalerweise verbindet, diskutieren, dann reden wir über unsere kulturelle Vergangenheit, nicht über die akute Gegenwart seines Potenzials und vor allem nicht
über dessen Gefährdungen. Umgekehrt ist die unsichtbare tatsächlich neue Kultur, die sich nicht auf Tauschbörsen, Listen- und Faktenexplosionen, Spezial-
wissenerweiterung, Subkulturspaltungsgewinne in Verfeinerungsorgien und Dis-
kussionsintimität reduzieren lässt, wirklich noch komplett unsichtbar – auch im
Netz, vielleicht weil sie sich nicht verklumpt und mit bloßen Auge daher nicht zu
erkennen ist.

1. Kulturindustrie I und II:
Verbundkulturen Kino/Radio und Pop-Musik/Fernsehen

In der Nachkriegszeit hat sich eine zweite Kulturindustrie entwickelt und als ihr
Produkt eine andere Kultur, anders als jene von Kino, Radio und neuen großstädtischen Lebensform geprägte Kultur, deren historische Beschreibungen von Kra-
cauers Angestelltenkultur bis zu Adornos Kulturindustrie reichen. Diese erste
Kulturindustrie, wie ich sie nenne, ist zwar nicht ganz identisch mit der von The-
odor W. Adorno beschriebenen, denn darin gibt es schon ein paar Punkte, die in
der Eigenschaften einer zweiten Kulturindustrie erscheinen. Beide Kulturindust-
rien bestehen stets aus je einem »invasiven« Medium, das einen zuhause auf-

sucht und bindet, aber mit Öffentlichkeit und Warenzirkulation verbindet, und einem zweiten, das Öffentlichkeit traditionell, nämlich außerhalb der Wohnung, organisiert, nun aber weniger auf beiläufige, denn auf intensive Art und Weise und in der Hierarchie der Ereignisse höher stehend.

Die erste Kulturindustrie ist wesentlich geprägt von Radio und Kino, also von neuen arbeitsteiligen Produktionsweisen einerseits, industriellem Vertrieb und Vermarktung und neuen Öffentlichkeitsformen andererseits, in denen naturalistische Bilder von der Welt sich mit dem Glanz der Warenform verbinden (Kino) und neue ideologische Anrufungen allgegenwärtig sind und aus anonymen, bilderlosen Lautsprechern kommen (Radio), die von Fritz Lang bis zu George Orwell immer wieder zum Emblem des Totalitarismus verdichtet wurden.

In der zweiten Kulturindustrie sind die Rezipienten aktiver, häufiger allein oder in kleinen Gruppen unterwegs und werden weniger als Masse angesprochen. Die öffentlichen Spielstätten schrumpfen, die Bezugsgruppe sind nicht mehr Staat und Gesellschaft, sondern *peer groups* und im Gegensatz zu den Neuerungen der ersten Kulturindustrie gibt es keine einheitlichen medialen Formate, sondern – und das ist das Entscheidende – Verknüpfungen. Die Rolle des invasiven Mediums übernimmt jetzt das Fernsehen, das alle möglichen anderen kulturellen Formate, darunter das Kino oder zumindest einen großen Teil von dessen Funktion aufsaugt, und im Rahmen seiner eigenen ewigen Sendung nebeneinander stellt, also auch die Hierarchien zwischen künstlerischen, unterhaltenden und informativen Veranstaltungen eindampft.

Das öffentliche, nicht-invasive Medium war im ersten Fall, Kino, immerhin noch ein entfernter Verwandter seiner Vorläufer Kirche und Theater, im Falle der zweiten Kulturindustrie, in der Fernsehen und Pop-Musik an die Stelle von Radio und Kino treten, hat die Pop-Musik kein einheitliches Medium mehr, ja nicht einmal ein einheitliches Dispositiv – es sei denn, wir wollten sie nur als Musik beschreiben, aber eben das ist sie nur zu einem kleinen Teil. Vielmehr stellt sie eine Kombination aus kulturellen und künstlerischen Formaten und urbanen Habitus zusammen, die nur locker verbunden sind und dennoch nur einen Sinn ergeben, wenn man sie aus dem Zusammenhang versteht: Diese Verbindung aus Alltagsgegenständen, Modeartikeln, Frisuren, ja habituellen Details, einer Art zu gehen oder zu rauchen oder an Straßenecken zu stehen mit Artefakten, mit Songs, Performances, Texten, Slogans, Parolen und vor allem mit Sound, zum einen Soundfarben, zum anderen markanten Geräuschen, isolierten, schrillen, auffälligen Stolpersounds, ist die Ursuppe der Pop-Musik.

Pop-Musik wird so ein ganz neues kulturelles Format, weil sie ihre Bedeutungen immer nur entwickeln kann, wenn eine kultur- oder subkulturindustrielle Produktion und eine Modebewegung in der Wirklichkeit tatsächlich miteinander kooperieren. Was sich schon im Kino angedeutet hat, dass mehrere Produktionsformen immer enger zusammenarbeiten, aber dort immer noch mit einem verbindenden und letzten Endes holistischen Ziel, einem vereinheitlichenden Dispositiv verschiedener Mediennutzungen wie das Kino (Projektor plus *Dark Room* plus belichtetes Zelluloid plus Theaterarchitektur), ist in der Pop-Musik, begünstigt von der fugenlosen Verknüpfungsroutine ihres Hintergrunds oder Mitstreiters Fernsehen, auf die Spitze einer Offenheit getrieben worden, die lange Zeit gar nicht als einheitliches kulturelles Format anerkannt worden ist.

Pop-Musik galt lange, trotz ihrer massiv ausgestellten Intermedialität und ihrem ständigen Verwiesensein auf ein außermusikalisches Supplement, vor allem als Musik, als zeitgemäße Popularmusik. Erst Musikvideos und dann das Netz haben es evident erscheinen lassen, dass dem nie so war: Die Welt, die in den Songs vorkam, war nicht in erster Linie ihr Gegenstand, ein draußen Vorgefundenes und Erlebtes, das nun in Kunst umgewandelt wurde und so auf einer sekundären Ebene kommentiert, war ein Bestandteil der Musik und vervollständigte sie erst als kulturelles Format: ihre Fußnote, ihr Ballett, ihr Chor. Und oft war es vorgängig: aus Funk, Fernsehen und Illustrierten bekannte *Styles*, die von der Musik propagiert und performiert werden sollten, existierten oft schon vorher. Der Rock'n'Roll kam nach Deutschland zunächst als Film. *Die Saat der Gewalt* (im Original von 1955: *Blackboard Jungle*) lief ein, zwei Jahre bevor die ersten Platten im Handel waren. Die *Attitudes* waren also schon bekannt und wurden schon gelebt, bevor sie sich auf den Bühnen und in den *Jukeboxes* mit Musik verbanden. Pop-Musik hatte so, mit ihrem Erfolg zunehmend, die ständige Montage von Welt mit Artefakten zum Programm und unterschied sich in diesem Punkt entscheidend vom Kino und seinem historischen produktionsästhetischen Dispositiv: Montage. In der Pop-Musik werden nicht zwei Zeichen montiert, sondern zwei Realitätsebenen – Zeichen und Referent, Song und soziale Realität.

Das Internet liefert in mancher Hinsicht diesem Umstand den Zusammenhang nach: Produktion, Information, visuelle *Styles*, Kritik, Diskussion, Verkauf, zusammenhängende kulturelle Praktiken. All dies erscheint nicht nur im selben Format World Wide Web, was noch relativ egal wäre, denn was gäbe es dort schließlich nicht. Entscheidender ist, dass an einzelnen Adressen und durch Verlinkungen, die Komplettausstattungen ganzer subkultureller Narrative und Atmosphären an einem Ort und aus einer Hand erreichbar werden und der mediale

Zusammenhang sich schließt, dessen Nichtgeschlossenheit früher für Pop-Musik konstitutiv war. Den sie (ihre primären oder/und ihre Verwerter) aber immer – vom verfilmten Festival bis zum Video-Clip, von der *Street Culture* bis zur Pop-Messe – angestrebt hat. Daher hat dann auch in den Neunzigern, parallel zu Techno, dieser im Netz aufsuchbare kulturelle Ort als zentrale Einheit des Pop-Musik-Systems in vielen Szenen die Person des Stars abgelöst.

2. Flohmärkte und Fanzines: Die Präfigurierung der Internetkultur

Diese Beschreibung der Pop-Musik birgt natürlich eine Menge Diskussionsstoff: Wann ist denn ein Bündel unterschiedlicher kultureller und medialer Praktiken ein kulturelles Format? Und wenn man solche Formate nicht nach entweder medialen oder ästhetischen oder sozialen Kriterien unterscheiden will wie üblich, sondern nach deren signifikant neuartigem Zusammenwirken, wie will man so eine Grenze bestimmen? Ich möchte dies aber im Interesse unseres eigentlichen Themas genauso übergehen wie eine Bewertung dieser Entwicklung, die eben gegen Ende des Kulturindustrie-Kapitels eigentlich recht treffend mit dem Wort vom »Montagecharakter« der Kulturindustrie vorweggenommen wurde – und natürlich als ein extremes Niedergangsphänomen eingeführt wurde. Adorno bezeichnete so den kulturindustriellen Zwang, dass ständig alles aufeinander verweisen müsse und alle Dinge in Leben und Kultur miteinander verbunden werden wollen. Den prinzipiellen schlechten Hang zum Gesamtkunstwerk der Kulturindustrie. Ich wollte diese zweite Kulturindustrie, die vielleicht nie so zentral organisiert war, wie der Begriff Kulturindustrie suggeriert, und an der bürokratische Elemente (Fernsehen) sicher genauso beteiligt waren wie ökonomisch-industrielle, nur einführen, um auf ihre kulturellen Folgen zu sprechen zu kommen, die die Kultur des Internet in so vieler Hinsicht präfigurierten.

Hierbei handelt es sich um ökonomische, psychologische (man denke an die Kultur der individualisierten Kleinanzeigen in Szene- und Stadtzeitschriften seit den frühen siebziger Jahren) und die Kommunikationskultur (Fanzines, *Dead*-Info-Fetischismus, *Nerds*, gelockerte Umgangsformen, Chat) betreffende Folgen. Man kann vielleicht sagen, dass alles damit anfing, dass die Leute begannen, sozusagen als Link durch die Straßen zu laufen. Dass also mitten in der Periode des Mannes im grauen Flanellanzugs exzentrische junge Leute auf den Straßen zu sehen waren, die nicht aus den Gründen und vor allem nicht mit dem Material exzentrisch wurden, das früheren meist aus gehobenen bürgerlichen Schichten stammenden jungen Exzentrikern zur Verfügung stand. Diese Leute, erst Halbstarke, später *Mods* oder Gammler, hatten zwar auch weltanschauliche Gründe für ihre Kleidung und ihren Habitus, und man konnte auch diese soziologisch benennen und erklären, aber die für Erwachsene und Uneingeweihte ungekannte Präzision in der Lässigkeit, zielstrebige Genauigkeit in der informellen Kleidung, das schon früh verbreitete Wissen um richtige und falsche kaputte Kleidung, ließ doch darauf schließen, dass nicht ein beliebiges Signifikat allgemeiner Unordentlichkeit angesteuert wurde, sondern ganz bestimmte Bilder, Fotos und Filmbilder, vor allem aber Plattencover, auf die man verwies, Songs, die man vervollständigte, ja seltener auch Romane, denen man nachträglich zu einem Gegenstand verhalf: eben eher als Verknüpfung denn als Expression. Sah man im *Beat Club* von Radio Bremen eine Performance oder ein Schallplattencover konnte man wieder erkennen, auf was die jungen Leute verwiesen hatten. Oft waren diese Verweise aber noch viel subtiler, richteten sich nicht auf Stars, sondern auf Details von Pop-Produkten oder entwickelten diese in Richtung eigener Bedürfnisse weiter.

Die letzten 50 Jahre sind gekennzeichnet von einer weitgehend eigenständigen Verwaltung der aus diesem Geflecht von durch Pop-Musik markierten Erlebnisse und den Mitteln der Markierung. Die Kulturindustrie produziert immer nur ab einer bestimmten Konsensschwelle, darunter gibt es seit den frühen Siebzigern eine andere Ökonomie kleiner, aber kulturell verknüpfter Orte, die vom Spezialversand bis zur Flohmarktkultur reicht. Der legendäre *Flash Versand* aus Unterlüß schaltete erstmals in den mittleren siebziger Jahren seine Anzeigen mit endlosen Listen von individuell gepreisten Titeln aus aller Welt, Schallplatten und Büchern, die es möglich machten, jenseits vom Fachhandel den immer spezialisierteren Geschmack zu bedienen. Interessant ist es in diesem Zusammenhang sicher, dass am Anfang der Entwicklung noch *Bootlegs* und Raubpressungen standen, deren Enteignungsangriffe aufs Urheberrecht der Stars uns heute nur wieder zu vertraut sind.

Die Erfolgsstory der Nachahmer dieser Untergrund-Versandkultur, der Leute von *Zweitausendeins*, inspirierte Peter Glotz seinerzeit zu seiner Rede von den zwei Kulturen – damit eine Rede aufgreifend, die ursprünglich den kulturellen Unterschied zwischen Natur- und Geisteswissenschaftlern meinte. Dass nämlich nun aber, so Glotz, zum einen die Leute immer individueller wurden, zum anderen aber diese Individualität sich immer weniger traditioneller Künste und Geschmacksobjekte bedienen konnte und wollte, sich die neuen Lebensstile bereits aus der Verlinktheit von Erlebnis und Markierung durch Songs und Fashion-Objekte entwickelt hatte, also auf Konsum von Waren und Prä-Fabrizierten basierte, musste dazu führen, dass sich die Kulturwaren selbst veränderten: Immer noch massenproduziert, aber in kleineren Auflagen und für einen geografisch immer größeren Markt mussten sie sich anders organisieren. Handel und ständige Aufwertung älterer Produkte, wie sie seit den Siebzigern von der so genannten Nostalgiewelle namhaft gemacht wurden, ein besonderes Verhältnis zur Patina nicht von wertvollen und auratischen Einzelstücken, sondern ursprünglich massenhaft produzierten, nach-auratisierten Produkten der Kulturindustrie, trug ebenfalls zu der Individualisierung bei gleichzeitiger Herrschaft der Standards bei.

Die Versender- und Flohmarktökonomie verzweigte sich ständig, inspirierte gesteuerte nicht authentisch flohmarktartige Marketingtools in der »richtigen«, »ersten« Ökonomie und kehrte in den Achtzigern zurück auch in die Musikkultur, als die *Independent-Label*-Bewegung aus der Punk-Bewegung hervorging und überall lokale Labels anfingen in Tausender-Auflagen Singles und später auch Alben zu produzieren. Diese wurden auch nur in ihren Anfangstagen lokal distribuiert. Um 1980 konnte man in einem typischen großstädtischen deutschen Indie-Shop unabhängig produzierte Platten aus England, USA, Jamaika, Australien und Kanada kaufen. Die Auflagenzahlen der einzelnen Produkte steigen nur in seltenen Fällen, die Anzahl produzierter Titel nahm immer weiter zu, bis heute. Die damals noch einteilige globale Undergroundkultur spaltete sich im Laufe der Achtziger und Neunziger entlang diverser stilistischer, politischer und produktionsspezifischer Kriterien entlang immer weiter auf, was immerhin noch die infrastrukturelle Chance bot, die Fülle über die subsubkulturellen Spezialkanäle zu verwalten. Doch tendenziell drängte das Geschäft zum Tauschhandel: Jeder produziert und jeder konsumiert Dinge in kleinsten Auflagen.

Parallele Entwicklungen der Spezialisierungen gab es im Videobereich. Segmente wie Horror, bestimmte historische Perioden, Avantgarde, *Trash* und andere hatten eigene Infrastrukturen und Mini-Auflagen und waren ständig auf der Suche nach der nächst größeren Vertriebs- und Öffentlichkeitsform, die aber durch die für dieses Geschäft absolut tödliche tendenzielle Indifferenz gegenüber geringerer Eingeweihtheit zu veröden drohten. Das *a priori* dieser ganzen Entwicklung war ja noch immer, und das darf man nicht vergessen, die Verknüpfung von gelebtem Leben und standardisiertem Objekt. Metonymien für Intensitäten auf dem, wie *Grateful Dead* es nannten, »Dachboden meines Lebens«. Ein

Handel damit griff immer wieder durch jede Fetischisierung hindurch auf den Ernst der Existenz zu. Da durfte man nicht in den Verdacht geraten, Gemischtwarenhandlungen zu betreiben, ja überhaupt nur zu handeln. Was hier die ganze Zeit lief, war, bis zu einem gewissen Grade, eine Entdinglichung, der Versuch eine Rückverwandlung des Anteils gelebten Lebens an spezialisierten oder veralteten oder anderweitig seltsamen Kulturproduktobjekten in das Leben, das an ihnen magisch hängen sollte.

3. Kulturindustrie III:
Verbundkultur Internet/biopolitisches Entertainment

In der zu dieser Ökonomie gehörigen Kultur und nicht unabhängig von ihrer spezifischen Warenkultur veränderte sich auch das Selbstbild der Akteure, was man ebenfalls seit den frühen Siebzigern in der Prosa von Selbstbeschreibungen in Kontaktanzeigen in den ebenfalls um dieselbe Zeit entstandenen Stadtzeitschriften beobachten konnte. Ich brauche nicht zu erklären, dass das Kleinanzeigenwesen der Stadtzeitschriften und die auf ihnen aufbauende Privatökonomie mit ihren Erfolgssparten Raumpflege, *Second-Hand*-Handel und Pornografie in einem ganz emblematischen Sinne für die populäre Idee des Netzes steht. Nicht für das, was dort tatsächlich am meisten geschieht, sondern für das, was die Mehrzahl seiner Benutzer für sein kulturelles Spezifikum halten. Der Kölner Psychologe Friedrich Heubach hat in seiner Studie »Das bedingte Leben« schon in den Achtzigern notiert, wie stark sich nun auch die Leute selbst in der Prosa solcher Kleinanzeigen – insbesondere bei solchen, die Kontakte anbahnen sollen – mit bestimmten Objekten, mit Dingen identifizieren und eben auch am liebsten mit dem leicht defizitären Massenprodukt. Jeder zweite ist ein altes, kaputtes, aber solides Auto mit Herz. Oder so. Heute schwärmt eine Schauspielerin in einer aktuellen Ausgabe von *The Face* von den Freuden, ein Objekt zu sein und in Rezensionen von René Polleschs Theater kursiert die Formulierung vom »Entfremdungsgewinn«. Lassen wir einmal nahe liegende kulturkritische Reaktionen darauf beiseite, entdeckt man eine bestimmte Form von Subjektivität, die mit der Erkenntnis der Marktförmigkeit der eigenen Lebensumstände – analog zum Interesse, das Flohmarkt und Spezialistenhandel antreibt – den Kompromiss geschlossen hat, dass es sich dann eben um eine sehr besondere Art von Ware handeln müsse, eine Ware mit erstens Herz und zweitens einer individuellen Geschichte, die aber trotzdem ihre Dinghaftigkeit nicht ganz los wird.

Der Vorteil dieser Restdinghaftigkeit, ja des Kompromisses mit der Verdinglichung im Selbstbild ohne Totalflucht in eine menschelnde Ideologie, war ein verbessertes Selbstmanagement. Wir erkennen dessen blendendes Funktionieren heute in der ebenso stehenden wie mühelos fließenden Redeweise: »Ich bin ein Mensch, der...« Einerseits ein Mensch voller Würde, Einzigartigkeit und allen Attributen, die mir der Humanismus zuerkennt, andererseits aber eine bestimmte Sorte, Marke, Type, Ding. Dies ist die Standard-Haltung der Internetkommunikation. Es ist genau die Position, die es erlaubt, relativ spezialisierten Konsum, *In-Group*-Kommunikation, aber eben auch Kontaktaufnahme und Selbstdarstellung in Situationen doppelter Kontingenz wie *Chat-Rooms* zu meistern, bei denen man weder genau weiß, mit wem man es zu tun hat, noch wer man selber sozial in dieser Situation eigentlich ist.

Das Komplement des »Ich-bin-ein-Mensch,-der«-Kompromisses ist die ebenfalls von der Pop-Musik und ihren Kulturen befeuerte komplette Lockerung der Umgangsformen, bei gleichzeitiger Beibehaltung eines Unterschieds zwischen ernsten und ironischen, tiefen und flachen Momenten der Kunst und der Kommunikation. Der Umgang mit einer Kultur, in der man ständig zwischen Formaten springen muss, um Zusammenhänge leben zu können, wo sich Lebensform nicht aus Regeln, die an einem Ort und in einer Situation gelten, erschließen, sondern über Meta-Regeln, die die vielen Bestandteile des Habitus, des Sprechens, der Selektion von Wissenswertem, der Unterscheidung von wichtig und unwichtig in informellen Situationen zusammenfassen. Die Lockerung erhöht Selbstbewusstsein und verbessert das Management ausgefeilterer Individualität und vermindert gleichzeitig die Risiken, weil sie stets vorausschickt, dass auch das Wichtige zunächst mal unverbindlich und heiter anmoderiert wird. Besonders auffällig ist dies bei all den Subkulturen, von denen man eigentlich ein gewisses Pathos erwarten würde: *Gothics*, »Politisierte« und andere.

Die tiefe und breite Individualität schließlich kommt zu ihrem Recht durch den Platz, den sich die Subjekte zugestehen. Hier sehe ich in *Fanzines* und Bekenntnisliteratur nicht nur die Vorläufer von *Weblogs* und ausgetüftelten *Homepages*, sondern vor allem deren immer noch weiter geschriebener Inhalt: »Ich« nicht als Abenteurer oder Reisender, sondern »Ich« als Spezialist und Kenner meiner selbst. Anders als die Vorarbeiten der so genannten *Me-Generation*, die noch Erfahrungen machen wollte und verunsichert war und erst nach Mitteln zur Bewältigung davon suchte, präsentiert dieser Stil vor allem Ergebnisse der selbstbezogenen Forschung, Bulletins. Nach dem Muster von Plattensammlung und anderen Privatarchiven und vor allem der endlosen Listen, die alle wirklich wichtigen kulturellen Orte des Netzes ausmachen und nur von Marketing-Leuten notdürftig hinter Reklame versteckt werden, organisiert man seine Eigenschaften und Erlebnisse. Im Gegensatz zu Fotoalben sind aber auf diesen Listen nie ganze Familien zu sehen, sondern nur derselbe einzelne Typ.

Ich will mich darüber weder lustig machen, noch auf eine kulturpessimistische Diagnose hinaus. Ich spare mir nur – auch aus Zeitgründen – die detaillierte Schilderung früherer gehorsamer, disziplinierterer und auch rundum unangenehmer Subjektivitäten, die man sonst gerne einfließen lässt, um klar zu machen, dass einem der neue Zustand nicht unbedingt schlimmer erscheint als seine Vorläufer. Mir ist nur wichtig, bei der Rekonstruktion der Auffälligkeiten von Massen- und Populärkultur im Netz nicht bei der Diagnose stehen zu bleiben, das Netz habe die Entwicklungen einer medial verzweigten und sozial komplexen zweiten Kulturindustrie und ihre soziokulturellen Folgen zugleich in deren Komplexität aufgenommen und diese noch erweitert und dennoch in gewisser Weise vereinheitlicht und optimiert, weil standardisiert. Ich möchte auf die Frage hinaus, was denn die sozusagen wahre Netzkultur wäre, das, was sich jenseits von aber auch durch diese Vervollkommnung oder Vervollständigung der zweiten Kulturindustrie in der Netzkultur als unsichtbare tatsächliche Neuerung entwickelt hat. Denn dies müsste ja ebenso wie sich der Verbund Pop-Musik/Fernsehen vom Verbund Kino/Radio unterscheidet, einerseits unterscheiden, andererseits auf seinem Vorläufer aufbauen. Wenn wir sagen, dass sich in der »Kulturindustrie II« die Akteure aktiver, individueller, selbstbewusster, aber auf einer höheren Ebene noch funktionaler und auch abgefundener darstellen, dann wäre es ja eigentlich logisch, mit einer Kritik der falschen Interaktivität und der postfordistischen Ökonomie darauf hin zu argumentieren, dass sich genau diese Unterscheidung noch einmal wiederholt, dieselbe Tendenz sich noch mal steigert, beim Übergang von zweiter zu dritter Kulturindustrie, bei der es nur noch ein Mediendispositiv, das vor allem invasiv ist, gibt, das aber auch die andere Funktion, die der Öffentlichkeit und der Distribution übernimmt.

Ich denke aber, dass so eine Diagnose etwas Entscheidendes verfehlt. Es gibt auch zum World Wide Web und zum Personalcomputer und seinen Extensionen ein Komplement, so wie es eines zu Fernsehen und Radio gab. Es ist nur noch nicht so sichtbar. Es ist noch kein vollständiges kulturelles Format wie die Pop-Musik und ihre intermediale Verknüpfung aus Ware, Musik und Leben. Zum Untergang der Schallplattenindustrie fällt vielen vor allem immer wieder nur ein, daran zu erinnern, dass wir in eine immaterielle Ökonomie eingetreten seien, dass es nicht mehr um Objekte, sondern um Zugänge ginge, wie es vor ein paar Jahren den Stand der Web-Debatten in der Welt außerhalb davon, genannt Feuilleton, prägte. Aber eine Ökonomie der Zugänge und der immateriellen Produkte ist bei aller Virtualisierung in einem wesentlichen Punkte zutiefst unvollständig und bedarf einer komplementären wie supplementären Veranstaltung noch viel mehr als der standardisierte Fernsehnachrichtensprecher der sexuell ambiguen Schminke und des Hüftschwungs eines Elvis bedurfte und die schnarrende Verlautbarung des Radios des Westernhelden.

Dass die Musik die Entwicklungen der Netzkultur als erstes betreffen sollte, wurde schon in den frühen neunziger Jahren oft bemerkt und führte zu der Idee etwa von Leuten wie den MacherInnen der *de:bug*, eine Zeitschrift für »elektronische Lebensaspekte« zunächst als Musikzeitschrift zu gründen. An der gegenwärtigen Lage der Musikindustrie ist nicht wirklich das prekäre Urheberrecht an Datensätzen, die sich als Musik abspielen lassen das Problem, sondern dass der Wert dieser Datensätze seine Zentralität als Musikobjekt auch ohne Netzkultur und Digitalisierung im konzeptuellen Gefüge der Pop-Musik längst eingebüßt hat: Es geht ja nicht wirklich um einen *Track* an und für sich, deswegen ist es konsequent und ergibt sich auch völlig ohne die technische Unterstützung der Digitalität und des genialen Konzepts der Tauschökonomie daraus, dass visuelle und performative Dimensionen immer wichtiger wurden. Die eigentliche Rarität, der viel wichtigere Produktanteil sind einerseits Gestaltung, gestalterische Moden, Logo-Kultur und unmittelbar aus der Warenform abgeleitete Kommunikationsbeschleuniger, die für den Fetischcharakter sorgen. Diese Metonymie kann aber die Musik immer mehr verlassen oder sich vor allem lockerer mit der Musik verbinden, ohne die emphatische Verbindung, die in der Werkkategorie auf der einen Seite und dem Bild-Ton-Charisma-Verbund Schallplatte andererseits steckte und nun überholt wurde.

Der andere, der performative Bestandteil ist indes noch größer und wird für den neuen lockeren und dennoch umso wirksameren Verbund von Künsten zu einem kulturellen Format wie es die Pop-Musik eines war, noch eine entscheidendere Rolle spielen: die Bio-Politik der Charisma-Produktion, die postpornografischen Entwicklungen und Kategorien beim *Engineeren* von *Sexyness*-Dispositiven. Diese neue Verbund-Kultur wird schnell vom World Wide Web Verknüpfungsgeschick und -techniken lernen, seine Grenzenlosigkeit wird von Computerspielen und ihren Zusammenhangsbildungen profitieren, aber es wird genauso wie die Pop-Musik zu einem großen Teil *outdoor* und unter abenteuerlichen Bedingungen stattfinden, im Register von Spielen, Abenteuern und Erlebnisindustrie. Aber es wird auch subkulturelle Varianten davon geben, Versuche, Gesellschaft, wie wir sie kennen, zu verlassen. Ein solches Komplement ist zurzeit nur in Moduln sichtbar, die unsere ganz normale Medienlandschaft bevölkern: biopolitische Shows, in denen Menschen »so sein sollen, wie sie sind«, Mobilisierung von Alltagstalent, aber auch neue Disziplinierungsstandards, die unsere Gesellschaft heutzutage wieder ziemlich unwidersprochen schluckt.

Es wird aber – und dafür braucht es subkulturelle Besetzungen dieses biopolitischen Entertainments – nötig sein, dass ein neues Kulturformat, das das Netz zur »Kulturindustrie III« vervollständigt, nicht von oben verhängt oder organisiert wird, sondern sich sozusagen autochthon aus der elektronischen Kultur erhebt: eine Mischung aus Underground-Techno, *Deutschland sucht den Superstar*, *New Age*, Tribalismus und Geländespiel. Also das Potenzial des *Burning Man* als Erlebnisergänzung zu Wissenskultur und Verknüpfungseleganz des World Wide Web. Musste ich vorhin ein wenig bremsen gegen die Möglichkeit, nur kulturpessimistisch verstanden zu werden, ist hier vielleicht das Gegenteil angezeigt, weil der für das Verständnis meines Modells nötige Eifer beim Ausmalen mit Euphorie verwechselt werden könnte. Denn dieses Bio-Entertainment kann natürlich ganz schön grauenhaft werden.

Nun habe ich über das Tagungsthema der Interaktivität und ihrer Grenzen bisher nur indirekt gesprochen, daher möchte ich zum Schluss noch einen Versuch machen, das Vorgetragene in die Sprache des Tagungstitels einzutragen: In dem kulturellen Format Pop-Musik und der ihr zugehörigen Kulturindustrie bewirkt dessen interne Verknüpfungslogik, verursacht durch die konstitutive Unvollständigkeit ihrer Warenangebote, ihre Ergänzungsdürftigkeit durch Eigenaktivitäten der Konsumenten eine Art Interaktivität ohne interaktive Medien: Die interaktive Tätigkeit äußert sich in der aktiven Verknüpfung unterschiedlicher kultureller Praktiken und so der Gründung von Format stiftenden Zusammenhängen. Und erst dieses Interagieren von Produzenten und Konsumenten vervollständigt das Genre Pop-Musik. Heute, nach der Durchsetzung des World Wide Web zeichnet sich etwas anderes ab: Aus routinierten Verknüpfungskulturen, die nun aber auch medial gestützt sind und über interaktive Medien verfügen, entsteht eine Art »Interaktivität zweiter Ordnung« – das Zusammenwirken und sich gegenseitig Interpretieren von Computerspiel und radikalem Event, von Bergsteigen und Grenzerfahrung mit der ganz normalen interaktiven Medienkultur des Netzes, von Piercing und Programm. Noch sind wir nicht einmal in den Sechziger Jahren der Netzkultur oder einer Kultur der Interaktivität angelangt.

Die Gesellschaft im *Ad-hoc*-Modus – dezentral, selbst organisiert, mobil

Armin Medosch

In diesem Artikel wird spekulativ gefragt, ob die westlichen Gesellschaften im Begriff sind, Selbstorganisation im *Ad-hoc*-Modus als vorherrschendes Organisationsprinzip zu adaptieren. Können mobile und drahtlose Medien gezielt für ein Projekt der von unten kommenden Erneuerung der Demokratie eingesetzt werden? Und können partizipative und die Gruppenbildung fördernde Medien das Paradigma des Konsums und der *Broadcast*-Medien überwinden helfen?

Die Praxis der freien Funknetze und die von dieser abgeleitete Abstraktion der Netzwerk-Allmende liefert den Ausgangspunkt für einen positiv besetzten Entwurf der *Ad-hoc*-Gesellschaft als einer, die ihre Regeln selbst erfinden und beständig in Frage stellen kann.

Die Inspiration für die Idee und den Titel dieses Artikels stammte ursprünglich aus der technischen Domäne. Funknetze auf WLAN-Basis verfügen über zwei Betriebsarten, den Infrastrukturmodus, wobei ein Knoten die Kommunikation im gesamten Netz steuert, und den *Ad-hoc*-Modus, wobei jeder Knoten gleichwertig mit jedem anderen ist und als Router den Empfang und das Weiterleiten von Daten besorgt. Solche dynamisch sich selbst konfigurierenden Netzwerke im *Ad-hoc*-Modus benötigen keine Infrastruktur und keine zentrale Steuerung. Darüber hinaus gebrauche ich den Begriff *Ad-hoc*-Modus in einem Sinn, der nicht im Begriff selbst enthalten ist, sondern die Idee von Selbst-Organisation mit einbezieht.

Auf gesellschaftlicher Ebene spricht man von *Ad-hoc*-Organisation, wenn Maßnahmen oder Institutionen (Komitees, Arbeiterräte, etc.) speziell zu einem bestimmten Anlass geschaffen werden. *Ad-hoc*-Organisation wird vor allem im Krisenmanagement und in sozialen Umbruchsphasen angewandt. Dies kann zum populistischen Polit-Aktivismus ausarten, wenn auf tagesaktuelle Ereignisse mit Gesetzesentwürfen geantwortet wird, die historisch konsolidierte Prinzipien umwerfen.

Formen von *Ad-hoc*-Organisation finden sich im ganz normalen Wirtschaftsleben. Seit geraumer Zeit bemüht sich die Wirtschaft, Formen der *Top-Down*-Organisation durch *Bottom-up*-Organisation zu ersetzen. Dabei handelt es sich um lokales Selbst-Management von Arbeitsgruppen oder Unternehmensteilen, das zwar dem übergeordneten Unternehmenszweck dient, wobei die Gruppe bei der Wahl der Mittel zur Umsetzung von Zielen über größere Freiheit verfügt, als es in traditionellen bürokratisch-kapitalistischen Organisationen der Fall war. Eine solche Form von Selbst-Regulierung tastet jedoch den übergeordneten Rahmen gesellschaftlicher Macht nicht an.

In der Wissenschaft werden manchmal *Ad-hoc*-Interpretationen eingesetzt, was dann gemacht wird, wenn Experimente oder Beobachtungen nicht mit einer dominanten Theorie in Einklang zu bringen sind. Anstatt einen alternativen theoretischen Ansatz zu finden, versucht man so Widersprüche einfach wegzuerklären.

1. Techno-Utopismus

Kritische Leserinnen könnten bereits nach den ersten Absätzen den Eindruck gewonnen haben, dass einmal mehr versucht wird, ein techno-utopisches Luftschloss aufzubauen. Techno-Utopismus ist eine Leitmotiv der westlichen Gesellschaft. Seit mehr als 500 Jahren assoziieren wir Fortschritt mit »der unlimitierten Ausdehnung der rationalen Beherrschung der Welt« (Castoriades 1997a: 236)[1]. Den Naturwissenschaften wird unter der Annahme, dass ihr Gegenstand »objektive Naturgesetze«[2] seien, deren Beherrschung in den Dienst wirtschaftlicher Expansion gestellt wird, eine gesellschaftlich privilegierte Rolle eingeräumt. Der ideologische Charakter von Wissenschaft unter den Bedingungen des Neokapitalismus wurde zwar längst erkannt und von kompetenten Kritikern analysiert, hält sich aber hartnäckig und nimmt Züge einer dogmatischen Glaubenslehre an.

Medien, verstanden als Technologien der Speicherung und Übertragung von Wissen, wird die Eigenschaft zugeschrieben, als isolierter Faktor – als gäbe es

---

1 Castoriadis fährt hier und auf der nächsten Seite fort, die unbegrenzte Expansion der »Produktivkräfte«, des »Fortschritts« usw. mit den institutionellen Formen der Wirtschaftsunternehmen, des bürokratisch-hierarchischen Apparates, der Parteien und Staaten in Verbindung zu bringen. Er beschreibt den irrationalen Ursprung dieser Fixierung auf Rationalität, die er als Pseudo-Rationalität entlarvt, als eines der Grundübel der kapitalistischen Gesellschaften.

2 Aufbauend auf der Arbeit von Thomas Kuhn (1962, 1996) zeigt Paul Feyerabend (1973, 1996) die Inkonsistenz der wissenschaftlichen Methode auf. Insbesondere das Prinzip von Wissenschaftlichkeit als die Übereinstimmung einer Theorie mit beobachteten Fakten wird von Feyerabend als inkonsistent dargestellt.

weder Geschichte, Ideologien, dominante Strata der Gesellschaft und deren Interessen und Machtausübung – gesellschaftlichen Wandel herbeiführen zu können. Die Erfindung neuer Kommunikationstechnologien löst jedes Mal eine Explosion an »Theorien« aus, inwiefern sie nun die gesellschaftliche Entwicklung nicht nur stark beeinflussen, sondern sogar grundlegend reformieren würden. Die drahtlose Funktechnologie, Radio, Fernsehen und zuletzt Computer und das Internet dienten in den vergangenen 100 Jahren als Inspirationsquellen und Hoffnungsträger für soziale Revolutionen. Zu kritisieren ist dabei nicht die Idee, dass diese Technologien sozialen Wandel herbeiführen, sondern wie die Verbindung zwischen neuer Technologie und gesellschaftlicher Veränderung vorgestellt wird (Medosch 2004). Der menschliche Faktor wird dabei mehr oder weniger ausgeschlossen und gesellschaftlicher Wandel als direkte Funktion der Technologien interpretiert – die Denkfigur eines vulgären Techno-Determinismus, der leider nur schwer auszurotten ist. Gerade erst sind die Internet-Utopien als letzte Verkörperung des Techno-Utopismus wie ein Faschingskracher explodiert und haben außer Konfetti und leeren Champagnerflaschen von *Dotcom*-Gründungsparties nicht viel zurückgelassen.

Im Gegensatz dazu vertrete ich die Auffassung, dass sozialer Fortschritt tatsächlich Resultat des Umgangs mit Kommunikationstechnologien sein kann. Dabei betone ich den Gebrauch des Wortes »Umgang mit« zum Unterschied von der »Nutzung von«, weil sich mit diesem Begriff besser verdeutlicht, dass es sich um eine menschliche Tätigkeit handelt, z.B. in Form von Arbeit. Dieses Tätig-Sein ist aber nicht auf rein zweck- und bedürfnisorientiertes Handeln reduzierbar. Es ist in konkrete historische Zusammenhänge eingebunden und folgt bestimmten Zielvorstellungen. Letztere wiederum bilden sich aus einer Kombination mannigfaltiger Bestrebungen, Wünsche, Bedürfnisse und Orientierungen.[3] Das Gemeinwesen entwickelt einen spezifischen Umgang mit Technologie auf der Basis solcher gebündelten Orientierungen. Aus der Kombination von Technologie und gesellschaftlichen, also letztlich auch politischen Entscheidungen entsteht ein »Projekt«. Später wird die Netzwerk-Allmende als signifikantes Projekt in diesem Sinn vorgestellt und mit den kommunikationstechnologischen Projekten der Industrie verglichen.

---

3 Castoriadis würde an dieser Stelle vom »Magma der radikalen sozialen Imagination« sprechen. Siehe z.B. Castoriadis 1997d.

2. Selbst-Organisation

Der Begriff Selbst-Organisation wird häufig in der Physik und Molekularbiologie verwendet und dabei als eine Anordnung von Teilen zu einem größeren Ganzen verstanden, ohne dass ein zugrunde liegender Bauplan oder Regelmechanismus erkennbar wäre. Auf gesellschaftlicher Ebene ist mit dem Thema Selbst-Organisation die ganz grundsätzliche Frage der Regierungsform verbunden. Spätestens seit den sechziger Jahren wurde die derzeit praktizierte Regierungsform der repräsentativen Demokratie durch den Ruf nach basisdemokratischer Selbstverwaltung herausgefordert. Wie das genau aussehen soll, blieb jedoch häufig im Dunkeln. Eines der wenigen schlüssig erscheinenden Konzepte für die Selbst-Organisation entwickelte der Philosoph, Psychoanalytiker und politische Aktivist Cornelius Castoriadis.[4]

Im Zentrum seiner Überlegungen steht die Autonomie (Selbstbestimmtheit) im Gegensatz zur Heteronomie (Fremdbestimmtheit). Selbst-Organisation erschöpft sich für ihn nicht in der Frage nach einem besseren Organisations- oder Managementprinzip, sondern dient als Prinzip für »die permanente und explizite Selbst-Institution der Gesellschaft; (...) ein Zustand, in dem die Kollektivität weiß, dass ihre Institutionen ihre eigene Kreation sind und wobei sie im Stande ist, sie als solche zu betrachten, sie zu hinterfragen und erneut zu transformieren.« (Castoriadis 1997a: 30) Laut Castoriadis greift ein Demokratieverständnis zu kurz, das Demokratie auf das regelmäßige Abhalten von Wahlen reduziert. Der Erfolg der liberalen Demokratien beruhe ebenso auf dem Vorhandensein eines bestimmten Menschentyps, der demokratische Werte verinnerlicht hat – Politikerinnen, Journalistinnen, Beamtinnen, Lehrerinnen, usw. – und auf der Fähigkeit der Gesellschaft, positive Werte aus der »radikalen kollektiven Imagination« zu produzieren.

Mit anderen Worten, Demokratie kann nicht als Gegebenes vorausgesetzt werden, die Annahme »es steht im Grundgesetz, also ist es so« funktioniert

---

4 Cornelius Castoriadis beteiligte sich 1944 am versuchten kommunistischen Staatsstreich in Griechenland, wurde durch diese Erfahrungen aber zum Gegner des Stalinismus und ging nach Frankreich. Dort schloss er sich den Trotzkisten an, wandte sich aber bald wieder wegen deren autoritärer Tendenzen von diesen ab und gründete die Gruppe und gleichnamige Zeitschrift *Sozialismus oder Barbarei*. In der Arbeit mit dieser Gruppe entwickelte er seine Ideen von Selbst-Organisation, u.a. am Beispiel wilder Streiks. Als einer der ersten radikalen Sozialisten im Frankreich dieser Zeit kritisierte er öffentlich den Stalinismus, veröffentlichte aber auch kritische Anmerkungen zum historischen Determinismus bei Marx.

nicht. Demokratie muss immer neu geboren, immer neu mit Inhalt gefüllt werden. Dieser Prozess der ständigen Erneuerung der Demokratie ist laut Castoriadis (und vielen anderen Gesellschaftstheoretikern) historisch verwirklicht worden, indem revolutionäre Bewegungen die Machthabenden konstant herausgefordert, das System in Krisen gestürzt und damit zur Erneuerung gezwungen habe. Diese soziale Dynamik sei jedoch in den siebziger Jahren zum Stillstand gekommen. In den letzten zwei, drei Jahrzehnten ginge es »nur« mehr um Partikulärinteressen, wie etwa Umweltbewegung, Frauen, Lesben und Schwule und andere Minderheiten. Castoriadis sagt damit nicht, dass der Kampf für diese Einzelinteressen nicht kämpfenswert und dass Fortschritte auf diesen Gebieten nicht begrüßenswert wären, sondern dass die Schattenseite dessen sei, dass es keine gesamtgesellschaftliche Dynamik mehr gebe, die das Wesen und den Charakter der gesamten Gesellschaft zum Inhalt habe.[5]

3. Technologischer und sozialer Fortschritt

In Anlehnung an Castoriadis begänne sozialer Fortschritt bei der Entwicklung der einzelnen Menschen und erfolgte nicht nach von außen auferlegten Kriterien, sondern aufbauend auf den Fähigkeiten und Möglichkeiten jedes Einzelnen in einem Prozess der aktiven ethischen Selbstreflexion. Nur auf der Basis einer solchen Entwicklung kann es kollektiv, auf gesellschaftlicher Ebene, zu einer sinnvollen Entwicklung kommen, zu sozialem Fortschritt. Ein Merkmal solchen Fortschritts ist meines Erachtens, wie gesellschaftliche Konflikte und Probleme gelöst werden, ob auf zivilisierte Art und Weise, durch politische argumentative Auseinandersetzung, durch Meinungsbildung, Diskussion, Abstimmungen, oder ob man wieder Fabriken besetzen muss, wie es etwa in Argentinien in den letzten Jahren geschehen ist. Ein weiteres Merkmal wäre, welche positiven Werte die Gesellschaft hervorzubringen im Stande ist; positiv hier nicht als moralisch gut oder schlecht, sondern im Sinne von Werten als ethische Setzungen vor einem säkularen, freien, selbst gewählten Hintergrund; d.h. also weder von einem religiösen noch ideologischen Dogma beeinflusst. Derzeit herrscht, um es vorsichtig zu sagen, eine unterschiedliche Entwicklungsgeschwindigkeit auf techni-

---

5 Diese letzten Sätze wurden sehr frei paraphrasierend und zusammenfassend formuliert und beziehen sich auf verschiedene Absätze und Artikel im von David Ames Curtis heraus gegebenen Castoriadis-Reader, insbesondere auf Castoriadis 1997b und c.

schem und sozialem Gebiet. Während die Technologie laufend neue Erfolge feiert, häufig als »Revolutionen« bezeichnet, ist es zweifelhaft, ob wir in sozialer Hinsicht irgendwelche Fortschritte aufzuweisen haben.

4. Der Nährboden technologischer Entwicklung

Der Technologie wird zwar die Fähigkeit zugeschrieben, die Welt zu verändern, doch der Nährboden der Entwicklung der Technologie wird häufig ausgeblendet. Neue Technologien fallen nicht einfach vom Himmel, sie werden von Menschen produziert, in einem konkreten sozio-historischen Kontext. Die technologische Entwicklung erfolgt nicht im Namen der Demokratie sondern unter den Vorzeichen des Kapitalismus, was häufig vermischt oder automatisch gleichgesetzt wird. Das bedeutet, dass neue Technologien primär der wirtschaftlichen Expansion dienen sollen (neben jenen, die für militärische Zwecke dienen oder primär als Herrschaftsinstrumente gebraucht werden). In diesem Sinne ist Technologie alles andere als bloß neutrales »Werkzeug«, wie leider viel zu oft behauptet wird. In den Entscheidungen, welche Formen von Grundlagenforschung betrieben werden und welche Technologien am Ende auf den Markt kommen, drückt sich ein soziales Wollen aus – hier kommt wieder Castoriadis' kollektives soziales Imaginäres ins Spiel, was erwähnt sein soll, um einer rein soziologischen Deutung vorzubeugen. Technologien können als Ausdruck sozialer Beziehungen verstanden werden – eine nahezu vollkommen automatisierte Fabrik drückt beispielsweise andere soziale Beziehungen aus als eine Werkstätte von Kunsthandwerkern. Technologien können darüber hinaus als Metaphern gelesen werden, als diskursiv eingesetzte Denkfiguren.[6]

5. Der *Ad-hoc*-Modus im Krisenmanagement

Der *Ad-hoc*-Modus kann nicht automatisch mit basisdemokratischen Prinzipien und Selbst-Organisation assoziiert werden. Auch auf höchster Regierungs-, Fi-

---

6 In diesem Sinne behandelt Paul N. Edwards die Geschichte des Computers aus dem Denken des Kalten Krieges heraus, dessen »geschlossenen Räumen« (*closed worlds*) im geografischen, politischen und diskursiven Sinn. Vgl. Edwards 1997.

nanz- und Wirtschaftsebene wird im *Ad-hoc*-Modus gearbeitet, wie spätestens seit der asiatischen Finanzkrise 1998 klar geworden ist. Damals sahen sich Währungsbanken, institutionelle Anleger und Regierungen mit dem Problem der »Ansteckung« konfrontiert. Das Platzen einer lokalen Spekulationsblase in Thailand, die sich überwiegend auf den Immobiliensektor beschränkte, riss zunächst die thailändische Währung in den Abgrund und begann danach eine nach der anderen der asiatischen »Tiger-Ökonomien« zu erfassen. Investoren erkannten strukturelle Ähnlichkeiten mit dem thailändischen System und entzogen den Volkswirtschaften dieser Länder das Vertrauen. Spätestens als dieser »asiatische Virus« im Finanzsystem auch auf Russland und Brasilien über zu springen drohte, schrillten in Washington, New York, London, Paris und Frankfurt die Alarmsirenen. Die internationale Gemeinschaft der Banker und Finanzminister reagierte durch eine Serie von Meetings, meist unter dem Dach der G7/8, um der drohenden globalen Finanzkrise einen Riegel vorzuschieben. Diese *Ad-hoc*-Meetings im kleinen Kreis der führenden Experten der mächtigsten Industrienationen entbehren jedoch jeder rechtlichen Grundlage auf der Ebene des internationalen Rechts. Die G7/8 ist selbst eine *Ad-hoc*-Organisation, ein Club der reichen Länder, zu dem man nur auf Einladung aufgenommen werden kann. Zu den G7/8-Meetings der Regierungschefs und Finanzminister werden häufig auch Technokraten aus den Direktorien der Notenbanken, vom Internationalen Währungsfonds, der Weltbank und der Öffentlichkeit kaum bekannten Organisationen wie dem Pariser Club, ein Gremium von internationalen Kreditgebern für Staaten, eingeladen. Diese Treffen finden gewöhnlich hinter verschlossenen Türen statt. Weder Journalisten (mit Ausnahme der Lobby-Journalisten einiger weniger Agenturen), noch zivilgesellschaftliche Organisationen noch Vertreter der so genannten Dritten Welt haben normalerweise Zugang zu diesen Meetings, bei denen Wirtschaftsthemen, die im Grunde eminent politisch und von globaler Bedeutung sind, behandelt werden.

Der Verweis auf das globale Finanzsystem sollte zugleich verdeutlichen, dass ein Zusammenhang zwischen telematischen Netzen und internationaler Politik besteht. Erst das Vorhandensein von Computernetzen, auf denen das globale Finanzsystem beruht, ermöglichte das Entstehen unmittelbar wirksamer Beziehungen auf einem globalen Spielfeld der Finanz-Spekulation, die Beschleunigung und Mobilisierung des Kapitals, wodurch die einzelnen nationalstaatlichen Regierungen immer weniger Handlungsspielraum bei der Lenkung der Volkswirtschaften haben. Die G7/8-Meetings sind einerseits ein Produkt der Globalisierung, entstanden als Antwort auf globale Wirtschaftsfragen, andererseits wurden sie zunehmend zum Motor der wirtschaftlichen Globalisierung.

6. Protestbewegung im *Ad-hoc*-Modus

Der Umstand, dass die wichtigsten Entscheidungen zur Steuerung der globalen Wirtschaftspolitik allem Anschein in solchen elitären Zirkeln getroffen werden, die weder transparent sind, noch demokratischer Kontrolle unterworfen und damit dem Zwang, Rechenschaft abzulegen, ist einer der Hauptkritikpunkte der globalisierungskritischen Bewegung. Seit Jahren versammelt sich eine Protestbewegung anlässlich aller wichtigen G7/8-Meetings, die keiner einheitlichen politischen Richtung zuzuordnen ist, sondern sich aus mannigfaltigen Interessensgruppen zusammensetzt, von indischen Bauern, die sich gegen die Verpflichtung zum Erwerb genetisch manipulierten Saatguts wehren, bis hin zu Gewerkschaftsgruppen und basisdemokratischen und anarchistischen Gruppen der verschiedensten Ausrichtungen. Anlässlich des Treffens der Welthandelsorganisation zur Einleitung der so genannten Millenniumsrunde in Seattle 1999 erreichte die Protestbewegung erstmals kritische Masse mit mehr als 50.000 Teilnehmerinnen. Wohl wissend, dass ihre Anliegen, Einstellungen und Ziele von den etablierten Medien, wenn überhaupt, dann nur grob verzerrt wiedergegeben werden würden, organisierten die Protestierenden die Einrichtung eines unabhängigen Medienzentrums (engl. Independent Media Centre, IMC), woraus das mittlerweile weltweit agierende Netz von *Indymedia*-Websites und -Gruppen entstehen sollte. Die Bilder, O-Töne und Texte, die von *Indymedia* während der Demonstrationen in Seattle ins Netz gestellt wurden, trugen wesentlich dazu bei, die offizielle Medienversion der Demonstranten als gewaltbereit und thematisch unfokussiert zu entkräften und einen Stimmungsumschwung herbeizuführen, so dass plötzlich exzessive Polizeigewalt im Mittelpunkt stand.

Seither verschanzen sich Politiker und Technokraten bei G7/8-Treffen und ähnlichen Anlässen hinter immer stärkeren Polizeiaufgeboten, hohen Zäunen und Ausschlusszonen. Diese Schutzwälle wurden aus der Sicht der Protestierenden zum Symbol der Trennung zwischen Regierenden und Regierten. Zum G8-Gipfel in Genua im Juli 2001 kamen mehr als 300.000 globalisierungskritische Demonstranten. Damals kam es zum tragischen Tod des Demonstranten Carlo Giuliani, der durch eine Kugel, die offenbar von einem jungen Carabineri abgefeuert worden war, in den Kopf getroffen wurde.[7] In Genua stürmten Polizeieinheiten das Gebäude, in dem *Indymedia* untergebracht war, verprügelten die Anwesenden und konfiszierten Computer und Videokassetten. Die Vorfälle haben ein bis heute nicht beendetes gerichtliches Nachspiel, wovon sowohl *Indymedia*-MitarbeiterInnen als auch Mitglieder der Sicherheitskräfte betroffen sind. Die Regierung Berlusconi versucht seither *Indymedia* in Italien als linksextremistisches Medium zu dämonisieren. Seit diesen Vorfällen finden G7/8-Treffen an immer abgeschiedeneren Orten statt, zuletzt auf *Sealand*, einer hermetisch abgeriegelten Insel vor der Küste des amerikanischen Bundesstaats Georgia.

Die globalisierungskritische Bewegung verwendet das Internet zur Kommunikation, Organisation und Mobilisierung. Als Bewegung ohne erkennbares Zentrum kommt ihr der *Ad-hoc*-Modus entgegen, nicht nur auf technischer Ebene. Bei den Demonstrationen selbst wird versucht, die Aufmerksamkeit der Sicherheitskräfte zu zerstreuen und sie durch eine Vielzahl spontaner Aktionen von häufig karnevaleskem Charakter zu überlasten und die mediale Aufmerksamkeit auf diese Punkte hinzusteuern, wo die organisierte Staatsmacht zerfällt oder sich durch Überreaktionen selbst desavouiert. D.h. auch die Technik des Protests selbst ist eine *Ad-hoc*-Technik, was nicht wirklich neu[8], aber dennoch hervorhebenswert ist.

7. Die Krise der Demokratie

Die hysterische Reaktion der Staatsmacht auf die Erfolge der globalisierungskritischen Bewegung ist Indiz dafür, dass sich Regierungen und deren Expertokratie tatsächlich herausgefordert fühlen. Auffallend ist, dass sich beide Seiten scheinbar einig sind, dass die Angelpunkte der Repräsentation demokratisch legitimierter Macht nicht mehr am klassischen Hort der Demokratie, dem Parlament, zu finden sind. Die Demonstranten ziehen nicht mehr vor die Parlamente oder Rathäuser, weil es offenbar sinnlos wäre, dort zu protestieren. Die Regierenden ver-

---

7 Ich sage das deshalb so umständlich, weil es eine andere Version des Vorfalls gibt, derzufolge noch ein anderer Schütze im Spiel gewesen sein könnte. Dieser Verschwörungstheorie wird durch einen mysteriösen Autounfall des vermeintlichen Todesschützen Nahrung gegeben, bei dem dieser beinahe ums Leben gekommen wäre.

8 Spätestens seit Mai 1968 mit Slogans wie »Unter dem Pflaster liegt der Strand« werden fantasievolle und künstlerische Formen des Protests angewandt.

schanzen sich hinter der Legitimation, demokratisch gewählt worden zu sein und hinter mächtigen Sicherheitsapparaten. Dieser Umstand, dass sich beide Konfliktparteien von dem Ort entfernen, der traditionell als das Zentrum der Demokratie galt, illustriert, dass sich die Gesellschaft zum Teil bereits im *Ad-hoc*-Modus befindet. Dies kann zugleich als Symptom für die Krise der Demokratie ebenso wie der politischen und medialen Repräsentation gelesen werden. Beide Seiten buhlen um die Aufmerksamkeit der Medien, wobei jede Seite ihre eigenen Medien bemüht, den *Mainstream* der bürgerlichen Presse einerseits und *Indymedia* und verwandte Projekte andererseits. Diese Entwicklungen zeigen auf die Ambiguität des *Ad-hoc*-Modus als politischer Organisationsform, der sowohl von den neoliberalen Eliten als auch von ihren Kritikern und Gegnern angewandt wird. Der *Ad-hoc*-Modus wird nicht als grundsätzlich anstrebenswerte Organisationsform gepriesen, sondern als, möglicherweise notwendige, Reaktion einer Gesellschaft in der Krise und im Umbruch dargestellt.

8. Das Internet als Trainingsplatz der *Ad-hoc*-Gesellschaft

Die technische und kommunikative Zweiwegstruktur des Internet ermöglicht es, aus dem Schema der *Broadcast*-Medien auszubrechen. Diese produzieren ein Schema der Kommunikation, in dem die Seherinnen als Konsumentinnen vorgestellt werden, deren scheinbare Bedürfnisse sie zu befriedigen suchen. Dabei sind die Seherinnen einer vom Sender ausgehenden Einwegkommunikation ausgesetzt, es existiert kein adäquater Rückkanal.[9] Das Problem ist dabei nicht nur die rein technisch-kommunikative Eigenschaft dieses Schemas, Einwegkommunikation aufzubauen; problematisch sind vielmehr die sozialen, psychologischen und, nicht zuletzt, ökonomischen Beziehungen, die zwischen zentralem Sender und Zuschauern aufgebaut werden. Das Publikum ist Teil einer geschlossenen Kommunikationsanordnung, die sie nicht nur informiert oder unterhält, sondern die in einem gewissen Sinn auch die Produktion des Publikums als solches mit umfasst – von der »Fernsehfamilie« der siebziger Jahre zu den hyperaktiven Singles von

---

9 Ich sage adäquat, denn es gibt durchaus Rückkanäle oder Feedback-Möglichkeiten, vom Anruf bei der Studiodiskussion, der Abstimmung bei *Big Brother* bis hin zu den Quotenerhebungen und anderen Instrumenten der Medienmarktforschung. Aber auch diese Rückkanäle wurden von den Sendern etabliert, nach ihren Wünschen und Bedürfnissen eingerichtet und die Ergebnisse dieser Erhebungen werden von ihnen ausgewertet.

heute. Dieses Schema wird von den privaten ebenso wie von den öffentlich-rechtlichen Sendern angewandt, unabhängig davon, ob an der einen Stelle vielleicht noch ein wenig mehr journalistische Ethik vorhanden ist als an der anderen.

Das Internet, mit seiner stark verteilten Netzwerk-Topologie, ermöglicht die technisch gleichberechtigte Zweiwegkommunikation zwischen Einzelnen und Gruppen, ohne dass diese von einem Punkt sozialer Kontrolle aus gesteuert werden könnte. Steuerungs- und Kontrollmöglichkeiten gibt es allerdings auch im Internet. Dieses ist weniger dezentral und hierarchieflach, als es in den Zeiten der Internet-Euphorie geheißen hatte. Allein schon deshalb wird das Internet nicht als Allein-Heilmittel gepriesen. Mit dem Schritt von der Aus-Taste an der Fernbedienung zur Maustaste im Internet werden nicht automatisch die Einflüsse von 70 Jahren *Broadcast*-Medien und anderer gesellschaftlicher Signifikatoren abgestreift. Es wird nicht behauptet, dass die Kommunikation im Netz automatisch zu einer Erneuerung der Demokratie führen würde, indem nun alle die virtuellen Gemeinschaften entdecken und sich an diesen beteiligend partizipative und basisdemokratische Bewegungen gründen, was unmittelbar und unausweichlich zu einer Erneuerung der Demokratie im Westen führen würde. Ich betone das mit Nachdruck, denn solche Fähigkeiten wurden dem Internet schon in dessen Startphase zugeschrieben und kursieren auch heute noch. Indem der medialen Kommunikation als isolierter Faktor die Macht zugeschrieben wird, sozialen Wandel herbeizuführen, folgt man einmal mehr dem techno-deterministischen Utopie-Gedanken und fetischisiert technologische Kommunikationsmedien.

Allerdings bietet das Internet schon das Potenzial, dem sozialen Fortschritt förderlich zu sein, indem, wie oben beschrieben, daraus ein »Projekt« gemacht wird.

Neben dem reinen Zugang zu Information und Bildungsgütern ist die wichtigste Eigenschaft des Netzes, der Bildung sozialer Gemeinschaften zuträglich zu sein, indem die Gruppenbildung grundsätzlich ermöglicht und von den Eigenschaften des Mediums begünstigt wird. Die verteilte, maschenartige Struktur des Netzes macht es möglich, dass Interessensgemeinschaften miteinander Gruppenkommunikationen in verschiedenen Konstellationen aufbauen können. Wie diese Eigenschaft genutzt wird, zeigt sich an einem breiten Spektrum von Internet-Gemeinschaften: Bereits erwähnt wurde die globalisierungskritische Bewegung, aber auch etabliertere zivilgesellschaftliche Organisationen, Hobby-Gemeinschaften, Lobbies, politische Aktivisten der verschiedensten Richtungen, ob links, rechts oder der biegsamen Definition der Mitte zugehörig, sie alle finden im Netz einen (vorübergehend, noch) freien Kommunikationsraum. Egal was man tut, es zählt heute zum guten Ton bei der Gründung eines Projekts zuerst einmal eine Mailingliste einzurichten, neuerdings kommt dazu auch noch ein *Wiki* (eine webbasierte Online-Plattform zur geografisch verteilten Zusammenarbeit). Diese Werkzeuge der Online-Kollaboration dienen der Kommunikation und Diskussion, der Selbst-Organisation und der Mobilisierung von Menschen und, in manchen Fällen, auch der direkten politischen Aktion, dem elektronischen Protest (vgl. Medosch 2002). Wenn man früher sagen konnte »Zeige mir, was Du liest und ich sage Dir, wer Du bist« so könnte man das nun abwandeln auf: »Sage mir, auf welchen Mailinglisten Du bist und ich sage Dir, wer Du bist«.

Diese gruppenbildende und -verstärkende Eigenschaft des Netzes lässt sich als Nährboden und Übungsgelände für die *Ad-hoc*-Gesellschaft interpretieren. Das Internet bietet die Möglichkeit, sich mit anderen zu assoziieren und als politisierte Gruppe zu agieren. Politisiert meint in diesem Zusammenhang ein Bewusstsein von sich selbst als Gruppe oder Kollektiv mit gemeinsamen Anschauungen zu haben, in welche Richtung sie auch gehen mögen (auch Rechtsextreme verwenden das Netz). Die Kommunikation in diesen Gruppen bildet neue Öffentlichkeiten. »Neu«, weil es diese Öffentlichkeiten ohne das Netz nicht geben würde, aber auch neu in einem nichttrivialen Sinn, weil sie sich von der Idee der Öffentlichkeit in der repräsentativen Demokratie unterscheidet. Die Medienfreiheit kann im Internet direkt und aktiv ausgeübt werden. Allerdings gibt es nicht mehr eine mediale Öffentlichkeit, sondern viele. Diese fragmentierten Netzöffentlichkeiten haben die Macht, auch wenn sie zahlenmäßig relativ klein sind, Themen auf die Agenda zu setzen, die von den Massenmedien und Politikern ansonsten ignoriert werden würden. Wie das (oben erwähnte) Beispiel von der globalisierungskritischen Bewegung und von *Indymedia* zeigt, werden traditionelle Politik und »deren« Medien manches mal geradezu von der Themen setzenden Macht der Internet-Öffentlichkeiten vor sich hergetrieben.

9. Mobilfunk und mobiles, drahtloses Internet

Die technischen Fortschritte in der Telekommunikation und Informatik (zusammen »Telematik«) führen uns derzeit an den Rand einer qualitativ neuen Entwicklungsstufe. Vor etwas mehr als 10 Jahren wurde das Internet für die Nutzung durch Firmen und Privatpersonen geöffnet – wir haben die Entwicklung des Internet vom Arkadien für Netzwerk-Philosophen zum goldenen Kalb des *E-Commerce* noch in frischer und nicht nur froher Erinnerung. Heute sehen wir die Verbindung von Internet-Technologie mit Funk, die Entkabelung des Netzes. Was sich damit erstmals realisiert, ist das Entstehen eines ubiquitären Netzes. Das Internet verlässt die Wohnungen und Büros und gelangt auf die Straße, in den Park, die Cafés und Plätze. Diese Entwicklung wird von zwei grundverschiedenen Positionen aus vorangetrieben, von Mobiltelefonfirmen, die ein Pokerspiel mit Milliarden betreiben und derzeit die Mobilfunknetze der dritten Generation (3G, in Deutschland UMTS genannt) aufbauen, und von enthusiastischen Netzwerkern, die mittels WLAN und *Do-it-Yourself*-Technologien unabhängige Netzwerk-Infrastrukturen aufbauen.[10] Was diese beiden Positionen unterscheidet, ist weniger die verwendete Technologie, die auf einer elementaren Ebene ziemlich ähnlich ist, sondern die Art, wie sie eingesetzt wird, wie sie sozial eingebettet ist und welche Imaginationen sie hervorbringen.

10. Handy-Mobilisierung

Nicht erst WLAN und UMTS, auch das gute alte Handy bot bereits einiges an Mobilisierungsmöglichkeiten. Ein kurzfristiger Medienrummel entstand im Vorjahr bezüglich so genannter *Flash-Mobs*. Das sind Gruppen, die sich per Handy absprechen, an einem bestimmten Zeitpunkt an einem bestimmten Ort zu erscheinen. Diese Mode hatte ihren Ursprung in den USA und hatte zunächst keine weiteren Inhalte als puren »Spaß«. Deshalb wurde es wahrscheinlich auch schnell wieder still darum. Die soziale Bindungslosigkeit der Teilnehmer illustriert weniger das Potenzial einer selbst organisierten *Ad-hoc*-Gesellschaft als das Trauma einer atomisierten Gesellschaft, deren Bindungslosigkeit durch die relativ hilflose Geste des spontanen Zusammenkommens zu keinem Zweck nur noch deutlicher wird.

Mobiltelefone und insbesondere Text-Botschaften (SMS) waren das bevorzugte Organisationsmittel für den spontan ausbrechenden Benzinstreik in Groß-

---

10 Die Praxis der Freien Netze, engl. *Free Networks*; die Recherchen zu meinem Buch gleichen Titels haben wesentlich zur Entwicklung der Ideen bezüglich Selbstorganisation und technisch und sozial gleichberechtigten Kommunikationsformen in vernetzten Systemen beigetragen (vgl. Medosch 2003).

britannien im September 2000. Es handelte sich um einen wilden Streik, an dem die Gewerkschaften keinerlei Anteil hatten. Organisiert wurde der Streik von Frachtern, Landwirten, Taxifahrern und anderen Berufsgruppen, die auf das Automobil angewiesen sind. Diese waren der Ansicht, dass die Erhöhung der Benzinsteuer ihnen eine unerträgliche Bürde auferlegt. Mit Blockaden der Einfahrten von Raffinerien und langsam fahrenden LKW-Konvois auf Autobahnen legten sie innerhalb weniger Tage weite Teile des Landes lahm. Die Regierung und die Medien wurden von diesem Streik, der Schnelligkeit, mit der er sich ausbreitete, und den Kettenreaktionen, die er auslöste, völlig überrascht. Schon am ersten Tag bildeten sich Schlangen an den Tankstellen, da Autofahrer versuchten, noch schnell die Tanks zu füllen, bevor die Streikauswirkungen spürbar werden würden. Binnen kürzester Zeit ging den Tankstellen das Benzin aus. Bereits am zweiten Tag kam es zu Hamsterkäufen in den Supermärkten, als es klar wurde, dass der Streik Auswirkungen auf die Versorgungsketten haben würde. Die Regierung konnte die helle Panik nur ansatzweise kaschieren und machte den Streikenden Zugeständnisse, indem die Steuererhöhungen ein wenig zurückgenommen wurden. Diese Konzessionen waren allerdings nicht sehr weitgehend und es ist auch möglich, dass die Streikenden deshalb ihre Aktionen abbrachen, weil sie Angst vor dem eigenen Erfolg bekamen. Niemand war auf die Kettenreaktionen vorbereitet gewesen, die von diesem mobilen *Ad-hoc*-Protest ausgelöst worden waren.

SMS besiegelte auch das Schicksal der letzten konservativen spanischen Regierung, als diese wider die Indizien behauptete, die baskische Separatistenorganisation ETA stünde hinter den Bombenanschlägen von Madrid. Als die offizielle Medienlüge nicht mehr aufrecht zu erhalten war, Regierung und regierungstreue Medien dennoch daran festzuhalten versuchten, genügte ein Tag, der Samstag vor dem Wahltag, dass sich die Menschen via SMS absprechen konnten und den Konservativen einen Denkzettel verpassten, indem sie die Sozialdemokraten wählten, denen zuvor in allen Umfragen nur geringe Chancen zugesprochen worden waren.

Der amerikanische Autor Howard Rheingold hat in seinem Buch Smart Mobs (Rheingold 2002)[11] zahlreiche Beispiele solcher Mobilisierungen gesammelt. In seinem Vortrag auf der *Ars Electronica 2003* hob er hervor, er habe bewusst den Titel *Smart »Mobs«* gewählt und nicht etwa *Smart Communities*, da das gefährlicher klingende »*Mobs*« besser den ungezügelten Charakter dieser neuen elektro-

---

11 Zu diesem Buch gibt es auch eine sehr inhaltsreiche Website mit einem häufig aktualisierten *Web-Log* und umfangreicher Bibliographie unter *www.smartmobs.com*.

nischen Sozio-Realität wiedergeben würde. Rheingolds vorhergehendes Erfolgsbuch hatte noch *Virtual Communities* (Virtuelle Gemeinschaften) geheißen, was ihm jedoch mittlerweile zu flauschig geworden ist.

11. Die Netzwerk-Allmende

Diese Beispiele der Handy-Mobilisierung kommen, was ihr soziales Entwicklungsniveau betrifft, kaum über das Stadium von Mobs hinaus. Ob *Flash-Mobs* oder *Smart Mobs*, damit lässt sich keine autonome Gesellschaft im Sinne von Castoriadis' verwirklichen. Die gesellschaftlich derzeit noch marginale Praxis der freien Funknetze hingegen eröffnet den Blick auf eine ganz andere Form des Umgangs mit Funknetztechnologien.

Gruppen wie *Consume* und *Free2air* in London, *Freifunk.net* in Berlin und *Funkfeuer.at* in Wien schlagen ein dezentrales, selbst organisierendes Netzwerk-Modell vor. Die elementare Einheit dieses Netzes bilden die einzelnen (drahtlosen) Knoten. Das kann, um ein Beispiel zu geben, jemand mit ADSL-Anschluss und WLAN *Access Point* sein, bzw. jede lokale Nutzergemeinschaften mit permanenter Internetanbindung und lokalem (drahtlosem) Netz. Indem sich diese Personen oder Gruppen miteinander absprechen und ihre Knoten miteinander verbinden, schaffen sie ein größeres Funknetz, eine freie Datenwolke. Solche Netze existieren derzeit in der Größenordnung von Teilen von Stadtteilen, wie zum Beispiel *East End Net* in London oder WLAN Friedrichshain. Technisch und sozial ambitionierte Projekte versuchen, drahtlose *Backbones* zu schaffen, um solche freien Netzwerkinseln miteinander zu verbinden (*Berlin Backbone, ConsumeX*). Technisch gibt es keinen bekannten Hinderungsgrund, warum diese Netze nicht ganze Stadtteile, Städte, Regionen und Länder abdecken könnten. Sozial, gesellschaftlich gibt es aber sehr wohl Hindernisse, nicht zuletzt weil diese Netze das Geschäftsmodell der Mobilfunkanbieter unterminieren würden.

Anders als die Mobilfunknetze, die zentral geplant, gebaut, verwaltet und betrieben werden, mit dem Ziel, den Profit zu maximieren, folgen die Freien Netze dem Leitbild einer Netzwerk-Allmende. Die Netzwerk-Allmende ist ein Sonderfall der digitalen Allmende, ein Begriff, der in den letzten Jahren im Zuge der Diskussion um das geistige Eigentum in den Mittelpunkt rückte. Die Verwendung des Begriffs Netzwerk-Allmende verdeutlicht, dass es dabei nicht nur um technische Netze als Träger von Informationen geht, sondern um die Ermöglichung und Verdichtung menschlicher Handlungsoptionen.

Die Netzwerk-Allmende ist das Resultat gemeinsamer Handlungen formal unabhängiger Teilnehmer. Alle physischen Bestandteile eines der Allmende zuzurechnenden Netzwerk-Knotens werden von dessen Eignern/Nutzern selbst verwaltet. In ihren Binnenbeziehungen sind diese Knoten nicht auf kommerzielle Netzstrukturen angewiesen, weil sie einen lizenzfreien Teil des Spektrums zur Übertragung nutzen können. Innerhalb dieser freien Funknetze genießen die Nutzerinnen den Luxus relativ guter Übertragungsraten. Die Ausgestaltung der Kommunikationen und Angebote erfolgt von den Nutzerinnen selbst, ebenso wie die Formulierung netzübergreifender Grundsätze oder Konventionen. Diese freie Datenwolke lässt sich auch als *Intranet* einer basisdemokratischen Netzkooperative beschreiben, wobei dieses *Intranet* in der Regel über mindestens eine Anbindung zum weltweiten Internet verfügt. Auf einer ganz pragmatischen Ebene bieten sich den Teilnehmerinnen mehrere Vorteile. Innerhalb des Intranets fallen kaum Kosten für breitbandige Kommunikation an und auch der Preis für die gemeinsame Nutzung der Internetanschlüsse verringert sich. Die wirkliche Relevanz dieser freien Funknetze ist jedoch in ihrem Modellcharakter gegeben. Sie bieten sich als Beispiel an, wie die Welt grundsätzlich anders mit Telematik umgehen könnte.

Die Netzwerk-Allmende benötigt gewisse Voraussetzungen, die sich zum Teil mit den konstitutiven Elementen der digitalen Allmende überschneiden. Die erste Voraussetzung ist die Existenz offener Standards. Die Kommunikation im Internet beruht auf den Internet-Protokollen, deren wichtigste TCP und IP sind. Diese wurden ursprünglich zwar im Auftrag des US-Militärs entwickelt, die Ergebnisse der Entwicklung wurden jedoch der Öffentlichkeit zugänglich gemacht. Auf der Basis dieser Tradition sind alle Internet-Protokolle frei und öffentlich zugänglich. Eine weitere Bedingung ist Existenz Freier Software und des Lizenzsystems, das diese schützt. Die *General Public Licence* (GPL) ermöglicht die freie Nutzung von Software, den Einblick in deren Quellcode, dessen Modifikation und den Weitervertrieb der Software, unter der Bedingung, dass die Lizenzbedingungen beibehalten werden. Der virale Charakter der GPL hat dazu geführt, dass es einen wachsenden Pool an Freier Software gibt, vom Betriebssystem GNU/Linux über die verschiedensten Netzwerkdienste bis hin zu Applikationen. Die meisten Schlüsselanwendungen im Internet können bereitgestellt werden, ohne dass proprietäre Software benutzt werden muss.

Inspiriert von der GPL sind weitere *Copyleft*-Lizenzen entwickelt wurden, die neben Programmen auch einzelne Inhalte – Bilder, Texte, Musikstücke – schützen, wie z.B. die *Open-Content*-Lizenz und die *Creative-Commons*-Lizenzen (vgl. *www.creativecommons.org*). Eine wachsende Zahl von Autorinnen stellt durch die Nutzung dieser Lizenzen ihre schöpferischen Produkte der Öffentlichkeit zur Verfügung. Ein wichtiger Aspekt ist dabei, dass sowohl Freie Software als auch Freie Inhalte die Produzenten-Konsumentenschranke durchbrechen. Jede/r Lesende ist potenziell Schreibende/r.[12]

12. Das offene Spektrum

Bis zu diesem Punkt überschneiden sich die Netzwerk-Allmende und die digitale Allmende. Doch neben offenen Standards und Freier Software benötigen Netzwerke auch noch ein Übertragungsmedium. Die Funknetze nach dem WLAN-Standard benutzen ein Schlupfloch in der Frequenzregulierung. Das elektromagnetische Spektrum wird von staatlichen Regulierungsbehörden in Bänder unterteilt, deren Nutzung jeweils für spezifische Funktechniken und bestimmte Anwender reserviert ist, z.B. für öffentliche Fernsehanstalten, Notdienste oder Militär. Inhaber solcher exklusiver Nutzungsrechte haben ein starkes wirtschaftliches Interesse, dieses nicht mehr abzugeben. Daher sieht es derzeit so aus, als ob im Spektrum kaum noch »Platz« wäre.

Einen Sonderfall stellt das so genannte *ISM*-Band (*Industrial, Scientific and Medical*) dar. Zu diesem gehört auch ein Bereich zwischen 2,4 und 2,5 GHz, der von WLAN-Geräten benutzt wird. Die Regierungen der (meisten) Länder der Welt haben beschlossen, dieses Band von der Lizenzverpflichtung zu befreien und allen die Benutzung freizustellen. Das hat zur Folge, dass es keine Qualitätsgarantie gibt – niemand in diesem Band hat besondere Rechte und es kann zu Übernutzung und daher Störungen kommen. Das bedeutet aber auch, dass niemand um Erlaubnis anzusuchen braucht und dieses Band kostenfrei genutzt werden kann. Das Experiment der Freigabe des ISM-Bandes zur Allgemeinnutzung wird inzwischen als Erfolg betrachtet. In den Vereinigten Staaten hat sich eine Lobby unter dem Banner *Open Spectrum* versammelt, welche die Freigabe des gesamten Spektrums fordert. Technische Fortschritte im Bereich von Frequenz-

---

12 Eine Anspielung auf Walter Benjamins Forderung, dass Autorenschaft die Produktion von Schreibenden umfassen solle (Benjamin 2002).

spreizverfahren und »kognitiver« Funktechnologien würden die herkömmliche Frequenzregulierung obsolet machen und es ermöglichen, dass die Spektrums-Regulierung den Geräten überlassen wird, behaupten amerikanische Verfechter der *Open-Spectrum*-Idee.

13. Selbstorganisation als Grundprinzip

Anders als Freie Software, die zu sehr geringen Kosten kopiert und distribuiert werden kann, sobald sie einmal fertig gestellt wurde, benötigen freie Funknetze eine materielle Anfangsinvestition und eine permanente Instandhaltungsleistung. Diese Leistung besteht einerseits im Erwerb, Betrieb und Erhalt der Geräte, die im Rahmen einer Netzwerk-Allmende verwendet werden, andererseits in einer Investition in soziale Selbstorganisation. Damit überhaupt von einem Netz gesprochen werden kann, muss es mehr als einen Knoten geben, d.h. es ist nötig, Verbindungen herzustellen. Dieser Prozess beinhaltet es, verbindungswillige Partner zu finden und das Terrain auszukundschaften, denn zwischen den Knotenstandpunkten, bzw. deren Antennen muss Sichtverbindung bestehen. Darüber hinaus geht es darum, Regeln für die gemeinsame Nutzung des Netzes zu finden. Dabei geht es darum, die Balance zwischen individueller Freiheit und Bedürfnissen und der nachhaltigen Funktionstauglichkeit des Netzes zu finden. Die Gefahren und Stolperfallen sind vielfältig. Hemmungsloses *File-Sharing* kann das beste Funknetz in die Knie zwingen. Zudem wirft die sich verschärfende Gesetzeslage bezüglich Kontrolle und Überwachung der Inhalte die Frage der Verantwortlichkeit für die Handlungen der Netzteilnehmer auf.

Eine Gruppe von Netzwerkerinnen begann im Jahr 2002 mit der Entwicklung eines Rahmenabkommens, das grundlegende Konventionen für den Datenaustausch in Freien Netzen regeln soll, das *Pico-Peering-Agreement* (vgl. *www.picopeer.net/PPA-deutsch.html*). Es wurde darüber nachgedacht, was nun eigentlich die Grundlage dieser Ressource »Freies Netz« ist, und man kam zu dem Ergebnis, dass es sich um die Bereitschaft handelt, anderen freien Datentransit zu erlauben. Du darfst mein »virtuelles Grundstück« durchqueren, dafür darf ich ebenso Dein »Grundstück« durchqueren. Das *Pico-Peering-Agreement* regelt die Grundsätze des freien Datentransits und beschreibt implizit, was die »Freiheit« in freien Netzen ist (zum Unterschied vom gesponserten Gratisnetz). Ähnlich wie die *General Public Licence* für Freie Software soll das *Pico-*

Peering-Abkommen für Freie Netze eine Art Gütesiegel mit Reinheitsgebot abgeben. Das *Pico-Peering-Agreement* ist der Ansatz einer Verfassung für die Netzwerk-Allmende, eine Erklärung von Grundrechten aber auch Verpflichtungen.

14. Mobile *Ad-hoc*-Netzwerke

Dieses Ideal eines hochgradig verteilten Netzes, das niemandem allein gehört, aber von allen gemeinsam genutzt werden kann, wird auf der technischen Ebene durch die Entwicklung dynamischer *Routing*-Protokolle weiter getragen. Ähnlich wie die gängigen Internet-Protokolle zunächst im Rahmen militärischer Forschungsprogramme entwickelt, hat diese Technologie ihren Weg über die Universitäten auf die Straße gefunden. MANET (*Mobile Ad-hoc Networking*) bezeichnet eine Protokollfamilie, die es ermöglicht, dass mobile Geräte einander erkennen und miteinander ein Netz ohne zentrale Vermittlungsstellen aufbauen. Inzwischen arbeiten Hacker in Berlin und London aber auch kleine Technologiefirmen[13] an der Perfektion dieser Protokolle, deren Marktreife demnächst bevorsteht. Was damit im Prinzip jetzt bereits möglich ist und in Größenordnungen von bis zu 30 Knoten getestet wurde, ist es, mit Laptops oder anderen mobilen Computern (*Handhelds* oder *Personal Digital Assistants*, PDA) *Ad-hoc*-Netze aufzubauen, über die Daten aber auch Sprache übertragen werden können. Es gibt keinen (technischen) Grund, solche Protokolle nicht auch in Mobiltelefone einzubauen. Das bedeutet, dass im Prinzip jede/r Träger/in eines Mobiltelefons zur Inhaberin eines vollwertigen Telefon- und Internetknotens werden würde. Jede/r Teilnehmer/in würde zur wandelnden Telefongesellschaft. In diesem Szenario werden Infrastrukturen von Mobiltelefon-Firmen überflüssig. Alles was es dann noch brauchen würde, wären eventuell überregionale Überlandverbindungen. Mit diesem Modell zeichnet sich der Keim einer providerfreien Telematik-Landschaft ab.

Die Technik selbst ist jedoch (in einem gewissen Sinne und nur in diesem) neutral. Mobile *Ad-hoc*-Vernetzung kann auch genauso gut zur Kommunikation

---

13 Eine Lösung bietet z.B. der *MeshCube* von *4GSystems*, vgl. *www.meshcube.org*. Dessen Entwicklung wurde von den Ideen der *Freenetwork-Community* beeinflusst, was zeigt, wie alternativer Umgang mit Technik zu neuen Entwicklungen führen kann, die den Zielvorstellungen dieser *Communities* entsprechen.

zwischen Schützenpanzern, Hubschraubern und Infanterie-Einheiten benutzt werden. Was zählt, sind die Anwendungen und die Intentionen. Die Netzwerk-Allmende speist sich aus dem Wunsch nach dem Aufbau eines Netzes auf der Basis freier Kooperation und selbst gemachter Regeln. Dieser Ausdruck persönlicher Willensfreiheit über den Weg der technischen und sozialen Vernetzung bildet einen Wert an sich, der den Inhalt des »Projekts« Netzwerk-Allmende bildet. Solche Netze, die vom kollektiven Wunsch/Bedürfnis nach einem Ort freier, selbst bestimmter Kommunikation getragen werden, könnten langfristig nötig werden, um die freie Meinungsäußerung und die Medienfreiheit im Internet zu schützen, nachdem auch das Netz zunehmend von oligopolistischen Interessen dominiert wird.

15. Mobilfunk versus Netzwerk-Allmende

Vergleichen wir nun die Funktionsweise und innere Struktur der Netzwerk-Allmende mit den Mobilfunknetzen der dritten Generation. In der Netzwerk-Allmende wird darauf verzichtet, den Datenverkehr zu messen, weil das Prinzip des freien Datentransits gilt. Mobilfunkbetreiber hingegen bemessen jede einzelne Aktivität, das Datenvolumen, die Online-Zeit, Kommunikationstorte, ausgehende und empfangene Anrufe etc. Das Messen ermöglicht nicht nur die Erstellung von Abrechnungen, es ist selbst ein teurer Vorgang, d.h. die Kommunikation insgesamt wird teurer. Die im Internet weit verbreitete Tauschwirtschaft ist unter diesen Bedingungen kaum möglich. Die Speicherung dieser Daten hat auch Implikationen für den Schutz der informationellen Privatsphäre. Datenspeicherung erfolgt aus wirtschaftlichen Interessen (*Data-Mining*, Nutzerprofile) und im Interesse der Strafverfolgung. Die Existenz großer Datenmengen, die ohne Zutun der Nutzerinnen angelegt werden, birgt ein großes soziales Repressionspotenzial und erzeugt ein Klima der Angst und Paranoia.

Die Mobilfunknetze werden zentral geplant, gebaut und verwaltet. Die Nutzerinnen werden einmal mehr als reine Konsumentinnen vorgestellt, die sich temporär Zugang zu dem Netz eines Betreibers erkaufen. Im Szenario der Netzwerk-Allmende ist dieses Denken von Informationen konsumierenden »Endnutzern« abgeschafft und durch das Prinzip von Knoten ersetzt, die sich an symmetrischen (technisch gleichberechtigten) Kommunikationen beteiligen und zum Wert des Netzes beitragen.

Während die Freien Netze einen von der Lizenzverpflichtung ausgenommenen Teil des Netzes benutzen, hatten die Betreiber von Mobilfunknetzen das Pech, die Nutzungsrechte für Spektrum im Rahmen von Versteigerungen kaufen zu müssen, die am Höhepunkt des *New-Economy-Booms* durchgeführt wurden, was die Investitions-Kosten enorm in die Höhe getrieben hat. Einige der Betreiber wie die Deutsche Telekom wurden dadurch an den Rand des Ruins getrieben und die kurzsichtige Handlungsweise der Politik hat die Entwicklung telematisch gestützter Kommunikation nachhaltig geschädigt. Die unter Zugzwang stehenden Betreiber müssen nun versuchen, ein Maximum an Einnahmen aus den neu aufgebauten Netzen herauszupressen.

16. Die soziale Imagination des Mobilfunkparadigmas

Unter diesen Bedingungen wurde die Mobilkommunikation zur Speerspitze des postmodernen Kapitalismus, was nicht nur bezüglich dessen Zustand erhellend ist sondern auch bezüglich der Art und Weise, wie Technologie entwickelt wird. Es wird mit der Vorstellung operiert, dass die heutige »Konsumentin« eine schwierige Kundschaft sei. Um am Markt überleben zu können, müssten die Betreiberfirmen sich für jede Macke und Marotte der individualistischen Neigungen ihrer Kundschafts-Subjekte interessieren. In Feinabstimmung auf den Geschmack, einzelne Vorlieben und Interessen, aber auch Einkommen und Lebensstil dieser imaginären Kundschaft werden die verschiedenen Angebote strukturiert. Das betrifft die angebotenen Preispläne, aber auch das Design und den Funktionsumfang der entwickelten Geräte – etwa besonders augenfälliges und zielgruppengerechtes Design der Handys, die Möglichkeit, Inhalts-Dienste abzurufen, Adressen und Termine auf dem Handy zu verwalten, etc.. Solche Funktionen sind nicht einfach nur technische Features, sondern haben die implizite Konstruktion von Menschentypen im Rahmen der gängigen Modelle des Konsumzeitalters zur Voraussetzung – vom mobilen Manager, der immer und überall arbeitet, zur Teenage-Skaterin, die mit dem Skateboard unterwegs auch noch gleich ihre gesamte *MP3*-Sammlung mit sich führt. Arbeit und Konsum bilden die Grundpfeiler der sozialen Imagination des Mobilfunkparadigmas.

Im Run auf die Geldbörse ihrer Kunden mutierten die Mobilfunkbetreiber so nebenbei auch noch zu Inhalte-Anbietern – mit individuellen und polyphonen Klingeltönen, Newsdiensten, Musik-, Bild- und Video-Angeboten. Dies erinnert an die Frühphase der Telefonie vor hundert Jahren, als ebenfalls versucht wurde, Unterhaltung und Nachrichten über das junge Medium anzubieten, ein Geschäftsmodell, das bereits damals scheiterte und höchstwahrscheinlich erneut zum Scheitern verurteilt ist.

17. Schöne neue Mobilfunkwelt

Die Gerätehersteller und Mobilfunk-Betreiber gehen offenbar auch davon aus, dass ihre Kundschaften Augenmenschen sind. Die Handys der neuen Generationen können Standbilder und Videos aufnehmen und verschicken. Das hat interessante Auswirkungen, die in ihrer vollen Konsequenz wohl noch von niemandem zu Ende gedacht wurden. In gewisser Weise wird damit die ganze (von kabellosen Netzen erreichbare) Welt audiovisuell unmittelbar erfassbar und kommunizierbar. Das könnte zu einem Panoptikum ausarten, zu einer Welt ständiger Beobachtung und Überwachung, in der öffentliche und private, intime und sozial offene Räume sich mit den globalen Netzen verflechten und von zentralen Punkten im Netz kontrolliert werden können. Das bedeutet aber auch, dass jedes Handy zur mobilen Fernsehkamera wird, womit Bilder von kollektivem Interesse live an TV-Sender zur Weiterverbreitung übertragen werden können. Die einzige Schranke zu einem Delirium der mobilen Bildtelefonie bilden derzeit noch die hohen Preise.

Es gibt Tendenzen, die mobilen Geräte noch weiter aufzuwerten, indem das Handy zur elektronischen Geldbörse wird; und mit neuen Anwendungen wie der biometrischen Personenidentifikation kann das Handy auch als eine Methode des Identitätsnachweises benutzt werden – Börse und Pass in einem, verwaltet vom multinationalen Konzern Ihrer Wahl?

Mit Mobiltelefonen bewegen wir uns in einer geschlossenen Welt proprietärer Systeme, deren Schaltpläne der Geheimhaltungspflicht der privatwirtschaftlichen Forschungs- und Entwicklungsabteilungen mit allgegenwärtigen Vertraulichkeitsveinbarungen (NDAs, *Non-Disclosure-Agreements*) unterliegen. Viele der Freiheiten, die sich aus der Kombination von Internet und frei programmierbaren PCs ergeben haben, sind im Bereich der Funknetze nicht existent. Hier besteht ein dringender Bedarf an *Open Source*-Lösungen.

18. Ortsbasierte Dienste und Potenziale mobiler Telematik [14]

Die neuen mobilen Geräte sind ortssensitiv. Mit der Methode der Triangulation können die Betreiber feststellen, wo sich ein Handy, bzw. dessen Benutzer, befindet. Neben den Überwachungsmöglichkeiten für Strafverfolgungsbehörden ergeben sich daraus neue Einnahmemöglichkeiten für die Industrie, indem ortsspezifische Dienste angeboten werden. Das wird häufig einfach nur ortsbezogener ungefragter Werbemüll sein, kann aber auch durchaus nützliche Dienste beinhalten. Die Ortungsmöglichkeit der Geräte wird z.b. jetzt schon dazu benutzt, Rettungsdiensten die Koordinaten der Anrufer zu übermitteln, wenn diese nicht in der Lage sind, ihre genaue Position mitzuteilen, was bei Kindern oder auch Personen unter Schock der Fall sein kann.

Ortssensitivität bedeutet, grundsätzlich gesprochen, dass Überlagerungen zwischen Realraum und elektronischem Kommunikationsraum hergestellt werden. Die Information kann an konkreten Punkten festgemacht werden, als Quelle oder Ziel der Information. Die räumliche wirkliche Welt wird mit Information »angereichert« (in der Fachsprache *augmented space* genannt). Gruppen wie *Locative Media*,[15] ein internationaler loser Verbund von Künstlerinnen, Autorinnen und Entwicklerinnen, versuchen künstlerisches Kapital aus diesem Umstand zu schlagen. Sie entwickeln Projekte zur kollaborativen Kartografierung der Umwelt, womit nicht nur geografische sondern auch soziale »Vermessungen« gemeint sind. Diskussionen in Foren finden nicht mehr nur im verkabelten Internet entlang thematischer Stränge statt, sondern auf der Basis dessen, wo sich jemand befindet. Gruppenkommunikationen können sich spontan auf der Basis räumlicher Nähe entwickeln. Soziale Gemeinschaften beginnen damit, ihre Lebenswelt anhand ihrer besonderen Interessen digital zu erfassen. So entstehen z.B. alternative Stadtführer und neue Formen von »Computerspielen«, wobei man nicht zu Hause hinter zugezogenen Vorhängen sitzt, sondern sich in der Welt bewegt.

Diese Entwicklungen sind häufig noch im Experimentierstadium, wobei auf der einen Seite die Preisstrukturen und Geheimhaltungspolitiken der Betreiber ernsthafte Hindernisse bilden, auf der anderen die zu geringe Abdeckung von Räumen durch Freie Netze. Dennoch zeigen solche Ansätze, dass in der schönen neuen kabellosen Welt nicht alles nur Überwachung und Werbung sein muss.

---

14 An dieser Stelle endet vorübergehend die Unterscheidung zwischen Mobilfunk- und freien WLAN-Netzen, da die im folgenden beschriebenen Möglichkeiten grundsätzlich für beide Anwendungsformen gegeben sind

15 Vgl. Locative Media Website, *http://locative.net*.

Der Autor und *Locative-Media*-Mitbegründer Ben Russell[16] spricht von den mobilen Geräten als Verkörperungen eines »dichten Netzes sozialer Beziehungen«. Er verweist damit auf die Verwaltung personenbezogener Informationen in mobilen Geräten und die sozialen Beziehungssysteme, die sich über diese abbilden oder auch das Entstehen von Beziehungen erst ermöglichen. Schemen wie FOAF (*Friend-Of-A-Friend*) ermöglichen die Verbindung von Adressen mit Persönlichkeitsprofilen und der Definition von persönlichen Prioritäten und Interessen. Auf der Basis solcher Schemen lassen sich Anwendungen für emergente soziale *Ad-hoc*-Netzwerke entwickeln. Ob diese Anwendungen nun überwiegend hedonistischen Bedürfnissen, künstlerischen Zielen oder soziopolitischen Bewegungen dienen werden, das ist an dieser Stelle noch völlig offen.

Wir befinden uns am Anfang einer Entwicklung hin zu einer *Ad-hoc*-Gesellschaft im technisch-kommunikativen Sinn. Bandbreite wird bald überall »in der Luft« sein und Rechenleistung ist, für westliche Verhältnisse, erstaunlich günstig. Welche Anwendungen und sozialen Praktiken daraus entstehen werden, so dass auch von einer *Ad-hoc*-Gesellschaft im sozialen Sinn gesprochen werden kann, ist derzeit noch nicht absehbar. Technisch gesehen steht der telematik-gestützten Entfaltung basisdemokratischer Selbstorganisation immer weniger im Wege. So ließe sich etwa eine Gesellschaft vorstellen, in der wesentlich weniger zentrale Planung benötigt wird, weil die meisten Dinge lokal gelöst werden können. Die mobile Telematik ermöglicht Bürgerbeteiligung und *Ad-hoc*-Organisation auf lokaler Ebene. Zwischen dieser lokalen Ebene von Selbstorganisation und einer überregionalen Ebene könnte es Konferenzschaltungen zur demokratischen Abstimmung geben. Anstatt alle paar Jahre wählen zu gehen, könnte Politik zu einem ins Leben der Gemeinschaften integrierten Prozess werden.

Ob sich dieses Potenzial aber auch wirklich entfalten kann, ist eine andere Frage. Mit der Preispolitik, den Kommando- und Kontrollstrukturen der Mobilfunkfirmen und den von ihnen produzierten sozialen Imaginationen lässt sich eine positiv besetzte Utopie einer *Ad-hoc*-Gesellschaft nur schwer vorstellen. Nicht nur aus diesem Grund allein wäre es wünschenswert, dass der Mobilfunk nach dem Modell der Netzwerk-Allmende umgestaltet wird. Die Netzwerk-Allmende existiert derzeit zwar wirklich nur in Keimform, doch auch der Keim

---

16 Interview mit Ben Russell, durchgeführt von Studenten des Ravensbourne College for Design and Communication, veröffentlicht in der Studentenzeitschrift Mazine, London, Juni 2004. Eine gute Einführung zu den Ideen Ben Russells bietet das Headmap Manifesto, London – San Francisco 1999 unter *www.headmap.org*.

trägt das Potenzial zur Umgestaltung des Ganzen in sich. Das Modell Netzwerk-Allmende zeigt, wie fortschrittliche Kommunikationstechnologien für den sozialen Fortschritt genutzt werden können und nicht nur zur Bereicherung der Wenigen. Sie bietet sich auch als alternatives Entwicklungsmodell für sozial sinnvolle und wünschenswerte Technologien. Ob das Modell aber skalierbar ist, auf größere Gemeinschaften übertragbar, hängt davon ab, ob diese Idee auf genügend Resonanz stößt und auf der Basis welcher gesellschaftlichen Wertvorstellungen die Entwicklung erfolgt.

Die Bewegung für den Aufbau Freier Netze ist nicht allein in diesem Kampf um mehr Autonomie. Auch die Entwickler Freier Software verfolgen ähnliche Ziele und wie mit dem Verweis auf die digitale Allmende gezeigt wurde, gibt es große Überschneidungen zwischen diesen beiden Bewegungen. Die Juristinnen von *Creative Commons* versuchen diese Modelle nun auf alle kulturellen und intellektuellen Schöpfungen zu übertragen, indem sie Lizenzen für den freien Vertrieb und die offene Modifikation digitaler kultureller Artefakte bereitstellen. Immer mehr Künstler, Musiker und Autoren nehmen dieses Angebot an. Technisch kompetente Aktivistinnen entwickeln gezielt Technologien für unabhängige Medien aus dem globalisierungskritischen Lager. Dabei geht es bei all diesen Projekten nicht um die Verwirklichung eines technischen Prinzips oder den Triumph der pseudo-rationalen Weltaneignung, sondern um die Vergrößerung des Raums menschlicher Handlungsoptionen. Diese Form von Freiheit, und nicht individualistische Willkür, motiviert diese Anstrengungen. Alle diese »Projekte« begünstigen einander, lernen voneinander, entwickeln Allianzen und Querverbindungen und gewinnen damit zunehmend an kritischem Potenzial. Ein Fixierbild der Entwicklung herzustellen oder gar ihren Ausgang vorherzusagen, ist an dieser Stelle unmöglich. Was jedoch hoffentlich gelungen ist, ist die Darstellung der Gesellschaft im *Ad-hoc*-Modus als konkretes, realisierbares und anstrebenswertes Projekt.

Literatur

Benjamin, Walter (2002): Der Autor als Produzent (1934), in: Ders.: *Medienästhetische Schriften*, Frankfurt a.M.. S. 231-247.
Castoriadis, Cornelius (1997a): An Introductory Interview. In: Curtis, David Ames (Hg.): *The Castoriadis Reader*, London. S. 1-33.

Castoriadis, Cornelius (1997b): The Crisis of Western Society. In: Curtis, David Ames (Hg.): *The Castoriadis Reader*, London. S. 259-266.

Castoriadis, Cornelius (1997c): The Greek Polis and the Creation of Democracy. In: Curtis, David Ames (Hg.): *The Castoriadis Reader*, London. S. 267-289.

Castoriadis, Cornelius (1997d): The Logic of Magmas and The Question of Autonomy. In: Curtis, David Ames (Hg.): *The Castoriadis Reader*. London. S. 290-318.

Edwards, Paul N. (1997): *Closed Worlds*, Boston/London.

Feyerabend, Paul (1973, 1996): *Against Method*. London.

Kuhn, Thomas S. (1962, 1996): *The Structure of Scientific Revolutions*, Chicago/London.

Medosch, Armin (2002): Demonstrieren in der virtuellen Republik, in: Schulzki-Haddouti, Christiane (Hg.): *Bürgerrechte im Internet*, Bonn. S. 261-306.

Medosch, Armin (2003): *Freie Netze*, Hannover.

Medosch, Armin (2004): Mehr als nur eine Funkwellen-Utopie. In: *Medienjournal*. 28. Jg., Nr. 2. (im Erscheinen)

o. V.: Headmap Manifesto (1999) London, San Francisco. (*www.headmap.org/headmap.pdf*)

Rheingold, Howard (2002): *Smart Mobs. The next social Revolution*. Oxford.

Der Computer als Medium und Maschine[1]

Elena Esposito

1. Veränderung und Verbreitung von Daten

Als Gegenstand soziologischer Forschung sind Computer besonders schwer zu fassen. Die Relevanz des Phänomens der Informatisierung für die Gesellschaft im allgemeinen ist offensichtlich, aber es ist nicht immer klar, in welcher Hinsicht: Handelt es sich um eine besonders einflußreiche Veränderung in der Umwelt der Gesellschaft, oder handelt es sich um eine Veränderung der Gesellschaft selbst? Die Antwort hängt natürlich davon ab, auf welche Theorie sich Soziologen beziehen, da sich dies auch auf die Art und Weise auswirkt, wie die zu analysierenden Phänomene betrachtet werden. Die Theorie sozialer Systeme trifft in diesem Punkt eine sehr radikale Entscheidung: Aus systemtheoretischer Sicht besteht die Gesellschaft ausschließlich aus Kommunikationen, und alles anderes (auch die Maschinen, obwohl Produkt menschlicher Aktivität) gehört zur Umwelt. Das bedeutet nicht, daß die soziologische Tragweite der Informatisierung negiert wird, erzwingt aber eine Reihe Vorentscheidungen über die Art und Weise, wie sie erforscht wird. In diesem Aufsatz möchte ich versuchen, die soziologische Bedeutung der Einführung des Computers mit den Mitteln dieser Theorie zu betrachten, in bezug auch auf die Forschung über die so genannten »Technologien der Kommunikation« – merkwürdige Objekte, die Technologie und Kommunikation zugleich sind.

Der Ausdruck »Technologien der Kommunikation« gibt in der Tat Anlaß zu zwei verschiedenen Interpretationen, welche zu unterschiedlichen Forschungslinien führen. Wird den ersten Interpretation gefolgt, konzentriert man sich auf der Seite der Technologie, also auf die Maschine. Das Objekt, dem man sich zuwen-

---

[1] Der Text ist zuerst erschienen in: *Zeitschrift für Soziologie*, Jg. 22, Heft 5 (Oktober 1993). S. 338-354. Der Abdruck erfolgt nach den damals verwendeten Rechtschreibregeln. Die Herausgeber danken der Autorin und dem Verlag für die Zusammenarbeit und die freundliche Überlassung des Beitrags.

det, sind dann die Computer als eine neue Art Maschinen, die etwas »tun« – eine Arbeit leisten. Nach der Einführung der Computer kann mehr gemacht werden, und können Sachen besser gemacht werden, die auch vorher möglich waren. Besonders deutlich sieht man dies im Fall vom *Computer Aided Manufacturing* (CAM), d.h. in der Automatisierung ganzer Produktionszyklen, mit erheblichen Gewinnen in der Effizienz und Kostensenkungen. Man sieht es aber auch in der paradigmatischen Anwendung von Computern, dem *Electronic Data Processing* (EDP): Die Maschine verarbeitet etwas (Daten) und wandelt sie in etwas anderes um. Was die Maschine in dieser Art Verwendung »tut«, könnte zum großen Teil ohne sie nicht gemacht werden. Aber auch in diesem Fall leistet die Maschine eine Arbeit.

Man kann sich aber den Technologien der Kommunikation auch in einer zweiten Interpretationslinie zuwenden, der in Untersuchungen über Schrift, Buchdruck, und heute Fernsehen, Radio, Telefon etc. gefolgt wird. In diesem Fall wird der Computer als Medium der Kommunikation erforscht, welches es ermöglicht, Tragweite und Wirkungen der Kommunikation zu erweitern.[2] Der Computer erscheint dann als ein Mittel, eine Vermittlung für die Verbreitung der Kommunikation, verbunden mit Phänomenen wie interaktiven Datenbanken, Hypertexten, Telematik im allgemeinen. Die Forschung konzentriert sich dann auf die Art, wie die Verfügbarkeit über neue Medien die Formen der Kommunikation selbst beeinflußt und stellt die Frage der Relevanz der Computer aus dieser Perspektive.

Je nachdem, ob die eine oder die andere Forschungsrichtung gewählt wird, kommt man zu sehr unterschiedlichen Betrachtungen. Die Untersuchung über die Maschinen und die Untersuchung über die Medien haben wenig gemeinsames, auch wenn die Technologien der Kommunikation unter beides fallen können – und dies gilt nicht nur für den Computer, sondern offenbar auch fürs Fernsehen und sogar für die Gutenbergmaschine. Eigenschaft der Maschinen ist, daß sie produzieren, also verändern: Das, mit dem die Maschine operiert hat, wandelt sich in etwas anderes um. Mit anderen Worten: Im Fall einer Maschine muß das input anders als das output sein, sonst würde die Maschine zu nichts dienen. Für ein Medium gilt genau das Gegenteil: Es muß das, worauf es angewendet wird, so wenig wie möglich verändern, sonst ist es ein schlechtes Medium, ein »ge-

---

[2] Luhmann spricht diesbezüglich von Verbreitungsmedien: z.B. Luhmann 1984: 221.

räuschvolles« Medium.³ Das input muß also dem output so gleich wie möglich sein, sonst dient das Medium zu nichts.⁴

Handelt es sich um Computer, ist jedoch die Unterscheidung nicht mehr so klar. Die Computer sind sowohl Maschinen als auch Medien, ⁵ und auf eine andere Weise als z.B. die Druckmaschine. Daß der Buchdruck als Maschine anders als der Buchdruck als Medium ist, ist offensichtlich: Im ersten Fall sind Papier und Tinte der input (der verarbeitet wird) – im zweiten Fall sind die Daten der input (der dasselbe bleiben muß). Es geht um unterschiedliche inputs. Aber der Computer verarbeitet gerade die Daten – verarbeitet wie eine Maschine der input des Mediums.⁶ Befragt man eine Datenbank, will man normalerweise nicht exakt die Daten gewinnen, die früher eingefügt wurden. Was interessiert ist, die Daten aus einem anderen Gesichtspunkt zu betrachten, neue Verbindungen und überraschende Zusammenhänge festzustellen, sie auf neue Weise zu verarbeiten und zu seligieren. Noch offensichtlicher ist dies im Fall von Hypertexten. Der Computer, könnte man sagen, ist Medium und Maschine zugleich und in bezug auf dieselben Objekte: Er verändert und verbreitet sie.⁷

---

3 Laut der Unterscheidung Medium/Form, die Luhmann von Fritz Heider übernimmt (Heider 1959; Luhmann 1986; 1988b; 1990a: 53f.; 182ff) , muß das Medium so wenig »körnig« wie möglich sein, um den geringsten Widerstand auf die Einprägung der Formen zu leisten. Jede Körnigkeit ist eine Quelle von Geräuschen.

4 Diese Bemerkung widerspricht nicht der berühmten Behauptung, daß das Medium die Botschaft sei (McLuhan 1964; McLuhan/Fiore 1967). Gerade das Fernsehmedium, das laut McLuhan auf die Wahrnehmung besonders schwer einwirkt, ist dasjenige, das den stärksten realistischen Eindruck vermittelt – dasjenige also, daß am stärksten das Objekt »so wie es ist« zu reproduzieren scheint. Wäre der Eingriff des Mediums offensichtlich, würde die Wirksamkeit dieses Eingriffes selbst beschränkt sein. Über das Verhältnis von Realismus und Konventionalismus in den kommunikativen Darstellungen siehe Esposito 1995.

5 So auch Rammert 1989.

6 »Die durch den Computer vermittelte Kommunikation (...) ermöglicht, die Einführung der Daten in den Computer von der Nachfrage nach Informationen zu trennen, so daß keine Identität der zwei Prozesse mehr besteht. (...) Wer etwas einführt, weiß nicht, was am anderen Ende entnommen wird – und wenn er es wüsste, hätte er den Computer nicht nötig. Die Daten sind mittlerweile »verarbeitet« worden. Um so weniger muß der Empfänger wissen, daß ihm etwas mitgeteilt werden sollte, und was« (Luhmann/De Giorgi 1992: 102).

7 Das CAM ist wie alle Anwendungen von Computers nur eine Kopplung zwischen der Computer-Maschine und der traditionellen mechanischen Maschine. Mit den Druckern passiert ungefähr das gleiche. Daß es sich um zwei unterschiedliche Maschinen handelt, kann am verschiedenen Innovationstempo gesehen werden: Die mechanische Seite der Kopplung bleibt langsam und teuer, während die elektronische Seite unheimlich schnell fortschreitet.

Daß es sich um neuartige Maschinen handelt,[8] an die neuartige Erwartungen gerichtet werden, kann z.b. in der Frage der »Trivialisierung« beobachtet werden. Eine triviale Maschine ist laut von Foerster (von Foerster 1985a; 1985b: 44ff) eine, die bei demselben input immer denselben output produziert. Es sind also voraussagbare Maschinen, die vom Kontext und von ihrem eigenen vergangenen Verhalten unabhängig sind. Jedesmal, wenn der Zündschlüssel gedreht wird, erwartet man, daß der Wagen anspringt. Eine nicht-triviale Maschine reagiert dagegen in verschiedenen Momenten auf denselben input anders, weil sie sich auf ihren inneren Zustand orientiert und deshalb als unvoraussagbar (oder kreativ) angesehen wird. Verhält sich eine »traditionelle« Maschine nicht-trivial, erscheint das als eine Anomalie, als eine Störung, und es wird dafür gesorgt, sie zu reparieren – d.h. zu re-trivialisieren. Eine traditionelle Maschine ist – anders gesagt – entweder trivial oder fehlerhaft.[9] Von Computern versucht man dagegen, ein möglichst unerwartbares (obwohl nicht zufälliges) Verhalten zu gewinnen: Der Output der Maschine muß unerwartet, d.h. überraschend, d.h. informativ sein – ohne daß die Maschine deshalb fehlerhaft ist.[10] Ein großer Teil der Forschung im kybernetischen Bereich kann als eine Bemühung zur »Ent-Trivialisierung« des Verhaltens von Computern angesehen werden, ausgehend von der unumgänglichen Tatsache, daß es sich auf jeden Fall um absolut determinierte Maschinen handelt. Man kann dies in der Frage der »Randomisierung« sehen, d.h. in dem Versuch, mit einem Computerprogramm eine Sequenz von Zahlen zu generieren, die keine erkennbare Struktur aufweist: Man rekurriert üblicherweise auf die Einführung von »Fehlern« in die Maschine (die *loaded dice*), um sie überraschungsfähig zu machen.[11] Und im Bereich der künstlichen Intelli-

---

8 Der Computer ist laut Günther die »zweite Maschine«: Eine trans-klassische Maschine, die der klassischen archimedischen gegenüber steht (Günther 1963: 179ff).
9 Die Technologie folgt laut Luhmann die Unterscheidung heil/kaputt (Luhmann 1990a: 74ff; 1991: 93ff)
10 Nicht jede Unerwartbarkeit ist also richtig. Es muß sich um eine kontrollierte Unerwartbarkeit handeln. Auf diesen offensichtlich paradoxalen Zweck kommen wir später zurück.
11 Vgl. Knuth 1981; Park-Miller 1988. »The goal of a random number generator in a software application is to generate a sequence of random-appearing numbers that is uncoupled from the program using this numbers« (Ochs 1991). Heute wird zugestanden, daß mit Computern nur pseudo-random Sequenzen produziert werden können: Der Ziel ist, Zahlensequenzen zu generieren, die ein »random Verhalten« zeigen, auch wenn die Sequenz nicht wirklich random ist und es immer möglich ist, in ihr eine Struktur zu entdecken. Spencer Brown hat allerdings schon 1957 gezeigt, daß nichts so voraussagbar wie eine absolut random Sequenz ist, und daß der Punkt nur die Abkopplung (uncoupling) von zwei Prozessen ist (vgl. Spencer Brown 1957) – eine Abkopp-

genz sieht man es in der dem sog. »Turing Test«[12] zugeschriebenen Relevanz (Turing 1950; Hofstadter/Dennett 1981: Teil I): Der Test wird von einem informatischen System bestanden, dessen »Verhalten« es einem Benützer unmöglich macht, es von einem denkenden menschlichen Wesen (also von einem Bewußtsein) zu unterscheiden. Und ein Bewußtsein ist der Prototyp einer nicht-trivialen Maschine.

Wie kann diese unterschiedliche Haltung erklärt werden? Warum braucht man eine Medium-Maschine – ein Medium, das die Information nicht nur sendet, sondern auch verarbeitet? Im folgendem werde ich versuchen, diese Fragen mit dem noch zu klärenden Verhältnis des Computers mit der Kommunikation (d.h. mit seinem Medium-Aspekt) zu verbinden. Die Grundvorstellung ist, daß gerade die von der Kommunikation dank der Verfügbarkeit von immer leistungsfähigeren Medien erreichte sehr hohe Komplexität eine Maschine notwendig macht, die die Informationsverarbeitung unterstützt. Und eine solche Maschine kann sicher nicht trivial sein.

2. Medien und Abkopplung vom Kontext

Um sich mit der im vorigen Abschnitt gestellten Frage zu konfrontieren ist es nötig, sich wie flüchtig auch immer auf die soziologischen Folgen der Einführung von unterschiedlichen Kommunikationsmedien zu beziehen. Wie wirkt sich auf das System der Kommunikation die immer kapillärere Einführung von immer effizienteren Verbreitungsmedien aus? Wie verändert sich die Gesellschaft, wenn die Kommunikation immer stärker »mediatisiert« ist?[13]

Eine mögliche Forschungsrichtung ist, die fortschreitende Abkopplung der Kommunikation vom unmittelbaren Kontext (der auch die psychischen Systeme der Teilnehmer einschließt) nachzugehen.[14] Man sieht dies zuerst im Fall der Sprache. Die Hauptunterscheidung, auf der sie beruht, ist die von Wort und Ding, von Sprachterminus und entsprechendem Referent: Der Name ist weder

---

lung, die sich heute auch in der Notwendigkeit ausdrückt, die Anfangszahl für die Aktivierung des random-generators »arbiträr« auszuwählen.
12 Vgl. auch Hofstadter/Dennett 1981, Teil I.
13 Unter Medien verstehen wir hier die Verbreitungsmedien, d.h. Sprache, Schrift, Buchdruck, plus die modernen elektischen und elektronischen Medien.
14 Dieser Punkt wird in Esposito 1993 umfassender behandelt.

das Ding noch eine Eigenschaft des Dinges, auch wenn er sich auf das Ding bezieht. Um von einem Objekt zu sprechen, ist es deshalb nicht notwendig, über das betreffende Objekt zu verfügen: Die Sprache ermöglicht es, von abwesenden Objekten zu sprechen (und sogar von Sachen, die nicht anders existieren als als Objekte der Kommunikation), also die Kommunikation vom unmittelbaren Wahrnehmungskontext abzukoppeln. Die sprachliche Kommunikation verfügt über eigene Objekte und braucht keine eins-zu-eins Entsprechung mit den Umweltgegebenheiten. Ein Objekt kann für die Kommunikation existieren, ohne außerhalb dessen existieren zu müssen (und nicht alles, was es im unmittelbaren Kontext gibt, kommt in die Kommunikation hinein). Die Kommunikation bildet eine »emergente Ebene der Realität« (Luhmann 1992).

Solange die einzige Kommunikationsform die mündliche ist, hängt jedoch die Kommunikation immer noch von der eins-zu-eins Entsprechung mit einer spezifischen Umweltgegebenheit ab: den Denkprozessen der Teilnehmer. Einer der vielen Verdienste der in den letzten Jahrzehnten entwickelten Forschung über Mündlichkeit (z.B. Havelock 1963 und 1978; Goody/Watt 1972; Lord 1960; Ong 1967 und 1986; Giesecke 1992) ist gerade, Formen und Aspekte der Abhängigkeit einer vorschriftlichen Gesellschaft von der Einbeziehung der Bewußtseinsprozesse der Einzelnen gezeigt zu haben, sowie die daraus folgenden Konsequenzen. Vor der Einführung der Schrift konnte die Semantik der Gesellschaft nur im »Medium« des individuellen Bewußtseins tradiert werden. Mit anderen Worten könnte man sagen, daß das Gedächtnis der Gesellschaft unvermeidlich mit den Gedächtnissen der Mitglieder der Gesellschaft verbunden war. Eine Folge davon war z.B. das absolute Fehlen der Idee eines unabhängigen Textes – eines einzigen Textes, welcher in unterschiedlichen Situationen wieder aufgeführt wurde.[15] In einem gewissen Sinne fehlten also wirklich autonome Kommunikationsgegebenheiten: Alles, was für die Kommunikation existierte, existierte punktuell in dem Kopf von jemandem (stimmte also mit einer Umweltgegebenheit überein). Es handelt sich nicht einfach um die Tatsache, daß für die Aufnahme der Kommunikationsinhalte nur das individuelle Gedächtnis verfügbar war, son-

---

15 Das mündliche Dichten war nicht mit der Aufführung eines festen Textes (des Originales) im Lauf unterschiedlicher *performances* verbunden: Jede *performance* war in einem gewissen Sinne *ein* Original, wenn auch nicht *das* Original (Lord 1960: 101). Aufgrund eines festen Repertoires von Formeln (Wortgruppen, die regelmäßig benutzt wurden, um eine bestimmte wesentliche Idee auszudrucken) und von standardisierten Themen, rekonstruierte der orale Dichter von Fall zu Fall das Grundschema des Epos, das also von Fall zu Fall im Lauf des *performance* neu geschaffen wurde.

dern vor allem darum, daß diese Inhalte ohne die aktive Teilnahme von Bewußtseinsprozessen nicht einmal existierten, und sie jeweils nur in der laufenden Situation und für sie existierten.[16]

Mit der Einführung von Schrift findet eine graduelle »psychische Dekonditionierung der Kommunikation« (Luhmann 1992: 7) statt. Die Kommunikation ist nicht mehr an Interaktion gebunden, also an die räumliche und zeitliche Übereinstimmung mit den psychischen Prozessen der Teilnehmer. Man kann nicht nur über abwesende Dinge, sondern auch mit abwesenden Personen kommunizieren. Texte werden verfügbar, die von unterschiedlichen Leuten in unterschiedlichen Zeitpunkten und Situationen gelesen werden können und sich daher von allen Aspekten auslösen müssen, die zu eng mit dem punktuellen Kontext der Mitteilung (welcher nicht mehr notwendigerweise mit dem des Verstehens übereinstimmt) verbunden sind.[17] Die Texte sind jetzt autonom von jeder einzelnen Kommunikationssituation und parallel dazu wird die Gesamtheit der Texte von den einzelnen Teilnehmern an der Kommunikation (und auch von ihrer Summe) unabhängig. Diese Texte können dann als Objekte für sich beobachtet werden. Die Kommunikation kann als ein Objekt beobachtet werden (unterschieden von der Sachen, von denen die Rede ist, von der Art zu reden, und von dem Redner).

Die volle Entwicklung dieses Prozesses bedurfte allerdings ungefähr zweitausend Jahre. Aus soziologischer Sicht ist es offensichtlich, daß die Verfügbarkeit über ein neues Medium (die Schrift) nicht als Ursache von irgend etwas verstanden werden kann – und noch weniger als Lösung eines Problems, welches natürlich nicht einmal wahrgenommen werden konnte, bevor eine Alternative vorstellbar war. Das Medium muß einfach als zusätzlicher Faktor verstanden werden, der eine neue Art »Störung« produziert, die vom Kommunikationssys-

---

16 Sowie die Haupteigenschaft der oralen Poesie nicht die ist, daß sie mündlich aufgeführt wurde, sondern vielmehr die, daß sie im Lauf der mündlichen *performance* komponiert wurde (Lord 1960: 5).

17 Dies gilt nur für die alphabetische Schrift. Denn auch ein »Text« in konsonantischen Schrift benötigt eine Integration von Seiten des Lesers und ist also nicht von seinem Beitrag unabhängig. Es wird nur der Anfangskonsonant notiert, während die Vokale von dem Leser aufgrund des Kontextes zugefügt werden müssen. Im allgemeinen wird in allen Formen von Schrift außer der alphabetischen nicht die Lektüre sondern das Verstehen festgesetzt (Amadasi Guzzo 1978: 38). Nur mit der phonetischen Schrift gewinnt der Text eine solche Unabhängigkeit von den psychischen Prozessen, daß es möglich wird, einen Text, der nicht verstanden wird, perfekt zu lesen (z.B. einen Text in einer Fremdsprache).

tem in eigener Form verarbeitet werden kann.[18] Das Medium kann nur dann
»Wirkungen« haben, wenn die es ermöglichenden sozialen Umstände entstehen.
Hier kann dieser Punkt nicht näher betrachtet werden – ich erwähne nur eine
grundsätzliche Voraussetzung: Die Existenz eines zureichend breiten Publikums
von Lesern. Nur wenn genug Leute lesen können, kann die Schrift auf die Semantik der Gesellschaft voll einwirken – und nur dann entkoppeln sich außerdem
vollkommen Mitteilung und Verstehen: Nicht nur im Raum und in der Zeit, sondern auch in dem Sinne, daß es keine Verbindung zwischen den beiden mehr
gibt. Wenn für ein anonymes und unerkennbares Publikum produziert wird, können die Umstände der Mitteilung keinen Einfluß auf diejenigen des Verstehens
haben – und der Sinn der Kommunikation muß dann unabhängig vom Kontext
der Mitteilung sein. Die Kommunikation ist also sowohl vom Wahrnehmungsals auch vom psychischen Kontext völlig abgekoppelt.
Dieser Schritt hängt mit der Einführung einer neuen Art von Schrift zusammen:
das *artificialiter scribere* des Buchdrucks (Eisenstein 1979; Ong 1982: 169ff).
Und in der Tat entwickeln sich die Potenialitäten der Schrift erst vom XVI. Jahrhundert ab. Mit dem Buchdruck gibt es zum ersten Mal eine Art Kommunikation, die ausschließlich von der Kommunikation abhängig ist und deren einziger
relevanter Kontext der aus dem Geschriebenen gewonnene Co-Text ist.[19] Nur
mit dem Buchdruck setzt sich z.B. die Idee der Kontingenz der Namen durch.
Bis weit in das XVII. Jahrhundert war die vorherrschende Meinung die, daß es
eine innere Verbindung zwischen den Dingen und ihren Namen gäbe, wie die
Tatsache zeige, daß es nicht möglich sei, die Dinge anders als aus den »richtigen« Namen der entsprechenden Objekte zu lernen (Eisenstein 1979: 95ff).[20]
Wenn es einmal möglich wird, mehrere Texte zu vergleichen und miteinander zu
verbinden, geht man außerdem vom System der Glossen und der Kommentare zu
artikulierten Verweisungen zwischen den Büchern über. Die Haltung ist vollkommen anders: Anstatt auf die Exegese des »originellen« Textes (der richtig,
weil näher an der Quelle war), wird auf die Verbindung der Texte innerhalb der

---

18 Obwohl es sich im Fall der Medien um die besonders einflußreiche Art von Störung handelt, die
die »evolutiven Errugenschaften« kennzeichnet (Luhmann/De Giorgi 1992: 221ff).
19 Dies hängt offensichtlich mit der Differenz in der Verbreitung der Bücher zusammen. Die Manuskripte zirkulierten unter klar bestimmten und voraussehbaren Lesern, und es war deshalb
nicht schwierig, sich aufgrund derjenigen die man kannte, den Kreis der Leser vorzustellen. Mit
dem Buchdruck wird der Markt zum Verbreitungsmechanismus, und der Gedanke wird zunehmend unplausibel, die Art der Leser und die Lektürebedingungen unter Kontrolle zu haben
(Giesecke 1992: 124ff).
20 Der Ansatz war immer noch der von Platon: Cratilo, 438c.

Kommunikation selbst hingezielt.[21] Ungefähr im XVI. Jahrhundert entsteht auch die Idee des Wörterbuchs: Während früher jeder Autor sich frei fühlte, im Lauf der Arbeit seine eigenen Begriffe zu definieren, wird mit der zunehmenden Unabhängigkeit des Verstehens von der Mitteilung eine viel größere Explizität nötig.[22]

Wer für den Buchdruck schreibt, kennt seine Leser nicht – und kann sie auch nicht kennen. Andererseits kennen die Leser denjenigen der schreibt nicht, wie die Tatsache zeigt, daß nach der Einführung des Buchdrucks die Problematik des Autors entsteht (Eisenstein 1979: 132ff). Gerade wenn der Sinn der Kommunikation sich vom persönlichen Bezug abkoppelt, wird es wichtig festzustellen, wem die Mitteilung zugeschrieben werden muß, und die explizite Erwähnung des Namens des Autors dient dazu. Nur wenn der Kommunikationstext sich von

---

21 Dies hebt andererseits die Widersprüche zwichen den Texten und der Komplexität des verfügbaren Wissens hervor, mit dem Bedürfnis nach neuen, spezifisch auf die Texte bezogenen Organisations- und Manipulations-Methoden. Vom Problem, die Informationen verfügbar zu haben, geht man zu dem Problem über, zuviele Informationen zu haben und sie auswählen zu müssen. Es werden Rationalisierungsmethoden für den Zugang zu den Daten verarbeitet: Numerierung der Seiten, Trennung in Kapitel und Abschnitte, Einführung von Titeln, Inhaltsverzeichnisse und Register. Darauf basiert laut Ong die Ramische Methode, die zuerst eine Methode ist, um den Diskurs zu organisieren (»an itemizing approach to discourse«) und nicht um mit Sachen zu arbeiten (Ong 1961).

22 Jedes Wort gewinnt eine bestimmte, in einem Repertorium festgemachte Bedeutung, und »das Verhältnis der Begriffe zueinander muß selbst ein Begriff sein« (McLuhan 1962: 307). Auf der Seite der Fremdreferenz der Kommunikation entspricht der Autonomisierung des Textes eine parallele Autonomisierung der Natur. Im XV. Jahrhundert wurden Vandalismus, Pest, Krieg als gleichartige Katastrophen wie der Turm zu Babel, die Vermischung der Sprachen, der Verlust und die Korruption der Texte angesehen (Eisenstein 1979: 315). Die typographische Kultur verfügt dagegen über zwei Ebenen: Außer der Wahrheit der Offenbarung (in den heiligen Texten aufgenommen) behauptet sich eine selbständige und originelle Wahrheit der Natur, die sich nicht in den Worten, sondern in den Werken Gottes ausdruckt: »Die Interpretationsmethode der Schrift unterscheidet sich nicht von der Interpretationsmethode der Natur, sondern stimmt ganz mit ihr überein« (Spinoza 1971: 155; Dionigi 1991). Die Beobachtung der Natur setzt sich als eine zweite Erkenntnisquelle durch. Die Allegorie des Buches bleibt in der Idee des *Codex Naturae*, »dessen Seiten durch die Reisen geblättert werden« (Eisenstein 1979: 523), aber die zwei »Bücher« Gottes trennen sich immer mehr: Im XVIII. Jahrhundert entdeckten einige schwedische Forscher eine Veränderung an den Stränden der Ostsee. Daraufhin protestierten die Theologen bei der Regierung mit der Behauptung, diese Beobachtung, die der Genesis nicht entsprach, solle verworfen werden. Die Antwort war, daß Gott sowohl die Ostsee als auch die Genesis geschaffen hatte: Wenn zwischen den beiden Werken ein Widerspruch existierte, mußte der Fehler in den Kopien des Buches und nicht in der Ostsee sein, von der man das Original hatte (Eisenstein 1979: 801).

psychischen Prozessen des Autors abgekoppelt hat, hat es Sinn, abgesehen vom spezifischen Ereignis der Mitteilung, die Frage der Autorschaft des Textes zu stellen: Es muß möglich sein, zwischen dem Komponieren und dem Vortragen einer Dichtung, zwischen dem Schreiben und dem Kopieren eines Buches zu unterscheiden. Für den mittelalterlichen Gelehrten entsprach die Frage »Wer hat dieses Buch geschrieben?« nicht notwendigerweise und auch nicht als wichtigeres Element, der Frage »Wer hat dieses Buch komponiert?« Man wollte die Identität des Kopisten, nicht die des Autors kennen (McLuhan 1962: 183ff).

Warum ist es aber interessant, die Mitteilung jemandem zuzuschreiben, wenn der Text mittlerweile alles beinhaltet, was für das Verstehen nötig ist? Warum taucht die Problematik des Autors in dem Moment auf, wo sich die Idee verbreitet, die Druckmaschine selbst »kommuniziere«? Die bis hier skizzierte Evolution hat wie gezeigt dazu geführt, die Ereignisse der Mitteilung und des Verstehens immer mehr voneinander unabhängig zu machen. Die Kommunikation wird auf beiden Seiten immer einseitiger, schließt also ein unmittelbares feed-back aus. Der Mitteilende wählt seine Kommunikation in bezug auf eine Lektüreperspektive aus, die er in einem gewissen Maße erzwingt. Der Leser seligiert den Text nach seinen Interessen: Er kann Kapitel überspringen, die Ordnung der Lektüre umkehren usw.[23] Der Sinn der Kommunikation wird aber immer noch vom Unterschied zwischen Information und Mitteilung definiert, hängt also von der Tatsache ab, daß jemand eine Selektion vollzogen hat. Für denjenigen, der die Kommunikation versteht, bleibt die Differenz zwischen einer durch die Wahrnehmung gewonnenen Information und einer kommunikativen Information fest: Selbst der am stärksten beteiligte Romanenleser reagiert auf die in Büchern erzählten Ereignisse anders als auf diejenigen seines Alltagslebens – auch wenn die ersten sein Alltagsverhalten beeinflußen können. Mit den neuen Medien wie Kino und vor allem Fernseher, die auch die Wahrnehmung für Kommunikationszwecke in Anspruch nehmen, wird dies noch offensichtlicher. Der Zuschauer sieht absolut realistische Bilder von Ereignissen, die (wie er weiß) wirklich sind – z.B. in der Direktübertragung – aber verwechselt sie trotzdem mit seiner unmittelbaren Realität nicht. Er verwechselt z.B. die Direktübertragung des Feuers

---

23 »Die Kommunikation ereignet sich dann wie in einem Hyperzyklus von gegenseitigen Selektionen, aber wenn und in der Maße wie sie sich ergibt, kann sie sich selbst nicht mehr korrigieren« (Luhmann/De Giorgi 1992: 102).

nicht mit dem Feuer in seiner Wohnung.[24] Die Differenz beruht hauptsächlich darauf, daß im Fall der Kommunikation die Information auf die von jemandem vollzogene Selektion zurückgeführt wird – also von der Mitteilung unterschieden wird.

Die Verweisung der Information auf die Mitteilung ist eine grundlegende Vorbedingung für die Verarbeitung der Kommunikation. Es wird vorausgesetzt, daß der Verstehende auf eigene Art eine Kommunikation verarbeitet, die einen eindeutigen Sinn hat – und daß diese Eindeutigkeit mit der Verweisung auf den Sinn der Mitteilung zusammenhängt. Es muß also festgestellt werden können, ob das, was mitgeteilt wurde, richtig verstanden worden ist oder nicht:[25] Nicht jedes Verstehen ist richtig. Trotz der Unabhängigkeit der Kommunikation von den konkreten Umständen der Mitteilung kann man mißverstehen. Wäre es nicht so – wäre der Sinn der Mitteilung für den Sinn der Kommunikation gar nicht relevant – dann wäre es nicht mehr möglich, jemandem die Selektion zuzuschreiben, also sich auf die von anderen vollzogenen Selektionen zu verlassen. Das ist vor allem wichtig, weil die sprachliche Unterscheidung von Wort und Ding die Realität in fiktionale Realität und reale Realität dupliziert und damit eine enorme Komplexität zusammen mit der Unsicherheit über die Entsprechung der beiden einführt. Nichts versichert, daß das, was mitgeteilt wird, mit dem wirklichen Stand der Dinge übereinstimmt. Die Worte der Sprache sind nicht an sich objektiv. Wäre es nicht möglich, sich auf die vom Mitteiler vollzogene Selektion zu beziehen, bliebe dem Adressat die Last, allein alle relevanten Informationen zu verarbeiten, nur aufgrund seiner Kriterien. Solange die »Voraussetzung der Aussage als Sinneinheit« (Luhmann 1992: 10) feststeht, kann er dagegen eine externe Selektion als Vorbedingung für seine eigene Selektion nehmen. Der mitgeteilte Text (oder die vom Fernseher gesendete Mitteilung) hat eine Ordnung, eine Struktur, eine Art »sekundärer Objektivität«, die vom Empfänger vorausgesetzt wird, der seine Selektionen aufgrund der vom Text schon vorgegebenen Organisation verarbeitet. Es seligiert aus einer schon strukturierten Komplexität, die der Mitteilung zugeschrieben wird.

---

24 Diese letzte Schwelle der Autonomie der »fiktionalen Realität« der Kommunikation, welche sogar mit der Tatsache kompatibel ist, daß sie wahrgenommen wird, ist in Esposito 1995 ausführlicher diskutiert.

25 Obwohl die Kommunikation auch bei Mißverständnissen stattfindet: Man unterscheidet hier nicht Kommunikation von Nicht-Kommunikation, sondern gelungene Kommunikation und nicht-gelungene Kommunikation. Im letzten Fall kann man nach Erklärungen fragen.

Sich auf eine Selektion zu verlassen, schafft allerdings das Problem der Möglichkeit der Täuschung und des Fehlers, welche auch mit der sprachlichen Kommunikation verbunden sind – ein Problem, dem mit der Verfügbarkeit der Alternative zwischen Annahme und Ablehnung entgegengetreten wird. Der Empfänger kann also entscheiden, die Kommunikation anzunehmen oder abzulehnen, und damit wird die offene Kontingenz der Selektion in die strukturierte Kontingenz einer Alternative umgewandelt. Man orientiert sich an der Situation des Mitteilenden, an seinen Motiven, an seinen Fähigkeiten, und gewinnt damit Orientierungen für die Verarbeitung der Kommunikation. Anders gesagt: Die von der Kommunikation generierte Komplexität wird gerade dadurch behandelbar gemacht, daß es sich um Kommunikation handelt.

Schon mit Kino und Fernseher wird diese Voraussetzung aber immer verschwommener. Man weiß natürlich, daß das Gesendete Ergebnis einer Selektion und einer Verarbeitung durch jemanden ist, aber diese Selektion wird immer weniger relevant für die Art und Weise, wie die Kommunikation verstanden wird. Die Differenz von Information und Mitteilung wirkt immer weniger auf den Sinn der Kommunikation selbst ein. Die Kommunikation wird zuerst wahrgenommen und die Wahrnehmung sieht von jedem Bezug auf den Sinn der Mitteilung ab (Luhmann/De Giorgi 1992: 101). Man wird von der Mitteilung z.B. bewußt, wenn der Verdacht der Manipulation auftaucht, aber dieses Bewußtsein entsteht nur später: Es wird also etwas verdächtigt, was ohnehin wahrgenommen wurde.

3. Zuschreibung der Kommunikation und Selektion der Information

Wie wirkt sich die Einführung der Computer auf diese Kommunikationssituation aus? Können Transformationen im Verhältnis von Information und Mitteilung beobachtet werden, die auf die Vermittlung der Computers zurückgeführt werden können?

Betrachtet man den Computer als Verbreitungsmedium, also die Telematik, kann zuerst das »information overfloat« Syndrom beobachtet werden, d.h. die Verfügbarkeit über einen Überschuß an Daten hinsichtlich der Verarbeitungsmöglichkeiten. Schon mit der Verbreitung des Buchdrucks war die Erhaltung der Daten kein Problem mehr. Die Reproduzierbarkeit der Texte ist eine Garantie gegen den Verlust der Informationen: Man kann vermuten, daß alle relevanten Informationen irgendwo gelagert und registriert sind, und daß sie im Lauf der Zeit nicht beschädigt werden. Was nicht aufbewahrt oder nicht aufbewahrbar ist, wird vernachlässigt: Wie bekannt, zählt in einer Druckkultur nur das, was veröffentlicht ist. Alles ist dann registriert: Aber wo und für wen? Das Problem wird der Zugang zu den Informationen, und die Information wird zu einem Gut mit eigenem Wert. Was zählt, ist nicht, die Bücher physikalisch zu besitzen: Es zählt, im richtigen Moment zu den relevanten Informationen Zugang haben zu können. Ein großes Hindernis war diesbezüglich immer die räumliche Entfernung gewesen: Auch wenn die relevanten Texte irgendwo existierten, waren sie nicht immer zum Zeitpunkt und an dem Ort verfügbar, wo sie nötig waren. Zwei Probleme blieben also: Zu wissen, wo die nötigen Informationen waren und Zugang zu den Texten zu haben, in den sie enthalten waren. Katalogisierungssysteme und Verbindungen zwischen den Bibliotheken dienten dazu. Heute ist mit Telefax, Modem und vor allem mit computerisierten Datenbanken diese Entwicklungslinie bis ins Extreme fortgeführt worden. Man kann absehen, daß die Entwicklung der Datenbanken bald es erlauben wird, auf dem eigenen Computer unmittelbar die relevanten Informationen für das behandelte Thema zu bekommen. Es sieht so aus, daß die räumliche Entfernung aufhören wird, ein Problem zu sein.

Daten zu »haben« wird also kein Gut mehr sein können. In dem Moment, wo alle Dokumente für alle zugänglich sind, wird das Gedächtnis der Gesellschaft potentiell zum Gedächtnis jedes Einzelnen. Man bewegt sich also wie vor der Schrift in der Richtung einer Situation der konstanten Anwesenheit der Information, die nicht jedoch wie damals auf dem Fehlen der Dokumente sondern gerade auf der riesigen Menge der verfügbaren Dokumente beruht (Ong 1967: 106). Das Problem der Selektion der Informationen wird aber demzufolge immer schärfer. Heute kann die letzte Entwicklung des für Schriftkulturen typischen »lack of social amnesia« (Goody/Watt 1972) beobachtet werden: In einer mündlichen Kultur sorgte die Begrenztheit des individuellen Gedächtnisses dafür, durch Vergessen alles, was nicht mehr relevant war, zu »entfernen« – in einer Art »homeostatic organization« der kulturellen Tradition. Wird die Schrift (und besonders der Buchdruck und dann die elektronischen Unterstützungen) verfügbar, werden die Erhaltungsmöglichkeiten hingegen nahezu unbegrenzt: Alles ist (wenigstens potentiell) in jedem Moment verfügbar, und zur ersten Frage wird, ob und wie es möglich ist, zu vergessen. Und diese Selektion muß nunmehr innerhalb der Kommunikation selbst realisiert werden.

Gerade jetzt, wo die Frage der Selektion so scharf und so prägnant geworden ist, wird die Situation vom oben erwähnten Aspekt des Computers als Maschine weiter komplexifiziert. Wie gesehen, verändert, verarbeitet, manipuliert der Computer die Daten, so daß das, was am Ausgang gewonnen wird, nicht mehr dem entspricht, was am Eingang eingeführt wurde: Die Prämisse der Sinneinheit des Textes entfällt. Und nicht deshalb, weil es eine Übermittlungsstörung gab, sondern weil die Maschinen gerade zum Zweck der Verarbeitung benutzt werden. Das bedeutet jedoch, daß der Sinn der Kommunikation nicht mehr am Sinn der Mitteilung fixiert werden kann. Das, was der Mitteilende meinte, kann nicht mehr das Kriterium sein, um die Richtigkeit des Verstehens zu prüfen: Der Mitteilende konnte den aus dem Computer gewonnenen Text nicht kennen. Wenn das stimmt, dann fehlt auch die vom Bezug auf die Selektivität der Mitteilung geleistete Selektionshilfe. Der Benutzer eines Hypertextes z.B. baut im Lauf des Nachschlagens »seinen« Text auf, indem er in einem nicht-linearen und nicht-sequentiellen Netzwerk von Verbindungen zwischen »Informationsknoten« »navigiert«. Der Unterschied zwischen dem Nachschlagen eines Hypertextes und dem idiosynkratischen Nachschlagen eines Buches (wo der Leser selbst z.B. die Reihenfolge der Kapitel feststellt) besteht in der Tatsache, daß die Verbindungen vom Programm der Maschine geleitet werden und für den Benutzer vorwiegend »transparent« sind. Organisation und Struktur des gewonnenen Textes – auch wenn sie nicht nur von der Selektivität des Benutzers abhängig sind – können dann der Mitteilung nicht zugeschrieben werden. Die mit der Duplikation der Realität in kommunikative Realität und reale Realität zusammenhängende Vermehrung der Möglichkeiten bleibt also (man weiß, daß die durch die Maschine vermittelte Realität mit der unmittelbaren Realität nicht übereinstimmt),[26] aber es hat keinen Sinn mehr, ihr mit der Alternative zwischen Annahme und Ablehnung entgegenzutreten. Was heißt, die durch die Maschine vermittelte Kommunikation abzulehnen? Was wird abgelehnt? Sicher nicht die Absicht des Mitteilenden, der wenig oder gar nicht mit der betreffenden Kommunikation zu tun hat. Hat es aber Sinn, von einer Absicht der Maschine oder von seiner Mitteilung zu sprechen?

An diese Frage schließt sich die Diskussion (die im Bereich der künstlichen Intelligenz sehr lebendig ist) über die sog. »denkenden Maschinen« an.[27] Der so-

---

26 Auch im besonders verwickelten Fall der sogenannten »virtuellen Realität« (Z.B. Waffender 1991; Rötzer 1991; Maldonado 1992).
27 Zum Beispiel die Debatte in der italienischen Ausgabe von Searle 1980, und Hofstadter/Dennett 1981.

genannten »starken« künstlichen Intelligenz zufolge, soll ein geeignet programmierter Computer als ein regelrechtes Bewußtsein betrachtet werden, das versteht und eigene kognitive Zustände hat. Die Diskussion betrifft die Frage, ob es sinnvoll ist, der Maschine eine eigene Absichtlichkeit und eventuell Gefühlszustände zuzuschreiben. Mit anderen Worten: Geht man von der Annahme aus, daß die Maschine eine autonome Verarbeitung der Informationen vollzieht, muß diese Autonomie notwendigerweise mit einer eigenen Absichtlichkeit gekoppelt sein? Behauptet man, daß der Computer Daten transformiert und daß er sie verarbeitet, muß man dann auch behaupten, daß er weiß was er tut und es tun will? Die Diskussion kann letztlich in folgender Frage zusammengefasst ausgedrückt werden: kann und muß den Computern gegenüber die Prämisse festgehalten werden, daß jede Informationsverarbeitung einem Bewußtsein zugeschrieben werden muß? Wenn der Computer Informationen manipuliert, muß man dann behaupten, daß er denkt? Oder muß er als »eine neue metaphysische Komponente« (Günther 1963: 34) verstanden werden, die in der kartesianischen Alternative von res cogitans und res extensa keinen Platz findet?

4. Individueller Gebrauch der Medien

Dieser Alternative gegenüber verweise ich noch einmal auf die Tatsache, daß der Computer auch ein Medium ist. Um den Disput, ob es sich um ein Bewußtsein handelt oder nicht zu entscheiden, kann es meines Erachtens nützlich sein, an eine Unterscheidung zu erinnern, die auch im Fall der Sprache und der Schrift gilt:[28] Die Unterscheidung zwischen individuellem und kommunikativem Gebrauch. Geht man von der Annahme der autopoietischen Schließung von psychischen und sozialen Systemen (nur das Bewußtsein kann denken und nur die Gesellschaft kann kommunizieren) und von der Notwendigkeit einer strukturellen Kopplung der beiden Systeme (die Kommunikation ist nur dann möglich, wenn Bewußtseine daran teilnehmen: Luhmann 1988a) aus, muß man darauf schließen, daß ein Medium sich nur dann durchsetzen kann, wenn es eine Funktion sowohl auf der psychischen als auch auf der kommunikativen Ebene erfüllt,

---

28 Also im Fall der wichtigsten Innovationen in der Codierung der Kommunikation: Die mit dem Buchdruck und den neuen Verbreitungsmedien zusammenhängenden semantischen Transformationen werden hier als Entwicklungen der Kultur des Buchdrucks verstanden – also der Abkopplung der Kommunikation vom Kontext.

und beide Funktionen müssen nicht übereinstimmen. Das Medium muß den Bewußtseinen zu eigenen Zwecken dienen, und nur dann kann es zu den Zwecken der Kommunikation dienen.

Wenden wir uns zunächst dem individuellen Gebrauch der Medien zu. In der Entwicklung des Bewußtseins begleitet anscheinend die psychische Funktion der Sprache ihre kommunikative Funktion. Die Untersuchungen von Vygotsky, Luria und ihren Mitarbeitern (Vygotsky 1962; Luria 1961 und 1976; Luria/Yudowitsch 1970) fokussieren auf die »regulative Funktion« der Sprache, also auf die Tatsache, daß sie dem Bewußtsein ermöglicht, seine Operationen zu dirigieren und zu komplexifizieren.[29] Mit anderen Worten: Auf individueller Ebene dient die Sprache als Mittel, durch den das psychische System seine Selbstbeobachtungsfähigkeit gewinnt. Die Operationen des Bewußtseins (die Gedanken) produzieren und reproduzieren sich ununterbrochen aufgrund anderer Gedanken, und dieser Prozeß braucht nicht notwendigerweise die Sprache. Wenn diese Reproduktion sich in sprachlicher Form vollzieht, können jedoch die einzelnen Gedanken isoliert und voneinander getrennt werden. Sie können also in einer Sequenz beobachtet und organisiert werden. Die Selbstreproduktion der Gedanken ist dann von der Selbstbeobachtung des Systems geleitet und kann erheblich komplexer werden. Jeder Gedanke reproduziert sich aufgrund der Unterscheidung vom vorigen Gedanke, und der Prozeß ereignet sich kontrolliert (Luhmann 1985).[30]

---

29 Die regulative Funktion der Sprache ist in den Fällen von Subjekten besonders auffällig, wo organische Verletzungen des Gehirns oder physische Behinderungen (Taubstummheit) die Teilnahme der Sprache an den Denkprozessen unmöglich machen (Luria 1961; Luria/Yudowitsch 1970). Dieser Mangel scheint sich schwer auf die Abstraktionsfähigkeit auszuwirken.

30 Diese Evolution ist von Vygotsky in dem Prozeß nachvollzogen worden, durch den das Kind vom sogenannten. egozentrischen Sprechen zum inneren Sprechen übergeht. Mit egozentrischem Sprechen wird ein Gebrauch von linguistischen Formen bezeichnet, bei dem das Kind sich anscheinend an niemandem wendet, keine Interesse zu haben scheint, verstanden zu werden, und auch nicht zu wissen ob jemand überhaupt zuhört. Das Kind spricht praktisch mit sich selbst, als ob es laut denken würde (Piaget 1926). Laut Vygotskys These benutzt das Kind in dieser Phase die Sprache immer noch relativ unbewußt, ohne die Syntax der Sprache von der Syntax des Denkens zu unterscheiden. Es denkt sprachlich, aber muß es laut machen. Erst später, wenn es das Mittel der Sprache besser beherrscht, kann es sie nach innen wenden. Es entwickelt sich dann die von allen Erwachsenen benutzte innere Sprache: Man denkt in sprachlicher Form, wenn die Verbindungen zwischen den Gedanken und ihrer Reihenfolge interessieren. Und das laute Sprechen gewinnt eine ausschließlich kommunikative Funktion, und seine Struktur verändert sich entsprechend: Es wird viel expliziter und unabhängiger von der idiosynkratischen Perspektive des Sprechers. Es wird also für andere verständlich. Die regulative Funktion der Sprache

Was die Schrift angeht, sie wurde anscheinend nicht zu kommunikativen Zwecken eingeführt. Bevor es Leute gab, die lesen konnten, konnte allerdings keiner daran denken, Schrift zu »erfinden«, um die Schranken der mündlichen Kommunikation zu überwinden (Luhmann 1992). Die Schrift diente zuerst als mnemonische Hilfe, als Anmerkungssystem.[31] Erst später wurde das schon existierende Instrument in einer anderen Funktion gebraucht: Die Überwindung der räumlichen und zeitlichen Distanz zwischen den Teilnehmern an der Kommunikation. Wie oben gesehen, ergab sich dadurch eine Abstraktionszunahme, die der Notwendigkeit entspricht, von allen kontextuellen Faktoren abzusehen und die Kommunikation als Objekt an sich zu beobachten. Die höhere Abstraktion führt ihrerseits zu einem neuen individuellen Gebrauch der Sprache. Auch wenn man für sich selbst schreibt, trennt sich die Ebene der Wörter von der Ebene der Dinge. Die für nicht-literate Kulturen typische Vorstellung des »wirksamen Wortes« verliert sich. Während das orakolare Wort selbst ein Faktor seiner Verwirklichung war, wird es jetzt zu eine Ebene des Realen, welche von den Dingen und von den Handlungen unterschieden ist.[32] Und diese selbständige Ebene kann als solche beobachtet werden: Man kann sich z.B. für die Korrelationen zwischen den Gedanken und den sie leitenden Gesetzen interessieren, oder für die Folgen, die deduktiv aus bestimmten Annahmen gezogen werden können. Außer aus der konkreten aktiven Erfahrung, können Erkenntnisse auch aus der Beobachtung der eigenen Gedanken gewonnen werden – auch durch die Selbstbeschreibung.[33]

---

wird durch die Tatsache bewiesen, daß bei besonders beanspruchenden Problemen das normalerweise auf die innere Sprache übergegengene Kind wieder laut denkt: Es rekurriert also wieder auf die auf Wahrnehmung begründete Unterstützung der Vokalisierung (Vygotsky 1962).

31 In Vernant 1974 wird die Verbindung zwischen der Schrift und der Divinationspraxis diskutiert. Vandermeersch spricht sogar von von einem »genetischen Verhältnis« zwischen Divination und Schrift: lang bevor der Einführung einer echten schriftlichen Sprache, wurde anscheinend in der chinesischen Orakelinschriften ein äußerst komplexes Zeichensystem benutzt (Vandermeersch 1974).

32 Laut Detienne (1967: 81) war Simonides der erste, der das Wort als Bild der Wirklichkeit und nicht als ihre Komponente erfasste, und deshalb die Mnemotechnik entwickeln konnte. Es geht um eine verweltlichte Technik ohne magische oder religiöse Komponente, die sich direkt an die Worte als solche wendet und ihre Manipulation zu einer Arbeit macht. Das Gedächtnis wird gleichzeitig zu einem Instrument, und ist nicht mehr der inspirierte Kontakt mit der Gottheit.

33 Lurias Arbeiten zeigen, daß nur alphabetisierte Menschen, die lesen und schreiben können und in einem entsprechend komplexen sozialen Kontext einbezogen sind, logisch-verbale Formen benutzen können, um Folgerungen aus bestimmten Prämissen zu ziehen, ohne auf die unmittelbare praktische Erfahrung sich beziehen zu müssen. Sie können also den Schluß eines Syllogismus ausschließlich aufgrund von dem, was in den Prämissen gesagt wird, erreichen, auch in den Fäl-

Man kann sagen, daß die mit der Schrift zusammenhängenden Abstraktion und Generalisierung ermöglichen, aus der schon verfügbaren Information weitere Informationen zu gewinnen. Sie dienen in einem gewissen Sinne dazu, vordeterminierte Überraschungen zu generieren. Die eigenen Gedanken schriftlich auszudrücken nutzt dazu, die Implikationen der Ausgangsannahmen hervorzuheben – auf eine Weise, die ohne die externe Unterstützung der Formalisierung schwer zu kontrollieren wäre.[34] Wenn die eigenen Gedanken schriftlich ausgedrückt werden, können sie als externe Gegenstände beobachtet werden – sie können in einem gewissen Sinne von außen beobachtet werden, und diese Projektion entzieht die paradoxalen Züge der Selbstbeobachtung der Sicht. Wenn man einmal in den Deduktionsprozessen und den abstrakten Folgen eingeübt ist, wird die externe Unterstützung nicht mehr nötig, und viele Inferenzen können auch ohne Rekurs auf Schrift gemacht werden. Das generalisierende abstrakte Denken bedarf nicht immer der schriftlichen Form, auch wenn es anscheinend ohne die von der Schrift ermöglichte Objektivierung nicht erreicht werden konnte. Die schriftliche Ausdrucksform bleibt jedoch in allen Fällen nötig, wo die Ressourcen des psychischen Systems – wegen Gedächtnisgrenzen oder Grenzen in der Verarbeitungsfähigkeit – eine zureichende Kontrolle der relevanten Faktoren nicht ermöglichen.[35] Wenn ein Problem viele Faktoren einschließt oder komplexe Operationen verlangt, ist es immer ratsam, auf die Formalisierung zu rekurrieren: Eine komplexe Berechnung wird normalerweise schriftlich gemacht – auch wenn man der Tatsache bewußt ist, daß die Schlußfolgerung schon in den Anfangsannahmen steckt. Wenn man will, daß ein bestimmter Gedanke in späteren Zei-

---

len wo die Prämissen mit Sachen zu tun haben, von denen sie keine praktische Erfahrung haben. Sie können »neue Kenntnisse durch rein logisch-verbale Mittel gewinnen« (Luria 1976: 156). Nicht-alphabetisierte Menschen dagegen weigern sich, Aussagen aus rein deduktiven Grundlagen auszudrücken, und behaupten, nur das, was sie persönlich erfahren haben, beurteilen zu können.

34 Daß die Formalisierung einer Tautologie entspricht, ist allerdings wenigstens seit Wittgenstein bekannt. Siehe z.B. Simon (1969: 31): »Jede korrekte Schlußfolgerung ist ein riesiges System von Tautologien, aber nur Gott kann das ausnutzen. Jede andere Person muß mühsam und fehlbar die Folgen aus den Annahmen ziehen«.

35 Wie im Fall der egozentrischen Sprache, welche wieder auftaucht, wenn das Problem besonders beansprucht ist. Der Unterschied zwischen der von der mündlichen Sprache ermöglichten und der mit Schrift verbundenen Abstraktion kann aber in der Tatsache beobachtet werden, daß in den Jugendlichen ab einem gewissen Entwicklungsstadium das laute Denken verschwindet und alle psychischen Prozesse, auch die von Sprache geleiteten, intern verlaufen. Die schriftliche Formalisierung dagegen wird nie überflüssig: Es gibt immer Probleme, die der Unterstützung der Formalisierung bedürfen.

punkten beobachtet werden kann, rekurriert man auf das Aufschreiben, in der Form von Notizen oder von einem Tagebuch – auch wenn man weiß, daß das, was wieder gelesen wird, derselbe Gedanke ist, den man schon kannte. Das Thema des Aufschreibens bringt einen weiteren Gebrauch des schriftlichen Ausdrucks ins Spiel, der über die reine Enttautologisierung der Selbstreferenz hinaus geht. Im Lauf der Zeit verändert sich der Stand des Systems und verändert sich der Kontext, so daß in einem gewissen Sinne derjenige der seine Notizen zu einem späteren Zeitpunkt wieder liest, nicht mehr identisch mit dem ist, der sie geschrieben hatte (und die Notizen selbst haben in einem anderen Kontext eine andere Informativität). Die geschriebene Notiz wird deshalb zweimal überraschend: Auf der einen Seite, weil die Externalisierung die impliziten Folgen der Anfangsdaten hervorhebt, und auf der anderen Seite, weil zu einem späteren Zeitpunkt aufgrund von veränderten Voraussetzungen neue Informationen erscheinen können. Diese zweite Art von Informativität beruht vorwiegend auf Zufall, d.h. auf Ereignissen, die mit den Strukturen des Systems nicht koordiniert sind (z.B. Luhmann 1984: 170-171): Wenn man nach einer gewissen Zeit seine eigene Notizen wieder liest, überrascht man sich selbst – so wie in der Kommunikation die Beiträge des Partners überraschungsreich sind.[36] Die soziale Kontingenz wird sozusagen mit der Kontingenz der Zeit kompensiert. Diese Art Kommunikation mit eigener Notizen hat den wesentlichen Vorteil, die für die Kommunikation typische doppelte Kontingenz zu neutralisieren: Man braucht sich keine Fragen über die Motive des Partners zu stellen, und man braucht die Information auch nicht auf seine Absichten oder auf seine Perspektive zu beziehen. Anders gesagt: Man braucht sich nicht die Frage der Undurchdringlichkeit der Perspektive des Alter Egos zu stellen. Wie im Fall der Introspektion hat man mit einer weiteren Kontingenz zu tun, die zur aktuellen Kontingenz der eigenen Perspektive hinzukommt – aber man hat sozusagen zweimal mit der einfachen Kontingenz und nicht mit der doppelten Kontingenz als solche zu tun.[37]

Die Objektivierung der Selbstreferenz hat aber immer eine wesentliche Beschränkung: Sie erlaubt es nicht, über die Fähigkeiten des sich selbst beobach-

---

36 Deshalb kann Luhmann von einer Form von Kommunikation mit dem Zettelkasten sprechen. In der Befragung eines geeignet strukturierten Zettelkasten gewinnt man »mehr an Information, als jemals in der Form von Notizen gespeichert worden waren. Der Zettelkasten gibt aus gegebenen Anlässen kombinatorische Möglichkeiten her, die nie so geplant, nie vorgedacht, nie konzipiert worden waren« (Luhmann 1981: 59).

37 Deshalb bleiben laut Günther auch Introspektion und Einfühlung Formen des hegelschen subjektiven Geistes (Günther 1963: 44-45).

tenden Systems hinauszugehen. Das gilt zum einen für die Formalisierung: In schriftlicher Form können Kalküle gemacht werden, die mündlich nicht möglich wären. Man muß sie aber machen können. Die Kalkulationsfähigkeit beschränkt sich auf die Verarbeitungsfähigkeit des kalkulierenden Systems. Man kann das Geschriebene nicht so befragen, wie man den Kommunikationspartner befragen kann, und man kann als Information nicht das Ergebnis der vom Partner vollzogenen Operationen annehmen. Die Beschränkung gilt aber auch – und offensichtlicher – für die Möglichkeit, sich von den eigenen Notizen überraschen zu lassen, indem man sie in neuen und unerwarteten Zusammenhängen einführt. Das funktioniert, wenn es funktioniert, nur dank Zufall. Man kann weder den Prozeß kontrollieren, noch die Art programmieren, wie die Informationen weitere Informationen produzieren werden, noch voraussehen, daß sie nützlich sein werden. Man kann nur seinen eigenen Notizen eine Struktur geben und mit der Tatsache rechnen, daß die Strukturierung die Wahrscheinlichkeit erhöht, Zufall zu generieren.

Meine Hypotese ist, daß der Beitrag des Computers für die Selbstbeobachtung der psychischen Systemen gerade diesen Punkt betrifft. In seinem individuellen Gebrauch dient er dazu, die Selbstbeobachtung des Systems viel raffinierter zu strukturieren.[38] Durch Computer kann man ohne Kommunikation aus seinen Daten Informationen gewinnen, die über die Fähigkeiten des sie gewinnenden Systems hinausgehen. Und diese Möglichkeit hängt mit der Tatsache zusammen, daß man mit einem Medium zu tun hat, das auch eine Maschine ist.

Auf der einen Seite (und dieser Aspekt ist weniger neu) dienen Computer dazu, Kalküle zu machen. Wenn sehr komplexe Komputationen gemacht werden müssen, kann man das Ergebnis durch die Maschine gewinnen, ohne die Komputationen selbst machen zu müssen – und ohne fähig sein zu müssen, sie zu machen. Das konnte aber, wenn auch weniger effizient, schon mit einem einfachen mechanischen Rechner und sogar schon mit einem Rechenstab gemacht werden. Es handelt sich um eine Entwicklung (auf einem sehr hohen Leistungsniveau) der Möglichkeit, für die Datenverarbeitung auf externe Unterstützung zu rekurrieren – wo diese externe Unterstützung kein anderes Bewußtsein ist. Man erreicht das Ergebnis so, wie man es durch die Befragung eines Experten erreichen könnte – aber man weiß, daß die Verarbeitung von der Maschine vollzogen wor-

---

[38] Paperts Arbeiten mit LOGO beruhen auf der explizitne Annahme, daß die Anwesenheit der Rechner dazu führt, die Denkprozesse tief zu beinflußen – und dies nicht nur, wenn sie als Instrumente benutzt werden, sondern auch wenn man nicht mit einem Computer zu tun hat (Papert 1980).

den ist. Die Maschine »tut« den eingeführten Daten etwas. In diesen Fällen neigt man allerdings nicht dazu, von denkenden Maschinen zu sprechen, so wie man normalerweise nicht denkt, die Uhr sei ein denkendes Wesen, auch wenn sie uns über die Zeit wie ein Kommunikationspartner informieren kann. Es ist völlig offensichtlich, daß das Ergebnis aus einer Sequenz vollkommen determinierter Prozesse kommt, die mit der Tatsache zusammenhängen, daß jemand die Maschine auf eine gewissen Weise gebaut hat, und daß jemand anderer die Ergebnisse interpretiert: Die Uhr an sich beschränkt sich darauf, mechanische Operationen zu vollziehen, und es ist der Benutzer, der die physikalische Bewegung der Zeiger als Bezeichnung der Zeit interpretiert. Wenn man eine Uhr benutzt, kommuniziert man auf jeden Fall weder mit dem Erfinder noch mit dem Konstrukteur der Uhr, so wie man mit dem Erfinder des Automobils nicht kommuniziert, wenn man es benutzt.

Die Computers machen aber nicht nur Komputationen. Sie können benutzt werden, um Daten verschiedener Art (auch nicht numerischer Art) zu verarbeiten, auf solche Weise, daß nach der Arbeit der Maschine die eingespeisten Daten neue Informationen produzieren, die von den Anfangsinformationen verschieden sind. Neue Zusammenhänge, neue Verbindungen, neue Implikationen können auftauchen. In einigen Fällen, wie bei der Verwendung von Expertensystemen in der Psychotherapie[39] kann man sich an die Maschine für einen Ratschlag wenden, so wie man einen Bekannten um Ratschlag bitten kann. In all diesen Fällen muß die Maschine den Eindruck geben, nach eigenen Kategorien zu »denken« und eine Antwort durch diese Verarbeitung zu geben. In Wirklichkeit aber gibt es – was die Fähigkeit zu denken angeht – keinen Unterschied zwischen einem Computer und einem Rechenstab: In beiden Fällen wird ein Instrument benutzt, das jemand nach einem bestimmten »Programm« gebaut hat, um sich von den verfügbaren Daten überraschen zu lassen. Der Unterschied ist, daß im Fall der Computers diese Programmierung extrem komplex werden kann, bis zu dem Punkt, wo es schwierig ist, sie auf die völlig determinierten Operationen der Maschinen zurückzuführen. Ihre sehr hohe Flexibilität, die mit der digitalen Codierung zusammenhängt, erlaubt es, die Verarbeitung in einer Mehr-Ebenen-Architektur zu artikulieren, in der die Ebenen relativ unabhängig voneinander sein können (Winograd/Flores 1986: 83ff). Der Computer ist, anders gesagt, eine Maschine, die durch Integration mehrerer unterschiedlicher »Maschinen« funktioniert, jede davon von jemandem nach einem spezifischen Programm gebaut. Es gibt zuerst die »physikalische Maschine« – ein Netzwerk von Komponenten wie

---

39 Wie Weizenbaums bekanntes ELIZA.

Kabel, integrierten Schaltungen und magnetischen Platten, das nach den Gesetzen der Physik operiert und Muster von elektrischen und magnetischen Aktivitäten generiert: Die »Objekte«, mit denen es arbeitet, sind elektrische Impulse, die anwesend oder abwesend sein können. Dann kommt die »logische Maschine« hinzu, welche mit logischen Einheiten wie 0/1 Unterscheidungen operiert, und die Zustände von physikalischen Aktivitäten des darunter liegenden Niveaus als Artikulationen von Unterscheidungen interpretiert: *or*, *and*, usw. Darüber liegt die »abstrakte Maschine«, mit der die üblichen Softwareprogramme arbeiten: Die logischen Zustände des zweiten Niveaus werden als Vertreter von Symbolen wie Zahlen oder Buchstaben interpretiert. Und die Software selbst kann als eine komplexe Architektur von Programmen gebaut werden. Der wichtige Punkt ist hier, daß es keine Entsprechung zwischen den Operationen auf den unterschiedlichen Niveaus geben muß: Eine abstrakte Operation braucht nicht so artikuliert werden, daß sie die Operationen auf den niedrigeren Niveaus wiederspiegelt. Auf jedem Niveau kann man also mit einer relativen Autonomie operieren,[40] aufgrund von Programmen, die mit denen der anderen »Maschinen« nicht kongruent zu sein brauchen.

Das Ergebnis ist am Ende, daß den Operationen der physikalischen Maschine, welche konkrete Objekte verarbeiten, immer abstraktere und anscheinend von den korrelierten Zuständen unabhängige Operationen entsprechen. Die physikalischen Operationen »vertreten« abstrakte Operationen, und den Verarbeitungen von physikalischen Einheiten entsprechen die Verarbeitungen von abstrakten Einheiten. Aber (wie viele bemerkt haben) die Maschine selbst hat nie mit den Repräsentationen zu tun, und sie braucht sie nicht zu kennen:[41] Sie beschränkt sich darauf, das zu tun, was sie tut, und es muß jemand geben, der die Ergebnisse ihrer Operationen als Handhabung von Symbolen oder Datenverarbeitung interpretiert. Der Computer ist unter diesem Gesichtspunkt genau wie eine Uhr, die die Zeit nicht zeigt sondern einfach die Zeiger bewegt. Sie zeigt jemandem die Zeit, der sie liest. Der hier relevante Unterschied zwischen einem

---

40 Tanenbaum (1976) behauptet, daß die großen Rechnersysteme als aufeinander implementierte »Stapel von virtuellen Maschinen« betrachtet werden sollten, wo nur diejenige, die unter allen anderen steht, eine »reale« Maschine ist.

41 Z.B.: »Representation is in the mind of the beholder. There is nothing in the design of the machine or the operations of the program that depends in any way on the fact that the symbol structures are viewed as representing anything at all« (Winograd/Flores 1986: 86). »Diese Intentionalität, die die Maschinen anscheinend haben, befindet sich nur in den Köpfen von denjenigen, die sie programmieren und benutzen, die input einführen und output interpretieren« (Searle 1980: 66).

Computer und einer Uhr betrifft eine andere Frage:[42] Während die Uhr nur dazu dient, die Zeit zu zeigen, kann der Computer (da er mit besonderen Objekten, binären Unterscheidungen, arbeitet) zu einer Vielzahl unterschiedlicher Zwecke dienen, je nachdem wie er programmiert wird.[43] Den Operationen der Maschine können also jede Art von Repräsentationen korreliert werden, und die Korrelation der Repräsentationen mit den entsprechenden physikalischen Zuständen ist immer mittelbarer und verschwommener, weil viele unterschiedliche Repräsentationsniveaus ins Spiel kommen.

Der Benutzer hat auf jeden Fall ein Mittel zur Verfügung, das er benutzen kann, um mit den verfügbaren Daten verschiedene Dinge zu »tun«, und auch Dinge, die er persönlich nicht tun könnte. Wie der verbreitete Spruch »garbage in, garbage out« ausdrückt, hat der Benutzer im individuellen Gebrauch des Computers jedoch immer mit den am Anfang verfügbaren Informationen zu tun – wie verarbeitet und überraschend gemacht auch immer. Wie im Fall der schriftlichen Formalisierung, handelt es sich auch bei dem individuellen Gebrauch des Computers um eine Weise, ein verfügbares soziales Instrument zu benutzen, um die Selbstbeschreibung des Systems zu unterstützen. Das System kann sich dann selbst auf immer komplexere Weise überraschen. Die Hauptneuerung besteht in der Tatsache, daß es durch die die Operationen der Maschine leitenden Programme anvisiert wird, die Produktion von Überraschungen in eine gewissen Maße zu dirigieren und sie nicht nur dem Zufall zu überlassen. Der Computer greift auf kontrollierte Weise auf die Strukturierung der Daten zu, und manipuliert sie dazu, daß sie auf neue Art informativ werden können. Mit anderen Worten: Die am Ausgang gewonnenen Daten sind auf eine externe Manipulation angewiesen, welche von dem, der den Computer benutzt, nicht kontrolliert werden kann aber trotzdem nicht auf Zufall beruht – sie beruht aber auch nicht auf dem Eingriff eines anderen Bewußtseins, wie es in der Kommunikation der Fall ist. Mit dem Computer kommuniziert man nicht: Man benutzt ihn. Man könnte sagen, daß man hier eine neue Qualität der Kontingenz hat: Sie ist nicht die für Kommunikation typische doppelte Kontingenz (die Manipulation kann keinem zugeschrieben werden), aber auch nicht genau die Verdopplung der ein-

---

42 Abgesehen von den mehrdimensionalen Stufenunterschieden, die z.B. Winograd/Flores (1986: 94-95) feststellen: Scheinbare Autonomie, Strukturelle Plastizität (jede Operation verändert den Computer, der zukünftig anders operieren wird), Unvoraussehbarkeit (außer auf physikalischem Niveau, kann man auf keine Weise voraussehen, wie der Computer funktionieren wird: man muß ihn funktionieren lassen).

43 Die Computer sind laut Guerriero/Zampariolo (1990) »Maschinen ohne Eigenschaften«.

fachen Kontingenz, die der individuelle Gebrauch der Schrift ermöglicht. Man liest nicht zu einem späteren Zeitpunkt dieselben Daten, die man früher aufgenommen hatte. Eine Verarbeitung hat stattgefunden, die auf die Operationen des selbstbeobachtenden Systems nicht zurückgeführt werden kann. Es hat eine externe Manipulation gegeben. Mit einem im informatischen Bereich ziemlich verbreiteten Adjektiv könnte diese Kontingenz virtuelle Kontingenz genannt werden. Als virtuell bezeichnet man jede Vorrichtung, die zu existieren scheint, obwohl es in der Wirklichkeit nicht gibt: Z.B. die Verbindung zwischen zwei Telefongeräten in einer interkontinentalen Kommunikation, wo die Benutzer den Eindruck haben, das es ein sie direkt verbindendes Kabel gibt, während in Wirklichkeit kein Kabel benutzt wird, sondern die Signale durch Satelliten gesendet werden (Martin 1988: 7). Auf analoge Weise ist die in der »Kommunikation« mit dem Computer erfahrene Kontingenz virtuell: Der Benutzer hat den Eindruck, daß es ein anderes Bewußtsein gibt, das denkt, sich am Kontext und am Verhalten des Benutzers selbst orientiert, während es in Wirklichkeit nicht anderes gibt, als die vollkommen determinierten Operationen der Maschine. Wie im Fall des virtuellen Bildes, das man beobachtet, wenn man in dem Spiegel schaut, findet der Benutzer des Computers seine eigene Kontingenz vor und kann sie nicht mehr erkennen. So kann er sich selbst überraschen und neue Informationen gewinnen.[44]

5. Kommunikativer Gebrauch des Computers

Kehren wir jetzt zum kommunikativen Gebrauch des Computers zurück, d.h. zu der Tatsache, daß es sich auch um ein Kommunikationsmedium handelt. Die Sprache kann benutzt werden, um die eigenen Gedanken zu strukturieren (individueller Gebrauch), aber auch um zu sprechen; Die Schrift kann für die Selbstbeobachtung des Bewußtseins benutzt werden, aber auch um zu lesen, was ande-

---

44 Damit hängt auch die scheinbare Kreativität der Maschine zusammen, d. h. ihre Nicht-Banalität. Wenn man zu unterschiedlichen Zeitpunkten einen Computer befragt, sollte man unterschiedliche Antworten bekommen, die den Kontext und die Umstände der Mitteilung berücksichtigen. Auch ein Videospiel muß als überraschend und unvoraussagbar wirken und muß den Eindruck geben, sein Verhalten auf das Verhalten des Spielers abzustimmen. Aber die Kontingenz ist in Wirklichkeit immer nur die Kontingenz des Benutzers, die von der Maschine »registriert« und benutzt wird, um ihr Verhalten unvoraussagbar zu machen.

re mitgeteilt haben. Die Computer dienen ihrerseits auch dazu, die Kommunikationen zu verbreiten, und in diesem Fall werden die aus der Maschine gewonnenen Informationen der Mitteilung von jemandem zugeschrieben. Sie werden also der Kontingenz eines Alter Ego zugeschrieben. Wie oben gesehen, werden die Daten aber von der Maschine verarbeitet, mit der Folge, daß aus der Maschine andere Informationen gewonnen werden als die, die eingeführt wurden. Wie muß dann eine solche Information – eine durch die Maschine vermittelte Kommunikation – verstanden werden? Handelt es sich um etwas ähnliches wie eine Kommunikation zu dritt, in der eine Mittelsperson auf das einwirkt, was jemand kommuniziert? Oder führt das Dazwischentreten der virtuellen Kontingenz in die doppelte Kontingenz zu einer neuen Situation?

Erinnern wir uns an das, was oben über die Wirkung der Medien auf die Kommunikation gesagt wurde: Mit dem Fernseher und vor allem mit dem Computer, geht die Prämisse der Aussage als Sinneinheit verloren. Der Sinn der Mitteilung gilt nicht mehr als Bezugspunkt, um den Sinn der Kommunikation festzustellen: Der Mitteilende konnte nicht kennen, was der Adressat der Kommunikation aus der Maschine gewinnt. Und dies ist ein Problem für die Verarbeitung der Kommunikation und für die Selektion des Sinnes der Information. Mein Eindruck ist aber, daß in diesem Fall wie in anderen[45] die Prämissen der Lösung zusammen mit dem Problem generiert werden: Die Eigenschaft der Computer, Maschine und Medium zugleich zu sein, ermöglicht den von ihm verfügbar gemachten Überschuß an Informationen zu bewältigen, und ihnen eine Struktur zu geben.

Mit anderen Worten: In der von Computern vermittelten Kommunikation bleibt das Problem der doppelten Kontingenz – aber ohne die Selektionsunterstützung, die mit ihr verbunden war. Man weiß, daß die aus der Maschine gewonnenen Informationen von jemandem mitgeteilt wurden, und sie sich weder von selbst generiert haben noch von der Maschine produziert wurden. Man weiß also, daß sie auf die fiktionale Welt der Kommunikation und nicht z.B. auf die Wahrnehmung bezogen werden müssen. Dieser »jemand« wird aber immer unbestimmter; er stimmt nicht einmal mit der rein formalen Adresse mehr überein, die der Name des Buchautors zeigte. Man könnte sagen, daß die Information von der Mitteilung unterschieden wird, ohne daß dies mit dem Bezug auf einen Mitteilenden zusammenhängt. Aber der Bezug auf den Mitteilende diente auch dazu, die korrekte Interpretation der Kommunikation festzustellen. Wie kann man jetzt

---

45 Die Sprache generiert z.B. das Problem der Fiktion und des Betrugs, aber generiert auch die Möglichkeit, die Kommunikation anzunehmen oder abzulehnen (Luhmann 1992).

feststellen, daß die verfügbaren Daten korrekt interpretiert wurden, wenn diese Korrektheit keine Verbindung mehr mit dem hat, was der Mitteilende der Information meinte? Es muß trotzdem zwischen korrekten und unannehmbaren Interpretationen unterschieden werden (wenigstens um der Explosion der Interpretationen eine Grenze zu setzen); aber nach welche Kriterien (Eco 1990: 15-38)? Es bietet sich an, auf die Selbstreferenz des Verstehens zu rekurrieren: Diejenige Interpretation ist korrekt, die für den, der die Kommunikation versteht, Sinn hat, ohne jeden Bezug auf das, was der Mitteilende meinte. Die Menge der Texte explodiert in einem Nebelfleck von abstrakt verfügbaren Informationen, die jedem angeboten werden, der etwas damit anfangen kann. Das führt aber dazu, die Frage des »information overfloats« noch dringender zu stellen: Wie kann man auswählen? Wie kann der Benutzer der Telematik, dessen Fähigkeit, Informationen zu verarbeiten und zu strukturieren ohnehin begrenzt bleibt, die Schwelle der Trivialität überschreiten und komplexe Verbindungen festsetzen − nur in Bezug auf seine Perspektive?[46]

Gehen wir zu der Tatsache zurück, daß der Computer eine Maschine ist, und als Maschine eine virtuelle Kontingenz verfügbar macht, die es erlaubt, die in Computer eingeführten Daten besonders raffiniert zu strukturieren und die Wahrscheinlichkeit zu erhöhen, daß sie Informationen generieren. Das gilt für die im individuellen Gebrauch vom Benutzer selbst eingeführten Daten, und auch für die Daten, die im kommunikativen Gebrauch der Maschine von anderen eingeführt wurden. Der Computer stellt eine virtuelle Kontingenz zur Verfügung, die die selektive Funktion des Bezugs auf die doppelte Kontingenz ersetzt − in dem Moment wo die doppelte Kontingenz nicht mehr dazu helfen kann, die Vermehrung der Interpretationen einzuschränken. Die vom Computer verbreiteten Informationen sind dann strukturierte Informationen, auch wenn diese Struktur nicht vom Bezug auf die Selektionen eines Alter Egos abhängt. Auch ohne daß der Computer ein Bewußtsein ist, ermöglicht durch die Vermittlung seiner Verarbeitung hindurchzugehen, die Komplexität der Sinnverweisungen verwaltbar zu machen.

Nehmen wir den Hypertext als Beispiel. Eine von mehreren Autoren festgestellte Eigenschaft ist der Verzicht auf die sequentielle Ordnung. Ein traditioneller gedruckter Text reproduziert die für sprachliche Kommunikation typische Sequentialität, nach der die Informationen in linearer Ordnung dargestellt werden müssen: Es wird jeweils nur von einer Sache, und von einer Sache nach der an-

---

46 Luhmann spricht von »Privatisierung der Selektion« (Luhmann/De Giorgi 1992:103).

deren geredet.[47] Die Sequentialität eines Textes ist seine Grundstruktur, und reflektiert direkt die Perspektive des Verfassers: Er hat entschieden, die Ereignisse in einer bestimmten Ordnung und mit bestimmten Verbindungen miteinander darzustellen, und die Sequenz des Textes dient als Anhaltspunkt und als Voraussetzung für eventuelle Abweichungen. Man kann entscheiden, das Buch vom Ende an zu lesen, aber nur weil es schon eine Struktur hat, die vom Anfang ausgeht. Die elektronischen Dokumente sind aber nicht sequenziell: Man kann Zugang zu ihnen in weniger disziplinierten Formen haben, die von der linearen Ordnung – und im Grunde auch von der Perspektive des Verfassers – absehen. Eine Reihe von in alphabetischer Ordnung eingeführten Adressen kann z.B. in Bezug auf den Name, oder die Telefonnummer, oder die Stadt, oder die Zahl der Buchstaben vom Namen, oder den ausgeübten Beruf, oder eine Vielzahl anderer Perspektiven befragt werden, die die ursprüngliche Ordnung der Einführung der Daten gar nicht berücksichtigen. Die Daten können aus verschiedenen voneinander relativ unabhängigen Perspektiven Informationen werden. Der Text kann also auf mehrere unterschiedliche Weisen strukturiert werden, die nicht direkt von der Perspektive des Mitteilenden abhängig sind. Sie sind aber auch nicht von der Idiosynkrasie des Adressaten abhängig: Die möglichen Strukturen sind im Programm festgesetzt – sie müssen z.B. den Feldern einer data base entsprechen. Eine computerisierte Datenbank ermöglicht, die verfügbaren Texte aus einer Vielzahl von Gesichtspunkten zu befragen, mithilfe auch von geeigneten Befragungssprachen. Sie erlaubt aber nur die vorgesehenen Befragungen. Alle Informationen, welche in dieser Art Organisation nicht enthalten werden können, können von der Maschine nicht verarbeitet werden. Der im Computer eingeführte Text kann schließlich viel mehr Informationen generieren, als der Mitteilende voraussehen konnte, ohne damit in der Arbitrarität der Interpretationen zu driften. Denn der Hypertext hat seine eigene vorgegebene Struktur, die nicht nur von der Selektionsfähigkeit des Lesers abhängt – obwohl sie von der Perspektive der Mitteilung nicht abhängig ist.

Das Nachschlagen eines Hypertextes kann meines Erachtens als eine Form von Kommunikation verstanden werden: Man hat immer noch mit dem Unterschied zwischen Information und Mitteilung zu tun. Es reicht nicht aus, daß der Benutzer aus dem Text irgendeine Information zieht: Er muß verstehen, was der Text »bedeutet«, und nicht alle Interpretationen sind korrekt. Die Interpretation

---

47 Während die Wahrnehmung mehrere Informationen zugleich (wenn auch nur ungefähr) prozessieren kann (Luhmann 1984: 560ff). Die Linearität als Eigenschaft der typographischen Kultur ist für McLuhan ein zentrales Thema (z.B. McLuhan 1962).

hängt nicht nur von seiner Perspektive ab, sondern muß auch die Tatsache berücksichtigen, daß eine Mitteilung stattgefunden hat. Was der Text bedeutet, stimmt jedoch mit dem nicht überein, was jemand meinte. Es gibt eine viel größere Verarbeitungsfreiheit als im Fall von traditionellen Texten. Der Hypertext ist ein »mehrdimensionaler« Text (z.B. Guerriero/Zampariolo 1990: 25), der eine komplexe, auf das Mitteilungsereignis nicht zurückzuführende Struktur besitzt. Die »psychische Dekonditionierung der Kommunikation« geht in diesem Fall bis zu den Punkt, daß die Strukturen des Textes nicht nur von den psychischen Prozessen des Mitteilenden, sondern von jedem psychischen Prozeß überhaupt abgekoppelt sind: Sie setzten die von der Maschine vollzogene Verarbeitung voraus. Und trotzdem kommuniziert man wiederum nicht mit der Maschine. Der Bezug auf die Mitteilung bleibt unverzichtbar, und die Maschine wird gerade deshalb benutzt um die Selektion zu unterstützen, weil der Bezug auf die Mitteilung keine zureichende Strukturen für die Selektion verfügbar macht.

Wenn aber im Fall der durch Computer vermittelten Kommunikation von einer neuen Form von Kommunikation gesprochen werden kann, schafft diese offensichtlich ganz neue Probleme, und die soziologische Bedeutung des Phänomens der Informatisierung muß vermutlich in diesem Bereich gesucht werden. Der Begriff von virtuellen Kontingenz, der mit den Eigenschaften als Maschine des Mediums Computer verbunden ist, kann vielleicht zu der Behandlung dieser Art Fragen beitragen. Er kann vor allem dazu dienen, die anscheinend triviale Tatsache zu behandeln, daß auch wenn die Maschine prinzipiell alles machen kann, sie in der Tat eine deutliche Selektion auf die »möglichen Möglichkeiten« ausübt: Es kann nur das gemacht werden, wofür sie programmiert wurde.

Literatur

Amadasi Guzzo, M. G. (1987): *Scritture alfabetiche*. Rom.
Date, Chris J. (1986): *An Introduction to Database Systems I*. Reading (Mass.).
Detienne, Marcel (1967): *Les maîtres de vérité dans la Gréce archaïque*. Paris.
Dionigi, R. (1991): Nichilismo ermeneutico. In: H.G.Gadamer (Hg.): *Margine a »Verità e metodo«. Discipline filosofiche 1*: 75-103
Eco, Umberto (1990): *I limiti dell'interpretazione*. Mailand.
Eisenstein, Elizabeth (1979): *The Printing Press as an Agent of Change*. Cambridge.
Esposito, Elena (1993): *Sistema della comunicazione e tecnologie della comunicazione*. New York.

Esposito, Elena (1995): Illusion und Virtualität. Kommunikative Veränderungen in der Fiktion. In: Rammert, Werner (Hg.): *Soziologie und künstliche Intelligenz*. Frankfurt a. M. S. 187-210.

Fisher, Scott S. (1991): Virtual Interface Environments. In: Waffender, Manfred (Hg.) (1991): *Cyberspace. Ausflüge in virtuelle Wirklichkeiten*. Reinbek bei Hamburg. S. 34-51.

von Foerster, Heinz (1985a): Cibernetica ed epistemologia: storia e prospettive. In: G. Bocchi, g./Ceruti, M. (Hg.): *La sfida della complessità*. Mailand: Feltrinelli. S.112-140.

von Foerster, Heinz (1985b): Entdecken oder Erfinden: Wie läßt sich Verstehen verstehen? In: Gumin, H./Mohler, A. (Hg.): *Einführung in den Konstruktivismus*. München. S. 27-68.

Fuchs, Peter (1991): *Kommunikation mit Computern? Zur Korrektur einer Fragestellung*. In: Sociologia Internationalis 29: S. 1-30.

Giesecke, Michael (1992): *Sinnenwandel, Sprachwandel, Kulturwandel*. Frankfurt a.M.

Goody, J./Watt, I. (1972): The Consequences of Literacy. In: Giglioli, P. (Hg.): *Language and Social Context*. London. S. 311-357.

Grant, J. (1987): *Logical Introduction to Databases*. Orlando.

Guerriero, M./Zampariolo, H. (1990): *I dati nel pagliaio*. Mailand.

Günther, Gotthard (1963): *Das Bewußtsein der Maschinen*. Krefeld.

Knuth, Donald E. (1981): *Random Numbers. The Art of Computer Programming 2*. Reading (Mass.).

Lord, A. B. (1960): *The Singer of Tales*. Cambridge, Ma.

Havelock, Eric A. (1963): *Preface to Plato*. Cambridge, Ma.

Havelock, Eric A. (1976): *Origins of Western Literacy*. Toronto.

Havelock, Eric A. (1978): *The Greek Concept of Justice*. Cambridge, Ma.

Heider, Fritz (1926): *Ding und Medium*. In: Symposion 1: S. 109-157.

Hofstadter, Douglas/Dennett, Daniel (1981): *The Mind's I*. New York.

Luhmann Niklas (1981): Kommunikation mit Zettelkästen: Ein Erfahrungsbericht. In Beier, H./Kepplinger, Hans M./Reumann, K. (Hg.): *Öffentliche Meinung und sozialer Wandel: Für Elisabeth Noelle-Neumann*. Opladen. S. 222-228

Luhmann, Niklas (1984): *Soziale Systeme*. Frankfurt a. M.

Luhmann, Niklas (1985): *Die Autopoiesis des Bewußtseins*. In: Soziale Welt 4: S. 402-446.

Luhmann, Niklas (1986): *Das Medium der Kunst*. In: Delfin 4: 6-15

Luhmann, Niklas (1988a): Wie ist Bewußtsein an Kommunikation beteiligt? In Gumbrecht, H.U./Pfeiffer, K.L. (Hg.): *Materialität der Kommunikation*. Frankfurt a.M. S. 884-905.

Luhmann, Niklas (1988b): Medium und Organisation. In: Ders.: *Die Wirtschaft der Gesellschaft*. Frankfurt a.M. S. 302-323.

Luhmann, Niklas (1990a): *Die Wissenschaft der Gesellschaft*. Frankfurt a.M.

Luhmann, Niklas (1990b): Weltkunst. In: Luhmann N./Bunsen F./Baecker D. (Hg.): *Unbeobachtbare Welt*. Bielefeld. S. 7-45.

Luhmann, Niklas (1991): *Soziologie des Risikos*. Berlin.

Luhmann, Niklas (1992): *Schranken der Kommunikation als Bedingung für Evolution*. Unveröff. Manuskript, Bielefeld.

Luhmann, Niklas/De Giorgi, R. (1992): *Teoria della società*. Mailand.

Luria, A.R. (1961): *The Role of Speech in the Regulation of Normal and Abnormal Behavior*. New York.

Luria, A.R. (1976): *La storia sociale dei processi cognitivi*. Florenz.
Luria, A.R./Yudowitsch, F. (1970): *Die Funktion der Sprache in der geistigen Entwicklung des Kindes*. Düsseldorf.
Maldonado, T. (1992): *Reale e virtuale*. Mailand.
Martin, J. (1988): *Principles of Data Communication*. London.
McLuhan, Marshall (1962): *The Gutenberg Galaxy. The Making of Typographic Man*. Toronto.
McLuhan, Marshall (1964): *Understanding Media*. New York.
McLuhan, Marshall/Fiore, Quentin (1967): *The Medium is the Massage*. New York.
McLuhan, Marshall./McLuhan Eric (1988): *Laws of Media. The New Science*. Toronto.
Ochs, T. (1991): Deterministic Random Numbers? In: *Computer Language*, Nr. 8: S. 103-104.
Ong, Walter J. (1961): Ramist Method and the Commercial Mind. In: *Studies in the Renaissance*, Nr. VIII: S. 155-172.
Ong, Walter J. (1967): *The Presence of the Word*. New Haven.
Ong, Walter J. (1982): *Orality and Literacy. The Technologizing of the Word*. New York.
Papert, Seymour (1980): *Mindstorms*. New York.
Park, S.K./Miller, K.W. (1988): Random Number Generators. Good Ones Are Hard to Find. In: *Communications of the ACM*, Jg. 31, S. 1192-1201.
Piaget, Jean (1926): *The Language and Thought of the Child*. London: Routledge & Kegan.
Quéau, Philippe (1993): Televirtuality. In: *Proceedings of Imagina 1993*, S. 64-66.
Rammert, Werner (1989): Editorial: Computer, Medien, Gesellschaft. In: Ders. (Hg.): *Jahrbuch Technik und Gesellschaft*. Frankfurt a.M. S. 7-10.
Rötzer, Florian (Hg.) (1991): *Ästhetik der elektronischen Medien*. Frankfurt a. M.
Searle J. (1980): *Mind, Brains and Programs. In The Behavioral and Brain Sciences*. Cambridge.
Simon, H. (1969): *The Sciences of the Artificial*. Cambridge, Ma.
Spinoza, B. (1971): *Tractatus theologico-politicus*. Florenz.
Spencer Brown, G. (1957): *Probability and Scientific Inference*. London.
Tanenbaum, A. (1976): *Structured Computer Organization*. Englewood Cliffs (NJ).
Turing, Alan (1950): Computing Machinery and Intelligence. In: *Mind*, Nr. 59, S. 236
Vandermeersch, L. (1974): Dalla tartaruga all'achillea (Cina). In: Vernant, J. (Hg.): *Divination et Rationalité*. Paris. S. 27-52.
Vygotsky L.S., 1962: *Thought and Language*. Cambridge, Ma.
Waffender, Manfred (Hg.) (1991): *Cyberspace. Ausflüge in virtuelle Wirklichkeiten*. Reinbek bei Hamburg.
Winograd, T./Flores F. (1986): *Understanding Computer and Cognition*. Reading (Mass).

Wie interaktiv sind Medien?[1]

Lutz Goertz

Es ist das Schicksal kommunikationswissenschaftlicher Fachtermini, in ihrer Bedeutung immer weiter zu verwässern, wenn sie auch in der Alltagssprache Verwendung finden. Nach Begriffen wie »Kommunikation«[2] oder »Medium« ist nun »Interaktivität« neuestes »Opfer« dieser Entwicklung. Durch technische Neuerungen wie Multimedia, Computer-Online-Dienste und nicht zuletzt durch das digitale interaktive Fernsehen wurde der Begriff einer breiten Öffentlichkeit bekannt und von der Unterhaltungsindustrie zum Werbeargument hochstilisiert. Infolgedessen wird nun Showmaster Lou van Burg mit seiner Sendung *Der goldene Schuß* zum »Pionier des interaktiven Fernsehens« – und RTL-Chef Helmut Thoma behauptet, »(...) interaktiv sei doch schon die Fernbedienung« (Rediske, 1995: 18).

Rafaeli bringt dieses Problem auf den Punkt: »Interactivity is a widely used term with an intuitive appeal, but it is an underdefined concept« (Rafaeli 1988: 110). Ziel dieses Beitrags ist deshalb, eine für die Kommunikationswissenschaft empirisch handhabbare Definition von »Interaktivität« zu entwickeln, und zwar in drei Schritten: Zunächst mit einer Darstellung des Begriffsfeldes »Interaktion«/»interaktiv« in anderen Fachdisziplinen. Es folgt eine Analyse verschiedener kommunikationswissenschaftlicher Definitionen von »Interaktivität«, die auf ihre Brauchbarkeit für einen neuen Interaktivitätsbegriff hin untersucht werden. Im

---

[1] Der folgende Beitrag ist unter dem Titel »Wie interaktiv sind Medien? Auf dem Weg zu einer Definition von Interaktivität« zuerst erschienen in: *Rundfunk und Fernsehen*, Nr. 4/1995. S. 477-493. Er basiert auf dem Vortrag »Interaktivität – Zauberwort oder Fachterminus?«, gehalten auf dem gemeinsamen Workshop der DGPuK-Arbeitsgruppen »Soziologie der Massenkommunikation« und »Medienpsychologie« mit dem Titel »Die ›Interaktivität‹ neuer Medien als Herausforderung an die Kommunikationswissenschaft« in Hamburg am 27.1.1995. Der Abdruck erfolgt nach den damals verwendeten Rechtschreibregeln. Die Herausgeber danken Autor und Verlag für die Kooperation und die freundliche Überlassung des Textes.

[2] Bereits vor fast zwanzig Jahren fand Merten (1977) allein 163 verschiedene Definitionen zum Begriff »Kommunikation« in der Fachliteratur.

dritten Schritt schließlich fließen die Befunde dieser Analyse in eine Neudefinition des Begriffs ein.

1. Genese des Begriffs »Interaktivität«

Wie Jäckel (1995) mit seinem Beitrag in diesem Heft zeigt, gehen die Wurzeln des Interaktivitätsbegriffs auf das Konzept der »Interaktion« zurück. Die hierunter allgemein verstandene »Wechselbeziehung« hat in den Einzelwissenschaften allerdings sehr unterschiedliche Bedeutungen: In der Medizin bezeichnet Interaktion die Wechselwirkung zwischen zwei gleichzeitig verabreichten Arzneimitteln, in den Ingenieurwissenschaften das Verhalten von zwei verschiedenen Materialien unter Belastung. In der Statistik versteht man darunter den gemeinsamen Effekt mehrerer Variablen auf eine abhängige Variable und die Linguistik bezeichnet mit Interaktion die Einflüsse auf das Sprachverhalten bei zweisprachig aufwachsenden Kindern.

Ausschlaggebend für den Interaktivitätsbegriff in der Kommunikationswissenschaft waren jedoch zwei andere Interaktionskonzepte: Auf der einen Seite das der Soziologie/Psychologie/Pädagogik, auf der anderen Seite das Verständnis von Interaktion in der Informatik.

Der Interaktionsbegriff in der Soziologie, der Psychologie und der Pädagogik bezeichnet wechselseitig aufeinander bezogene menschliche Handlungen (vgl. Jäckel 1995), also die Beziehungen zwischen zwei oder mehreren Menschen. Die Informatik wiederum hat diesen Begriff aus der Soziologie auf Prozesse zwischen Menschen und Computern[3] übertragen. Sie meint mit dieser Mensch-Computer-Interaktion die Bedienung eines Großrechners oder Personal Computers und betrachtet dieses Verhältnis in Analogie zur Kommunikation zwischen Menschen. Diese Sichtweise wurde möglich, als die frühen stapelorientierten »Batch-Programme«[4] durch den »Dialogbetrieb« (vgl. Müller 1985: 181) abgelöst wurden. Nun gestattete es der neue »Dialogverkehr« (*interactive mode*) dem Benutzer, ständig Zwischenergebnisse oder Auswahlmenüs zu sichten und durch neue Tastatur- oder Mauseingaben auf diese zu reagieren.

---

3 Einen umfassenden Überblick zum Thema Mensch-Computer-Interaktion liefert Benda (1989).
4 Bei diesen Programmen sendete der Computernutzer eine ganze Reihe von Befehlen gleichzeitig an den Rechner, die dieser nacheinander abarbeitete und die Ergebnisse in einem »Output« für den Nutzer zusammenfaßte.

Ein wichtiger Aspekt bleibt festzuhalten: Im Verständnis der Informatik bezeichnet »Interaktion« immer das Verhältnis von Mensch und Maschine, nicht aber die Kommunikation zwischen zwei Menschen mittels einer Maschine.

2. Übertragung des Konzepts »Interaktivität« auf die Medienwelt

Während in der Computertechnik die ersten Dialogprogramme entstanden, verwendete man in der Medientechnik für interaktive Medien nur Termini, die allgemein auf eine Antwortmöglichkeit des Nutzers hinwiesen, z. B. »Rück-Kommunikations-System« oder »Zwei-Weg-Kommunikation« (vgl. Kellerer 1993: 23-24). Doch als die ersten computerbasierten »Neuen Medien« auf den Markt kamen (u. a. Bildschirmtext und Videotext), übernahm man hierfür die Eigenschaftsbezeichnung »interaktiv«[5]. Auch die bloße Fähigkeit eines Mediums, mit dem Nutzer in einen Dialog zu treten, erhält nun eine konkrete Bezeichnung: »Interaktivität«.

Seitdem boomt der Begriff, wenn von neuen Medienentwicklungen die Rede ist. Doch in den gängigen Nachschlagewerken (Duden, Lexika) wird der Terminus »Interaktivität« in seiner Medienbedeutung bis heute nicht erwähnt. Selbst speziellere Handbücher wie Brepohls »Lexikon der Neuen Medien« (1993) oder Zeys »Neue Medien. Informations- und Unterhaltungselektronik von A bis Z« (1995) gehen auf den Begriff »Interaktivität« nicht ein. Lediglich im Lexikon von Hooffacker (1995) »Online. Telekommunikation von A bis Z« wird das Thema – wenn auch nur kurz – gewürdigt.

Auch in der wissenschaftlichen Medienliteratur sind Definitionen von »Interaktivität« selten. Offenbar gehen viele Autoren stillschweigend von einem Konsens bei der Bedeutung aus[6] oder sie verzichten – um die Bandbreite bestehender Bedeutungen nicht einzuschränken und Formulierungsprobleme zu umgehen – auf eine Definition. Ein weiterer Grund für die Ausklammerung interaktiver Medien betrifft die weitgehende Beschränkung der Kommunikationswissenschaft auf die Massenkommunikation. Selbst neuere Sammelwerke und Lexika wie u. a. Noelle-Neumann et al. (1994), Meyn (1994), oder Merten et al. (1994) erwäh-

---

5 Interessanterweise hat sich der Begriff der »Interaktion« (z. B. als »Medien-Interaktion«) nie in das Vokabular der Medienwissenschaften eingebürgert.
6 Zu diesem Schluß kommt auch Ingrid Kellerer (1993: 29).

nen den Begriff nicht, sondern grenzen ihn schon bewußt im Titel aus (z.B. »Fischer Lexikon Publizistik Massenkommunikation«).

Immerhin fand Ingrid Kellerer (1993) im Rahmen ihrer Diplomarbeit über interaktive Medien insgesamt 36 Definitionen zum Themengebiet, zu denen allerdings auch Termini wie »interaktives Fernsehen« oder »Neue Kommunikationstechnologien« zählen. Für die folgende Begriffserklärung werden allerdings nur solche Definitionen berücksichtigt, die a) unmittelbar die Begriffe »Interaktivität« und »interaktive Medien« betreffen und die b) sich durch mindestens eine Eigenschaft von den anderen Definitionen der Analyse abheben.

3. Analyse von Definitionen zum Begriff »Interaktivität«

Wenn man versucht, den Begriff »Interaktivität« zu definieren, wirft dies eine Reihe grundsätzlicher Fragen auf. Deshalb ist es zweckmäßiger zu untersuchen, inwieweit die vorhandenen Definitionen auf diese Fragen Antwort geben anstatt sie einfach nur sequentiell vorzustellen.

3.1 Interaktive Medien als Partner oder als Mittel der Kommunikation?

Vom deutschen Sprachgebrauch her käme man nicht auf die Idee, das Telefon als interaktives Medium zu bezeichnen – im Gegensatz zur amerikanischen Fachliteratur (vgl. Durlak 1987: 743). Es stellt sich die noch generellere Frage, ob man überhaupt Medien, die zwischenmenschliche Kommunikation ermöglichen, zu den interaktiven Medien zählen soll. Einige Autoren (vgl. Steuer 1995: 52, Schrape 1995: 28-29) führen diese Medien in ihren Systematiken auf, ohne allerdings auf deren besondere Funktion hinzuweisen.

Durlak (1987) sieht die *face-to-face*-Kommunikation sogar als Ideal der interaktiven Medien an: »Face-to-face communication is held up as the model because the sender and receiver use all their senses, the reply is immediate, the communication is generally closed circuit, and the content is primarily informal or ‚ad lib'« (Durlak 1987: 744).

Hiernach wäre das Medium, das die »natürlichste« Kommunikation zwischen Menschen ermöglicht, auch das interaktivste. Bildtelefone oder Videokonferenzen müßten demnach wesentlich interaktiver sein, als es Zugriffsmedien wie Online-Dienste oder Multimedia je sein können. Das heutige Verständnis von »interaktiven Medien« enthält demnach sowohl das Interaktionskonzept der Soziologie (wechselseitig aufeinander bezogene menschliche Handlungen) als auch das der Informatik (Handlungen zwischen Mensch und Computer, die Handlungen zwischen Menschen ähneln). Da es aber hierdurch zu unerwünschten Vermischungen kommen kann, sollten die beiden Arten von Medien begrifflich getrennt werden.

Debatin (1994, 13) schlägt für die EDV eine Differenzierung zwischen dem »Computer als Partner« und »als Medium der Kommunikation« vor[7], die sich auch auf die gesamte Landschaft der interaktiven Medien übertragen läßt. Eine Definition sollte demnach unterscheiden zwischen »Medien als Partner« und »Medien als Mittel der Kommunikation«.

3.2 Muß ein interaktives Medium »verstehen« oder nicht?

An die Unterscheidung zwischen Medien als Kommunikationspartner und Medien als Mittel zur Kommunikation knüpft auch die Frage nach der wechselseitigen Wahrnehmung der Interaktionspartner und des gegenseitigen Verstehens an.

Heeter (1989: 222-223) macht Interaktivität davon abhängig, inwieweit das Medium den Nutzer versteht (*responsiveness*), d. h. inwieweit sich Medien auf die Wünsche und Eigenheiten des Nutzers »einstellen« können. Es macht beispielsweise einen Unterschied, ob sich die Anschlußkommunikation auf das jeweils vorher Gesagte bezieht und ob das bereits Kommunizierte als Vorwissen für die weitere Kommunikation erhalten bleibt.

Wieder dient das Einfühlungsvermögen zweier Menschen im Gespräch als Vorbild: »Humanlike responsiveness is the highest level of sophistication« (Heeter 1989: 223). Auch Andy Lippmann vom MIT betont in einem Interview mit Stewart Brand (1990: 71f.) die permanente wechselseitige Wahrnehmung der Interaktionspartner. Sie nehmen nonverbale Reaktionen des Gegenübers zum Anlaß, die eigenen Handlungen zu kontrollieren (z. B. Kopfnicken als Bestätigung, daß man einer Meinung ist) – eine Handlungsweise, die Computern bislang nicht möglich ist. Interaktive Medien können – anders als Menschen – stundenlang auf eine Reaktion ihres Gegenübers »warten«, weil sie den Inter-

---

7 Vgl. hierzu auch Kellerer (1993: 14-16) und Rice (1984: 65-66). Zum Problem, inwieweit man den Austausch mit einem computerbasierten Medium als Kommunikation ansehen kann vgl. Benda (1989).

aktionspartner nicht ständig wahrnehmen. Dies könnte sich allerdings durch technische Entwicklungen auf dem Gebiet der künstlichen Intelligenz ändern. Rogers (1986: 4) erwähnt in diesem Zusammenhang den Turing Test, in dem Kommunikationspartner nicht wissen, ob sie sich mit einem Menschen oder mit einem Computer unterhalten. Gelänge es irgendwann einem Computer, das Gefühl menschlicher Kommunikation zu vermitteln, wäre das Idealbild der Interaktivität auch für die Mensch-Maschine-Kommunikation erfüllt.

Dennoch ist die Verwendung des Verstehens-Kriteriums problematisch: Wie schon beim Gespräch als Ideal interaktiver Kommunikation (s. o.) sind es auch hier wahrscheinlich andere Faktoren, die dieses Verständnis für den Mediennutzer beeinflussen. Es wäre zweckmäßiger, solche Faktoren zu erheben, die bei Kommunikationssituationen mit hohem gegenseitigem Verständnis eine wichtige Rolle spielen: z. B. das Vorwissen (auch über den Kommunikationspartner), die Vielfalt möglicher Anschlußkommunikationen, die geringe Vorstrukturierung von Gesprächen.

3.3 Interaktivität als Kontinuum?

Die bisherigen Definitionen (mit Ausnahme von Heeter 1989) gehen implizit von einem Kriterium aus, bei dem ein bestimmter Schwellenwert erreicht werden muß, um ein Medium als »interaktiv« bezeichnen zu können. Ein solcher Schwellenwert wird freilich der jetzigen Landschaft interaktiver Medien nicht gerecht – vor allem, wenn sich gerade dann zwischen den als »interaktiv« klassifizierten Medien gewaltige Unterschiede ergeben (z. B. zwischen Videotext und Virtueller Realität). Sinnvoller ist es hingegen, Interaktivität als Kontinuum anzusehen. Rogers (1986: 34) stellt aus diesem Grund eine Interaktivitäts-Skala vor, in der er den »Grad der Interaktivität« als Kontinuum zwischen »Low« und »High« angibt (vgl. Schaubild 1).

Schaubild 1: Kontinuum von Interaktivität nach Rogers (1986:34)

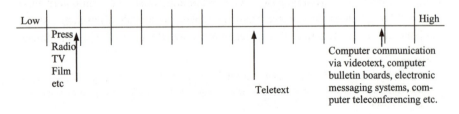

Weitere Vorschläge, wie ein solches Kontinuum aussehen kann, finden sich bei Steuer (1995) und Schrape (1995). Steuer (1995: 52) entwickelt eine Matrix mit den Parametern »vividness«[8] und »interactivity«. Interaktivität erscheint hier als Gradmesser, inwieweit man als Mediennutzer den Rezeptionsprozeß beeinflussen kann (Steuer 1995: 46). Aus diesem Grund ist für ihn der Interaktivitätsgrad von Büchern und Kinofilmen sehr gering, während »MUDs« (= *Multiple User Dungeons*) als Computer-Strategiespiele mit mehreren Teilnehmern als besonders interaktiv gelten.

Bezeichnend für die geringe empirische Absicherung dieser Skala ist allerdings die Berücksichtigung völlig fiktiver Medien, die lediglich in der *Science Fiction* existieren, z B das Holo-Deck aus der Fernsehserie *Star Trek – The Next Generation* oder der »Cyberspace« aus dem Roman *Neuromancer* von William Gibson. Dennoch ist das Schema als erste Annäherung an eine Klassifikation recht anschaulich. Auch die Dimension *vividness* im Sinne von »Reichhaltigkeit des medialen Angebots« sollte bei der Definition von Interaktivität berücksichtigt werden. Man muß allerdings Rogers und Steuer den Vorwurf machen, daß sie strenggenommen keine »Meßvorschrift« für die Einordnung von Medien auf dem Kontinuum liefern. Die Klassifizierung erfolgt nach eher subjektiven Kriterien.

Schrape sieht Interaktivität als Kontinuum mit fünf »Interaktivitätslevels« an:

- Level 0: An-/Ausschalten des Gerätes und Programmwechsel (Zapping).
- Level 1: Ein Angebot besteht aus mehreren zeitversetzt ausgestrahlten Kanälen (paralleles TV: Multi-Kanal-, Multi-Perspektiv-Fernsehen), zwischen denen der Zuschauer auswählen kann.
- Level 2: Ausstrahlung von wahlweise nutzbaren Zusatzinformationen zum Fernsehsignal, mit oder ohne Programmbezug (z. B. Videotext).
- Level 3: jede Form des individuellen Abrufens von gespeicherten Inhalten (passive Benutzerorientierung).
- Level 4: Kommunikative Interaktion, aktive Benutzerorientierung (direkter Rückkanal), Zwei-Wege-Kommunikation: z. B. Bildtelefon, interaktive Dienstleistungen etc. (Schrape 1995: 28-29).

Unklar ist hierbei allerdings das Klassifikationsprinzip der Skala. Sicherlich steigt von Level zu Level der Grad der potentiellen Eigenaktivität des Benutzers,

---

8 »Vividness means the representational richness of a mediated environment as defined by its formal features; that is, the way in which an environment presents information to die senses.« (Steuer 1995: 42)

doch der Unterschied zwischen Level 3 und Level 4 besteht auch in einer anderen technischen Konstellation zwischen Rezipient und Kommunikator (Level 3: gespeicherte Aussagen, Level 4: Aussagen direkt vom Kommunikator).

3.4 Eindimensionaler oder mehrdimensionaler Interaktivitätsbegriff?

Die bislang vorgestellten Definitionen stellten immer nur ein Kriterium ins Zentrum der Betrachtung. Einen anderen Weg zur Eingrenzung interaktiver Medien beschreitet Heeter (1989): Sie zerlegt »Interaktivität« in sechs Dimensionen, wobei jede Dimension wiederum ein Kontinuum bildet:

1. Die Komplexität der Wahlmöglichkeiten.
2. Die Anstrengungen, die ein Nutzer aufwenden muß.
3. Das Verständnis für die Eingaben des Nutzers („responsiveness«).
4. Die Aufzeichnung der Informationsnutzung.
5. Die Möglichkeit, eigene Informationen hinzuzufügen.
6. Die Erleichterung der interpersonalen Kommunikation
   (vgl. Heeter 1989: 221-225).

Diese Zerlegung des komplexen Begriffes stellt gegenüber anderen Klassifikationen einen deutlichen Fortschritt dar, weil auf diese Weise nicht mehr zwei offensichtlich sehr verschiedene Medien in die gleiche »Klasse« aufgenommen werden. Die Ausführungen von Heeter weisen aber auf drei Probleme hin, die bei der Zerlegung des Interaktivitätsbegriffs in Dimensionen beachtet werden sollten:

a) Die Trennschärfe der Dimensionen: So hängen die persönlichen Anstrengungen des Nutzers (Dimension 2) eng mit der Fülle der Wahlmöglichkeiten zusammen (Dimension 1) – je zahlreicher die Wahlmöglichkeiten, desto größer der »gedankliche Aufwand« des Nutzers.

b) Die Validität der Dimensionen als Indikator für Interaktivität: Die Aufzeichnung der Informationsnutzung (Dimension 4) ist eher als »Begleiterscheinung« interaktiver Medien anzusehen und nicht als notwendiges Kriterium für Interaktivität: Die Möglichkeit einer automatischen Datenaufzeichnung hängt natürlich von der generellen Speicherfähigkeit des Mediums ab. So wundert es nicht, daß die Datenerhebung bei einem PC mit Diskettenlaufwerk einfacher ist als beim

Medium Videotext. Daß man seine Nutzung leicht messen und beobachten kann, macht ein Medium aber nicht interaktiver.

c) Die Widerspruchsfreiheit der Dimensionen: Für Heeter bestimmt Dimension 5 »the degree to which users can add information to the system that a mass, undifferentiated audience can access« (Heeter 1989: 224), während Dimension 6 den Grad ermittelt, »to which a media system faciliates interpersonal communication between specific users« (Heeter 1989: 225). Demnach müßten Medien mit hohem Interaktivitätsgrad gleichzeitig Medien als Partner und Medien als Mittel der Kommunikation sein, was nur schwer in Einklang zu bringen ist (s. o.).

Fassen wir die bisherigen Kritikpunkte und Lösungsvorschläge noch einmal zusammen:

a) Eine Definition des Begriffs Interaktivität darf nicht von vornherein Medien ausschließen, die aufgrund technischer Gegebenheiten nicht an das Ideal eines persönlichen Gesprächs heranreichen.
b) Das »Einfühlungsvermögen« des Mediums eignet sich kaum als Kriterium für Interaktivität. Sinnvoll wäre allenfalls die Erhebung von Faktoren, die einen solchen Kommunikationsprozeß steuern (u. a. Vorwissen, Menge kommunizierbarer Inhalte, vorgegebene Kommunikationsstruktur).
c) »Interaktivität« sollte als Kontinuum zwischen hoher Interaktivität und geringer Interaktivität erfaßt werden.
d) Das Klassifikationsprinzip, das dieses Kontinuum konstituiert, sollte eindeutig sein und einheitlich gehandhabt werden.
e) Es empfiehlt sich, »Interaktivität« als Konstrukt aus mehreren Dimensionen anzusehen, von denen jede Dimension wiederum ein Kontinuum bildet.
f) Diese Dimensionen sollten widerspruchsfrei und trennscharf sein.

4. Ein neuer Interaktivitätsbegriff

Um den Interaktivitätsbegriff neu formulieren zu können, ist eine angemessene Begrifflichkeit vonnöten. Hier zeigen sich aber die Defizite der Terminologie in der Massenkommunikationsforschung. Das Vokabular (u. a. nach Maletzke 1963), das die alte Beziehung zwischen Sender und Empfänger sehr gut charakterisiert, greift bei der Übertragung auf viele interaktive Medien nicht mehr. Angemessener wären folgende Begriffe, die sich sowohl auf Massenmedien als auch auf Individualmedien anwenden lassen:[9]

alter Begriff	neuer Begriff
Rezipient	Beteiligter
Kommunikator	Organisierender Beteiligter
Medium im technischen Sinne	Kommunikationsstruktur
Medium (als Angebot, Dienst)	Medienanwendung
Aussage	Aussage (bleibt bestehen)

Dies bedarf einer kurzen Erläuterung: Die Veränderung des Rezipientenbegriffs wird notwendig, weil der Rezipient nun auch in den Kommunikationsprozeß eingreifen kann, also nicht nur »Aufnehmender« ist. Neutral kann man ihn daher als »Beteiligten«[10] bezeichnen. Der Kommunikator, der im Extremfall überhaupt keine Aussagen mehr produziert, sondern lediglich den technischen Ablauf der Kommunikation kontrolliert, wird auf diese Weise zum »Organisierenden Beteiligten«.[11] Die Parallele der beiden Begriffe soll verdeutlichen, daß beide – Beteiligter und organisierender Beteiligter – zumindest theoretisch auf einer Stufe stehen können. Der neue Begriff »Kommunikationsstruktur« ist ein Zugeständnis an die veränderte Medientechnik. Konnte man früher ein Gerät, einen Kommunikationsdienst und die zugehörigen Kommunikator-Institutionen noch gleichsetzen (z. B. beim »Fernsehen«), so können heute unterschiedliche Geräte funktional gleiche Aufgaben wahrnehmen (z. B. Faxdienst sowohl per Faxgerät, aber auch direkt per Computer) und umgekehrt kann ein Gerät verschiedene Funktionen übernehmen (z. B. der Personalcomputer zur Textverarbeitung, Datenkommunikation, ja sogar als Fernsehgerät).[12]

Die Beispiele des Telefaxdienstes und des Personalcomputers zeigen sogar noch mehr:

---

9 Die Begriffe stammen aus einem Schema zur Klassifizierung von Medien bzw. Medienanwendungen, das ausführlich in Goertz (1994) erläuten wird.
10 Diesen Begriff (*participant*) schlagen auch Rogers und Chaffee (1983: 26) vor.
11 Kellerer schlägt hier den Begriff »Organisierter Beteiligter« vor (vgl. Kellerer 1993: 27), um den Institutionscharakter des „Senders" zu verdeutlichen. Dies tut allerdings solchen Kommunikatoren Unrecht, die als »Einzelkämpfer – z. B. als Betreiber eines Newsservers oder Verfasser eines Flugblatts – keine Institutionen darstellen.
12 Vgl. Hoffmann-Riem/Vesting (1994: 382).

Durch die Aufsplitterung von Geräten, Diensten und Institution wird es auch problematisch, von einem Medium zu sprechen. Der ohnehin schon verwässerte Begriff (s. o.) stößt hier vollends an seine Grenzen. Ist Telefax ein Medium? Oder der Computer? Es wäre sicherlich angemessener, mit einem Begriff nur den »Dienst« bzw. eine bestimmte Art von Serviceleistung zu erfassen. Der neue Terminus Medienanwendung umfaßt somit eine Leistung eines Endgerätes, z. B. die Electronic Mail, den Telefaxdienst oder den Fernsehempfang. Drei weitere Prämissen sind zu berücksichtigen:

a) Ein neuer Interaktivitätsbegriff muß sich an den technischen Gegebenheiten einer Medienanwendung orientieren und nicht an der tatsächlichen Nutzung durch die Beteiligten. Nur so läßt sich später feststellen, inwieweit Nutzer das interaktive Potential einer Medienanwendung ausschöpfen.
b) Um die verschiedenen Medienanwendungen miteinander vergleichen zu können, betrachten wir jeweils einen Rezeptions- bzw. Kommunikationsvorgang. Hierzu zählen beispielsweise das Spielen eines Videospiels, das Schreiben eines Briefes, das Sehen des Fernsehprogramms vom Einschalten des Fernsehgeräts bis zum Ausschalten.
c) Ausgeschlossen bleiben Feedbackprozesse, die nicht notwendigerweise Bestandteil der Kommunikation sein müssen, beispielsweise Leserbriefe in Tageszeitungen oder Musikwünsche von Hörern im Radio. Bei diesen Formen der Publikumspartizipation handelt es sich vielmehr um die Kombination zweier verschiedener Kommunikationsprozesse (Hörfunk plus Telefongespräch), die aber nie von allen Rezipienten gleichzeitig genutzt werden können.

Um nun einen neuen mehrdimensionalen Begriff der Interaktivität zu formulieren, bieten sich folgende Leitfragen an:

- In welchem Maße ist eine Medienanwendung in der Lage, sich auf die individuellen Bedürfnisse der Beteiligten »einzustellen«?
- Welche Medienanwendungen bieten dem Beteiligten den größten Handlungsspielraum?

Damit stünde in Einklang, daß das Gespräch tatsächlich als Ideal der interaktiven Kommunikation angesehen werden kann (vgl. Durlak 1987 [s. o.]), denn hier ist das Einfühlungsvermögen in die Kommunikationspartner am größten.

Dieses Einfühlungsvermögen wird durch folgende F[...]

- Grad der Selektionsmöglichkeiten
- Grad der Modifikationsmöglichkeiten
- Größe des Selektions- und Modifikationsangebo[...]
- Grad der Linearität/Nicht-Linearität.

Es soll gelten: Je höher die Größe/der Grad eines F[...]r-
aktivität. Die Faktoren lassen sich folgendermaßen operationalisieren.

4.1 Grad der Selektionsmöglichkeiten[13]

Wie oben bereits erwähnt, ist die »Anpassung« eines interaktiven Mediums im Sinne von Heeters *responsiveness* nur schwer operationalisierbar. Wie sehr sich aber eine Medienanwendung an die Bedürfnisse eines Beteiligten anpassen kann, hängt davon ab, welche Möglichkeiten der Auswahl sie bietet. Diese »Freiheitsgrade« finden wir bereits bei der Medienanwendung Fernsehen – wenn auch eingeschränkt. Der Beteiligte kann zwischen verschiedenen Programmen wählen und die Qualität des empfangenen Programms verändern (z. B. Helligkeit, Lautstärke). Wesentlich mehr Freiheitsgrade bietet allerdings ein Videospiel (z. B. ein Flugsimulator), mit dem der Benutzer nicht nur seine eigene Position oder Geschwindigkeit im (virtuellen) dreidimensionalen Raum ändern kann, sondern auch die Darstellungsperspektive auf dem Monitor wechseln kann (Blick aus dem Cockpit, Blick nach hinten, Außenperspektive). Dieses Selektionskontinuum als Indikator für *responsiveness* läßt sich als Ordinalskala darstellen:

0   keinerlei Selektionsmöglichkeit mit Ausnahme der Entscheidung, wann die Rezeption beginnt und endet (z. B. bei Ansagediensten der Telekom),
1   nur basale Veränderung der Kanalqualität möglich, z.B. hell/dunkel, laut/leise; auch schnell/langsam,
2   wie 1, außerdem Wahl zwischen verschiedenen Angeboten in einer Angebotsdimension; Angebote verlaufen zeitgleich (z.B. Fernseh- oder Hörfunkprogramme),[14]

---

13 Zum Begriff der Selektivität in den Medien vgl. Goertz (1992).
14 Obwohl es gegenüber den bestehenden Fernsehprogrammen eine Bereicherung darstellt, fällt auch die Wahl zwischen verschiedenen Kameraperspektiven innerhalb eines Programms in diese Kategorie. Technisch wurde ein solches System bereits in Montreal unter dem Namen »Videoway« realisiert (vgl. Kellerer 1993: 58).

3 wie 2, aber die Angebote einer Angebotsdimension sind zeitlich unabhängig voneinander verfügbar (z. B. bei der Zeitung oder *Video-on-demand*),
4 wie 3, aber es existieren zwei oder mehr Angebotsdimensionen, aus denen ein Beteiligter auswählen kann (z. B. Videospiel, in dem verschiedene Spiellevel, Präsentationsformen, Aktionsformen und Handlungsverläufe zur Auswahl stehen).

4.2 Grad der Modifikationsmöglichkeiten

Wenn man als Spieler eines Computer-Flugsimulators ein Flugzeug zum Absturz bringt, steht es beim Neustart des Spiels wieder in einwandfreiem Zustand zur Verfügung. Nicht nur bei *Videogames*, sondern auch bei vielen anderen Medienanwendungen hat jeder Beteiligte zwar eine Fülle von Selektionsmöglichkeiten, kann aber die vorhandenen »Aussagen« nicht dauerhaft verändern. Andere Medienanwendungen bieten hingegen auch die Möglichkeit zur Modifikation der Aussagen, was unmittelbar an die Speicherfähigkeit einer Medienanwendung gekoppelt ist. Erst Diskettenlaufwerke, Festplatten, Videobänder oder auch Papier bieten den Beteiligten die Chance, eigene Beiträge für andere Nutzer festzuhalten. Die bloße Speicherung von Aussagen (z. B. Aufzeichnen eines Films auf einem Videorecorder) muß dabei als Nullpunkt angesehen werden, da ja hierdurch noch keine echte Modifikation erfolgt. Das Modifikationskontinuum als Ordinalskala sieht folgendermaßen aus:

0 keinerlei Modifikationsmöglichkeit, mit Ausnahme des Speicherns oder Löschens von Aussagen,
1 Möglichkeit der Verfremdung von Aussagen (z. B. durch Hall, Farbwahl),
2 Modifikation durch beliebige Hinzufügung, Änderung oder Löschung von Inhalten im geringen Umfang,[15]
3 Modifikation durch beliebige Hinzufügung, Änderung oder Löschung von Inhalten jeglicher Art (z. B. bei Computersoftware wie Text- und Grafikprogramme und den meisten Medien als Mittel der Kommunikation).

---

15 Dieser Fall tritt äußerst selten ein: Denkbar sind Beispiele von Briefen, auf die man eine Notiz schreibt.

4.3 Quantitative Größe des Selektions- und Modifikationsangebots

Für die Handlungsfreiheit eines Beteiligten hilft es natürlich wenig, wenn er zwar diverse Selektions- und Modifikationsmöglichkeiten hat, doch innerhalb einer jeden Angebotsdimension kaum auswählen kann. Ein Beispiel: Ein Fernsehzuschauer konnte im Jahr 1963 zwar Programme auswählen — das konkrete Angebot umfaßte aber lediglich zwei Sender. Mittlerweile können Zuschauer mit Satellitenempfang oder Kabelanschluß zwischen 20 bis 30 Sendern auswählen. Obwohl sich an der bloßen Selektionsdimension nichts geändert hat, ist das Angebot beträchtlich gewachsen. Rein theoretisch ist die Chance, den Bedürfnissen eines Beteiligten entgegenzukommen, bei einer Auswahl zwischen 20 Kanälen größer als bei einem Angebot von zwei Kanälen.

Die folgende Skala berücksichtigt neben der Größe des Angebots innerhalb einer Dimension auch die Zahl der Selektions- und Modifikationsdimensionen, in denen eine größere Auswahl möglich ist:

0 keine Selektion möglich,
1 geringes Auswahlangebot (zwischen 2 und 10 Wahlmöglichkeiten) in mindestens einer Selektions- oder Modifikationsdimension (z. B. Fernsehempfang über terrestrische Frequenzen),
2 wie 1, außerdem mehr als 10 Wahlmöglichkeiten in einer Selektions- oder Modifikationsdimension (bei einer Tageszeitung kann der Leser beispielsweise zwischen mehreren hundert Artikeln und Anzeigen auswählen, auch Videotext stellt über 100 Tafeln bereit — andere Auswahlmöglichkeiten gibt es hingegen nicht),
3 Mehr als 10 Wahlmöglichkeiten in mehr als zwei Selektions- und/oder Modifikationsdimensionen (beschränkte Auswahlmöglichkeit, wie sie z. B. in den Suchbäumen für Btx-Tafeln vorhanden ist)
oder: unendlich bzw. stufenlos viele Wahlmöglichkeiten in einer Selektions- oder Modifikationsdimension (z. B. bei *Videogames*, in die man zu Beginn eines Spiels jeden beliebigen Namen eingeben kann),
4 Unendlich bzw. stufenlos viele Wahlmöglichkeiten in einigen bzw. allen Selektions- und/oder Modifikationsdimensionen (trifft zu für solche Medienanwendungen, die beliebige Aussagen des Beteiligten zulassen, z. B. Textverarbeitungsprogramme, erst recht aber alle Medien als Mittel der Kommunikation).

4.4 Grad der Linearität/Nicht-Linearität

Trotz großer Selektions- und Modifikationsmöglichkeiten einer Medienanwendung kann sich ein Beteiligter eingeschränkt fühlen, wenn er keinen Einfluß auf den zeitlichen Ablauf der Rezeption oder Kommunikation hat. So kann ein Kinobesucher nicht bestimmen, wann ein Film beginnt, und auch die Szenenabfolge ist fest vorgeschrieben. Bei der Zeitungslektüre hingegen hat er weitgehend freie Hand, wann er wie schnell welchen Artikel liest.

Noch größer ist sein Einfluß auf die Rezeption, wenn der Beteiligte – wie Lippmann in einem Interview mit Brand (1990: 71ff.) formuliert – den »Eindruck einer unendlichen Datenbank« hat. Damit wäre der höchste Grad an Nicht-Linearität erreicht, indem er Zeitpunkt, Tempo und Abfolge der Rezeption bzw. Kommunikation steuern kann.[16]

0   Zeitlicher Ablauf und Reihenfolge des Materials wird von Organisierendem Beteiligten voll bestimmt (z. B. Fernsehen, Hörfunk, Kino),
1   Abfolge des Materials ist von Organisiertem Beteiligten bestimmt, Beteiligter initialisiert Kommunikationsvorgang, kann unterbrechen, ggf. wiederholen (Video, Schallplatte, andere Tonträger),
2   wie 1, aber Beteiligter bestimmt das Rezeptionstempo (z. B. Buch),
3   wie 2, Beteiligter kann einzelne Aussagenelemente auswählen, die nicht oder gering relational miteinander verknüpft sind (Beispiel Tageszeitung, s. o.),
4   wie 3, nur kann Beteiligter auf Aussagenelemente zurückgreifen, die eine hohe relationale Verknüpfung aufweisen (z. B. durch Verweise im Lexikon oder durch die Hypertext-Funktion in World-Wide-Web-Seiten).

Mit diesen vier Dimensionen läßt sich die »Landschaft« der Medienanwendungen bereits sehr differenziert abbilden. Es empfiehlt sich aber die Erhebung einer zusätzlichen Dimension, die nicht unmittelbar als Indikator für Interaktivität gilt. Um die o. e. »Reichhaltigkeit des medialen Angebots« zu messen, sollte deshalb zusätzlich die Zahl der verwendeten Sinneskanäle erhoben werden. Es wird sich

---

16 Auf den ersten Blick sieht es so aus, als würden die beiden Dimensionen Grad der Modifikation und Linearität eng miteinander zusammenhängen, was gegen das Gebot der Trennschärfe verstieße. Im Fall der Fernseh- oder Kinorezeption lag dies auf der Hand, denn ein Beteiligter hätte keine Möglichkeit, den Film anzuhalten, um etwas Eigenes hinzuzufügen. Dennoch sind Modifikationen von linear-strukturierten Medienanwendungen zumindest denkbar, beispielsweise bei einer Programmdiskette, die nach mehrmaligem Kopieren eines Programms einen Kopierschutz einfügt. Ebenfalls vorstellbar wäre eine Tonaufnahme, die sich beim ersten Hören automatisch löscht.

zeigen, daß einige Medienanwendungen mit einem hohen Interaktivitätsgrad nicht automatisch auch für ein hohes *Involvement* ihrer Nutzer sorgen. Dies gilt beispielsweise für Adventure-Spiele auf dem PC, die dem Beteiligten lediglich einen Zeileneditor zur Verfügung stellen; diese Kommunikation wird sicherlich anders erlebt als eine vergleichbare Anwendung in der virtuellen Realität, die darüber hinaus auch akustische und haptische Eindrücke vermittelt.

Oben wurde bereits gesagt, daß Medien als Kommunikationsmittel von vornherein besonders interaktiv sein müßten, weil sie ja die vielfältigen Möglichkeiten der zwischenmenschlichen Kommunikation einschließen. Um diesen »Strukturvorteil« gegenüber den Medien als Kommunikationspartner zu verdeutlichen, sollten sie in der schematischen Landschaft der Medienanwendungen hervorgehoben werden, z. B. durch Großbuchstaben.

5. Darstellung der Dimensionen anhand konkreter Medienbeispiele

Wie sich 21 ausgewählte Medienanwendungen[17] anhand der einzelnen Dimensionen von Interaktivität einordnen lassen, zeigt das folgende Beispiel der Dimensionen »Grad der Selektionsmöglichkeiten« und »Grad der Modifikationsmöglichkeiten« in Schaubild 2.

---

17 Die Auswahl von Medienanwendungen sollte eindeutig den Konzepten »Medien als Kommunikationspartner« oder »Medien als Mittel zur Kommunikation« entsprechen. Auf diese Weise wurden reine »Werkzeuge der Kommunikation« wie Bleistift oder Schreibmaschine nicht aufgenommen, die ja beim Schreiben den Beteiligten nicht zu bestimmten Handlungen auffordern — also keine Interaktion provozieren. Dies können wir erst bei der computerisierten Textverarbeitung voraussetzen. Ferner sollte die Auswahl das Spektrum unterschiedlicher Mediendienste weitgehend abdecken und vor allem solche Anwendungen aufführen, die zur Zeit besonders mit dem Schlagwort »interaktiv« belegt werden. Das nichtmedial vermittelte »Gespräch« dient dabei der Referenzgröße.

Schaubild 2: Dimensionen Grad der »Selektionsmöglichkeiten« und Grad der »Modifikationsmöglichkeiten«

Selektions-/ Modifikations- möglichkeiten	0	1	2	3	4
0	Kino Buch: Roman		TV, terr. TV Kabel Pay-per-Channel Hörfunk Pay-per-View	Zeitung Videotext Buch: Sachbuch	Information via Online-Dienst VR-Walk-through, z.B. virtuelles Museum
1					
2		SCALL E-MAIL SENDEN		Homebanking Mailbox	Videospiel VR-Walk-through, z.B. Büroeinrichtung GESPRÄCH PC-Textverarbeitung TELEFON VIDEO-KONFERENZ
3					

Danach existieren durchaus Medienanwendungen, die zwar dem Nutzer viel Raum für eigene Beiträge (Modifikationsmöglichkeiten) lassen, die aber nur über ein geringes Angebot an Selektionsmöglichkeiten verfügen. So kann der Verfasser einer elektronischen Nachricht (»E-Mail senden«) zwar jeden beliebigen Inhalt in den Computereditor schreiben; weitere Entscheidungsmöglichkeiten bietet das Programm aber nur zwischen »absenden« oder »nicht absenden«. Umgekehrt offerieren das terrestrisch übertragene Fernsehen ebenso wie *Pay-per-view*-Dienste lediglich eine Wahl zwischen verschiedenen Programmen sowie einer Veränderung von Lautstärke und Helligkeit. Eine Modifikationsmöglichkeit gibt es bei diesen naturgemäß einseitigen Medienanwendungen nicht. Ferner bestätigt sich die Überlegung, daß Medien als Mittel der Kommunikation (durch Großbuchstaben gekennzeichnet) die höchsten Werte erzielen.

6. Gesamtindex der Interaktivität

Aus den vier Dimensionen läßt sich nun ein Summenindex bilden, der als Skala für Interaktivität dienen kann.[18] Schaubild 3 zeigt, wie sich die 21 Medienanwendungen auf dieser Skala verteilen. Zusätzlich wird in der Abbildung die »Reichhaltigkeit des medialen Angebots« als Zahl der verwendeten Sinneskanäle ausgewiesen.

Schaubild 3: Interaktivitätsindex

Index Grad der Interaktivität	Anzahl Kanäle 1	2	3 und mehr
0 = keine Interaktivität		Kino	
1			
2			Homebanking
3	Buch: Roman	TV, terr.	Mailbox
4	Hörfunk	TV, Kabel Pay-per-Channel	
5		Pay-per-View	
6			
7	SCALL		
8	Zeitung Videotext E-MAIL SENDEN		
9	Buch: Sachbuch		
10			
11	Information via Online-Dienst		
12			VR-Walkthrough, z.B. virtuelles Museum
13		Videospiel	
14	Mailbox		
15 = hohe Interaktivität	Textverarbeitung TELEFON	VIDEOKONFERENZ	GESPRÄCH VR-Walkthrough, z.B. Büroeinrichtung

---

18 Man muß sich dabei im klaren sein, daß die Zusammenfassung der Dimensionen zu einem Summenindex zunächst einmal eine willkürliche Vereinbarung ist. Die geringe Fallzahl von analysierten Medienanwendungen läßt es nicht zu, die einzelnen Dimensionen für den Index zu validieren. Auch eine Gewichtung der Dimensionen ist daher nicht angebracht.

Auch hier erzielen die »Medien als Mittel der Kommunikation« sehr hohe Werte – Ausnahmen bilden der Telekom-Funkdienst *Scall* und die eben erwähnte *Electronic Mail*. Einen geringen Grad an Interaktivität weisen die überwiegend linear strukturierten Massenmedien auf – Anwendungen, die nur geringe Selektionsmöglichkeiten und keine Modifikationsmöglichkeiten bieten. Bemerkenswert ist aber, daß den klassischen Massenmedien Hörfunk und Fernsehen hiernach ein – wenn auch niedriges – Maß an Interaktivität zugesprochen wird. Dies ist auf die Auswahlmöglichkeit zwischen verschiedenen Programmangeboten zurückzuführen und steht in Einklang mit der Einschätzung von Rice (1984: 35): »(...) choosing among three network stations does, after all, provide some interactivity.«

Über die bloße Funktion einer Systematisierung interaktiver Medienanwendungen hinaus bietet dieser Index zwei weitere Vorteile:

a) Er sagt etwas aus über die Machtverhältnisse zwischen dem Beteiligten und dem Organisierenden Beteiligten. Mit den vielen Selektions- und Modifikationsmöglichkeiten sowie dem Einfluß auf Dauer und Reihenfolge der Rezeption/Kommunikation nimmt der Beteiligte dem Organisierenden Beteiligten Kontrollfunktionen aus der Hand. Z. B. kann das »Virtuelle Büro« eines VR-Nutzers völlig anders aussehen, als es sich der Programmierer der Anwendung je vorgestellt hat.

b) Allerdings ist der Index kein Maß für die tatsächliche Partizipation von Beteiligten. Seine Dimensionen ermitteln lediglich das »interaktive Potential« einer Medienanwendung. Der Gewinn für die künftige Publikumsforschung interaktiver Medien besteht aber darin, gerade die Unterschiede zwischen diesem Potential und den vom Publikum tatsächlich genutzten Möglichkeiten zu ermitteln.

Literatur

Benda, Helmut von (1989): Neue Technologien: Mensch – Computer – Interaktion. In: Hoyos, Carl Graf/Frey, Dieter/Stahlberg, Dagmar (Hg.): *Angewandte Psychologie. Ein Lehrbuch.* München. S. 169-186.
Brand, Stewart (1990): *Medialab. Computer, Kommunikation und Neue Medien. Die Erfindung der Zukunft am MIT.* Reinbek.
Brepohl, Klaus (1993): *Lexikon der neuen Medien.* Köln.

Debatin, Bernhard (1994): *Zur Modellierung der Mensch-Computer-Interaktion. Eine philosophische und kommunikationstheoretische Analyse prinzipieller Restriktionen in der Mensch-Computer-Interaktion.* Anlage zum 3. Arbeitsbericht des Teilprojekts Philosophie der Forschergruppe Konstruktionshandeln. Berlin.

Durlak, Jerome T. (1987): A Typology for Interactive Media. In: McLaughlin, Margaret L. (Hg.): *Communication Yearbook 10.* Newbury Park u.a. S. 743-757.

Goertz, Lutz (1992): *Reaktionen auf Medienkontakte. Wann und warum wir Kommunikationsangebote annehmen. Eine empirische Untersuchung zur Verteilung von Handzetteln.* Opladen.

Goertz, Lutz (1994): Untersuchungsdesigns zur Nutzung von Virtual-Reality-Anwendungen. In: Warnecke, H.-J. /Bullinger, H.-J. (Hg.): *Virtual Reality '94. Anwendungen und Trends.* Berlin. S. 311-321.

Heeter, Carrie (1989): Implications of New Interactive Technologies for Conceptualizing Communication. In: Salvaggio, Jerry L./Bryant, Jennings (Hg.): *Media Use in the Information Age: Emerging Patterns of Adoption and Consumer Use.* Hillsdale. S. 217-235.

Hoffmann-Riem, Wolfgang/Vesting, Thomas (1994): Ende der Massenkommunikation? Zum Strukturwandel der technischen Medien. In: *Media Perspektiven.* Nr. 8/94, S. 382-392.

Hooffacker, Gabriele (1995): *Online. Telekommunikation von A bis Z.* Reinbek.

Jäckel, Michael (1995): Interaktion. Soziologische Anmerkungen zu einem Begriff. In: *Rundfunk und Fernsehen.* 43. Jg., Nr. 4/1995. S. 463-476.

Kellerer, Ingrid (1993): *Interaktive Medien. Eine Annäherung in drei Schritten.* Hannover. (Unveröff. Diplomarbeit am Institut für Journalistik und Kommunikationsforschung).

Maletzke, Gerhard (1963): *Psychologie der Massenkommunikation.* Hamburg.

Merten, Klaus (1977): *Kommunikation. Eine Begriffs- und Prozeßanalyse.* Opladen.

Merten, Klaus/Schmidt, Siegfried J./Weischenberg, Siegfried (Hg.) (1994): *Die Wirklichkeit der Medien. Eine Einführung in die Kommunikationswissenschaft.* Opladen.

Meyn, Herrmann (1994): *Massenmedien in der Bundesrepublik Deutschland.* Berlin.

Müller, Peter (in Zusammenarbeit mit Guido Löbel und Hans Schmidt) (1985): *Lexikon der Datenverarbeitung.* Landsberg am Lech.

Noelle-Neumann, Elisabeth/Schulz, Winfried/Wilke, Jürgen (Hg.) (1994): *Das Fischer Lexikon Publizistik Massenkommunikation.* Frankfurt a. M.

Rafaeli, Sheizaf (1988): Interactivity: From New Media to Communication. In: Hawkins, Robert P./Wiemann, John M./Pingree, Suzanne (Hg.): *Advancing Communication Science: Merging Mass and Interpersonal Processes.* Newbury Park. S. 110-134.

Rediske, Michael (1995): Wer zahlt, der zählt. Beim interaktiven Pay-TV wird der Zuschauer wieder zum Wirtschaftsfaktor. In: *die tageszeitung,* 1. September 1995, S. 18.

Rice, Ronald E. (1984): *The New Media. Communication, Research, and Technology.* Beverly Hills, London, New Delhi.

Rogers, Everett M. (1986): *Communication Technology. The New Media in Society.* New York.

Rogers, Everett M./Chaffee, S. (1983): Communication as an Academic Discipline: A Dialogue. In: *Journal of Communication.* 33. Jg., S. 18-30.

Schrape, Klaus (1995): *Digitales Fernsehen. Marktchancen und ordnungspolitischer Regelungsbedarf.* Bericht der Prognos AG im Auftrag der Bayerischen Landeszentrale für neue

Medien (BLM), München, und der Landesanstalt für Rundfunk Nordrhein-Westfalen (LfR). Düsseldorf/München.

Steuer, Jonathan (1992): Defining Virtual Reality: Dimensions Determining Telepresence. In: *Journal of Communication*. 42. Jg., 1992, S. 73-93.

Steuer, Jonathan (1995): Defining Virtual Reality: Dimensions Determining Telepresence. In: Biocca, Frank/Levy, Mark R. (Hg.): *Communication in the Age of Virtual Reality*. Hilisdale, New Jersey. S. 33-56.

Zey, René (1995): *Neue Medien. Informations- und Unterhaltungselektronik von A bis Z*. Reinbek.

Interaktivität und virtuelle Communities

Winfried Marotzki

1. Grundlagen von Interaktivitätskonzepten

Eine gängige Definition von Interaktivität aus dem Jahre 1998 bezeichnet Interaktivität als »a measure of a media's potential ability to let the user exert an influence on the content and/or form of the mediated communication« (Jensen 1998: 201).[1] Aus dieser Perspektive ist also die Kontrolle des Kommunikationsprozesses zentral für die Frage der Interaktivität. Je stärker und vielfältiger die Kontrolle in der Hand des Nutzers liegt, desto stärker wird der Grad von Interaktivität. Mustert man die entsprechende Forschung zum Thema Interaktivität, dann ist aus meiner Sicht eine Unterscheidung hilfreich, die McMillan in ihren Arbeiten (2002a und 2002b) getroffen hat. Sie unterscheidet zwischen einem *perception-based model* von Interaktivität und einem *feature-based model* von Interaktivität.

1.1 *Perception-based model of interactivity*

Interaktivität beruht oder realisiert sich in der Perspektive dieses Modells in der Wahrnehmung des Nutzers. Ob eine Oberfläche interaktiv ist oder nicht, entscheidet sich demnach in den Aktionen des Nutzers. McMillan selbst vertritt die These, dass die Haltung eines Nutzers gegenüber einer Website korreliert mit dem Gefühl der Interaktivität. Das bedeutet also, dass eine Website in dem Maße als gut angesehen wird, in dem der Grad der Interaktivität steigt, der Nutzer also das Gefühl hat, dass er den Kommunikationsprozess selbst gestalten kann. Der

---

1 Weitere Definitionen: Interaktivität »is a style of control« (Guedj, tenHagen, Hopgood, Tucker, and Duce 1980, 69); »functionality such as user control and participation« (Jensen 1998); »a characteristic of technologies that enable multidirectional communication« (Markus 1990). Vgl. dazu auch die Einleitung sowie die Beiträge von Esposito, Goertz und Bucher in diesem Band.

Fokus wird in diesem Modell somit auf die Nutzerseite, auf das Nutzerverhalten und auf die gleichsam subjektiven »Theorien von Interaktivität« gelegt, was forschungspraktisch dann auch entsprechende Konsequenzen für das Forschungsdesign hat.

1.2 Feature-based model of Interactivity

In diesem Modell wird das Interface in den Blick genommen und studiert, welche Möglichkeiten der Interaktion implementiert sind: also beispielsweise E-Mail, Chat, Foren, *Instant Messaging*, SMS etc. (um einige Kommunikationsmöglichkeiten zu nennen). Heeter (1989) geht beispielsweise davon aus, dass Interaktivität in den Teilelementen eines Kommunikationsmediums beruht, also nicht von den Interpretationsleistungen des Nutzers abhängig ist, sondern von der Gestaltung der Benutzeroberflächen. Je mehr interaktive Elemente (E-Mail, Hyperlinks, Feedback-Formulare, Chat-Anwendungen etc.) gefunden werden, desto interaktiver ist die Seite. Die dominante Forschungsfrage lautet hier: »Wie können derartige Elemente die Richtung und die Kontrolle über die Kommunikation erleichtern bzw. unterstützen?«

Ich möchte diese Debatte, ob sich Interaktivität letzten Endes in den Interpretationsleistungen des Subjektes realisiert oder in den kommunikativen Schnittstellen *(Interfaces)* zwischen Nutzern und Medium, nicht weiter verfolgen. Wahrscheinlich ist forschungsstrategisch eine Triangulation beider Modelle angeraten. Stattdessen möchte ich im zweiten Schritt drei klassische Arten von Interaktivität unterscheiden, die sich nicht kategorisch ausschließen, sondern sich durchaus überschneiden, dabei folge ich auch hier zunächst den Arbeiten McMillans (2002a, 2002b).

1.3 Drei Traditionslinien von Interaktivität

1.3.1 User-to-User-Interaction

Ausgangspunkt dieser Traditionslinie sind klassische Interaktionstheorien, wie beispielsweise die des Symbolischen Interaktionismus G.H. Meads und in dieser Tradition interaktions- und rollentheoretische Ansätze von Goffman, Blumer bis Krappmann und darüber hinaus. Ihnen gemeinsam ist die Konzentration auf *Face-to-Face*-Interaktion (im Sinne zwischenmenschlicher Kommunikation) als

Form sozialer Ko-Präsenz. Mit Blumer kann die Grundprämisse dieser Traditionslinie in folgender Weise bezeichnet werden: Menschen handeln mit Dingen und anderen Menschen auf der Basis der Einschätzungen (Bedeutungen) und Meinungen, die sie von den Interaktionspartnern (oder den Dingen) haben; wobei diese Einschätzungen (Bedeutungen) sich selbst in Interaktionen herausgebildet haben. Wahrscheinlich wird man sagen können, dass diese klassisch wissenssoziologische Auffassung auch die methodologische Grundannahme des *perception-based model of interactivity* darstellt. In den meisten Studien, die in diesem Umkreis anzusiedeln sind, wird der Begriff der Interaktion mit dem Begriff der Kommunikation gleichgesetzt, wahrscheinlich eine Folge der Dominanz des Paradigmas des Symbolischen Interaktionismus.

1.3.2 User-to-Documents-Interaction

Diese Art der Interaktion gilt für alte und neue Medien und schließt folgende Aspekte ein:

1. die Interaktion mit den Dokumenten
 (also das Lesen von Dokumenten und das Navigieren in ihnen);
2. die Interaktion mit den Urhebern der Dokumente
 (bei traditionellen Medien wäre das etwa: in einer Live-Sendung anrufen)
3. die Herstellung eigener Dokumente.

Das Resultat: die Grenzen zwischen Leser und Schreiber verwischen sich.

1.3.3 User-to-System-Interaction (Human-Computer-Interaction)

Hier wird der klassische Aspekt der Mensch-Maschine-Interaktion thematisiert, die die Menschen solange beschäftigt, wie es Maschinen gibt. Von Turings Intelligenztest (1956) über Weizenbaums Programm ELIZA (1966) bis zu den *Flow*-Konzepten der 90er Jahre (Trevino/Webster 1992: 540) erstreckt sich diese Betrachtungsweise. Die Sichtung dieser Forschung zeigt Studien, die sich mehr auf den Nutzer (*Flow*-Konzepte) und Studien, die sich mehr auf das *Interface* (Hypertext-Struktur) beziehen.

1.4 Zusammenfassung

Wir haben bei der Klassifikation von McMillan gesehen, dass es sich um drei verschiedene Logiken von Klassifizierung handelt. Deshalb spricht sie auch von drei Traditionslinien. Sie stellen sich als einander nicht ausschließende Weisen der Thematisierung von Interaktivität dar. Sie zeigen grundsätzliche Möglichkeiten auf, wie Interaktivität ermöglicht werden kann. Je nach dem, welche Formen gewählt werden, werden bestimmte Spielfelder und damit bestimmte Spielregeln gewählt.

Entscheidend ist nun für menschliche Interaktion, dass Spielregeln ausgehandelt und sich in Abhängigkeit von veränderten Rahmenbedingungen ändern können. Auf diese Weise entstehen komplexe Interaktionsmuster, die ebenfalls im Kontext Computervermittelter Kommunikationsräume nachgewiesen werden können. Ich möchte das im Folgenden am Beispiel von Online-Vergemeinschaftungsformen, so genannten virtuellen Communities, zeigen.

2. Virtuelle Communities

Virtuelle Communities entwickelten sich parallel mit der Entwicklung des Internet. Während das ARPANET ursprünglich dafür gebaut worden war, um Computer miteinander zu verbinden, verdankte es seinen durchschlagenden Erfolg schließlich seiner nicht vorhergesehenen Fähigkeit, auch Menschen miteinander in Kontakt zu bringen. Unmittelbar nach der Entwicklung der E-Mail zu Beginn der siebziger Jahre gab es die erste große E-Mail-Diskussionsgruppe, die *SF-Lovers*-Liste, in der sich eine Reihe von ARPA-Forschern an öffentlichen Diskussionen über *Science Fiction* beteiligte. Die erste virtuelle Community *The Well* wurde von Stewart Brand im Jahr 1985 initiiert (vgl. Hafner 2001). Spätestens seit dem Buch von Howard Rheingold *The Virtual Community* (Rheingold 1993), das eine Hommage an die erste Community *The Well* darstellt, ist es üblich geworden, mit dem Begriff der Virtuellen Community Gruppenbildungen im Internet zu bezeichnen, die zum Zwecke der Kommunikation, des Spielens und/oder Kollaboration entstehen.

Die Arbeiten von Steve Jones (1997, 1998, 1999) haben wesentlich dazu beigetragen, virtuelle Communities als seriösen Forschungsgegenstand zu etablieren. Online Journale wie beispielsweise *Computer Mediated Communication*, das von Margaret McLaughlin und Sheizaf Rafaeli herausgegeben wird, zeigen die Reichhaltigkeit der Forschungsergebnisse. Virtuelle Communities im Internet sind inzwischen unzählige auf unterschiedlichem technischen Niveau realisiert. Und für uns ist es heute ein fast schon gewohnter Gedanke, dass sich Gemeinschaften herstellen, die ohne einen gemeinsamen konkreten Ort und ohne dass sie sich *face-to-face* kennen, miteinander kommunizieren und gemeinsame Aktivitäten im Netz und davon ausgehend auch oft außerhalb des Internet entfalten (vgl. Tully 2000).

2.1 Strukturmerkmale

Abweichend von den gängigen Studien über Strukturmerkmale von Communities, über die zusammenfassend beispielsweise Nicholas Jankowski (2002) berichtet, sind wir in unseren Forschungen anhand von etwa 100 Communities zu einer anderen Systematik gekommen. Verallgemeinernd kann gesagt werden, dass – empirisch gesehen – folgende sieben Strukturmerkmale für virtuelle Communities charakteristisch sind (vgl. Marotzki 2003).

(1) Leitmetapher

Eine Community muss im Internet ein bestimmtes Aussehen erhalten, das einer Leitmetapher folgt. In der Regel handelt es sich dabei um die Metapher einer Stadt (vgl. Weibel 1995) wie beispielsweise bei *www.funama.de*. Es können auch andere Metaphern gewählt werden, beispielsweise die einer Bibliothek, eines Zimmers oder eines Planetensystems.

(2) Regelwerk (soziografische Struktur)

Unter der soziografischen Struktur wird das regelgeleitete System der Über- und Unterordnung sozialer Positionen durch Kompetenzen, Zu- oder Aberkennung von Rechten, Pflichten oder durch Anerkennung verstanden. Die soziografische Struktur wird von den Regeln, vom Gratifikations- und Sanktionssystem einer Community gesteuert. Diese stellen den Rahmen dar, innerhalb dessen sich soziale Ordnung bildet und reproduziert (Reid 1999). Wie in jeder Gruppe, so gibt es auch in virtuellen Communities Regeln, die teilweise (beispielsweise vom Betreiber) vorgegeben, teilweise von den Mitgliedern ausgehandelt werden.

(2.1)

Dazu gehört die Regelung des Zugangs. Während bei vielen Communities im Prinzip jeder Mitglied werden kann – die Angabe eines *Nicknames* (Spitznamens) und eines Passwortes reichen in der Regel –, gibt es auch Communities, die schärfere Zugangsregelungen haben. Bei Selbsthilfegruppen beispielsweise wird meistens mehr Information vom Beitrittswilligen erwartet, so dass eine explizite Entscheidung über seine Aufnahme oder Nicht-Aufnahme getroffen werden kann.

(2.2)

Wir finden in nahezu allen virtuellen Communities ein Gratifikationssystem. Darunter wird ein System der Belohnung für Aktivitäten innerhalb der Community verstanden. In vielen Fällen handelt es sich um ein Punktesystem oder um virtuelles Geld, das man erhält. Zweifelsohne liegt den meisten Anreizsystemen der Wunsch zugrunde, die Mitglieder an die Community zu binden und sie zu Aktivitäten zu ermutigen.

(2.3)

Schließlich ist ein Sanktionssystem offensichtlich unabdingbar. Es schützt Teile der Community oder sie als Ganzes vor Missbrauch durch Nutzer, die die Absicht haben, zu stören, Unfug zu machen oder das Leben in einer Community lahm zu legen. In der Regel handelt es sich um ehrenamtliche Mitglieder, die diese Aufgabe der Kontrolle und Sanktion wahrnehmen, die in Foren und Chats präsent sind, um zu sehen, ob dort beispielsweise Gewalt verherrlichende Inhalte gepostet werden.

(3) Kommunikationsstruktur

Bei der Kommunikationsstruktur handelt es sich zunächst einmal um eine technische Struktur. Es geht um die Möglichkeiten, die in einer Community den Mitgliedern zur Verfügung gestellt werden, um untereinander Kontakt aufzunehmen, miteinander zu kommunizieren und sich zu koordinieren zu können (Chat, Foren, E-Mail, personalisierte Newsletter, *Instant Messaging, Weblogs* etc.).

(4) Informationsstruktur

In jeder Community werden Informationen, teilweise datenbankbasiert, zur Verfügung gestellt. Die Frage lautet dann: Von wem werden welche Informationen für wen in welcher Form zur Verfügung gestellt. Je nach Gegenstandsbereich der Community werden wir Link-Strukturen und -Sammlungen finden, die auf entsprechende Seiten verzweigen.

(5) Präsentationsstruktur

Die Präsentationsstruktur einer Community umfasst im Kern das Identitätsmanagement für einzelne Mitglieder, Teilgruppen und für die gesamte Community. Das kann recht einfach gehandhabt werden, indem beispielsweise im Falle der Identitätspräsentation einzelner Nutzer nur *Nickname* und einige wenige selbst gewählte Eigenschaften in der so genannten *ID-Card (Identity-Card)* eingetragen werden. Es kann aber auch sehr aufwendig betrieben werden, indem Avatar[2] mehr oder weniger individuell gestaltet werden können. Neben dem Identitätsmanagement wird zudem oftmals dem Nutzer die Möglichkeit gegeben, eine eigene Homepage zu gestalten, mit der er sich im Internet präsentieren kann. Diese Homepage hat oft die Funktion einer erweiterten *ID-Card*, denn auf dieser ist ein Link zur Homepage verzeichnet, so dass man von dort zur Homepage direkt gelangen kann. Aus dem Inhalt und der Art und Weise, wie diese Homepage gestaltet ist, lassen sich dann weitere Rückschlüsse auf den Nutzer ziehen. Schließlich verfügen die meisten Communities neben öffentlichen Arenen auch über halböffentliche und über private Arenen. Ein Beispiel für private Arenen sind Wohnungen, die man sich mieten kann.

(6) Partizipationsstruktur

Die Partizipationsstruktur einer Community regelt den Grad der Mitbestimmung, den die Teilnehmer an der Gestaltung der Community haben. Die schwächste Form der Mitbestimmung ist ein Vorschlagswesen. Etwas stärker sind Community-Strukturen, die es erlauben, Interessengruppen *(interest groups)* durch die Teilnehmer selbst einzurichten. Eine »volle« partizipative Struktur wird in Communities zur Verfügung gestellt, wenn gleichsam ein System einer basisdemokratischen oder ein System einer repräsentativen Demokratie implementiert wird.

---

2 Als »Avatar« bezeichnet man die grafische Darstellung von »Ersatz«-Persönlichkeiten mit zumeist menschlicher Physiognomie, die der Repräsentation der Benutzer von Online-Spielwelten und -Simulationen dienen. Zur Nutzung des Avatar-Konzepts in künstlerischen Umgebungen vgl. die Beiträge von Heitjohann und Popp sowie Finter in diesem Band.

(7) Verhältnis Online-Offline

Bei diesem letzten Strukturmoment geht es darum, ob in einer Community strukturelle Vorkehrungen getroffen worden sind, die es ermöglichen oder sogar fördern, dass Online-Beziehungen Offline weitergeführt werden können. Möglichkeiten der Rückbindung an die Alltagswelt der Nutzer sind oben schon genannt worden. Über SMS und Mails, die an die E-Mail-Adressen und Handys außerhalb der Community verschickt werden, können Verabredungen im alltäglichen Leben getroffen werden.

Das Strukturmerkmal »Verhältnis Online-Offline« bezieht sich aber nicht nur auf solche gewollten oder ungewollten *spill-over*-Effekte, sondern beinhaltet auch häufig eine Servicestruktur, die meistens kommerzielle Anteile aufweist. Links zu Arbeitsämtern, Büchereien oder Angaben von Adressen, von Telefonnummern verweisen den Nutzer weiter zu entsprechende Institutionen, zu denen er dann anders als Online Kontakt aufnehmen kann. Links zu Sparkassen oder Einkaufsmöglichkeiten haben dagegen hochgradig kommerzielle Absichten.

So weit zu den sieben Merkmalsbereichen von Communities. Ihnen kommt zum einen ein hoher heuristischer Wert bei der Analyse weiterer Communities zu. Zum anderen ist diese Kernstruktur, wie die Merkmalsbereiche zusammenfassend auch genannt werden können, dann wichtig, wenn Communities praktisch gestaltet werden sollen. Bei allen Merkmalen gibt es pädagogischen Handlungs- und Entscheidungsspielraum, der bei den bestehenden Communities mehr oder minder clever genutzt worden ist.

Im Folgenden konzentriere ich mich auf dynamische Interaktionsmuster, die aus der Kombination der Strukturmerkmale der Identitätspräsentation und des Gratifikationssystems resultieren. Diese Überlegungen sind aus der Zusammenarbeit mit der Fakultät für Informatik, insbesondere mit dem Institut für Simulation und Graphik an der Otto-von-Guericke-Universität Magdeburg hervorgegangen (vgl. Marotzki/Schlechtweg 2004).

2.2 Identitätspräsentation in virtuellen Communities

Unterschieden werden im Folgenden drei Arten der Identität: formale, personale und Rollen-Identität. Die »formale Identität« erlaubt eine eindeutige Zuordnung zwischen der realen (*Offline-*)Identität eines Nutzers und seiner personalen (*On-*

line-)Identität. Diese formale Identität ist in virtuellen Communities, wie sie hier im Mittelpunkt stehen, weniger von Interesse. Sie gewinnt hauptsächlich im Zusammenhang mit *E-Commerce*-Anwendungen an Bedeutung und stellt sicher, dass der reale Nutzer beispielsweise für Zahlungsvorgänge eindeutig identifiziert werden kann. Zur Sicherung der formalen Identität sind verschiedene Verfahren (z.B. *Login* + PIN) bekannt und im Einsatz. Im einfachsten Fall kann die bei der Verbindungsaufnahme mit einem Server immer mit übertragene IP-Adresse als formale Identität angesehen werden.

Die »personale Identität« stellt die Online-Identität eines Nutzers dar. Unter ihr tritt er oder sie in der virtuellen Community auf und ist dort bekannt. Durch den *Login* in einer virtuellen Community wird die formale mit der personalen Identität verknüpft (auch wenn nicht in jedem Falle eine formale Identität, die den realen Nutzer als Person beschreibt, vorhanden ist). Die personale Identität kann vom Nutzer nach seinen Wünschen ausgestaltet werden. Dadurch wird eine Online-Persönlichkeit kreiert, die über die personale Identität identifiziert werden kann. Sie muss nicht mit der realen Persönlichkeit des Nutzers übereinstimmen, der Reiz der Teilnahme an virtuellen Communities liegt gerade darin, mit verschiedenen personalen Identitäten zu experimentieren (vgl. Turkle 1995).

Die »Rollen-Identität« schließlich wird einem Nutzer (oder besser: einem durch seine personale Identität repräsentierten Community-Mitglied) von anderen Mitgliedern der Community zugeschrieben. Sie entsteht durch den Eindruck, den Aktionen des Mitgliedes auf andere erwecken. Das dadurch gewonnene Ansehen entspricht der Rollen-Identität (jemand wird beispielsweise als Computer-Experte eingeschätzt und dadurch in dieser Rolle von anderen Community-Mitgliedern konsultiert). Rating-Systeme wie bei *eBay* verweisen somit auf eine solche Rollen-Identität.

Die Präsentation der personalen Identität erfolgt durch die in der Community gegebenen Mittel überwiegend in Eigenregie des Mitgliedes – so stehen in den meisten Communities *ID-Cards* oder Homepages hierfür zur Verfügung.

2.2.1 Komplexe, dependente Interaktionsmuster:
Identitätspräsentationen und Gratifikationssystem

Im Folgenden werden die Kombination von Identitätspräsentation und Gratifikationssystem anhand von drei Aspekten entwickelt: *ID-Card*, Avatar und »Wohnung«. Der Einfachheit halber werde ich dabei von »ID-Präsentation« sprechen.

Interaktivität und virtuelle Communities 127

	ID-Card	Avatar	Wohnung	
			Funktionalität	Privatsphäre
1	Standardeinträge im von der Community vorgegebenen Layout	einfaches, unveränderbares von der Community vorgegebenes Bild (bzw. 3D-Modell)	Layout und Funktionalität (nur Mailbox) der Einrichtung vorgegeben	jedes Community-Mitglied hat Zutritt zur Wohnung
2	Ändern des Layouts der Präsentation (Farbe, Font, Rahmen, etc.) aber keine Änderung des Inhalts möglich	beschränkter Baukasten zum Verändern des Avatars	Einrichtung lässt sich im Layout individualisieren	einzelnen Community-Mitgliedern kann der Zutritt verweigert werden
3	Inhalte können vom Nutzer individuell festgelegt werden. (Auswahl aus einer Reihe von Einträgen), Einträge sind für alle sichtbar.	unbeschränkter Baukasten zur Veränderung des Avatars	Erweitern der Funktionalität für individuelle Benutzung (SMS, Newsletter, Erweitern der E-Mail-Funktion etc)	Community-Mitglieder können sich gegenseitig einladen, in der Wohnung können aber keine Gruppen-Funktionalitäten genutzt werden
4	Inhalt und Sichtbarkeit kann vom Nutzer individuell festgelegt werden (z.B. auf Grundlage von Freund/Feind-Klassifikation)	vollständig flexible Avatarkonstruktion, das schließt auch die Nutzung externer Werkzeuge ein.	Erweitern der Funktionalität um Gruppenfunktionen (Chat, Forum, Spiele, etc)	Community-Mitglieder können den Zugang zur Wohnung flexibel regeln und mit den »Gästen« die vorhandenen Gruppen-Funktionalitäten benutzen

ID-Präsentation durch *ID-Cards*

ID-Cards sind, wie oben bereits angedeutet, das bisher am weitesten verbreitete Mittel zur ID-Präsentation in virtuellen Communities. Sie basieren auf der Metapher der Karteikarte und beinhalten die wichtigsten Daten zur personalen Identität des Nutzers. Möglichkeiten zur Individualisierbarkeit und damit Kontrollierbarkeit bestehen hier in drei Bereichen: Layout, Inhalt und Sichtbarkeit der Einträge. Einem neuen Mitglied der Gemeinschaft wird zunächst eine Standard

ID-Card zugewiesen, die weder in ihrem Aussehen noch in ihrem Inhalt verändert werden kann. Typischerweise enthält eine solche *ID-Card* Angaben des Mitgliedes wie Nickname, E-Mail-Adresse etc. Eine Veränderung des Layouts, wie sie auf der zweiten Ebene möglich ist, betrifft insbesondere die farbliche Gestaltung und die Auswahl der Schriftarten. Durch eine Auswahl der Inhalte einer *ID-Card* erreicht die Individualisierung eine weitere Ebene. Hier können neue Einträge hinzugenommen, aber auch standardmäßig vorgegebene Einträge entfernt werden. Dies ermöglicht eine flexible Präsentation der Daten und Gestaltung der »Privatsphäre«, da unerwünschte Angaben entfernt werden können. Allerdings kann noch jedes Community-Mitglied alle Einträge einsehen. Eine maximale Flexibilisierung wird auf der vierten Ebene erreicht, wo für jeden einzelnen Eintrag eine Zugriffsberechtigung angegeben werden kann. So ist es beispielsweise möglich, dass nur als Freunde deklarierte Nutzer die *Instant-Messaging-Informationen* einsehen und dadurch auch nutzen dürfen. Das Prinzip der zunehmenden Individualisierbarkeit auf Grundlage des Gratifikationssystems geht hier einher mit einem zunehmenden Schutz der »Privatsphäre« des Mitgliedes.

ID-Präsentation durch Avatare

Avatare stellen eine weitere Möglichkeit der ID-Präsentation dar. Dies sind »Stellvertreter« des Nutzers in der Online-Welt in Form von Bildern oder dreidimensionalen Figuren. Ein Avatar repräsentiert insbesondere die personale Identität und sollte so gestaltet sein, dass von seinem Aussehen auf die Eigenschaften des Mitglieds geschlossen werden kann. Standardmäßig wird einem neuen Mitglied ein Avatar angeboten, der aus einer kleinen Menge von vorgefertigten Avataren ausgewählt werden kann. Hierbei sollte zumindest das Geschlecht des Avatars ausgewählt werden können. Eine Kopplung der Individualisierbarkeit des Avatars mit dem Gratifikationssystem bedeutet, dem Mitglied die Möglichkeit zu geben, verschiedene Eigenschaften des Avatars zu verändern. Da die vollkommen freie Konstruktion eines Avatars von unbedarften Nutzern nur relativ schwer auszuführen ist, wird dieses nur auf der höchsten Stufe angeboten. Einen Kompromiss zwischen Handhabbarkeit und Grad der Individualisierung bieten Baukästen, mit denen der Avatar verändert werden kann. Diese können beschränkt (2. Stufe) oder unbeschränkt (3. Stufe) gestaltet sein.

ID-Präsentation durch persönliche Bereiche in der Community

Private Bereiche in der Community – üblicherweise als »Wohnung« in virtuellen Städten konzipiert oder als World Wide Web-Präsentationen – bieten dem Mitglied die Möglichkeit, seine personale Identität über das Maß der *ID-Card* hinaus zu präsentieren. Durch die Aufnahme funktionaler Bereiche wie Chats, *Instant-Messaging*-Systeme, E-Mail-Formulare und Gästebücher kann der Kontakt zu anderen Mitgliedern hergestellt und gepflegt werden. Ähnlich der *ID-Card* sollte hier eine Individualisierung mit einem zunehmenden Schutz der Privatsphäre gekoppelt sein. Eingangs steht dem Mitglied eine Standard-Präsentation zur Verfügung, die nur wenig verändert werden kann (Präsentation durch Texte, Aufnahme eines Fotos, Vorhandensein einer Standard-Mailbox). Zu diesem privaten Bereich hat jedes Mitglied der Community Zutritt. Auf der nächsten Stufe kann das Layout frei verändert werden, zum Schutz der Privatsphäre kann einzelnen Nutzern der Zutritt zum privaten Bereich verwehrt werden. Dadurch kann negatives Verhalten einzelner gegen die Person des Mitgliedes minimiert werden. In einem weiteren Schritt werden dann die funktionellen Elemente erweiterbar gestaltet (z.B. erweiterte Funktionen der Mailbox). Das Mitglied ist zu diesem Zeitpunkt in der Community so angesehen, dass eine erweiterte Kommunikation mit anderen Mitgliedern (auch im privaten Bereich) sinnvoll und notwendig erscheint. Gleichzeitig wird es ermöglicht, Personen explizit in den privaten Bereich einzuladen. Die höchste Stufe der Individualisierbarkeit wird durch die Bereitstellung von Funktionen zur Gruppenkommunikation auch im privaten Bereich erreicht. Chats, *Instant-Messaging*-Systeme oder Online-Spiele können vom Mitglied und eingeladenen weiteren Mitgliedern genutzt werden, während allen anderen der Zutritt verwehrt werden kann. Dies stellt die maximale »Privatisierung« dar.

3. Schlussbemerkung

Wir müssen nicht unbedingt der euphorischen These von Howard Rheingold folgen, dass virtuelle Gemeinschaften reale Gemeinschaften in ihrer Funktion ablösen werden, um zu erkennen, dass virtuelle Welten uns auch neue Formen der Vergemeinschaftung ermöglichen. Diese konstituieren sich über komplexe Interaktionsmuster, die nicht mehr ausschließlich nach dem klassischen Modell einer

User-to-User-Interaktion gedacht werden können, sondern auf der Basis von *User-to-System*-Interaktionen erfolgen. Sozialität und Identität konstituieren sich also unter konstitutivem Einbezug von Medialität. Die hier zugrunde liegende Logik der Interaktivität ist deshalb zu betonen und herauszuarbeiten, weil dadurch auch die spezifischen pädagogischen Gestaltungsräume sichtbar werden. Die Frage, wie – technisch gesprochen – *Interfaces* gestaltet werden, wie also aus der Perspektive eines *Feature-based model of interactivity* Interaktivität konstituiert wird, ist eben nicht nur eine technische Frage, sondern sie verweist auf den (technik-basierten) Weg, Sozialräume zu gestalten. Insofern ist die eingangs aufgeführte Definition von Jensen (vgl. Jensen 1998: 201) zunächst einmal richtig. Jensen geht davon aus, den Grad der Einflussnahme des Nutzers auf den Inhalt und die Form der computerbasierten Kommunikation zu gestalten. Richtig ist sie, weil dadurch die Richtung der Gestaltungsräume gewiesen werden. Zu eng ist sie, wenn sie nur im Sinne einer dadurch erreichten Teilhabe an Kommunikationsprozessen ausgelegt wird. Vielmehr muss gesehen werden, dass die Gestaltung von Interaktivität letztlich die Gestaltung von Sozialisation, Lernen und Bildung darstellt. Insofern kann gesagt werden, dass auf der Basis der Annahme, dass dem Internet ein Bildungswert zugesprochen werden kann (vgl. Marotzki/Meister/Sander 2000), sich pädagogisch bedeutsame Gestaltungsräume erschließen und kreativ nutzen lassen.

Literatur

Guedj, Richard A./tenHagen, Paul J.W./Hopgood, F. Robert/Tucker, Hugh A./Duce, David A. (1980). *Methodology of Interaction*. Amsterdam.
Hafner, K. (2001): *The Well*. New York.
Heeter, C. (1989). Implications of new interactive technologies for conceptualizing communication. In: Salvaggio, J. L./Bryant, J. (Hg.): *Media use in the information age: Emerging patterns of adoption and computer use*. Hillsdale. S. 217-235.
Jankowski, N. W. (2002): Creating Community with Media: History, Theories and Scientific Investigations. In: Lievrouw, L./Livingstone, S. (Hg.): *Handbook of New Media: Social Shaping and Social Consequences*. S. 34-49.
Jensen, J. F. (1998). Interactivity: Tracing a new concept in media and communication studies. In: *Nordicom Review*, 19 (1), 185-204.
Jones, St. G. (1997): *Virtual Culture. Identity and Communication in Cybersociety*. London.
Jones, St. (Ed.) (1998): *Cybersociety 2.0. Revisiting Computer-Mediated Communication and Community*. Thousand Oaks u.a.

Jones, St. (Ed.) (1999): *Doing Internet Research. Critical Issues and Methods for Examining the Net.* London u.a.

Markus, M. L. (1990). Toward a »Critical Mass« Theory of Interactive Media. In: Fulk, J./Steinfeld, C. (Hg.): *Organization and Communication Technology.* Newbury Park. S. 194-218.

Marotzki, W. (2003): Online-Ethnographie – Wege und Ergebnisse zur Forschung im Kulturraum Internet. In: Bachmeier, B./Diepold, P./de Witt, C. (Hg.): *Jahrbuch Medienpädagogik 3.* S. 149-166.

Marotzki, W./Schlechtweg, St. (2004): Identitätspräsentationen in virtuellen Communities. In: Otto, H.-U./Kutscher, N. (Hg.): *Jugend Online – Informelle Bildung im gesellschaftlichen Kontext.* Weinheim und München. Im Erscheinen.

McMillan, S. J. (2002a): Exploring Models of Interactivity from Multiple Research Traditions: Users, Documents, and Systems. In: Lievrouw, L./Livingstone. S. (Hg.): *The Handbook of New Media. Social Shaping and Consequences of ICTs.* London. S. 163-182.

McMillan, S. J. (2002b). A four-part model of cyber-interactivity. In: *New Media & Society.* Vol. 4, No. 2, S. 271-291.

Reid, E. (1999): Hierarchy and power: social control in cyberspace. In: Smith, P./Kollock, M. (Hg.): *Communities in Cyberspace.* London/New York. S. 107-133.

Rheingold, H. (1993): *The Virtual Community.* New York.

Trevino, L. K./Webster, J. (1992): Flow in Computer-Mediated Communication: Electronic Mail and Voice Mail Evaluation and Impacts. In: *Communication Research,* Vol. 19, No. 5. S. 539-573.

Tully, C.J. (2000): Jugendliche Netzkompetenz: just do it – Surfen im Cyberspace als informelle Kontextualisierung. In: Marotzki, W./Meister, D./Sander, U. (Hg.) (2000): *Zum Bildungswert des Internet.* Opladen. S. 189-215.

Turkle, S. (1995): *Life on the Screen. Identity in the Age of the Internet.* London.

Van Dijk, J. (1998): The reality of virtual communities. In: *Trends in Communication,* Vol. 1, No. 1. S. 39-63.

Weibel, P. (1995): Die virtuelle Stadt im telematischen Raum. Leben im Netz und in Online-Welten. In: Fuchs, G./Moltmann, B./Prigge, W. (Hg.) (1995): *Mythos Metropole.* Frankfurt a.M. S. 209-227.

Online-Interaktivität – Ein hybrider Begriff für eine hybride Kommunikationsform[1]

Hans-Jürgen Bucher

1. Interaktivität – zwischen *Interface* und Netzwerk

Dass Steven Johnson neben den bereits ausgerufenen Gesellschaften und Kulturen nun auch noch eine Interfacekultur propagiert, mag man oberflächlich betrachtet für überflüssig halten. Tatsächlich aber steckt hinter seiner Idee mehr, als auf den ersten Blick erkennbar ist. Denn nicht das Interface ist das Ziel, sondern die Interaktionen, die es ermöglicht. Ohne die Benutzeroberfläche findet der Weg in die Tiefen der Wissenswelten keinen Anfang. Insofern ist eine Analogie aufschlussreich, die Johnson in seinem entsprechenden Buch herstellt:

> Die viktorianischen Bewohner Englands hatten Schriftsteller wie Charles Dickens, die ihnen den Weg durch die technologischen Revolutionen des Industriezeitalters weisen konnten, Schriftsteller, die romanhafte Karten des bedrohlichen neuen Territoriums zeichneten und der dadurch erzeugten sozialen Beziehungen. Unsere Führer zu den virtuellen Städten des 21. Jahrhunderts werden einen vergleichbaren Dienst leisten, doch diesmal wird die Schnittstelle – das Interface – und nicht der Roman, ihr Medium sein. (Johnson 1999, S. 30)

Überspitzt formuliert könnte man sagen: Ein Großteil der Medien- und Kommunikationsforschung ist immer noch so angelegt, als wären es auch heute ausschließlich die »Romane«, also die Texte und Inhalte, die die Karten zum Verständnis der Welt bereitstellen. Und solange selbst in der Onlineforschung das Wort *Content is king* gilt, wird sich an dieser Ausrichtung kaum etwas ändern. Warum die Bildschirmoberfläche so wichtig ist, wird deutlich, wenn wir uns einmal klar machen, dass sie die Eintrittstür in den Datenraum darstellt: Es gibt kaum noch Informationen, die nicht über ein so genanntes *Interface* zu erschließen sind, seien es die Daten eines Bibliothekskatalogs, die Programmier-Vorgaben für den Videorecorder auf dem Fernsehschirm, die Bedienungshinwei-

---

[1] Der Beitrag ist die Weiterentwicklung eines Vortrags zur Konferenz »Grenzen der Interaktivität« (13. bis 15. November 2003) am Zentrum für Medien und Interaktivität der Justus-Liebig-Universität Gießen.

se auf dem Mobiltelefon oder aber die aktuellen Informationen auf der Druckseite einer Tageszeitung, deren Aufmachung für einen Menschen des 19. Jahrhunderts noch schlicht unverständlich gewesen wäre. Im Zeitalter der nicht-linearen Medien bedeutet Wissenserwerb nicht einfach lesen, sondern immer zugleich die (inter-)aktive Aneignung eines Wissensangebotes mittels eines entsprechenden Interface. Die Theorien zur computer-vermittelten Kommunikation (*computer-mediated-communication*: CMC) sind genau in dieser Hinsicht zu eng ausgelegt: die *interface*-vermittelte Kommunikation wäre der angemessene Ansatz. Denn das Interface ist die Ebene, auf der sich diese Interaktion zwischen Nutzer und Informationsangebot abspielt. Wer die Tür zum Datenraum nicht findet, bleibt außen vor.

In makrosoziologischen Studien zur Netzwerkgesellschaft (Castells 1996, Shaviro 2003) wird der Mensch-Computer-Schnittstelle keine Bedeutung beigemessen, obwohl sich gerade hier die Partizipation des Einzelnen an diesen Netzwerkgesellschaften entscheidet. Interface- oder Interaktivitäts-Analysen sind insofern das mikrosoziologischen Gegenstück, ohne das wir die Funktionsweise einer Netzwerkgesellschaft mit allen sozialen Implikationen nicht verstehen können. *Interface*-Design und *Usability* haben in diesem Sinne auch eine sozialpolitische Relevanz. Der Begriff der Interaktivität steht deshalb auch im Zentrum der Klärung eines grundlegenden Strukturwandels der Öffentlichkeit hin zu netzwerk-orientierten Formen der öffentlichen Kommunikation. Zur Analyse von Kommunikationsformen, für die *many-to-many*-Strukturen typisch sind, lassen sich Begrifflichkeiten weder aus der personellen *one-to-one*-Konstellation noch aus der massenmedialen *one-to-many*-Konstellation unbesehen übertragen. Das gilt auch für eine Reihe von verwandten Begriffen wie für den Begriff des Autors, des Publikums, des Medieninhaltes oder der Öffentlichkeit.

In so verschiedenen Disziplinen wie der Lese- und Verständlichkeitsforschung, der Forschung zur Mensch-Maschine-Kommunikation, der Medienwirkungsforschung, der Dialogforschung und der Hypertextforschung ist bereits seit längerem ein Trend erkennbar, den Begriff der Rezeption auf den Begriff der Interaktivität zurückzuführen, um damit analytisch die Aneignung von Texten, Fernsehsendungen, Bildschirmangeboten, hypertextuellen und hypermedialen Angeboten zu erklären. Bereits sehr früh hat Wolfgang Iser die Textlektüre als eine Form der Interaktion zwischen Textstruktur und Leser beschrieben und methodisch gefordert, dass »the study of a literary work should concern not only the actual text but also (...) the actions involved in responding to that text« (Iser 1980). Für die Medienwirkungsforschung geht Bonfadelli ganz allgemein davon aus, dass »Medieneffekte nur interaktiv zustande (kommen), indem sich direktive Aspekte des Medienangebotes wie Inhaltsauffälligkeit, Kumulation und Konsonanz mit motivationalen und kognitiven Aspekten der Rezipienten überlagern« (Bonfadelli 1999: 32). Für Hypertexte gilt das Kriterium der Interaktivität sogar als konstitutiv, »da der Zugang zu Hypertext systematisch interaktiv ist und es dem Nutzer letztlich überlassen bleibt, welche (auch der angebotenen) Richtung(en) er einschlagen will« (Kuhlen 1991: 154). Angesichts dieser Übereinstimmung in der Betrachtungsweise über die Fachdisziplinen hinweg kann man bereits von einem *interaktiven Paradigma* in der Rezeptionsforschung sprechen. In dieser Tradition ist auch Nielsens Vorschlag zu verstehen, den Begriff der Usability mit Hilfe des Interaktivitätsbegriffs näher zu bestimmen: »Usability applies to all aspects of a system with which a human might interact« (Nielsen 1993: 25). Interaktivität ist demzufolge das Potenzial eines non-linearen Kommunikationsangebotes, das dessen Nutzung erst möglich macht. Insofern ist Interaktivität eine analytische Kategorie zur Beschreibung non-linearer, hypertextueller Kommunikationsbeiträge, die sowohl mediale Aspekte als auch Nutzeraspekte umfasst. »Interactivity can be defined as the degree to which a communication technology can create a mediated environment in which participants can communicate« (Kiousis 2002: 379).

Die Online-Kommunikation im Internet radikalisiert die Rezeption von Medien insofern, als sie die klassische Kommunikationssituation in verschiedener Hinsicht entbettet: Sie hebt die Trennung von Autor und Publikum auf, ebenso die Zeit-, Raum-, (Medien-)Gattungs- und Speichergrenzen, und sie macht die Grenzen zwischen den Kommunikationsbereichen von Medien, Politik, Wirtschaft, Wissenschaft und Privatsphäre in einem bislang nicht gekannten Ausmaß durchlässig. Der Begriff der »Entbettung«, von Anthony Giddens als Charakteristikum postmoderner Gesellschaften eingeführt, lässt sich als wirksames analytisches Werkzeug auch für die Beschreibung der sozialen Besonderheiten der Internet-Kommunikation nutzen. Giddens Begriff der Entbettung, verstanden als »das Herausheben sozialer Beziehungen aus ortsgebundenen Interaktionszusammenhängen und ihre unbegrenzte Raum-Zeit-Spannen übergreifende Umstrukturierung« (Giddens 1996: 33) markiert gerade das Neuartige der Online-Kommunikation, das auch eine Klärung des Begriffs der Interaktivität zu integrieren hat. Mit dem Grad der Entbettung steigen aber die Risiken des kommunikativen Scheiterns, denn in entbetteten Kommunikationsformen werden »gesichtsabhängige Bindungen« durch »gesichtsunabhängige« ersetzt. Gestik, Mimik, Tonlage, Stimme, Körpersprache und redebegleitende Handlungen fallen als Ausdrucksmittel und als Verstehens- und Deutungshilfen weg. Der soziale Kontext einer Kommunikation wird auf das reduziert, was sich digital übermitteln lässt – mit weit reichenden Konsequenzen für die Identitätszuschreibungen unter den jeweiligen Partnern (vgl. dazu zusammenfassend: Burnett/Marshall, Kap. 4). Je unpersönlicher, je »gesichtsunabhängiger« und damit je globaler Kommunikationszusammenhänge werden, desto größer wird auch das informationelle Risiko. Authentizität, Wahrheit und Wahrhaftigkeit, Informativität, Aktualität, Relevanz, Glaubwürdigkeit, also die Qualitäten von Kommunikationsbeiträgen, lassen sich aus einer lokalen Perspektive nur noch schwer überprüfen. Die Sicherung des Vertrauens wird damit zur zentralen Aufgabe in der Internet-Kommunikation, und zwar auf all ihren Ebenen: in der personellen Kommunikation, der politischen Kommunikation, der Wissenschaftskommunikation, im E-Business, in der Medienkommunikation oder im Bereich des E-Learning (vgl. Vishwanath 2004).

Die konsequente Weiterführung des interaktiven Paradigmas ist eine Voraussetzung, um diese neuartige kommunikative Komplexität analytisch zu bewältigen. Die klassischen Formen der personellen und der massenmedialen Kommunikation sind dafür aufschlussreiche Vergleichsobjekte aber keine Orientierungsmodelle die für eine einfache Übertragung geeignet wären.

Der folgende Vorschlag zur Klärung des Begriffs der Interaktivität für die Online-Kommunikation erfolgt dementsprechend in drei Schritten: erstens werden die bislang in der Mensch-Computer-Forschung vorgelegten Klärungsversuchen diskutiert und hinsichtlich ihres analytischen Ertrags eingeordnet; zweitens wird die personelle Kommunikation als Vergleichsobjekt genutzt, um Strukturprinzipien der Online-Kommunikation herauszuarbeiten und drittens wird an Hand empirischer Befunde aus der Rezeptionsforschung gezeigt, in welcher Weise Online-Kommunikation als interaktiv zu bezeichnen ist.

2. Dimensionen der Interaktivität: Klärungen an der Mensch-Computer-Schnittstelle

Mit der Ausbreitung computervermittelter Kommunikation entwickelt die Karriere des Begriffs »Interaktivität« eine bislang nicht gekannte Dynamik, sowohl in der Forschung als auch im öffentlichen Sprachgebrauch. Während die einen mit dem Begriff die Neuartigkeit der neuen Medien charakterisieren, setzen die anderen ihn gleich mit dem *Zappen* im Fernsehprogramm oder dem Umblättern in der Tageszeitung und spielen so seine Relevanz herunter. Zu unterscheiden sind allerdings zwei kategorial verschiedene Verwendungsweisen des Begriffs »Interaktivität«: Zum einen werden Kommunikationsformen als interaktiv bezeichnet, in denen neue Medien zur Interaktion genutzt werden, wie es beispielsweise in der E-Mail-, der *Newsgroup*-, der *Chatroom*-Kommunikation, in *Weblogs* oder *Wikis* geschieht. Zum anderen wird die Rezeption von Online-Angeboten als interaktiv bezeichnet, um ihren spezifisch aktiven Charakter zu markieren. Zur Unterscheidung der beiden Fälle sind die Bezeichnungen »*Medien als Mittel der Kommunikation*« und »*Medien als Partner*« vorgeschlagen worden (vgl. Goertz 1995, Höflich 1994, Jensen 1998). Man könnte auch von einer *adressatenorientierten* und einer *angebotsorientierten Interaktivität* sprechen. Trotz grundlegender Unterschiede zwischen den beiden Verwendungsweisen des Begriffs »Interaktivität« werden sie vielfach vermischt, was eine der Hauptquellen der begrifflichen Unschärfe ausmacht. Das zeigt die folgende Definition, die beide Verwendungsweisen additiv nebeneinander stellt: »Interactivity is best thought of in terms of a spectrum of investment that moves between the user and the site or the user and another user« (Burnett/Marshall 2003: 100). Eine Differenzierung zwischen den beiden Formen der Interaktivität ist schon deshalb sinnvoll, weil sie mit ganz unterschiedlichen Forschungsproblemen verbunden sind. Zentrale Fragen für die Analyse adressatenorientierter Interaktivität in der Online-Kommunikation sind beispielsweise Fragen nach dem Unterschied zwischen *face-to-face*-Kommunikationen und computervermittelten Kommunikationen, Fragen zu Interaktionsqualitäten wie Vertrauen, oder Fragen zur Gruppen- und Identitätsbildungen in virtuellen Umgebungen (vgl. dazu: Lamerichs/te Molder 2003, Burnett/Marshall 2003: 61-80). Der vielfach vorgebrachte Einwand, computergestützte Kommunikation könne nicht interaktiv sein, weil das Kriterium der Reziprozität nicht erfüllt ist, trifft auf die adressatenorientierte Interaktivität auf keinen Fall zu.

Die angebotsorientierte Verwendung des Interaktivitäts-Begriffs beruht auf der Spezifik non-linearer Formen der Kommunikation: verglichen mit den traditionellen linearen Medien Buch, Radio und Fernsehen, ist für sie ein größerer Handlungs- und Entscheidungsspielraum in der Rezeption typisch, der interaktiv als Aneignung eines Kommunikationsangebotes genutzt werden muss. Denn erst durch die Aneignungshandlungen wie URLs oder Suchbegriffe eintippen, Querverweise anklicken, *Scrollen*, Beiträge auswählen, entsteht das Programmangebot für den Nutzer. Diese Aneignungsaktivitäten zur Nutzung computergestützter Medien hängen unmittelbar zusammen mit ihrer hypertextuellen und hypermedialen Struktur: Die Informationseinheiten sind nicht sequentiell aneinandergereiht, sondern netzartig verbunden. Der Nutzer muss deshalb eigenständig seine Lektüre, sein »Programm« und die Nutzungspfade zusammenstellen. Im Unterschied zu Hörfunk, Fernsehen und den meisten Textmedien ist die Nutzung deshalb nicht linear, sondern multilinear. Aufgrund dieser konstitutiven Nutzeraktivitäten ist es auch nicht sinnvoll, den Begriff der Interaktivität auf den Begriff der Interpretation zurückzuführen (vgl. Jäckel 1995: 469), da dadurch gerade das Zusammenspiel von Angebot und Aneignung aus dem Blickfeld gerät. Interaktion setzt Interpretation zwar voraus, geht aber über diese hinaus. Die in den unterschiedlichen Theorien aufgeworfenen Fragen, ob Interaktivität ein Merkmal des Nutzungskontextes, des Angebotes, der Technik oder der Wahrnehmung des Nutzers darstellt, führt insofern in die Irre, als sie versuchen, einen der Definitionsaspekte zu verabsolutieren (zusammenfassend: Kiousis 2002, McMillan 2002). Eine umfassende Klärung des Begriffs muss alle diese Dimensionen und Gesichtspunkte integrieren.

2.1 Technologische Dimension der Interaktivität

In der technischen Perspektive, die für die frühe *Human-Computer-Interaction- (HCI)*-Forschung charakteristisch ist, wird Interaktivität als eine Abfolge von Bedienungshandlungen verstanden, mit denen der Nutzer ein Computerprogramm manipuliert und zu bestimmten Reaktionen bringt. »Interaction thus occurs through a user/system dialogue which takes the form of inputs and outputs« (Beaulieu 2000: 433). Der Begriff der Interaktivität wird dadurch auf softwaretechnische Begriffe wie Adaptivität, Feedback oder Responsivität eines Systems reduziert, interaktive Qualitäten sind dabei Antwortgeschwindigkeit oder der Grad der Systemmanipulierbarkeit (vgl. Steuer 1992: 84).[2] Der Grad der Interaktivität wird dabei bestimmt durch die Kumulierung interaktionsorientierter Features eines Angebotes wie Suchmaschine, E-Mail-Option, Personalisierungseinstellungen, oder profilbezogenen Rückmeldungen wie Kauf- oder Navigationsempfehlungen. Die Wahrnehmung und Nutzung dieser Features spielt dabei allerdings keine Rolle. Die Ausblendung der Nutzer, der Nutzungszwecke und der Nutzungssituation hat zur Forderung geführt, »to integrate and transcend the

---

2 Vgl. dazu den Beitrag von Goertz in diesem Band, der die Systematisierung durch Steuer ausführlich kommentiert.

user-oriented and system-oriented approaches« (Beaulieu 2000: 438). Kaum umgesetzt ist diese Forderung in einer Gruppe von Ansätzen, die man als *Aktionsanalysen* bezeichnen kann. Die Komplexität der Aneignung eines non-linearen Kommunikationsangebotes wird über eine Zerlegung in Aktionstypen reduziert, in denen leicht die Bedienungshandlungen der frühen HCI-Forschung erkennbar werden. (Wirth/Brecht 1999, Tauscher/Greenberg 1997). Merkmale der Online-Angebote, auf die die Aneignungsaktivitäten bezogen sind, werden kaum berücksichtigt, wodurch gerade der interaktive Charakter der Online-Rezeption in den Hintergrund rückt. So stellen Tauscher/Greenberg zwar fest »that 58 percent of URL-Navigations are revisits to previous pages« (Tauscher/Greenberg 1997: 22), eine Erklärung warum das so ist, liefern sie aber nicht. Die Einbeziehung von Angebotsmerkmalen in die Analyse kann demgegenüber zeigen, dass Strukturmerkmale eines Angebotes, Nutzerintentionen oder Nutzerkompetenzen hier einen entscheidenden Einfluss haben.

2.2 Die Nutzer-orientierte Dimension der Interaktivität

Analog zur Medienwirkungsforschung ist auch in der Mensch-Computer-Forschung ein deutlicher Trend erkennbar, den Nutzer und seine Dispositionen ins Zentrum der Analyse zu rücken (vgl. McQuail 1992: 312/3). In der *Usablity*-Forschung wird die Nutzerorientierung und Nutzerfreundlichkeit zur allgemeinen Grundlage bei der Entwicklung von Qualitätskriterien für Online-Angebote bis hin zum Konzept des »human interface« (Raskin 2000). Nutzerorientierte Klärungen des Interaktivitätsbegriffs lassen sich in zwei Gruppen einteilen: Erstens die Gruppe der *psychologischen Modelle*, in denen der Aneignungsprozess über Dispositionen des Nutzers erklärt werden soll. So gehen Fredin/David von einem zyklischen Aneignungsprozess aus, – dem *Hypermedia Interaction Cycle* – dessen Dynamik sie durch die motivationalen Faktoren »Absichten« (*goals*) und »Selbsteinschätzung« (*Self-Efficacy*) der Nutzer bestimmt sehen (vgl. Fredin/David 1998: 38). Charakteristisch für dieses psychologische Modell ist seine Prozessorientierung, mit der berücksichtigt wird, dass »browsing is an iterative process of finding and assessing new material through repeated interactions with an information system« (Fredin/David 1998: 36). Ein zweite Gruppe bilden die *empirischen Modelle*, die die Aneignungsaktivitäten durch eine *Befragung der Nutzer* nach ihren Erwartungen gegenüber spezifischen Merkmalen von Online-Medien klären, wie beispielsweise ihr Echtzeitcharakter, die Austauschbarkeit der Teilnehmerrollen (Reziprozität), die Reaktivität, oder den Grad der Kontrolle (McMillan/Downes 2000). Die Auswertung der Interviewantworten in der Studie von McMillan/Downes ergibt für den Interaktivitätsbegriff, dass »the individual's control over the message seems to be a key determinant of interactivity« (McMillan/Downes 2000: 175). Über den Prozess der Interaktivität ist damit allerdings noch nichts gesagt.

Nutzerorientierte Klärungsmodelle weisen zwei Schwächen auf. Zum einen wird die Verzahnung von Angebotsstrukturen und Aneignungsstrukturen nicht hinreichend bedacht. Der Sinn von Aneignungshandlungen ergibt sich vielfach aber erst, wenn man sie auf das Angebot beziehen kann. Wenn beispielsweise festgestellt wird, dass das *Scrollen* 41,9 Prozent der erfassten Navigations- und *Browsing*-Aktionen ausmacht (vgl. Wirth/Brecht 1999), so bleibt dabei gerade offen, welcher kommunikative Sinn diese erfassten *Scroll*-Aktivitäten haben. Auch die Zielauswertung eines Nutzers macht erst dann Sinn, wenn das Zieldokument oder die gefundene Information in die Analyse einbezogen werden. Eine Aufteilung in rezeptionsorientierte (*perception-based*) und angebotsorientierte (*feature-based*) Modelle der Interaktivität (vgl. McMillian 2002: 284-287) ist insofern kontraproduktiv, weil gerade die relevanten Zusammenhänge zwischen den beiden Interaktionsdimensionen aufgelöst werden.[3]

Eine zweite Schwäche des nutzerorientierten Interaktivitätsbegriffs liegt in der Vernachlässigung sequentieller Zusammenhänge. Sieht man einmal vom zyklischen Konzept bei Fredin und David ab, so wird die Aneignung in Einzelaktivitäten zerlegt, die nicht mehr aufeinander bezogen werden können. Eine sinnvolle Analyseeinheit zur Erforschung der Online-Rezeption ist aber nicht die Einzelaktivität, sondern die Sequenz von Aneignungshandlungen, wodurch sowohl die Kohärenz der Nutzungshandlungen als auch des Angebotes selbst ins Zentrum der Analyse rückt (vgl. dazu auch: Sundar et al 2003: 48/9). Erst unter einer solchen kommunikationsdynamischen Betrachtungsweise lassen sich Fragen nach Aneignungsmuster, Strategien, oder Fragen nach dem Verhältnis von Absicht und Zielbewertung sinnvoll stellen.

2.3 Die kommunikative Dimension der Interaktivität

Anders als im Falle von Hörfunk und Fernsehen friert die Online-Kommunikation ohne die Aneignungshandlungen ein. Erst sie konstituieren das Pro-

---

3 Vgl. zur Gegenüberstellung dieser Modelle auch den Beitrag von Marotzki in diesem Band.

gramm, die Lektüre und den Rezeptionsgegenstand. Eine prozessorientierte Betrachtungsweise der Online-Rezeption ist aufgrund dieser Besonderheit nahe liegend. So definieren Chang/Rice *Browsing* als »rich and fundamental human information behaviour« und konkretisieren diese Sichtweise handlungstheoretisch: »In seeking information, browsing acquires the meaning of a purposeful act characterized by the presence of an intention, regardless of how vague it is« (Chang/Rice 1994: 237). Der Handlungsbegriff wird allerdings nicht genutzt, um den Prozesscharakter zu erfassen, der dem bereits erwähnten Modell von Fredin/David zugrunde liegt, demzufolge die Online-Rezeption als ein »hypermedia interaction cycle« (Freding/David 1998: 38) zu verstehen ist. Tragfähig wird eine prozessorientierte Sichtweise der Interaktivität erst dann, wenn die Struktur-Merkmale des Prozessverlaufs der Online-Nutzung rekonstruiert werden können. Mit der Idee der Abhängigkeit dritter Ordnung (*third-order-dependency*) haben Rafaeli und Sudweeks einen ersten Schritt in diese Richtung getan und dabei die Relevanz eines kommunikativ begründeten Kohärenzbegriffs auch für die Online-Kommunikation angedeutet:

Interactivity is not a characteristic of the medium. It is a process-related construct about communication. It is the extent to which messages in a sequence relate to each other, and especially the extent to which later massages recount the relatedness of earlier messages. (Rafaeli/Sudweeks 1997)

Die mit dieser Definition von Interaktivität eingeführten Begriffe des Zusammenhangs und der Kohärenz (*relatedness*) eröffnen weit reichende Möglichkeiten, den Sequenzcharakter der Nutzungshandlungen zu analysieren, und dabei die Vorarbeiten zu nutzen, die in der Analyse personeller und massenmedialer Kommunikation bereits geleistet wurden. Der Begriff der Kohärenz eignet sich deshalb als Basisbegriff zur Klärung der Online-Interaktivität, weil er für den sequentiellen Charakter jeder Form von Kommunikation konstitutiv ist. Aufgrund seiner Reichweite ist er auch anderen Begriffen überlegen, die für die Analyse des Nutzungsprozesses vorgeschlagen wurden, wie beispielsweise die Kategorie der Kommunikationsrichtung – Einweg oder Zweiweg – oder die Kategorie der Empfänger-Kontrolle über den Kommunikationsverlauf (vgl. McMillan 2002: 175-277). Ob diese hoch oder niedrig ist, sich auf ein Feedback, das Auswählen vorgegebener Optionen oder auf symmetrische Reziprozität bezieht, die *Art der Zusammenhänge* zwischen den Online-Aktivitäten sind damit noch nicht geklärt. Dazu soll im Folgenden ein Vorschlag gemacht werden, der von einer handlungstheoretischen Grundposition ausgeht.

3. Unterstellte Interaktivität: eine handlungstheoretische Klärung

Die bisher dargestellten Ansätze haben gezeigt, dass bei der Klärung des Begriffs der Interaktivität sinnvoller Weise mehrere Dimensionen berücksichtigt werden: die Dimension der Technik und der Software-Programmierung, der Online-Angebote selbst, der Nutzer und ihrer Dispositionen sowie des Nutzungsprozesses selbst. Was allerdings bislang fehlt, ist eine Integration der verschiedenen Dimensionen und der entsprechenden Analysevorschläge. Dazu soll im Folgenden zunächst ein handlungstheoretischer Vorschlag gemacht werden, der dann mit empirischen Befunden untermauert werden soll. Die Nutzung von Online-Angeboten wird dabei verstanden als eine regelhafte Sequenz medienspezifischer Aneignungshandlungen. Die Nutzung eines non-linearen Angebotes zeichnet sich dadurch aus, dass begründete *Fortsetzungserwartungen* gebildet werden, auf deren Grundlage die Navigationsschritte organisiert werden. Diese Erwartungen sind die Deutungsbasis zur Einordnung des Kommunikationsbeitrags, der über die entsprechende Aneignungshandlung – z.B. das Anklicken eines Links – aufgerufen wird. Dementsprechend muss die Gestaltung eines Online-Angebotes geradezu darauf ausgerichtet sein, dem Nutzer sinnvolle Fortsetzungserwartungen zu eröffnen, und zwar nicht willkürlich, sondern in regelhafter Weise. In dieser Hinsicht ist die Online-Kommunikation mit einem *face-to-face*-Dialog vergleichbar: Auch dort sind die Fortsetzungserwartungen die Basis für das Verstehen der Kommunikationszusammenhänge. Auf ihrer Grundlage wird eine Fortsetzungsäußerung als kohärent oder eben als nicht kohärent verstanden. Unter diesem Gesichtspunkt ist der Begriff »interaktiv« auch angemessen für die Rezeption in der Online-Kommunikation: wir haben es aus der Perspektive des Nutzers mit einer dialogischen Situation zu tun, und zwar nicht nur in dem Sinne, dass er das Medium zum Dialog mit einem Partner nutzt (per E-Mail beispielsweise), sondern auch in einem kontrafaktischen Sinne: In der Aneignung des digitalen Kommunikationsangebots wird eine dialogische Situation *unterstellt*. Die Nutzer setzen voraus, dass das Angebot Handlungscharakter besitzt, was sich beispielsweise darin zeigt, dass ihm Intentionen zugeschrieben werden. Die Erschließungs- und Deutungshandlungen basieren demzufolge gerade auf einer *antizipierten Dialogkonstellation*, so dass eine »dialogische Interpretation der Navigation in Hypertexten« (Hammwöhner 1997: 76) nahe liegend ist.

Die Nutzung von Online-Angeboten wird auf diesem Hintergrund verstanden als eine regelhafte Sequenz medienspezifischer Aneignungshandlungen. Aus dieser Sichtweise folgen einige theoretische Annahmen: Online-Nutzung ist intentional, ihre Strukturen basieren auf sozialen Regeln, sie ist prinzipien- oder strategiegeleitet, sie ist wissensbasiert und sie ist dynamisch-heuristisch, d.h. der Nutzungspfad entsteht rückgekoppelt *on the fly*. Die Adressatenorientierung erfolgt dabei *kontrafaktisch*. Diese unterstellte Interaktivität manifestiert sich in den entsprechenden Kommunikations- und Aneignungshandlungen und wird dadurch auch empirisch zugänglich. Für die Nutzer ist diese Kommunikationssituation eine virtuelle Realität im Sinne einer interaktiven Kompensation der oben beschriebenen kommunikativen Entbettung. Das Fehlen und die Anonymität des Partners, die raum-zeitliche Entgrenzung, die Offenheit des Kommunikationsverlaufs wird ausgeglichen durch die »operative Fiktion« (Luhmann) einer unterstellten interaktiven Grundkonstellation.

Die interaktive Modellierung der virtuellen Kommunikationssituation in Online-Medien ist in doppelter Hinsicht produktiv. Sie eröffnet erstens die Möglichkeit, Strukturprinzipien, wie sie aus der Analyse personellen Interaktionen bekannt sind, auf die Online-Kommunikation zu übertragen. Und sie schafft zweitens die Voraussetzung, die Online-Nutzung handlungstheoretisch als Form des Problemlösens zu analysieren. Mit diesem Ansatz werden die beiden oben erhobenen Forderungen für die Klärung des Interaktivitätsbegriffs einlösbar: mit der Beschreibung der Organisationsprinzipien wird die Kohärenz der Aneignungssequenzen erfasst, mit der Analyse hypertextspezifischer Problemlösungen der Bezug der Aneignungshandlungen zu den Angebotsstrukturen hergestellt. Beide Zugriffsweisen, die *Sequenzanalyse* und die *Referenzanalyse*, sollen im Folgenden für eine weitere Klärung des Begriffs der unterstellten Interaktivität genutzt werden.

3.1 Interaktivität als online-spezifisches Problemlösen

Die Multi-Linearität von Online-Angeboten fordert von jedem Nutzer die Lösung spezifischer *Kommunikationsprobleme*, die erst seine interaktive Teilnahme an dieser Kommunikation sicherstellen. Man kann die Kommunikationsprobleme entlang der für hypertextuelle Medien typischen Merkmale systematisieren:

3.1.1 Das Orientierungsproblem

Printmedien sind für die Leser in ihrer Gesamtheit überschaubar und mittels etablierter Ordnungskriterien wie Paginierung, Ressorteinteilung, Inhaltsverzeichnissen und Buchgliederung auch strukturierbar. Für digitale Medien kann eine solche holistische Sichtweise nicht ohne Weiteres eingenommen werden, so dass sich für den Nutzer folgende Fragen stellen:

- Wie ist der Hypertext bzw. die Website aufgebaut?
- Welche Kommunikationseinheiten konstituieren den Hypertext?
- Nach welchen Mikro- und Makrostrukturen sind sie angeordnet?

3.1.2 Das Einstiegsproblem

Trotz informationeller Kurzsichtigkeit sind auf der Homepage grundlegende Nutzungsentscheidungen zu treffen. Die Einstiegsseite ist damit als ein *advance organizer* für Online-Angebote aufzufassen. Im Hinblick auf verschiedene Nutzungsstrategien muss die Einstiegsseite multifunktional sein: Sie muss attraktive Einstiegspunkte anbieten *(Promotionsfunktion)*, Strukturhinweise für das Gesamtangebot geben (Strukturierungsfunktion) und Navigationspfade eröffnen *(Navigationsfunktion)*.

3.1.3 Das Navigationsproblem

Trotz informationeller Kurzsichtigkeit muss der Hypertext-Nutzer ständig Navigationsentscheidungen treffen und dafür auch rekonstruieren können, an welcher Stelle des Hypertextes er sich befindet, was er bereits rezipiert hat und was noch nicht. Entscheidend für die Lösung des Navigationsproblems ist die Gestaltung des operationalen Systems, die Verlinkung der Einzeldokumente und ihre Sequenzierung sowie eine transparente Struktur des Gesamtangebotes. Insofern haben Navigationsprobleme eine mikro- und eine makrostrukturelle Dimension. Ein entscheidendes Mittel für den Nutzer für die Lösung von Navigationsproblemen ist die Entwicklung von *Fortsetzungserwartungen* auf der Basis der Verknüpfungsstellen.

3.1.4 Das Sequenzierungs- oder Einordnungsproblem

Da jede Kommunikationseinheit des Hypertextes prinzipiell von unterschiedlichen Ausgangspunkten erreichbar ist, können die Nutzer mit ganz unterschiedlichen Wissensvoraussetzungen und Nutzungserfahrungen für das Verständnis bestimmter Seiten ausgestattet sein. Jede Einheit muss deshalb in verschiedenen Kontexten als eigenständiger Kommunikationsbeitrag verstehbar sein.

3.1.5 Das Rahmungsproblem

Jede Seite eines Online-Angebotes ist aus verschiedenen Elementen zusammengesetzt, wie beispielsweise aus Navigationselementen, Werbung und Content. Entscheidend für das Verständnis einer Seite ist es, die funktional zusammengehörenden Einheiten zu erkennen, also die Einheiten richtig zu rahmen (vgl. Goffman 1977) oder zu kontextualisieren. Der Nutzer muss unterscheiden können, was Bestandteil einer aktuellen Bildschirmseite und was Bestandteil eines übergeordneten Operationssystems ist, was also Hintergrund und was Vordergrund einer Seite ist. So gehört es zum Verständnis einer Navigationsbox, dass sie nicht relativ zur Seite verstanden wird, sondern relativ zum Gesamtangebot. Top-Links oder Themenverweise in einem linearen Text sind dagegen seitenrelative operationale Elemente.

Diese fünf Nutzungsprobleme haben unterschiedliche Reichweiten. Während sich das Orientierungs- und das Einstiegsproblem auf Makrostrukturen von Online-Angeboten beziehen, betreffen das Navigations- und das Sequenzierungsproblem vor allem deren Mikrostrukturen. Das Rahmungsproblem betrifft genau das Verhältnis von Mikro- und Makrostruktur. Unangemessene Rahmungen bestehen in einer Verwechslung von Mikro- und Makrostrukturierungen. Man kann diese Typologie von Nutzungsproblemen verwenden, um daraus Kriterien für das Interaktionspotenzial eines Online-Angebotes abzuleiten: Das Interaktionspotenzial eines Online-Angebotes ist um so höher, je besser es die Lösung der typischen Nutzungsprobleme fördert, also je höher seine Orientierungsleistung, seine Strukturierungsleistung, seine Navigationsleistung, seine Sequenzierungsleistung ist, und je deutlicher seine Vordergrund-Hintergrund Unterscheidung ausfällt.

3.2 Strukturprinzipien der Online-Kommunikation

Um die Integration von Rezeption und Angebot sowie die sequentielle Perspektive zu berücksichtigen, wird im Folgenden der Begriff der Interaktivität handlungstheoretisch geklärt. Es wird davon ausgegangen, dass in der Interaktion mit einem Online-Angebot dieselben Organisationsprinzipien wirksam sind, wie sie für die personellen Kommunikationsformen (Fritz 1994) und für die Massenkommunikation (Bucher 1994, 1999) bereits ausgearbeitet wurden. Auch die Nutzung eines Online-Angebotes besteht darin, grundlegende Organisationsprinzipien in der Online-Kommunikation zu erkennen, beispielsweise eine neue Seite in ein Sequenzmuster einzuordnen, Navigationsstrategien zu entwickeln, Visualisierungen zu verstehen, Fortsetzungserwartungen von Links zu rekonstruieren, Wissensbestände und Wissensvoraussetzungen einzuschätzen, oder Zielevaluierungen vorzunehmen. Das Phänomen der Interaktivität wird dadurch in verschiedene Analysedimensionen zerlegt. Im Einzelnen lassen sich folgende Organisationsprinzipien der Online-Kommunikation unterscheiden:

– die *Sequenzmuster*, nach denen aufgerufene Seiten eines Angebotes oder Angebotsteile vom Nutzer verknüpft werden,
– die *kommunikativen oder strategischen Prinzipien*, die bei der Nutzung eines Angebotes befolgt werden,
– die *Gestaltungsformen* von Online-Angeboten,
– *Wissensbestände*, die als Wissensvoraussetzungen, Wissenskonstellationen und als dynamischer Wissensaufbau den Interaktionsprozess mitbestimmen;
– *Thematische Muster*, nach denen aufgerufene Seiten zusammenhängen,
– *Festlegungen* (*commitments*) die aus Sicht eines Nutzers mit einem Online-Angebot eingegangen werden und seine darauf aufbauenden Kohärenzurteile.

Diese Organisationsprinzipien der Online-Kommunikation bedingen insofern eine integrative Betrachtungsweise, als sie in gleicher Weise, Merkmale der Online-Angebote (Sequenzmuster und Gestaltungsformen), der Nutzer (Wissensaspekte, Festlegungen und Kohärenzurteile) und der Aneignungshandlungen (Strategien, Sequenzmuster und thematische Zusammenhänge) berücksichtigen. Wenn es gelingt zu zeigen, dass derartige Prinzipien auch in der Aneignung von Online-Angeboten wirksam sind, so wäre das ein Beleg dafür, dass die Online-Rezeption aus der Perspektive der Nutzer tatsächlich interaktiven Charakter hat – im Sinne einer unterstellten Interaktivität: die Nutzer handeln, *als ob* das Angebot ein Kommunikationspartner wäre.

Anhand ausgewählter empirischer Befunde aus verschiedenen Nutzungsstudien soll im Folgenden den Nachweis erbracht werden, dass die Klärung des Begriffs der Interaktivität im Sinne einer kontrafaktischen Unterstellung auch ein empirisches Gegenstück hat. Die entsprechenden Studien stammen aus Forschungsprojekten im Fach Medienwissenschaft der Universität Trier, in denen seit 1998 die Nutzung ganz verschiedener Online-Angebote empirisch untersucht wurde: die Internet-Auftritte von Rundfunkanstalten, von Tageszeitungen und Zeitschriften (Bucher/Barth 1998, Bucher 2000a, Bucher 2001) E-Business-Angebote von Reiseanbietern, Buch- und CD-Shops (Bucher/Jäckel 2002), Brokerage-Angebote von Banken (Büffel 2002), E-Paper-Angebote von Tageszeitungen (Bucher/Büffel/Wollscheid 2003, 2004), *Weblogs* (Bucher/Büffel 2004), aber auch chinesische Internet-Portale, die Gegenstand eines von der Deutschen Forschungsgemeinschaft geförderten Projektes waren (Bucher 2002b, 2004a). Ausgewählt wurden verallgemeinerbare Befunde quer durch die verschiedenen Studien, die Aufschluss geben über den interaktiven Charakter der Online-Kommunikation.

Das Untersuchungsdesign war in allen Studien ein mehrperspektivisches Verfahren der qualitativen Rezeptionsforschung, das an der Schnittstelle zwischen Nutzer und Angebot ansetzt. Charakteristisch für diesen Mehrmethoden-Ansatz ist es, dass der Aneignungsprozess direkt erfassbar wird und damit *Angebotsmerkmale* wie Inhalte, Themen, Gestaltungsformen, *Nutzermerkmale* wie Kompetenzen, Wissensbestände, Interessen, Intentionen, und *Nutzungsstrukturen* wie situative Bedingungen, medienspezifische Bedingungen und Strategien direkt aufeinander bezogen werden können. Die eigentliche Datenerhebung geschieht auf drei Ebenen: Auf der ersten Ebene werden die *Navigationshandlungen* der Probanden *digital aufgezeichnet*. Auf einer zweiten Ebene werden durch eine *Videoaufzeichnung*, die Verhaltensweisen der Probanden vor dem Bildschirm dokumentiert, so dass auch nonverbale Äußerungen (Gestik, Mimik, Zeigehandlungen) und Verhaltenssignale (Vorbeugen zum Bildschirm, Zögern, Überraschungssignale) als Rezeptionsindikatoren ausgewertet werden können. Mit der *Methode des Lauten Denkens* wird auf einer dritten Ebene ein weiteres Element expliziter Manifestationen der Rezeption eingeführt. Natürlich sind die sprachlichen Äußerungen der Nutzer während der Rezeption nicht Manifestationen innerer Denkvorgänge. Es sind vielmehr Spontankommentierungen des Kommunikationsangebotes und der eigenen Handlungsweise, die Rückschlüsse auf die Sichtweise, das Verständnis oder auch die Nutzungsprobleme der Rezipienten erlauben. In einigen Fällen wurden die Verfahren durch eine *Blickaufzeichnungsstudie* ergänzt um so die Aufmerksamkeitssteuerung des Angebotes zu rekonstruieren. Gegenstand der Auswertung der einzelnen Testsitzungen ist eine Videodokumentation der Online-Nutzung, in dem die Äußerungen des »Lauten Denkens«, das Videobild der Probanden sowie ihre digital aufgezeichneten Navigationshandlungen abgemischt sind. Diese Videos werden einer qualitativen Inhaltsanalyse nach einem auf die Voranalyse abgestimmten Auswertungsplan unterzogen.

4. Interaktive Strukturen der Online-Kommunikation

4.1 Aktionen und Interaktionserwartungen

Dass wir es im Falle der Online-Nutzung mit einer unterstellten Interaktivität zu tun haben, wird besondern deutlich aus den Kommentaren des »Lauten Denkens«, wenn beispielsweise eine Navigationshandlung der Probanden nicht zum gewünschten Ziel führt, technisch bedingte Störungen auftreten, ein Gestaltungselement Unverständnis hervorruft oder Probanden keinen Ansatz sehen, ein Nutzungsproblem zu lösen. Die Interaktivitäts-Unterstellung wird bei diesen Kommunikationsstörungen als Diagnosemittel eingesetzt und explizit formuliert:

- Vor dem Anklicken des Buttons »Berechnen« im Shop eines Medienbieters: »Berechnen. Berechnen? *Schreibt* der mir jetzt eine *Rechnung*?«
- *Kommentar zur Einstiegsseite lions.cc:* «Scheint doch eine sehr junge Klientel *anzusprechen,* dass ich da gleich *geduzt* werde. Finde ich dann auch ein bisschen befremdend.«
- *Interpretation der Verlaufsleiste bei einem Büchershop:* »Ja, du hast halt so verschiedene *Abfragen,* die die *machen,* bis du fertig bist. Also hier *überprüfen* die gerade deine *Adresse,* und du befindest dich gerade da, wo der Einkaufswagen ist. Da hat man schon eine Orientierung«.
- *Linkdeutung* »Diese Kopfteile *sagen mir*: News – dass da was dahinter steht, Firmenprofile – dass da Informationen da sind.«
- Betätigung des *Homebuttons* zur Anmeldungsseite eines Angebotes: »Ich bin *rausgekickt* worden«.

Sogar Gestaltungselementen wird von Nutzern eine interaktive Deutung unterlegt. So kommentiert einer der Probanden die Gestaltung der Einstiegsseite der Onlineausgabe des Handelsblattes folgendermaßen:

»Man wird spontan auf die orangene Seite, auf das Helle *gelenkt*... und wenn ich interessehalber nur nach Finanzinformation such, ich vermute das steckt hinter Investor-Online, dann tritt das erst mal in den Hintergrund, also das Augenmerk wird auf tagesaktuelle Nachrichten *gelenkt.*«

Gemeinsam ist diesen Kommentaren des »Lauten Denkens«, dass das Online-Angebot als Kommunikationspartner betrachtet wird und den jeweils angesprochenen Elementen wie *Buttons*, Sprachstil, Seitenzonen, Visualisierungen oder Designmerkmalen eine aktivische, handlungsorientierte Deutung unterstellt wird. Die Handlungskennzeichnungen wie »lenken«, »jemandem etwas sagen«, »rauskicken«, »abfragen« oder »eine Rechnung schreiben« sind partnerbezogen und bezeichnen jeweils Handlungen, die in sequentiellen Zusammenhängen mit Handlungen der Nutzer stehen. Für die Benutzerfreundlichkeit von Online-Angeboten lässt sich aus diesen unterstellten »Als-ob-Interaktionen« ein Prinzip ableiten, das in der instrumentellen *Usability*-Forschung bislang nicht behandelt wurde, das *Prinzip der Rückmeldung* nach einer vom Nutzer unterstellten Sequenzregel. Nicht nur das Ausbleiben von Rückmeldungen sondern auch unerwartete oder vom Nutzer als inkohärent eingestufte Rückmeldungen beinträchtigen das *Usability*-Urteil der Probanden in erheblichem Maße. Das wird noch deutlicher, wenn man die Kohärenzurteile von Probanden betrachtet, die selbst starke Indizien für eine unterstellte Interaktivität liefern.

4.2 Sequenzmuster: der regelhafte Aufbau der Online-Kommunikation

Wer unvermittelt in ein bereits laufendes Gespräch gerät oder mitten in eine Fernsehsendung *zappt*, hat zunächst ein Orientierungsproblem: Ihm fehlt das Wissen über den jeweiligen Kommunikationsstand und damit die Grundlage, um die Zusammenhänge in der laufenden Kommunikation zu sehen. In Online-Angeboten ist das nicht die Ausnahme, sondern der Regelfall: Wir können von ganz verschiedenen Ausgangspunkten – sei es durch eine Suchmaschine, ausgehend von einer Linksammlung oder einer *Sitemap* oder durch Aktivierung eines seiteninternen Links – auf das selbe Zieldokument gelangen und damit ganz unterschiedliches Vorwissen und verschiedene Erwartungen mitbringen. Die Einordnung einer entsprechenden Webpage in einen sinnvollen Sequenzzusammenhang ist somit ein zentrales Kommunikationsproblem, das sowohl Nutzer als auch Produzenten zu lösen haben. Die Lösung besteht darin, dass eine Interaktionszusammenhang unterstellt wird, in dem die verschiedenen Elemente eines Online-Angebotes – beispielsweise das Ausgangsdokument und das aufgerufene Dokument – einen Sinn erhalten. Das belegen die in den Kommentaren des »Lauten Denkens« häufig anzutreffenden Kohärenzurteile der Probanden. Die sequentiellen Deutungen von *Links* und die Kohärenzurteile über eine aufgerufene Seite belegen, dass sich die Dynamik der Online-Nutzung aus der Perspektive der Nutzer tatsächlich als unterstellte Interaktion mit dem Angebot darstellt. Die neuen Seiten werden als Kommunikationsbeitrag eines Angebotes verstanden, der in das Sequenzmuster eingepasst wird, das durch die entsprechende Verknüpfungsstelle hervorgerufen wurde. Diese kontinuierliche Kohärenzkontrolle manifestiert sich deutlich in den Kohärenzurteilen, wenn die aufgerufene Seite den Erwartungen nicht entspricht. So kommentiert ein Proband, der den Link »Nachrichten« auf der Einstiegsseite des SWR betätigt hat, die aufgerufene Seite, die eine Übersicht über verschiedene Informationsangebote des SWR enthält, folgendermaßen:

»Ich hätte jetzt eher so 'n paar Highlights erwartet, also so ein paar Schlagzeilen, halt eben was jetzt beispielsweise bei den Nachrichten auch als erstes gesagt wird (..) Aber jetzt wird das hier erst mal gegliedert (...) Wenn ich auf Nachrichten gehe und ich will mich jetzt kurz informieren, dann müsste jetzt hier auch das Wichtigste stehen (...) Also diese Gliederung hätte ich jetzt nicht so erwartet.«

Für diesen Nutzer ist der Zusammenhang zwischen dem Link »Nachrichten« und der aufgerufenen Übersichtsseite unverträglich. Er versteht die Linkkennzeichnung als funktionale Ankündigung für eine Inhaltsseite mit Nachrichtenthemen (»Highlights«, »Schlagzeilen«). Die Strukturinformationen über die verschiedenen Informationsangebote des SWR (»diese Gliederung«) passt für ihn nicht in das unterstellte Sequenzmuster »Nachrichten ankündigen – Nachrichtenthemen anbieten« (»Wenn ich auf ›Nachrichten‹ gehe ... dann müsste hier auch das Wichtigste stehen«).

Die Kohärenzurteile der Nutzer zeigen deutlich, dass sie in Bezug auf die Abfolge von Angebotsseiten bestimmte Sequenzmuster unterstellen: So soll auf eine Strukturseite, die bestimmte Angebotsbereiche anbietet, eine Inhaltsseite folgen und eben nicht, wie im Falle des oben genannten SWR-Beispiels, eine weitere Strukturseite. Ähnlich wie in der gesprochenen Kommunikation kann auf eine Ankündigung nicht eine weitere Ankündigung folgen. Die Sequenzmuster, die Onlinenutzer unterstellen, betreffen die regelhafte Abfolge der für die Online-Kommunikation charakteristischen Seitentypen wie Einstiegsseite, Themenseite, Inhaltsseite, Archivseite, Selbstdarstellungsseite oder Orientierungsseite. So kann die Inhaltsseite im Sequenzverlauf nicht vor der Einstiegs- oder der Themenseite stehen und wird umgekehrt aber von diesen beiden als Fortsetzungsseite gewissermaßen regelhaft erzwungen. Als Fazit bleibt festzuhalten, dass die Nutzer von Online-Angeboten auch zur Lösung des Sequenzierungsproblems und der Bestimmung ihres Standortes in einem Hypertext auf die Unterstellung eines Interaktionszusammenhangs zurückgreifen, das Problem also mit dialogischen Mitteln lösen. Interaktivität und Kohärenz sind dementsprechend aufs engste verbunden: »Users' perceptions of interactivity seem to be positively associated with the number of hyperlinks present on a Web site, as also the number of linking actions initiated by the user. However, the key perceptual determinant of interactivity seems to lie in the relatedness of the links and the corresponding pages, that is, the overall navigational structure of the Web site« (Sundar u.a. 2003: 48).

4.3 Wissen und Interaktionsdynamik

Interessanterweise spielt die Kategorie des Wissens in der Literatur zur Klärung des Begriffs der Interaktivität hinsichtlich der neuen Medien (Rasmussen 1997, Jensen 1998, Goertz 1995, Höflich 1994, Kiousis 2002, McMillan 2002) genauso wenig eine Rolle wie bei den verschiedenen Versuchen, online-spezifische Aneignungsprozesse zu beschreiben (Tauscher/Greenberg 1997, Freding/David 1998, Wirth/Brecht 1999, Sundar u.a. 2003, Zillmann u.a. 2004, Livingstone 2004). In der sprachwissenschaftlichen Dialog- und Kommunikationsforschung gilt dagegen das Wissen als eine Basiskategorie, ohne die eine ganze Reihe prozesshafter Phänomene der Kommunikation wie die gegenseitige Koordination der Gesprächspartner, das Verstehen oder die Kommunikationsdynamik gar nicht beschrieben werden könnten (vgl. zusammenfassend Fritz 1994, für die Medienkommunikation: Bucher 1994, 1999). Dabei werden zwei verschiedene Wissensbestände unterschieden: Das *individuelle Wissen* der jeweiligen Kommunikationsteilnehmer und das *gemeinsame Wissen* zwischen den Kommunikationsteilnehmern. Das gemeinsame Wissen ist dabei im Sinne eines als gemeinsam unterstellten Wissens zu verstehen, von dem die Partner wechselseitig annehmen, dass der jeweils andere auch darüber verfügt. Das individuelle Wissen ist die Wissensbasis, auf der Kommunikationsbeiträge und situative Gegebenheiten verstanden werden. Überträgt man diese Überlegungen auf die Online-Kommunikation, so wird deutlich, dass auch hinsichtlich der Wissensdynamik weitgehende Parallelität mit *face-to-face*-Kommunikationen bestehen. Der Wissensaufbau ist für beide Kommunikationsmodi ein entscheidender Aspekt ihrer Dynamik. Auch die Online-Kommunikation lässt sich als systematischer Wissensaufbau beschreiben, sowohl hinsichtlich des Strukturwissens als auch hinsichtlich des *content*-Wissens. Verständnissichernde Maßnahmen in Online-Angebote, wie Linkbeschriftungen oder *Sitemaps* zur Visualisierung der Angebotsstruktur sind unter diesem Gesichtspunkt wissensvermittelnde Maßnahmen.

Die hier zugrunde gelegten empirischen Rezeptionsstudien haben hinsichtlich des Wissens zu einem äußerst homogenen Befund geführt: Ein Großteil der Rezeptionsprobleme lassen sich darauf zurückführen, dass das Nutzerwissen von den Machern vieler Angebote falsch eingeschätzt wird. Daraus resultiert eine Wissenskonstellation, derzufolge vorausgesetztes Wissen und tatsächliches Nutzerwissen divergieren. Der Grund dafür liegt darin, dass die Angebote aus Anbieterperspektive gestaltet sind, nicht aber aus Nutzerperspektive. Die daraus resultierenden Störungen in der Online-Nutzung führen zu Gegenmaßnahmen und Thematisierungen im »Lauten Denken«, in denen sich der interaktive Charakter dieser Kommunikationsform manifestiert. Aufgrund dieser Daten lassen sich beispielsweise folgende Wissensbestände unterscheiden, die für ein Verständnis bestimmter Aspekte eines Online-Angebotes konstitutiv sind:

- Fehlendes *sprachliches Wissen* über Fachtermini, die für die Kennzeichnung von Links verwendet werden oder über Ausdrücke aus einer Spezialsprache hat zur Folge, dass entsprechend gekennzeichnete Links nicht verstanden werden.
- Fehlendes *Strukturwissen* über den Aufbau eines Angebotes führt zu nicht erfolgreichen Suchstrategien.
- Fehlendes *Verwendungswissen* für visuelle Elemente wie Logos, Symbole oder Buttons führt zu Fehldeutungen der entsprechenden *Links* oder Orientierungshilfen.
- Fehlendes *Funktionswissen* über die Werkzeuge der Online-Aneignung, entweder im Browser oder im Angebot selbst, führt zur Beeinträchtigung der Rezeption bis zu deren Abbruch.

Der enge Zusammenhang von Wissen und Online-Rezeption soll an einem empirischen Beispiel aus einer der genannten Online-Studien demonstriert werden. In einer Rezeptionsstudie zum Online-Angebot der ARD erhielten die Probanden die Aufgabe, die Themen der aktuellsten Sendung »Sabine Christiansen« von der ARD-Portalseite aus zu finden. Von den zehn Probanden, die die Aufgabe erhielten, finden acht die gesuchte Sendung in ARD-Angebot nur mit einem erheblichen Suchaufwand. Hierzu einige quantitative Daten:

Ziel gefunden	8	Suchzeit/Navigation	
Über Pfad *Von A – Z* gefunden	3	erforderliche Suchzeit	30-40 Sekunden
Über Pfad *Suche* gefunden	2	benötigte Suchzeit	2-4,5 Minuten
Über Pfad *Unterhaltung* gefunden	3	erforderliche Navigationsschritte	4-5
Versuche über Pfad *Information*	7	benötigte Navigationsschritte	12-18

Auffallend ist die relativ lange Suchzeit und die hohe Zahl der Navigationsschritte, was darauf hinweist, dass der Pfad zur gesuchten Sendung nur schwer zu finden ist. Als eines der wesentlichen Hindernisse erweist sich die Kategorisierung der Sendung in die Rubrik »Unterhaltung«. Sieben der zehn Sucher, vermuten die Sendung »Christiansen« nämlich in der Rubrik »Information«. Die beiden Probanden, die das Suchziel nicht finden, scheitern genau an dieser falschen Annahme: Sie finden aus der Sackgasse, in die sie ihre Einordnung der Sendung als Informationssendung führt, keinen Ausweg. Die Tatsache, dass von den zehn Probanden, neun eine Suchhilfe – vier die A-Z-Liste, fünf die Suchmaschine – nutzen, ist ein deutlicher Hinweis darauf, dass die Wissensvoraussetzungen der Macher nicht mit den Wissensbeständen der Nutzer übereinstimmen. Weder aus der Sendung selbst, noch aus ihrer Platzierung im Programm oder aus dem Internetangebot ist für die Nutzer das kategoriale Wissen rekonstruierbar, dass es sich um eine Unterhaltungs- und nicht um eine Informationssendung handelt. Wie eng strategische Überlegungen zur Navigation mit dem verfügbaren Strukturwissen zusammenhängen, formuliert einer der Probanden in der Kommentierung seiner Suchstrategie explizit:

»Wenn ich jetzt wüsste, von welchem Sender (gemeint ist die entsprechende ARD-Anstalt) ›Christiansen‹ kommt, dann würde ich es dort versuchen.«

Das Wissen der Nutzer ist allerdings keine statische Kategorie, sondern entwickelt sich dynamisch mit dem Aneignungsprozess: beim zweiten Mal weiß ein Nutzer, dass sich die Website zur Sendung »Sabine Christiansen« in der Rubrik Unterhaltung befindet. Da die Online-Sitzungen in den zugrunde liegenden Rezeptionsstudien 60 bis 90 Minuten dauern, sind solche Prozesse der Wissenserweiterung in vielen Fällen zu beobachten. Diese Dynamik in der Wissenskonstellation ist letztendlich nur interaktiv erklärbar: Die Nutzer entnehmen dem Medium nicht einfach Wissen, wie Wasser aus einer Leitung, sondern agieren dem Angebot gegenüber aufgrund von Annahmen über Wissensangebote und auf der Basis von Wissensbeständen, die durch das Angebot selbst wieder verändert werden können. Analog zum *Hypermedia Interaction Cycle* von Fredin und David (1998) hat der Wissensaufbau selbst keine linear-additive sondern eine zyklische Struktur.

4.4 Angebotsstrukturen und Nutzungsmuster

Zentral für eine interaktionstheoretische Erklärung der Online-Kommunikation ist die Frage nach dem Zusammenspiel von Angebot und Nutzung. Steuert das Angebot den Nutzungsvorgang oder sind es die Intentionen und Kompetenzen der Nutzer? Die Sichtweise der Onlinenutzung als eine Form des Problemlösens eröffnet die Möglichkeit, Angebotsstrukturen und Nutzungsmuster systematisch aufeinander zu beziehen. Auf der einen Seite lassen sich die Nutzungsmuster nach strategischen Prinzipien systematisieren, auf der anderen Seite können Angebotsmerkmale hinsichtlich ihrer Problemlösefunktion für bestimmte Nutzungsintentionen dargestellt werden. *content*-Angebote erfüllen beispielsweise andere Problemlöse-Funktionen als Navigationsmittel und Strukturübersichten. Die Struktur der Nutzung erklärt sich im Rahmen eines Problemlöse-Ansatzes aus grundlegenden Prinzipien des rationalen Handelns. Mit jeder Aneignungshandlung, beginnend mit dem Aufrufen einer Seite oder eines Kommunikationsbeitrages, ergibt sich eine spezifische Kommunikationsaufgabe, zu deren Bewältigung der Nutzer auf strategische Prinzipien zurückgreifen kann. Das gilt sowohl für die Erschließung einzelner Seiten (Mikronavigation) als auch für die Erschließung ganzer Online-Angebote (Makronavigation).

Nach handlungstheoretischen und kognitionswissenschaftlichen Theorien besteht das Lösen von Problemen darin, ein Muster oder ein Schema zu finden, in das eine gegebene Situation eingeordnet werden kann. Kognitive Schemata sind »Erwartungswerte«, die »dem Individuum Inferenzen im Sinne von plausiblen Annahmen bezüglich nicht explizit genannter Gegebenheiten (ermöglichen).« (Schnotz 1994: 62) Die Flexibilität dieser Schemata, also ihre Anwendbarkeit auf neue Situationen, ist durch »Leerstellen« garantiert, »die entweder mit hypothetischen Daten aufgrund bisheriger Erfahrungen oder mit empirischen Daten entsprechend der aktuell vorliegenden Information aufgefüllt werden können.« (Schnotz 1994: 93) Ein dynamisches kognitives Schema wird als Skript bezeichnet: »A script is a predetermined, stereotyped sequence of actions, that defines a well-known situation.« (Schank/Aberlson 1977: 41) Die Rezeption von Online-Angeboten besteht demzufolge darin, dass eine bestimmte Form oder Struktur auf Angebotsseite erkannt wird, der eine bestimmte Abfolge von Aneignungshandlungen zugeordnet werden kann. Skripts oder Muster sind deshalb die Brücken zwischen Angebotsstruktur und Nutzungsstruktur. Vom Standpunkt der *Usability* aus betrachtet sind demzufolge solche Online-Angebote nutzerfreundlicher, die den Nutzern bekannte Nutzungsschemata anbieten und dadurch die

Erschließung erleichtern und ökonomisieren: Sie sparen den Nutzern Zeit, Geld (für Online-Gebühren) und Aufmerksamkeitskapital.

Dass der Nutzung von Online-Angeboten solche Schemata zugrunde liegen, zeigen sowohl die beobachtbaren Explorationsmuster von Online-Seiten als auch die im »Lauten Denken« formulierten Nutzungsstrategien. So beschreibt einer der Probanden die Exploration der Einstiegsseite von Amazon.de wiefolgt:

»Also, ich orientiere mich an dem *Menü* hier oben. Geh dann halt, wenn ich eine CD bestellen will, zu *Musik*, oder wenn ich ein Buch bestellen will zu *Bücher* und benutze dann die Suche, die es da gibt, weil die *Kurzsuche* für das, was ich brauche, meistens nicht ausreicht. Oder ich geh dann über die *Kategorien* zu Musik oder Jazz direkt. Ja, hier ist halt was zum Stöbern und die Kategorien. Und in der Mitte sind die *Empfehlungen* da. Und rechts die «*Hot 100*"-Bücher, Bestsellerlisten also. Aber meistens guck ich da gar nicht drauf, nur hier oben auf *erweiterte Suche*.« (Amazon)

Der Proband beschreibt hier sein Nutzungsschema der Einstiegsseite unter einem statischen und einem dynamischen Aspekt: Er gibt an, welche Teile der Seite fokussiert werden (»Menü hier oben«, »Kurzsuche«, »Empfehlungen« etc.), und er gibt Sequenzmuster seiner Nutzungshandlungen an. Die Relevanz solcher Schemata liegt darin, dass sie Nutzer in die Lage versetzen, die Komplexität eines Angebotes so zu reduzieren, dass es für sie navigierbar wird. Eine vergleichende Rezeptionsstudie zu verschiedenen E-Business-Angeboten hat gezeigt, dass diejenigen Angebote, ganz unabhängig von der Branche, als nutzerfreundlicher gewertet werden, deren Seiten nach einem Prototypen gestaltet sind, der auf der linken Seite eine vertikale, am Kopf der Seite eine horizontale Navigation verwendet, dessen *content*-Teil die rechten beiden Drittel der Seite umfasst, und der über eine Suchoption verfügt.

Neben den mikrostrukturellen Mustern bei der Erschließung einzelner Seiten lassen sich auch *makrostrukturelle Scripts* für die Navigationsschritte in der Online-Kommunikation ausmachen. Der üblichen Unterscheidung auf der Makroebene in zwei Nutzungsmuster, das freien Explorieren ohne Zielvorgaben (*activity mode*) und den so genannten *goal mode* mit stärkeren Zielvorgaben (vgl. dazu: Bucher u.a. 2003) ist eine dreiteilige Typologie vorzuziehen: Typische Nutzungsmuster auf der Makroebene sind das *Flanieren*, das *Suchen* (*retrieval*) und das *Recherchieren*. Der Sequenzcharakter des Flanierens entsteht durch die Befolgung eines *angebotsorientierten Prinzips*, das man folgendermaßen formulieren könnte: »Gehe allen Angeboten nach, die du für interessant hältst«. Diese Nutzungsstrategie ist typisch für nichtlineare Medien wie Zeitungen oder Online-Angebote, da sie gewissermaßen zur Vorbereitung einer Nutzungsentscheidung eingesetzt werden kann. Dass die Strategie des Flanierens angebotsgesteuert ist, zeigt die folgende Selbstkommentierung eines Probanden:

»Also ich les halt die Überschriften und vielleicht den ersten Satz, dies (zeigt mit dem Cursor auf den Rest des Artikels) les ich jetzt z. B. nicht. Weswegen es vielleicht noch besser wäre, wenn so'n Eingangssatz noch mal zusammenfasst. (...) Es ist schwierig und viel verlangt von den Redakteuren, aber ich find's gut, wenn auch kurze Artikel noch mal zusammengefasst sind«.

Für die Strategie des *gezielten Suchens* könnte man folgendes Prinzip formulieren: »Grenze die angebotenen Informationsmöglichkeiten so ein, dass letztendlich eine Alternative übrig bleibt«. Die dritte Navigationsstrategie, die *Recherche*, ist eine *themengeleitete* Strategie, bei der zu einem bestimmten Themenbereich möglichst viele relevante Informationsangebote zusammengestellt werden.

Diese drei strategischen Grundmuster der Online-Kommunikation basieren auf verschiedenen Ausgangsintentionen der Nutzer. Da sich Intentionen ändern können, kann es auch zu einem fliegenden Wechsel zwischen den Navigationsstrategien kommen: was als *retrieval* beginnt, kann bei entsprechend attraktivem Angebot zum Flanieren werden, oder sich zu einer Themenrecherche ausweiten. Strategische Prinzipien sind deshalb ein äußerst flexibles theoretisches Werkzeug, um auch variantenreiche Verläufe von Aneignungsprozessen zu erfassen.

Die Nutzungsintentionen bedingen auch die Sichtweise des entsprechenden Kommunikationsangebotes. Für das Flanieren sind andere Gestaltungsformen relevant als für das gezielte Suchen oder Recherchieren. Einer der Probanden formuliert diesen Zusammenhang von Nutzungsintentionen und Angebotswahrnehmung explizit in Bezug auf die Portalseite der ARD (www.ard.de):

»Also wenn man Fernsehsachen sucht, ist es gut gemacht. Man hat die aktuellen Sendungen, das Magazin und den Mehrteiler, die Nachrichten. Also eigentlich bin ich da sehr zufrieden mit. Es ist aber abhängig, von dem, was ich auf der Seite will. Wenn ich etwas recherchieren möchte, interessiert mich natürlich nicht, was heute im TV kommt. Aber das ist sicherlich nicht der Sinn der Seite.«

Im Hinblick auf strategische Prinzipien zeigt sich der interaktive Charakter der Onlinenutzung an zwei Stellen: Zum einen deuten Nutzer bestimmte Angebotsmerkmale strategisch (»der Sinn der Seite«) und zweitens folgen sie strategischen Mustern bzw. Scripts, die durch Angebotsmerkmale angesprochen und aktiviert werden. Im Unterschied zu den intentional bedingten Navigationsstrategien des Flanierens, des Suchens und des Recherchierens kann man dabei von *reaktiven Strategien* sprechen. Die vertikale ausgerichtet *Top-Down-*

Navigation ist eine typische Nutzerreaktion auf Angebotstrukturen mit steilen Hierarchien, Die horizontale *Quer- oder Ressort-Navigation* wird dann gewählt, wenn die hypertextuellen Hierarchien flach sind und die Verknüpfung über ein reichhaltiges Link-Angebot im Navigationsrahmen organisiert ist. Diese Art der Navigation ist typisch für Angebote mit einer stark verzweigten Strukturierung auf wenigen Ebenen. Die so genannte *Nabe-Speichen-Navigation* wird dann gewählt, wenn eine Seite als Hyperlink-Seite mit eine großen Zahl von Absprungstellen genutzt wird: Der Proband kehrt immer wieder zu dieser Seite zurück, um von ihr aus einen neuen Bereich aufzusuchen. Die Bewegungsrichtung ist dementsprechend zentriert. Charakteristisch für eine Nabe-Speichen-Navigation sind die kurzen Pfade und das häufig angewendete *back-tracking*.

Eine vergleichende Studie zur Nutzung der drei derzeit verfügbaren Ausgabemodi einer Tageszeitung – der gedruckten Ausgabe, der klassischen Online-Zeitung und der so genannten *E-Paper*-Ausgabe in Form einer für den Bildschirm verkleinerten Faksimile-Zeitung, die interaktiv genutzt werden kann – hat gezeigt, dass das Zusammenspiel von *Interface* und Nutzungshandlungen von den Faktoren der Nutzungsintentionen, der Nutzungskompetenz und der Angebotsmerkmale gleichermaßen beeinflusst werden kann (ausführlicher dazu: Bucher u.a. 2003, 2004). Ein Determinismus besteht demzufolge in keiner Richtung. Beim freien Flanieren werden die Nutzungsmuster und -kompetenzen aus der gedruckten Tageszeitung direkt auf die *E-Paper*-Ausgabe übertragen. Sowohl die Auswertung einer qualitativen Rezeptionsstudie als auch die Auswertung von *logfile*-Daten belegen, dass das *E-Paper*-Angebot bei den Nutzern signifikant häufiger ein sequentielles Aneignungsmuster aktiviert, das sie bereits bei der gedruckten Zeitung gelernt haben, als die Aneignungsmuster für non-lineare und hypertextuelle Online-Zeitungen. Blättern mittels des entsprechenden Buttons, einen Artikel anklicken oder von einem Artikel zum nächsten klicken sind bedeutend häufiger anzutreffende Navigationshandlungen als makrostrukturellen Navigationsoperationen wie das Springen innerhalb einer Ausgabe über die linke oder rechte Navigationsleiste oder das Wechseln zwischen Ausgaben. Über 100.000 Mal »blätterten« sich die Nutzer während des untersuchten Zeitraumes von zwei Wochen durch das Angebot, lasen also E-Paper wie eine gedruckte Zeitung. Generell zeigt die *logfile*-Analyse eine deutliche Dominanz mikrostruktureller Navigationsschritte, wie sie für ein sequentielles Nutzungsmuster typisch sind. Diese Dominanz der mikrostrukturellen Navigation gegenüber der makrostrukturellen, wie sie für hypertextuelle Onlineangebote typisch ist, belegt deutlich, dass die Nutzer E-Paper als Variante der gedruckten Zeitung wahrnehmen (ausführlicher vgl. Bucher u.a. 2003, Bucher u.a. 2004).

Je genauer allerdings die Zielvorgaben für eine Rechercheaufgabe sind, desto stärker werden auch in der E-Paper-Ausgabe die online-spezifischen Suchstrategien genutzt, wie die Navigationsmenüs, die Suchmaschine oder die *Sitemap*. Offensichtlich ist das Zeitungsinterface der E-Paper-Ausgabe für die gezielte Suche – den so genannten *goal mode* – nur eingeschränkt geeignet. Wenn bei der Tageszeitung dem überfliegenden Leser noch eine makrostrukturelle Suchstrategie zur Verfügung steht, so funktioniert das bei der E-Paper-Ausgabe aufgrund der durch die Verkleinerung eingeschränkten Lesbarkeit nicht mehr. Insofern ist der Strategiewechsel zu den online-basierten Navigationsmustern funktional nachvollziehbar. Auf dem Hintergrund der Hypothese, dass die Nutzung von Online-Angeboten nach dem Muster einer unterstellen Interaktion erfolgt, ist das ein interessanter Befund: Der Grad der Interaktivität ist gegenüber einem typischen Online-*Interface* höher als gegenüber einem Zeitungs-*Interface*. Das belegt auch eine Studie, die die Nutzung der Online-Ausgabe der New York Times mit der Nutzung ihrer Printausgabe verglichen hat: Die Studie kam zu dem Ergebnis, dass die Leser der Printausgabe ihre Themenauswahl eng nach der Themenaufmachung und im Besonderen eng an der Themenauswahl der Titelseite und des ersten Buches orientieren (vgl. Tewksbury/Althaus 2000, Althaus/ Tewksbury 2002). Ganz anders die Befunde bei den Lesern der Online-Ausgabe der New York Times: Im Vergleich mit den Lesern der gedruckten Ausgabe ist ihre Themenauswahl in der Lektüre vielfältiger und weniger bestimmt durch Vorgaben des Mediums, sondern stärker gesteuert durch die Nutzer selbst, ihre Kompetenzen und Intentionen. Die größere Selbstbestimmung über den Nutzungsprozess hat zur Folge, dass sie Informationen nach persönlichen Kriterien auswählen und somit andere Themen bevorzugen als dies Leser des Printmediums tun. Die Nutzer haben offensichtlich selbst den Kompass übernommen und kartografieren den informationellen *Cyberspace* – den »*Paperspace*« – selbst. Abschließend ist festzuhalten, dass erst in einer interaktionstheoretischen Sichtweise das dynamische Zusammenspiel von Angebotsstrukturen, Nutzerkompetenzen, -intentionen und -mustern sinnvoll beschreibbar wird. Deterministische Zusammenhänge, wie sie mit je spezifischer Ausrichtung von technischen, kognitiven oder angebotszentrierte Ansätzen präferiert werden, lassen sich in den empirischen Befunde der qualitativen Rezeptionsstudien in keiner Weise belegen.

4.5 Der kulturelle Kontext der Online-Nutzung

Mit dem Begriff der Interaktivität wird die Online-Nutzung nicht nur in einen sozialen Kontext eingebettet, dessen unterschiedliche Schichten in den bisherigen Abschnitten aufgedeckt wurden. Der Interaktivitätsbegriff stellt die Online-Nutzung auch in einen kulturspezifischen Kontext, was insbesondere in einem globalen Medium relevant ist, das ganz verschiedene Kulturkreise verbindet. Bereits ein erster Blick auf Bezeichnungen und *Icons* für zentrale Elemente wie den Papierkorb (*trash*), den Briefkasten (*mailbox*) oder die Dateistrukturierung mittels Bürometaphern macht deutlich, wie sehr kulturspezifische Implikationen die *Interface*-Gestaltung beeinflussen und die Nutzung beeinträchtigen können (Hedberg/Brown 2002, Chung et al 2000). Vergleicht man beispielsweise die Portalseiten der größten *Internet Service Provider* in China, *soho.com* oder *sina.com* mit sinisierten internationalen Portalen wie *yahoo.cn* oder *lycos.cn*, bzw. deren internationalen Ausgaben *yahoo.com* oder *lycos.com*, so werden die kulturellen Gestaltungsunterschiede offensichtlich.

Die chinesischen Portale weisen fast doppelt so viele Linkkategorien (23 Seitenelemente) auf wie die internationalen und die sinisierten Portale (14 Seitenelemente), die Anzahl der Links ist mit rund 750 auf der Einstiegsseite um ein mehrfaches höher als auf westlichen Portalseiten (150 bis 180 Links). Chinesische Seiten wirken dementsprechend an westlichen *Usability*-Kriterien gemessen insgesamt überladen und unübersichtlich. In einer Rezeptionsstudie mit chinesischen Studierenden beurteilen diese die chinesischen Portalseiten im Vergleich mit den sinisierten westlicher Anbieter wie *Yahoo* oder *Lycos* zwar auch als komplexer und weniger übersichtlich, dennoch geben sie – vor die Wahl gestellt – den chinesischen Seiten gegenüber den westlichen in chinesischer Sprache den Vorzug. Auch die Navigationsaufgaben können sie auf den chinesischen Portalseiten ebenso effektiv lösen wie auf den westlichen. In den Äußerungen des »Lauten Denkens« der chinesischen Probanden wird offensichtlich, dass für die Gestaltung von Chinesischen Online-Angeboten andere, kulturspezifische Gestaltungsprinzipien gelten. Transparenz und Klarheit bedeuten im Chinesischen nicht nur »einen Überblick bekommen« sondern auch »schnell finden, wonach man sucht«. Dieses Kriterium korrespondiert mit der typischen Struktur chinesischer Portalseiten: Im Unterschied zu westlichen Online-Angeboten, die sich durch steile Hierarchien mit wenigen Elementen pro Ebene auszeichnen, weisen chinesische Online-Angebote extrem flache Hierarchien auf mit einer hohen Anzahl an Elementen pro Ebene. Offensichtlich sind chinesische Portalseiten nach dem Prinzip »soviel wie möglich auf einmal« gestaltet.

Diese Gestaltungsstrategie spiegelt sich auch in den Nutzungsmustern der Probanden: eine vergleichende Blickaufzeichnungsstudie zwischen Chinesisch sprechenden deutschen Studierenden und chinesischen Muttersprachlern hat gezeigt, dass der kulturelle Hintergrund die Interaktionsmuster bestimmt, nicht aber die Angebotsstruktur (vgl. Bucher 2004a). Die deutschen Studierenden explorieren auch die chinesischen Portalseiten nach dem oben beschriebenen Skript, bei dem die Orientierung an den Strukturhinweisen eines Angebotes im horizontalen und vertikalen Navigationsframe erfolgt. Die Blickaufzeichnung zeigt hohe Aufmerksamkeitswerte für die linke obere Seitenecke. Chinesische Nutzer dagegen bewältigen die Fülle des Angebotes durch eine stark *content*-orientierte Navigation mit äußerst flexiblen Aufmerksamkeitsmustern, die stark interessengeleitet sind. Die Aufmerksamkeitspunkte sind dementsprechend breit über die ganze Seite verteilt. Offensichtlich sind chinesischen Nutzer auf eine stark inhaltsorientierte Präsentation eingestellt, während deutsche Studierenden strukturorientierte Gestaltungsformen bevorzugen. Eine Erklärungsmöglichkeit für diesen Unterschied bieten die verschiedenen Design-Traditionen in den beiden Kulturen.: In der chinesischen Kultur existieren zwei unterschiedliche ästhetische Systeme: die »Ästhetik der Leere«, die zur Hochkultur gehört und im Zen- und Chan-Buddhismus wurzelt, und die »Ästhetik der Fülle«, die Bestandteil der Volkskultur ist und auf Kalenderblättern, der Bemalung von Haushaltsgeschirr ebenso zu beobachten ist wie in den volkstümlichen Darstellungen chinesischer Mythologien oder in Computerspielen. Während die »Ästhetik der Leere« bislang keine nennenswerten Auswirkungen auf das Webdesign hat, ist der Einfluss der »Ästhetik der Fülle« ganz deutlich erkennbar und wohl auch darin begründet, dass diese Art der Darstellung Reichtum und Glück symbolisiert (vgl. dazu Pohl 2004). Durch diesen Vergleich rückt auch wieder ins Bewusstsein, dass die westlichen Prinzipien eines funktionalen Designs ebenfalls kulturhistorische Wurzeln haben: Sie fußen auf der europäischen Design-Entwicklung, die maßgeblich von den Stilrichtungen des Bauhaus, des »de Stijl« und des Konstruktivismus geprägt ist (vgl. Barnhurst/Nerone 2001: 226/7). *Form follows function* ist sowohl der Wahlspruch des Konstruktivismus als auch des Bauhaus-Ästhetik, die vor allen sehr früh die Zeitungs- und Zeitschriftengestaltung geprägt hat.

Eine Erklärung der unterschiedlichen Nutzungsmuster könnte auch in den Unterschieden zwischen der chinesischen und der westlichen alphanumerischen Schriftkultur liegen: Während letztere durch eine einzige Leserichtung von links nach rechts charakterisiert ist, verfügt die chinesische Schriftkultur über horizontale und vertikale Leserichtungen und sogar über clusterähnliche Anordnungen von Zeichen. Man kann sich leicht vorstellen, dass chinesische Online-Nutzer mit komplexeren Präsentationsformen vertraut sind als westliche Nutzer. So zeigt beispielsweise eine Studie zur Blickbewegung, dass chinesische Probanden im Vergleich mit Probanden aus Hongkong und Chinesisch sprechenden Nicht-Chinesen ihre Suchstrategien am Bildschirm, je nach Stimulus, horizontal oder vertikal ausrichten können, während die Hongkong-Chinesen bevorzugt horizontal suchen, die Nicht-Chinesen kein systematisches Muster erkennen lassen. Erklärbar ist dieser Befund damit, dass in chinesischen Zeitungen und Zeitschriften sowohl horizontale als auch vertikale Leserichtungen etabliert sind, während in Hongkong die vertikale Leserichtung dominiert. (vgl. Goonetilleke et al. 2002).

Der enge Zusammenhang zwischen Kultur und Medienrezeption macht deutlich, dass Interaktivität weder funktional aus den Angebotsmerkmalen, noch psychologisch aus den Nutzerdispositionen abgeleitet werden kann. Interaktivität ist vielmehr eine Eigenschaft des Aneignungsprozesses, der durch Angebotsmerkmale, Nutzerdispositionen und online-spezifische Regeln und Prinzipien der Kommunikation bestimmt wird. Der Vorteil einer solchen »message based interactivity« (Sundar 2003: 51) besteht darin, dass die verschiedenen Dimensionen der Interaktivität integrierbar werden und damit Verabsolutierungen bestimmter Interaktivitätskonzepte vermieden sind.

5. Interaktive Medien –
das Ende der gesellschaftlichen Integration?

Gerade der interaktive Charakter hat die Online-Medien immer wieder in den Ruf gebracht, die sozial-integrative Leistung der traditionellen Massenmedien zu unterminieren. Das Internet schaffe nicht Gemeinschaft, sondern gefährde sie in hohem Maße. Beim Vergleich der klassischen Massenmedien mit den neuen interaktiven Medien kommt Wehner zu dem Ergebnis, dass letztere nicht als »Kooperationsmedien« (Giesecke 1992 zitiert nach Wehner 1997) funktionieren, sondern den Zerfall der Öffentlichkeit beschleunigen. »Wenn jeder aus einer unbegrenzten Menge von Bildern, Tönen und Texten sein persönliches Medienmenü zusammenstellen muss, die Selektionslast folglich nicht mehr auf der Sender-, sondern der Empfängerseite liegt, kann nicht mehr erwartet werden, dass sich gleichzeitig alle Teilnehmer mit demselben Thema befassen« (Wehner 1997: 107). Die Beschäftigung mit demselben Themen ist aber eine Grundvoraussetzung für die Entstehung einer öffentlichen Meinung. Da das Internet diese Thematisierungsfunktion nicht erfüllen könne, leiste es auch keinen Beitrag zur Bildung einer öffentlichen Meinung. »Interaktive Medien können deshalb nicht wie Massenmedien funktionieren, selbst wenn sie massenhaft genutzt würden« (Wehner 1997: 108). Aufgrund des »segmentären Netzaufbaus« fehlen die »zentralen Orientierungspunkte«, die »einen gemeinsamen Relevanznenner erzeugen könnten« (Marschall 1999: 160). Das Internet würde demzufolge die Fragmentierung der Gesellschaft, den Zerfall der Öffentlichkeit, die Vereinzelung also verstärken und gerade nicht zum Entstehen neuer, vielleicht sogar globaler Öffentlichkeiten und virtueller Gemeinschaften beitragen. Flankierend zu dieser phänomenlogischen Skepsis wird dem Begriff der Interaktivität auch aus systemtheoretischer Sicht das analytische Potenzial zu einer Klärung der Online-Kommunikation abgesprochen (vgl. Suttner 1999: 295-198): Da die Online-Kommunikation »ohne konkretes Alter Ego auskommt«, geht es in dieser Kommunikationsform um »den Aufbau und die Reduktion von Kontingenz in personen- und interaktionsunabhängigen Kommunikationen« (Suttner 1999: 296)

Auf der Basis einer Theorie, die Interaktivität in Online-Medien im Sinne einer kontrafaktischen Unterstellung modelliert, lassen sich beide Einwände zurückweisen. Der Einwand der Irrelevanz des Interaktivitätsbegriffs für Online-Kommunikation beruht auf der systemtheoretischen Abtrennung von Handlungs- und Akteurskategorien aus einer Analyse der Kommunikation und der Systemfunktionen, die bereits verschiedentlich kritisiert wurde (vgl. Esser 1994, zusammenfassend: Bucher 2000b). Gerade die bisherigen Ausführungen zur Interaktivität zeigen, dass ohne Handlungskategorien die Systemfunktionalitäten des neuen Mediums Internet nicht hinreichend beschreibbar sind.

Die pessimistische Sichtweise der interaktiven Medien hinsichtlich ihrer sozialen Integrationsleistungen lässt auf der empirischen Ebene außer Acht, dass gerade deren spezifische Kommunikations-Potenziale zu einem Strukturwandel der öffentlichen Kommunikation beigetragen haben (vgl. Bucher 2002c, 2004). Der Wandel von einer durch Distributionsmedien bestimmten eher passiven Öffentlichkeit hin zu einer von Netzwerk-Kommunikationen bestimmten aktiven Öffentlichkeit, die Castells als *Internet-Galaxy* charakterisiert (vgl. Castells 2001) ist ohne Rückgriff auf die Kategorie der Interaktivität kaum beschreibbar. Insbesondere in Krisenzeiten und Zeiten hohen Informationsbedarfs wird deutlich, dass eine Feststellung Luhmanns zu einem solchen Strukturwandel aus dem

Jahre 1981 inzwischen Realität geworden ist: »Tatsache ist, dass eine Weltgesellschaft sich als einheitliches System längst konstituiert hat. Es sind nur die Denk- und Wahrnehmungsgewohnheiten, die es uns erschweren, diesen Tatbestand zu erkennen und anzuerkennen« (Luhmann 1981: 310) . Die auffälligsten Beispiele für das Zusammenspiel von Interaktivitätspotenzialen und neuen, netzwerkorientierten Kommunikationsformen des Internets sind die *Weblogs*, die *Wikis*, die verschiedenen *Mediawatch*-Angebote, aber auch die informellen Service- und Beratungsangebote im Stile einer *Open Source*-Ausgabe der Stiftung Warentest.[4] »Mehr und mehr bestimmen billige Internet-Tagebücher die politische Debatte in den USA« betitelt die *Frankfurter Allgemeine Sonntagszeitung* einen Beitrag über die politischen *Weblogs* in den USA (FAS 4.1.2004). Der Weblog *The Blogging of the President: 2004* stellt im Editorial programmatisch fest: »The personal journalism phenomenon known as weblogs or ›blogs‹ for short is transforming American electoral politics and media« (vgl. dazu *www. bloggingofthepresident.com*). Was sich bereits während des Irakkrieges deutlich abgezeichnet hat: die *Weblogs* sind dabei, das Territorium des privaten Online-Tagebuchs zu verlassen und das Gebiet der öffentlichen politischen Kommunikation zu betreten (vgl. Bucher 2004b, Bucher/Büffel 2004).

Während der Kosovo-Krieg ein Internet-Krieg im Sinne der Distribution von Konflikt-Information über das neue Medium war, ist der Golfkrieg von 2003 ein Internet-Krieg, in dem die Vernetzungspotenziale des neuen Mediums ausgespielt werden: Fernsehreporter berichten nicht nur für ihre jeweilige Anstalt, sondern führen öffentlich ihr Online-Tagebuch als sog. *Weblogs. Weblogs* werden auch von Einzelpersonen aus dem Kriegsgebiet für kontinuierliche Informationsangebote genutzt, *Communities* von Fachleuten debattieren in Foren über die Kriegsstrategien, in den *Weblogs* oder *Warblogs* wird von den Nutzern selbst ein alternatives, weltweites Informationsnetz mit diversen Quellen und Quellenkommentierungen aufgezogen, das sogar von einigen der klassischen Medienunternehmen in ihre Online-Angebote integriert wird. Und schließlich wird auf den diversen, untereinander vernetzen *Mediawatch*-Angebote eine weltweite Medienkritik institutionalisiert, eine Entwicklung die sich in den so genannten *Watchblogs* zur Berichterstattung über der US-amerikanischen Wahlkampf bereits professionalisiert.

In der Tat greifen Modelle, die Kommunikation als Informationsaustausch zwischen Sender und Empfänger oder als reziprokes Handeln zwischen anwe-

---

4 Vgl. zu *Weblogs* und *Warblogs* den Beitrag von Simanowski, zu *Wikis* und *open source*-Modellen den Beitrag von Kuhlen in diesem Band.

senden Partner auffassen, für die Analyse der netzwerk-orientierten Online-Kommunikation zu kurz. Der Begriff der Interaktivität ist damit allerdings nicht obsolet, ganz im Gegenteil: »Mit dem Begriff der Interaktivität können die Möglichkeiten neuer elektronischer Kommunikationsräume von den traditionellen Massenmedien abgesetzt werden« (Sutter 1999: 298). Verstanden im Sinne einer kontrafaktischen Unterstellung ist der Begriff das Gegenstück zu der für die Online-Medien typischen kommunikativen Entbettung: Wir handeln, als ob wir interagieren, um so die Anonymität, die Adressatenoffenheit, die Verwischung der Kommunikationsrollen, die unsichere Vertrauenslage und die raum-zeitlichen Distanzen zu kompensieren. Die Virtualität der Online-Kommunikation wird auf diese Weise Teil unserer Realität.

Literatur

Althaus/Tewksbury (2002): Agenda Setting and the »New« News. Patterns of Issue Importance Among Readers of the Paper and Online Versions of the New York Times. In: *Communication Research*, Vol. 29. No. 2, S. 180-207.

Barnhurst, Kevin G. / Nerone, John C. (2001): *The Form of News. A History.* New York, London.

Beaulieu, Michelin. (2000): Interaction in Information Searching and Retrieval. In: *Journal of Documentation*, 56(4), S. 431-439.

Bonfadelli, Heinz (1999): *Medienwirkungsforschung I. Grundlagen und theoretische Perspektiven.* Konstanz.

Bucher, Hans-Jürgen (1994): Dialoganalyse und Medienkommunikation. In: Fritz, Gerd/ Hundsnurscher, Franz (Hg.), *Handbuch der Dialoganalyse.* Tübingen, S. 471-491.

Bucher, Hans-Jürgen (1999): Sprachwissenschaftliche Methoden der Medienanalyse. In: Leonhard, Joachim-Felix/Ludwig, Hans-Werner/Schwarze, Dietrich/Straßner, Erich (Hg.): *Medienwissenschaft. Ein Handbuch zur Entwicklung der Medien und Kommunikationsformen,* Berlin, New York, S. 213-231.

Bucher, Hans-Jürgen (2000a): Publizistische Qualität im Internet. Rezeptionsforschung für die Praxis. In: Altmeppen, Klaus-Dieter/Bucher, Hans-Jürgen/Löffelholz, Martin (Hg.): *Online-Journalismus. Perspektiven für Wissenschaft und Praxis.* Wiesbaden, S. 153-172.

Bucher, Hans-Jürgen (2000b): Journalismus als kommunikatives Handeln. Grundlagen einer handlungstheoretischen Journalismustheorie. In: Löffelholz, Martin (Hg.), *Theorien des Journalismus. Ein diskursives Handbuch.* Wiesbaden, S. 245-273.

Bucher, Hans-Jürgen (2001): Wie interaktiv sind die neuen Medien? Grundlagen einer Theorie der Rezeption nicht-linearer Medien. In: Bucher, Hans-Jürgen/Püschel, Ulrich (Hg.): *Die Zeitung zwischen Print und Digitalisierung.* Wiesbaden,139-171.

Bucher, Hans-Jürgen (2002a): Crisis Communication and the Internet. Risk and Trust in Global Media. In: *Firstmonday* (*www.firstmonday.org*), 7(4).

Bucher, Hans-Jürgen (2002b): The Power of the Audience: Interculturality, Interactivity and Trust in Internet Communication. In: Sudweeks, Fay/Ess, Charles (Hg.): *Cultural Attitudes towards Computer and Communication*. Murdoch, S. 3-14.

Bucher, Hans-Jürgen (2002c): Internet und globale Kommunikation. Strukturwandel der Öffentlichkeit? In: Hepp, Andreas/Löffelholz, Martin (Hg.): *Grundlagentexte zur transkulturellen Kommunikation*. Konstanz, S. 500-530.

Bucher, Hans Jürgen (2004a): Is there a Chinese Internet? Intercultural investigation on the Internet in the People's Republic of China: Theoretical considerations and empirical results. In: Sudweek, Fay/Ess, Charles (Hg.): *Forth International Conference: Cultural Attitudes towards Technology and Communication 2004 (Proceedings)*. Murdoch WA 6150: Murdoch University (Australia), S. 416-428.

Bucher Hans-Jürgen (2004b): Macht das Internet uns zu Weltbürgern? Globale Online-Diskurse: Strukturwandel der Öffentlichkeit in der Netzwerk-Kommunikation. In: Klemm, Michael/Fraas, Claudia (Hg.): *Mediendiskurse*. Bonn 2004 (im Erscheinen)

Bucher, Hans-Jürgen/Barth, Christof (1998): Rezeptionsmuster der Online-Kommunikation. Empirische Studie zur Nutzung der Internetangebote von Rundfunkanstalten und Zeitungen. In: *Media Perspektiven (10)*, S. 517-523.

Bucher, Hans Jürgen/Büffel, Steffen/Wollscheid, Jörg (2003): Digitale Zeitung als E-Paper: echt online oder echt Print? Nutzungsmuster von E-Paper, Zeitungsonline-Angeboten und Tageszeitungen im Vergleich. In: *Media Perspektiven (9)*, S. 434-444.

Bucher, Hans-Jürgen/Büffel, Steffen (2004): Vom Gatekeeper-Journalismus zum Netzwerk-Journalismus. Weblogs als Beispiel journalistischen Wandels unter den Bedingungen globaler Medienkommunikation. In: Blöbaum, Bernd /Scholl, Achim (Hg.): *Zum Wandel des Journalismus*, Wiesbaden (im Erscheinen)

Bucher, Hans-Jürgen/Büffel, Steffen /Wollscheid, Jörg (2004): *Digitale Zeitung als E-Paper: ein Hybridmedium zwischen Print- und Online-Zeitung. Eine vergleichende Rezeptionsstudie zur Nutzung der drei Erscheinungsformen der Tageszeitung*. Darmstadt.

Bucher, Hans-Jürgen/Jäckel, Michael (Hg.) (2002): *Die Kommunikationsqualität von E-Business-Plattformen. Empirische Untersuchungen zu Usability und Vertrauen von Onlineangeboten. (Vol. 1)*. Trier.

Büffel, Steffen (2002): Usability und Vertrauen bei der Nutzung von Internet-Angeboten. Theoretische Überlegungen und empirische Befunde. In: Bucher, Hans-Jürgen/Jäckel, Michael (Hg.): *Die Kommunikationsqualität von E-Business-Plattformen. Empirische Untersuchungen zu Usability und Vertrauen*. Trier, S. 145-173.

Burnett, Robert/Marshall, P. David (2003): *Web Theory. An Introduction*. London, New York.

Castells, Manuel (1996): The Rise of the Network Society. Oxford. (deutsch: Das Informationszeitalter I: Der Aufstieg der Netzwerkgesellschaft, 2003).

Castells, Manuel (2001): *The Internet Galaxy. Reflections on the Internet, Business, and Society*. Oxford.

Chang, Shan-Ju/Rice, Ronald E. (1993): Browsing. A Multidimensional Framework. In: *Annual Review of Science and Technology*, S. 231-76.

Chung, Lau Wing/Shih, Heloisa M./Goonetilleke, Ravindra S. (2000): Effects of cultural background when searching Chinese menus. In: *Proceedings of APACHI/ASEAN Ergonomics 2000*, S. 237-243.

Esser, Hartmuth (1994): Kommunikation und »Handlung«. In: Rusch, Gebhard/Schmidt, Siegfried J. (Hg.): *Konstruktivismus und Sozialtheorie*. 1993, S. 172-204. Frankfurt a.M.

Fredin, Eric. S/David, Prabu (1998): Browsing and the hypermedia interaction cycle. A model of self-efficacy and goal dynamics. In: *Journalism & Mass Communication Quarterly, 75(1)*, S. 35-55.

Fritz, G. (1994): Grundlagen der Dialogorganisation. In: Fritz, G./Hundsnurscher, F. (Hg.): *Handbuch der Dialoganalyse*, Tübingen, S. 177-201.

Giddens, Anthony (1996) (orig. 1990): *Konsequenzen der Moderne*. Frankfurt a.M.

Goertz, Lutz (1995): Wie interaktiv sind die Medien? Auf dem Weg zu einer Definition von Interaktivität. In: *Rundfunk und Fernsehen*, 43, S. 477-493.

Goonetilleke, Ravindra S./Lau, W.C./Shih, Heloisa M. (2002): Visual Search Strategies and Eye Movements When Searching Chines Character Screens. In: *International Journal of Human-Computer-Studies*, 57(6), S. 447-468.

Hammwöhner, Rainer (1997): *Offene Hypertextsysteme. Das Konstanzer Hypertextsystem (KHS) im wissenschaftlichen und technischen Kontext*. Konstanz.

Hedberg, John G./Brown, Ian (2002): Understanding cross-cultural meaning through visual media. In: *Education Media International 39:1 – ICEM-CIME Annual conference Taipei*, S. 23-30.

Höflich, Joachim, R. (1994): Der Computer als »interaktives Massenmedium«. Zum Beitrag des Uses und Gratification Approach bei der Untersuchung computer-vermittelter Kommunikation. In: *Publizistik. Vierteljahreshefte für Kommunikation*, S. 389-408.

Iser, Wolfgang (1980): *The Act of Reading: A Theory of Aesthetic Response*, Baltimore.

Jäckel, Michael (1995): Interaktion. Soziologische Anmerkungen zu einem Begriff. In: *Rundfunk und Fernsehen*, 43(4), S. 463-476.

Jensen, J.F. (1998): Interactivity. Tracking a new Concept in Media and Communication Studies. In: *Nordicom Review*, 19(1), S. 185-204.

Johnson, Steven (1999): *Interface Culture. Wie neue Technologien Kreativität und Kommunikation verändern*. Stuttgart.

Kiousis, Spiro (2002): Interactivity: a concept explication. In: *New Media & Society*, 4(3), S. 355-383.

Kuhlen, Rainer (1991): *Hypertext. Ein nicht-lineares Medium zwischen Buch und Wissensbank*. Berlin, Heidelberg.

Lamerichs, Joyce/Te Molder, Hedwig (2003): Computer-mediated Communication: From a Cognitive to a Discursive Model. In: *New Media & Society*, 5(4), S. 451-474.

Livingstone, Sonja (2004): The Challenge of Changing Audiences. Or, What is the Audience Researcher to do in the Age of the Internet? In: *European Journal of Communication*, 19(1), S. 75-86.

Luhmann, Niklas (1981): Veränderungen im System gesellschaftlicher Kommunikation und die Massenmedien. In: Luhmann (Hg.): *Soziologische Aufklärung 3*, Opladen, S. 309-320.

Marschall, Stefan (1999): Das Internet als globaler Raum öffentlicher medialer Kommunikation? In: Donges, Patrick/Jarren, Otfried/Schatz, Heribert (Hg.): *Globalisierung der Medien? Medienpolitik in der Informationsgesellschaft.* Wiesbaden, S. 151-169.

McMillan, S.J. (2002): A Four-Part Model of Cyber-Interactivity: Some Cyber-Places are More Interactive than Others. In: *New Media & Society,* 4(2), S. 271-291.

McMillan, Sally J. (2002): Exploring Models of Interactivity from Multiple Research Traditions: Users, Documents, and Systems. In: Lievrouw, Leah A./Livingston, Sonja (Hg.): *Handbook of New Media. Social Shaping an Consequences of ICTs.* London, New Delhi.

McMillan, Sally J./Downes, Edward, J. (2000): Defining Interactivity: a qualitative identification of key dimensions. In: *New Media & Society,* 2(2), S. 157-179.

McQuail, Denis (1992): *Media Performance, Mass Communication and the Public Interest.* London.

Nielsen, Jacob (1993): *Usability Engineering.* Boston, San Diego, New York u.a..

Pohl, Karl-Heinz (2004): *Zur Ästhetik des chinesischen Internet.* (im Erscheinen)

Rafaeli, Sheizaf/Sudweeks Fay (1997): Networked Interactivity. In: *Journal of Computer-Mediated Communication:2(4), www.ascusc.org/jcmc/vol2/issue4/rafaeli.sudweeks.html.* (gesichert: 20.02.2000)

Raskin, Jef (2000): *The human interface. New directions for designing interactive systems.* Reading (Mass.) u.a.

Schank, Roger C./Abelson, Robert, P. (1977): *Scripts, Plans, Goals and Understanding. An Inquiry into Human Knowledge Structures.* Hillsdale.

Schnotz, Wolfgang (1994): *Aufbau von Wissensstrukturen. Untersuchungen zur Kohärenzbildung beim Wissenserwerb mit Texten.* Weinheim.

Shaviro, Stephen (2003): *Connected – or what it means to live in a network society.* Minneapolis, London.

Steuer, Jonathan S. (1992): Defining Virtual Reality: Dimensions determining telepresence. In: *Journal of Communication,* 42 (4), S. 73-93.

Sundar, S/Kalyanaraman, S./Brown, J. (2003): Explicating Web Site Interactivity: Impression Formation Effects in Political Campaign Sites. In: *Communication Research,* 30(1), S. 30-59.

Sutter, Tillmann (1999): Medienkommunikation als Interaktion? Über den Aufklärungsbedarf eines spannungsreichen Problemfeldes. In: *Publizistik,* 44 (Heft 3), S. 288-300.

Tauscher, Linda/Greenberg, Saul (1997): *How people revisit web pages: empirical findings and implications for the designing of history systems.* In: *www.hbuk.co.uk/ap/ijhcs/webusability/tauscher/tauscher.html* (gesichert 27.09.99).

Tewksbury, David/Althaus, Scott L. (2000): Differences in Knowledge Acquisition among Readers of the Paper and Online Versions of a National Newspaper. In: *J&MC Quarterly,* Vol. 77, No. 3, Autumn 2000, S. 457-479

Vishwanath, Arun (2004): Manifestations of interpersonal trust in online interaction: a cross-cultural study comparing the differential utilization of seller ratings by eBay participants in Canada, France and Germany. In: *New Media & Society,* 6(2), S. 219-234.

Wehner, Josef (1997): Interaktive Medien – Ende der Massenkommunikation. In: *Zeitschrift für Soziologie,* 26(4), S. 96-114.

Wirth, Werner/Brecht, Michael (1999): Selektion und Rezeption im World Wide Web: Eine Typologie. In: Wirth, Werner/Schweiger, Wolfgang (Hg.): *Selektion im Internet. Empirische Analysen zu einem Schlüsselkonzept.* Wiesbaden, S. 149-180.

Zillmann, Dolf/Chen, Lie/Knobloch, Silvia/Callison, Coy (2004): Effects of Lead Framing on Selective Exposure to Internet News Reports. In: *Communication Research,* 31(1), S. 58-81.

Medialisierung und Interaktivität – das Beispiel Wissenschaft

Frank Marcinkowski, Andrea Schrott

1. Einleitung

Der vorliegende Beitrag schickt sich an, Interaktivität in der Kommunikation von Individuen, korporativen Akteuren und sozialen Subsystemen als eine Begleiterscheinung der »Medialisierung«[1] moderner Gesellschaften auszuweisen. Der Gegenstandsbereich, an dem dieser Zusammenhang dargelegt werden soll, ist die Medialisierung der Wissenschaft (vgl. mit der gleichen Begrifflichkeit auch Weingart et al. 2002: 15-17). Er könnte freilich in gleicher Weise am Beispiel der Politik, des Rechts, der Wirtschaft, des Sports u. a. demonstriert werden. Aus der Allgegenwart und sozialen Reichweite vergleichbarer Prozesse schöpft die empirisch noch weithin ungesicherte Annahme der heraufziehenden »Mediengesellschaft« ihre vorläufige Berechtigung. Diese Disposition verpflichtet dazu, das Verständnis ihrer beiden Grundbegriffe und deren Verhältnis zum Konzept der Interaktivität vorab zumindest kurz zu explizieren. Ohne Anspruch auf hinreichende Systematik, Trennschärfe und Vollständigkeit werden nachfolgend verschiedene Dimensionen von Wissenschaftskommunikation[2] daraufhin analysiert, inwieweit sich auf ihnen Medialisierungsphänomene beobachten lassen. Der Beitrag kann sich dabei nicht auf eigene Primärforschung stützen, sondern wird le-

---

1 Hinter der terminologischen Unterscheidung der Begriffe »Mediatisierung« und »Medialisierung«, die in der Literatur weitgehend synonym verwendet werden, stehen nach unserer Beobachtung keine namhaften theoretischen Differenzen, sondern (im zweitgenannten Fall) das Bemühen, Anklänge an das rechtswissenschaftliche Konzept der Mediation zu vermeiden (vgl. auch Mazzoleni/ Schulz 1999: 249f., Schulz u. a. 2000: 414, Schulz 2004).

2 Der Begriff »Wissenschaftskommunikation«, so wie wir ihn verwenden, umfasst sowohl Kommunikation über Wissenschaft wie auch Kommunikation in der Wissenschaft. Er bezieht sich nicht nur auf die Vermittlung von Forschungsergebnissen, sondern auch auf die Kommunikation im Forschungsprozess und ist mithin nicht final angelegt sondern selbst wiederum quasi medial gemeint. Vgl. zur Definition von Wissenschaftskommunikation auch Burns et al. 2003.

diglich versuchen, einige neuere Arbeiten zum Thema mit Hilfe des zuvor entwickelten analytischen Rasters zu systematisieren und zu re-interpretieren.

2. Interaktion von Medien und Gesellschaft: die gesellschaftsstrukturelle Dimension

Der Terminus Mediengesellschaft kann – dem Konzept der Informationsgesellschaft vergleichbar – in einem ersten Zugriff rein quantitativ begründet werden und verweist insoweit auf die Ausdehnung des Mediensektors in einer Gesellschaft. Die gewachsene gesellschaftliche Bedeutung der modernen Massenmedien lässt sich dann nicht zuletzt an den erstaunlichen Wachstums- und Differenzierungsprozessen ablesen, die sich in den vergangenen zwanzig Jahren in den Mediensystemen fast aller westeuropäischen Länder vollzogen haben. Der durch staatliche Deregulierungspolitiken im Verbund mit neuen technischen Möglichkeiten ausgelöste Expansionsprozess hat zu einer enormen Ausweitung der Medienangebote, zur Vervielfachung der medialen Kanäle, zur Steigerung der Übertragungsgeschwindigkeit und -leistung, zur Entwicklung neuer Medienformen und -formate und nicht zuletzt zu Veränderungen in den Mediennutzungsgewohnheiten der Menschen geführt (vgl. u. a. Jarren 1996, Jarren 2001, Saxer 1998). Mit diesen quantitativen Veränderungsprozessen gehen qualitative Umstellungen einher, die weniger offensichtlich, für die Entwicklung zur Mediengesellschaft aber von grundlegender Bedeutung sind. Sie betreffen vorab die Positionierung der Medien innerhalb der Struktur moderner Gesellschaften und damit ihr Verhältnis zu deren zentralen Funktionsbereichen. Wurden die Medien traditionell über ihre »dienende Rolle« für die Leistungsanforderungen und Publizitätserwartungen der wichtigsten Sozialsysteme (vor allem der Politik) definiert, werden sie mehr und mehr als eigensinnig funktionierende soziale Akteure erkennbar, die sich immer weniger auf externe Soll-Anforderungen verpflichten lassen, sondern primär auf die eigene Reproduktion, die Expansion ihrer Funktion und die Ausweitung der eigenen Autonomie konzentriert sind. Medienkommunikation ist insoweit in den Prozess funktionaler Gesellschaftsdifferenzierung einbezogen, der dazu tendiert, hoch spezialisierte und leistungsstarke Kommunikations- und Handlungszusammenhänge auszubilden, die ihre hohe Sensibilität für eigene Angelegenheiten mit weitgehender Indifferenz gegenüber allem Fremden kombinieren (vgl. Luhmann 1997: 595-865, Marcinkowski 1993).

Mehr noch als die Politik, deren Eingriffsspielraum im (neo-)liberalen Staat zunehmend als begrenzt erscheint, operieren die Medien heute gesellschaftsweit. Sie können prinzipiell alle Sachverhalte, Ereignisse und Zustände in der Welt in ihre Berichterstattung einbeziehen und im vielstimmigen Mediensystem der Gegenwart an prominenter Stelle zur Veröffentlichung bringen. Zugleich beziehen die Medien immer mehr Menschen in ihre Kommunikation mit ein. Daraus ergeben sich mannigfaltige Berührungspunkte mit allen wichtigen Lebens- und sozialen Funktionsbereichen, die ja ihrerseits auf Handlungen und Kommunikationen von Menschen beruhen, die zugleich das Publikum der Medien bilden. Wichtig ist nun, dass die Medien mit ihrer Art des Zugriffs auf die Welt nicht an die Bedingungen der »richtigen« Sichtweise gebunden sind, die in den von ihnen beobachteten Bereichen selbst vorherrschen und gepflegt werden. Medien behandeln die Gegenstände ihrer Beobachtung vielmehr nach eigenen Relevanzgesichtspunkten, nämlich als Stoff für die Bindung von Aufmerksamkeit und mithin als Mittel der Erzeugung von Publizität, und sie betrachten sich dabei als einzig legitime Spezialisten in eigener Sache. Nicht nur in der Berichterstattung über Politik, Wirtschaft, Wissenschaft und Recht, sondern stets und immer ist damit zu rechnen, dass die Medien nach ihren Präferenzen darüber entscheiden, was wichtig und mithin berichtenswert ist und was nicht. Mit ebenso großer Selbstverständlichkeit bringen sie die ihnen eigenen Erzählweisen, Visualisierungsmuster und Präsentationsformen zur Anwendung, um die Welt für ihr Publikum medial »aufzubereiten« und zeigen sich vom Protest der Betroffenen, die sich nicht selten um ihre Publizitätserwartungen und Selbstbilder betrogen sehen, weitgehend unbeeindruckt. Wie beispielsweise die Wissenschaft (die Politik, das Recht, die Wirtschaft) sich selber sieht und wie sie von den Medien gesehen und beschrieben wird, sind zwei grundsätzlich verschiedene Dinge, die nur in Ausnahmefällen so weit übereinstimmen werden, dass die Beschreibungsobjekte sich »angemessen« dargestellt fühlen. Unverträglichkeiten zwischen den Beschreibungsweisen der jeweiligen Gesellschaftsbereiche und der der Medien bilden jedenfalls den wahrscheinlicheren Fall, etwa Inkompatibilitäten zwischen der Präferenz für theoretisches Wissen, der Verwendung von Fachsprachen, dem Aufbau von Komplexität, dem Streben nach Generalisierung, der Konditionalität kausaler Aussagen in der Wissenschaft und der Verpflichtung auf Konkretes, auf Verständlichkeit, Einfachheit, Eindeutigkeit und Ereignisorientierung in den Medien.

Auf der Basis ihrer funktionalen Spezialisierung und der von ihnen beanspruchten Definitionshoheit über die eigene Funktion, beginnen die Medien damit, weite Bereiche des gesellschaftlichen Lebens immer stärker und engmaschiger zu durchdringen. Nicht nur Wissenschaft, Politik, Recht und Wirtschaft, auch der (Profi-)Sport, die Kirchen, die Kunst, Familie und Alltag usw. müssen sich auf die Dauerbeobachtung durch Medien und die Dauerpräsenz medialer Konstruktionen gesellschaftlicher Realität einstellen. Da die modernen Massenmedien zugleich eine deutlich höhere gesellschaftliche Reichweite besitzen als die Medien der Selbstbeschreibung von Wissenschaft, Politik, Wirtschaft, gewinnt die mediale Sichtweise der Welt eine zunehmend größere soziale Verbindlichkeit. Die Vorstellung der Welt, so wie sie in den Produkten der modernen Massenmedien zum Ausdruck kommt, ist in weiten Teilen der Gesellschaft zur dominanten Handlungs- und Kommunikationsgrundlage geworden. In der Folge verlieren zentrale Teilbereiche dieser Gesellschaft nicht nur die Verfügungsgewalt über ihre eigene Außenansicht, sie müssen auch mit Menschen (als Wählern, Kunden, Patienten, Klienten, Steuerzahlern, Studenten usw.) zurechtkommen, deren Weltbilder in hohem Masse von den Medien geprägt sind. Der Umstand, dass dies in zunehmendem Maße als Störung empfunden wird, kann als ein zentrales Charakteristikum der »Mediengesellschaft« begriffen werden. Ein anderes besteht darin, dass in beinahe allen organisierten Handlungsbereichen die Möglichkeiten dafür geschaffen werden, mediale Irritation nicht nur zu registrieren und zu beklagen, sondern auch aktiv zu bearbeiten. In allen zentralen gesellschaftlichen Funktionsbereichen hat man damit begonnen, Infrastrukturen zur Erzeugung eigener Teilöffentlichkeiten aufzubauen. Immer mehr publizistische Vorprodukte werden von wachsenden PR-Apparaten erzeugt und den Medien mehr oder weniger erfolgreich für die Generierung von Information und Mitteilung angeboten. Dadurch werden die Bedingungen, mit den je eigenen Sichtweisen, Themen und Beiträgen die Zugangsschwellen medienvermittelter Öffentlichkeit zu überwinden, zweifellos verbessert. Die mediale Resonanz jeder noch so ausgeklügelten PR- und Kommunikationsstrategie bleibt gleichwohl unsicher. Zugleich produziert diese Entwicklung neue soziale Ungleichheiten zwischen jenen, die über diese Möglichkeiten verfügen und jenen, die sie nicht haben. Auch dies ist ein Kennzeichen der Mediengesellschaft.

Zusammengefasst lässt sich also festhalten: Die Bedingung der Möglichkeit von Medialisierung beruht darauf, dass

- die Massenmedien ihre gesellschaftliche Umwelt (die Funktionsbereiche ihrer Umwelt) beobachten und eine Beschreibung anfertigen, die keine Punkt-zu-Punkt Entsprechung darstellt, sondern eine Re-Konstruktion eigener Qualität,

- die medialen Konstruktionen gesellschaftlicher Wirklichkeit aufgrund ihrer sozialen Reichweite ein hohes Maß an Verbindlichkeit in der Gesellschaft gewinnen,
- mediale Fremdbeschreibungen mit den traditionellen Selbstbeschreibungen der betroffenen Funktionsbereiche in Konflikt geraten und Irritation im System auslösen können und schließlich
- mediale Fremdbeschreibung sich in die Selbstbeschreibungen der medialisierten Systeme einfügen und dessen Operationsgrundlagen zu verändern vermögen.

Interaktion zwischen Medien und Gesellschaft stellt sich vor diesem Hintergrund als der Versuch dar, mit den Mitteln der Kommunikation zu einer Abstimmung nicht selten inkompatibler Formen der teilbereichsspezifischen Selbst- und der medialen Fremdbeschreibung zu kommen. Auf den ersten Blick möchte man meinen, dass die Wissenschaft, der man gemeinhin die Position der Verwalterin des Wahrheitsmonopols in der Gesellschaft zugesteht, mit so etwas Flüchtigem, so etwas Subjektivem, so etwas Oberflächlichem und oft Nicht-Wahrheitsfähigem wie den Medien nichts oder wenig zu tun hat, die Wissenschaft mithin zu denjenigen Reservaten der Gesellschaft gehört, die vor der Medialisierung weitgehend gefeit sind. Bei näherem Hinsehen offenbart sich aber, dass das Verhältnis von Wissenschaft und Medien durchaus enger ist, als gemeinhin angenommen. In den wenigen theoretisch kontrollierten Aussagen, die sich dazu finden lassen, wird dies unter anderem mit eben jener funktionalen Verselbständigung der Medien begründet, von der oben die Rede war. Damit einhergeht, dass die Medien zunehmend als Produzenten von Weltbildern mit eigenem Geltungsanspruch auftreten, wenn man so will, als Produzenten von Wissen, womit die »Realität der Medien« in grundsätzliche Konkurrenz zum uneingeschränkten Geltungsanspruch wissenschaftlicher Weltdeutung gerät. Dem Wahrheitskriterium der Wissenschaft erwächst mit dem Kriterium sozialer Reichweite der Medien eine Konkurrenz, die eine grundlegende Neujustierung ihres Verhältnisses nötig macht (vgl. Weingart 2001, 2003: 113-125). Diese auf Interaktion abstellende Sichtweise beginnt die ältere, dem Paradigma der Einseitigkeit verpflichtete Vorstellung von medialer Wissenschaftspopularisierung abzulösen, wonach die Massenmedien als weitgehend passive »Dolmetscher« den Informations-, Rechtfertigungs- und Akzeptanzbedarf der Wissenschaft gegenüber der Gesellschaft der wissenschaftlichen Laien zu decken haben (Kohring 1998).

3. Interaktivität und Kommunikation: die technologische Dimension

Von diesem soziologisch (und makroskopisch) ansetzenden Interaktionskonzept ist die eher technologisch (und mikroskopisch) orientierte Interaktivitätsperspektive zu unterscheiden. Interaktivität in diesem engeren Sinne ist eine direkte Folge der mit der Medialisierung einhergehenden Verbreitung zweiwegfähiger Kommunikationstechnologien in vielen Handlungszusammenhängen der modernen Gesellschaft. Unbestritten haben diese neuen Informations- und Kommunikationstechnologien auch im Wissenschaftssystem und seinen Kommunikationen zu weit reichenden Veränderungen beigetragen. Die Beschleunigung des wissenschaftlichen Publikationswesens, die Vereinfachung kooperativer Arbeitsorganisationsmodelle, die zunehmende Raum- und Zeitunabhängigkeit von Recherchen und Wissensvermittlungsprozessen, aber auch immer häufiger geäußerte Probleme hinsichtlich der Glaubwürdigkeit von Informationen oder der Qualität wissenschaftlicher Veröffentlichungen und Expertisen lassen die Frage nach der Bedeutung dieser Entwicklungen für die Wissenschaftskommunikation in modernen, »medialisierten« Gesellschaften aufkommen.

Interaktivität gilt dabei in erster Linie als die »Schlüsseleigenschaft des neuen Mediums Internet« (Kleinsteuber/Hagen 1998: 63), als dessen »zentrales Paradigma« (Vesper 1998: 22f, zitiert nach Schönhagen 2002: 369). Sie wird vor allem im Hinblick auf die Popularität des Internet und deren Wirkung thematisiert: »*The popularity of the Internet* has challenged many core assumptions about relationships between sources, mass media, and audiences in many areas of communication but perhaps most dramatically in the area of science communication« (Treise et al. 2003: 310, Hervorh. i. O.). Gleichwohl wird nicht zuletzt auch mit Blick auf das Internet festgehalten: »Interactivity is an overused, underdefined concept« (Heeter 2000: 2, zitiert nach Schönhagen 2002: 371).[3] An dieser Stelle muss die Diskussion um den Begriff »Interaktivität«, sein Verhältnis zum soziologisch geprägten Konzept der »Interaktion« und der Entwicklung computervermittelter Kommunikation nicht wiederholt werden.[4] Der Einfachheit halber orientieren wir uns an einem Begriffsverständnis, das die Rückkanalfähigkeit der

---

3 Oder anders formuliert: »... ›interactivity‹ is the term most often used by scholars to describe the two-way nature of most new media technologies... Scholars agree that interactivity is a defining component of new media technologies, but they have not yet reached agreement on how it is best conceptualized." (Tremayne/Dunwoody 2001: 113)

4 Vgl. hierzu unter Anderem: Schönhagen 2002, Kleinsteuber/Hagen 1998, Goertz 1998.

so genannten »neuen Medien« betont, womit der Rollentausch zwischen Kommunikator und Adressat grundsätzlich möglich wird. Das trifft auf die »traditionellen« Medien der Massenkommunikation offensichtlich nur bedingt zu, weshalb die Interaktivität »neuer« Medien und deren Nutzung im Allgemeinen als höher veranschlagt wird.[5] Dieses Begriffsverständnis findet sich in der angloamerikanischen Literatur als *structural approach to interactivity* wieder (vgl. Tremayne/Dunwoody 2001).

Die Möglichkeiten der neuen Medien – allen voran des Internet – haben nicht nur Einfluss auf die Bedingungen des Kommunizierens im und vom Wissenschaftssystem sondern auch auf Formen und Quantität der Kommunikate (vgl. Neverla 2000). Auf dieser Ebene entspricht Interaktivität in erster Linie einem Technisierungseffekt, der durch den verstärkten Einsatz von Informations- und Kommunikationstechnik als Speichermedien und Organisationstechnologien in der Wissenschaft ausgelöst wird, und der enorme Konsequenzen für die Produktion wissenschaftlichen Wissens hat, etwa was die weltweite Verfügbarkeit von wissenschaftlichem Wissen angeht, die Verkürzung der Zugriffszeiten, effizientere Formen der Systematisierung von Wissensbeständen, Beschleunigung von Wissensproduktion usw. Gleiches gilt für den Einsatz von Multimedia-Technologien in der universitären Ausbildung von angehenden Wissenschaftlern. Die zunehmende Verbreitung neuer Kommunikationstechnologien im Wissenschaftssystem kann als ein Motor des Prozesses einer voranschreitenden Medialisierung gesehen werden. Die grundsätzliche Möglichkeit eines Rollentausches zwischen den »traditionellen« Empfängern, der Öffentlichkeit, und dem »traditionellen« Sender, der Wissenschaft, senkt Verständigungsbarrieren ab – ohne jedoch die etablierten Verständnisbarrieren (z. B. die Fachsprachen) wirklich aufzulösen. Diese Entwicklung, die den Zugriff der Öffentlichkeit auf das Wissenschaftssystem zwar erweitert, muss einer transparenteren Wissenschaft nicht notwendig förderlich sein. Eine mögliche Folge dieses Dilemmas ist die zunehmende Abschließung einzelner Forschungszweige oder Disziplinen, wie sie zum Teil heute schon beobachtet werden kann. So prognostiziert Frühwald einen gewissen »Öffentlichkeitsverlust und eine Isolationstendenz«, die er in einzelnen Wissenschaften wie der Mathematik und Informationswissenschaft

---

5 In diesem Zusammenhang ist allerdings auf die zunehmende Verknüpfung verschiedener Medientypen hinzuweisen, diskutiert unter dem Begriff der »Intermedialität«, die eine interaktive Rezeptionssituation auch bei traditionellen »Einwegmedien« ermöglichen sollen, so z. B. die Möglichkeit, nach einer Fernsehsendung an einem Internetchat oder einer Telefonrunde teilnehmen zu können.

schon gegeben sieht. Die Kultivierung »eigener schneller elektronischer Publikationsformen« für den beschränkten Kreis der eigenen *Community* bedeutet in der Konsequenz die Ablösung von traditionellen Formen der Schriftlichkeit und ihrer Verbreitung: Wissen in seiner traditionellen Form ist durch Verlage oder den Buchhandel der Öffentlichkeit noch allgemein und nahezu schrankenlos zugänglich. Wissen in digitalisierter Form unterliegt vielfältigen Möglichkeiten der Zugangsbeschränkung; zur Zugriffsberechtigung an sich tritt auch die »Zugriffsfähigkeit« als einer im Umgang mit den neuen Medien notwendigen Kulturtechnik (Frühwald 1998: 317).

4. Dimensionen medialisierter Wissenschaftskommunikation

Mit diesem begrifflichen Bezugsrahmen ausgerüstet, der die gesellschaftsstrukturell erzwungene Interaktion von Massenmedien und Wissenschaft ebenso wie die technisch bedingte Interaktivität wissenschaftlicher Kommunikation als Folge einer mediengesellschaftlichen Entwicklungsdynamik auffasst, beschreiben wir im Folgenden einschlägige Medialisierungsphänomene im Bereich des Wissenschaftssystems, um die bisherigen Überlegungen – vor allem zum erstgenannten Punkt – empirisch zu illustrieren. Wir konzentrieren uns dabei auf ausgewählte Aspekte der Produktion und Vermittlung wissenschaftlichen Wissens (wissenschaftsinterne und -externe Kommunikation)[6].

---

6 Der folgende Text entstand ursprünglich als Kommentar von Frank Marcinkowski zu den Vorträgen von Urs Dahinden, Michael Schanne, Cristina Besio, Jürgen Wilke und Stephan Russ-Mohl, die im Rahmen des Mediensymposiums Luzern 2002 gehalten wurden (vgl. Imhof u.a. 2004). Er profitiert insoweit von den empirischen Befunden und Hinweisen, die dort verarbeitet wurden. Im Unterschied zur hier abgedruckten Fassung, wurde im Kommentar auf eine weitere Medialisierungsdimensionen hingewiesen, die man als »gegenständliche Selbstmedialisierung wissenschaftlicher Fachdisziplinen« bezeichnen könnte. Damit wird der Umstand bezeichnet, dass in der heraufziehenden Mediengesellschaft die Medien so sehr als Gegenstandsbereich von wissenschaftlicher Forschung sich aufdrängen, dass immer mehr Wissenschaften (namentlich aus dem Feld der Sozial- und Geisteswissenschaften) schleichend oder mit fliegenden Fahnen zu »Medienwissenschaft(en)« mutieren, zumindest aber medienzentrierte Spezialisierungsgebiete ausdifferenzieren. Der Umstand indiziert nicht zuletzt den wachsenden Bedarf an fundiertem Wissen über den möglichen Umgang mit den Medien (d. i. Interaktion) und den Folgen ihrer Kommunikation.

4.1 Medialisierung der Produktion wissenschaftlichen Wissens

Was mögliche Medialisierungseffekte auf die Produktion von wissenschaftlicher Erkenntnis angeht, so ist zunächst festzustellen, dass in den Medien und von den Medien verstärkt darüber diskutiert wird, welche Realitätsbereiche der wissenschaftlichen Beschäftigung grundsätzlich verschlossen bleiben (etwa im Bereich der Bio- und Gentechnologie) oder auch welche Gegenstände vermehrt zum Gegenstand wissenschaftlicher Forschung gemacht werden sollten (etwa bezogen auf Krankheiten wie Krebs, AIDS oder SARS). Medien lenken also öffentliche Aufmerksamkeit auf potenzielle problematische Bestände gesellschaftlichen Nicht-Wissens, und greifen insoweit, wie sie damit forschungspolitische und wissenschaftliche Resonanz erzeugen, in den wissenschaftlichen Entdeckungszusammenhang ein. In Anlehnung an ein gängiges Konzept der Publizistikwissenschaft könnte man bei diesem Medialisierungseffekt von *Science Agenda-Setting* sprechen. Ein intensiver untersuchtes Beispiel in diesem Zusammenhang ist das so genannte »Waldsterben«. Dieses Thema und seine Problemwahrnehmung wurde der Wissenschaft tatsächlich von »außen«, nämlich in Folge verstärkter medialer Thematisierung nahe gelegt. Am gleichen Beispiel lässt sich darüber hinaus die Inkompatibilität der Zeithorizonte von medialer und wissenschaftlicher Kommunikation demonstrieren. Der in dem Zusammenhang interessante Befund besagt: je mehr Wissen die Wissenschaft produziert hatte, desto weniger Aufmerksamkeit fand das Thema in den Medien (Diggelmann 1996: 167-183). In diesem wie in anderen Fällen medialer Thematisierung bleibt es freilich der Wissenschaft allein vorbehalten, solche groben inhaltlichen Vorgaben in wissenschafts-, forschungs- und vor allem wahrheitsfähige Problemstellungen zu übersetzen. Damit gewinnt sie zweifellos einen Teil der Hoheit über ihre Gegenstände zurück. Gleichwohl macht das »Waldsterben« darauf aufmerksam, dass der erste Anstoß wissenschaftlicher Entdeckung von den Medien ausgehen kann.

Aufgrund der stark ausgeprägten Dominanz naturwissenschaftlich-technischer und medizinischer Themen in der Wissenschaftsberichterstattung der Medien (vgl. Weingart 2002, Marcinkowski 2001) sind die Sozial- und Geisteswissenschaften von solchen Effekten eher selten betroffen. Dennoch lässt sich mit der so genannte Goldhagen-Debatte, die der deutschen Geschichtswissenschaft 1996 von den Medien aufgedrängt worden ist, auf ein näher an diesen Disziplinen liegendes Beispiel verweisen. Es führt zudem über den Entdeckungszusammenhang von Wissenschaft und Forschung hinaus, denn offensichtlich hat die mediale Themensetzung in dem Fall dazu geführt, dass die wissenschaftliche Diskussion um den Wahrheitswert von Aussagen zu einem beachtlichen Teil in den Massenmedien stattfand und eben nicht in den einschlägigen Fachorganen der Disziplin (Weingart/Pansegrau 1998). Dieser Umstand bedeutet nicht weniger als eine Umkehrung der normativen Vorstellung, dass wissenschaftliche Befunde überhaupt erst dann in den wissenschaftsexternen Kommunikationskreislauf geraten sollten, wenn sie die fachinternen Publikationshürden erfolgreich genommen und mithin wissenschaftliche Befunde erst dann als gesichertes Wissen zu gelten haben, wenn sie den fachinternen, nicht-öffentlichen Prüfprozess überstanden haben.

Darüber hinaus diskutieren die Medien auch, welches grundsätzlich verfügbare Wissen nicht (oder nicht vollumfänglich) zur Anwendung kommen sollte. Hiervon war in den vergangenen Jahren vor allem der Bereich der Bio- und Gentechnik betroffen. Der Untersuchung der damit induzierten Medialisierungseffekte widmet sich ein weit verzweigter Forschungszusammenhang, die so genannte Risiko-Kommunikation (vgl. Schütz/Peters 2002). Sie kann zeigen, dass riskante Entscheidungen der Wissenschaft gegen die veröffentlichte Meinung der Medien praktisch nicht mehr durchsetzbar sind. Auch hierdurch werden der Autonomie der Wissenschaft durch Medienöffentlichkeit Grenzen gesetzt. Sie kann Einfluss auf den Prozess wissenschaftlicher Forschung gewinnen, allerdings weniger auf direktem Wege, sondern über den folgenreichen Umweg zur Politik, denn genau genommen lösen die Medien mit ihrer Beobachtung und partiellen Skandalisierung des wissenschaftlichen Fortschritts Resonanz in der Politik aus, die ihrerseits mittels Geld und Recht dann Resonanz in der Wissenschaft zu erzeugen versucht. Im Übrigen muss beim gegenwärtigen Stand der Forschung offen bleiben, ob die bis hierher geschilderten Medialisierungseffekte durchweg als Einschränkung der Wissenschaft und ihrer Freiheit zu interpretieren sind, oder nicht auch umgekehrt als notwendige Rückbindung der Wissenschaft an die Gesellschaft und mithin als Absicherung, wenn nicht als Steigerung ihrer Leistungsfähigkeit verstanden werden können. Für manche Autoren indiziert die Interaktion von Wissenschaft und (Medien-)Öffentlichkeit jedenfalls den Übergang zu einer »partizipatorisch ausgerichteten Wissensproduktion«, die Wissenschaft und Forschung in die Lage versetzen könnte, verloren gegangenes Vertrauen wieder zu gewinnen (Nowotny et al. 2001: 166-178), weil sie zu mehr Offenheit gegenüber den Anforderungen der Gesellschaft an ihre Wissenschaft führt.

Neben dem vorgenannten *Science-Agenda-Setting*, quasi der medialen Thematisierung des Wissensproduktionsbedarfs und seiner Vertretbarkeit, lassen sich technisch induzierte Medialisierungseffekte auf die Organisationsstrukturen wie auch die Prozessdynamiken des »Wissenschaftsbetriebs« feststellen. Sie sind Folge der Verdichtung, Beschleunigung und Intensivierung von Kommunikation im Wissenschaftsbereich bzw. zwischen Wissenschaftlern. Auf der Ebene der Organisationsstrukturen und Prozessdynamiken tritt Medialisierung vornehmlich als »Computerisierung« auf. War über lange Zeiten das Buchmedium das klassische Produktionsmittel der Buchwissenschaft, so wird es mehr und mehr der Computer (als online und offline Medium). Damit gehen auf der einen Seite Produktivitätsgewinne einher, etwa bei der Datenverarbeitung, -speicherung und -organisation, auf der anderen Seite entstehen Authentizitätsverluste (oder neutraler: Authentizitätsprobleme). So ergeben sich weit reichende Folgen für Arbeitsabläufe und deren Qualitätssicherung im Wissenschaftssystem, etwa die Notwendigkeit zur Entwicklung neuer Prüf- und Sicherungsverfahren. Auf der Mesoebene zeigen sich darüber hinaus Konsequenzen für die Rollen und das Sozialgefüge des Wissenschaftssystems. Neverla (2000) prognostiziert eine Neuordnung von Hierarchien, denn »das Netz bewirke ‚einen Angriff auf das hierarchisch strukturierte Wissenschaftssystem« (Wiest 1998: 294) und spricht von einer Kluft zwischen den Generationen durch die technische Kompetenz der jüngeren Wissenschaftler: »So drohen die Themenfelder und Konzepte der Forschergenerationen auseinander zu driften und die Chance, sich im Wechselspiel der Kompetenzen aus theoretischen Kenntnissen einerseits und empirischer Praxiserfahrung andererseits zu ergänzen, wird womöglich verspielt.« (Neverla 2000: 183) Zu ergänzen ist in diesem Zusammenhang neben der technischen auch die (fremd-)sprachliche Kompetenz. Im Hinblick auf Wissenschaftskommunikation ist das Internet ein vorwiegend englischsprachiger Kommunikationsraum, der zwar eine globale aber auch anglophone *scientific community* konstituiert. Hier ist eine der fundamentalsten Auswirkungen der Möglichkeiten der neuen Medien sichtbar, deren sekundäre Auswirkung auch eine Umformulierung von wissenschaftsinternen Reputationskriterien ist. Eine Karriere von Natur- und Sozialwissenschaftlern, deren englische Sprachkompetenz nicht annähernd der ihrer englischsprachigen Kollegen entspricht, wird in der Zukunft kaum mehr denkbar sein. Diese Entwicklung führt nicht zuletzt zu einer Ausdifferenzierung neuer wissenschaftlicher Rollen. Es bedarf zunehmend eines Wissenschaftsmanagements, technischer Übersetzer und Informatikexperten, PR-Fachleuten und Wissenschaftspublizisten (vgl. Neverla 2000: 183f.). Auf einige dieser neuen Rollen wird im Folgenden noch näher einzugehen sein.

4.2 Medialisierung der Vermittlung wissenschaftlichen Wissens

Bei der wissenschaftsinternen Kommunikation geht es zuvorderst – und mit Blick auf den Wissensbestand – um dessen Härtung und Absicherung bzw. umgekehrt um die Eliminierung von bloß »vermeintlichem« Wissen, das sich nicht bewähren konnte. Fachliche (theoretische/empirische) Kritik, die als entscheidender Prüfstein für den Wahrheitsanspruch wissenschaftlichen Wissens gilt, wird erst durch fachöffentliche Kommunikation (Publikation) möglich gemacht. Diese Grundauffassung zeigt sich exemplarisch im Institut des *peer reviewing*, das zwar den Publikationsprozess zum Teil erheblich verlangsamt, andererseits jedoch eine gewisse »Grundqualität« des wissenschaftsinternen Diskurses sichern soll. Aus der Sicht der handelnden Wissenschaftler geht es gleichzeitig um persönlichen Reputationsgewinn oder -verlust, die berühmte Zweitcodierung wissenschaftlicher Kommunikation (vgl. Luhmann 1990: 244-251). Danach gilt wissenschaftliche Reputation gleichsam als Vorschuss auf Wahrheit, der den wissenschaftlichen Prozess zumindest partiell von aufwändigen Prüf- und Bewertungsprozeduren entlastet. Der Umfang des publizierten Wissens und mithin die Anzahl der Publikationen, fungiert dabei – neben Auszeichnungen und Preisen – als eines der entscheidenden Kriterien bei der fachinternen Zuweisung von Reputation. Daraus entsteht der hinlänglich bekannte Publikationszwang. Medialisierung zeigt sich hier als Expansion und Differenzierung des wissenschaftsinternen Kommunikationssystems, die durch neue technische Grundlagen des Publizierens sowie die damit einhergehende Verbilligung etwa der Buchproduktion ermöglicht wird und die sich der wissenschaftsintern erzeugte Publikationszwang zunutze macht. Indizien dafür liefert die ständig wachsende Zahl von Publikationen, nicht nur als graue Literatur, sondern auch in Form neuer Fachzeitschriften und vor allem in Form einer ständig wachsenden Zahl von Buchpublikationen (vornehmlich als Sammelbände). Dazu kommen neue Formen des elektronischen Publizierens. Mit diesem Wachstum der Publikationsmöglichkeiten kann die Produktion »neuen« wissenschaftlichen Wissens und seine vorgängige, kritische Prüfung durch die Fachgemeinschaft kaum Schritt halten. Einer der augenfälligsten Effekte auf das Publikationswesen ist damit seine Beschleunigung und auch Ausweitung etwa in Form von elektronischen Journals, *Preprints*, der Möglichkeit des *Publishing on Demand* oder einer dynamische Publikation (vgl. Neverla 2000). Diese Beschleunigung und Erweiterung des Publikationswesens bleibt jedoch nicht ohne Folgen auf der inhaltliche Ebene: »Ganz gewiss ist Menge und Schnelligkeit des wissenschaftlichen Publikationswesens noch nicht gleichzusetzen mit *Wirksamkeit* im wissenschaftlichen Diffusionsprozess und schon gar nicht mit dem intellektuellem Ertrag der Befunde.« (Neverla 2000: 182, Herv. i. O.) Immer mehr Publikationen replizieren das gleiche Wissen, dienen der Aufbereitung und Systematisierung verstreut vorliegenden und schwer zugänglichen Wissens oder müssen sich mit minimalem Wissenszuwachs begnügen. Neverla (2000) und Frühwald (1998) sprechen in dem Zusammenhang und mit Blick auf das Internet von einer zunehmenden Transienz der Information: »Das Wissen im Netz ist ungeordnet, entmaterialisiert, räumlich-zeitlich entstrukturiert und alles in allem entautorisiert.« Daraus folgt die Gefahr einer so genannten *Junk Science*. Es drohen, so Neverla weiter, »anarchischer Wildwuchs ebenso wie monopolistische Konkurrenz, die der Qualität wissenschaftlicher Erkenntnis nicht bekommen.« (Neverla 2000: 184)

Wie immer man sich zu derart weit reichenden Szenarien stellen mag, unzweifelhaft wird jedenfalls die »kritische« Funktion wissenschaftsinterner Kommunikation durch solche Entwicklungen tendenziell eingeschränkt: Von der bloßen Anzahl der Publikationen kann man offensichtlich nicht mehr unbedingt auf Reputierlichkeit schließen. Der selektiven Wirkung fachlicher Kritik von Wissen ist die Publikationsschwemme ebenfalls nicht förderlich, weil die kaum noch überschaubare Zahl wissenschaftlicher Publikationen eine wechselseitige Bezugnahme erschwert und die Chancen der Kritik vermindert.[7] In der Folge kann es zur Entkoppelung von Publikationsfrequenz und Reputation kommen, weil die Menge der Publikationen angesichts gewachsener Publikationsmöglichkeiten nicht mehr unbedingt etwas über den wissenschaftlichen Ruf aussagt. Um beides wieder zusammenzubringen, müssen aufwändige Evaluationsverfahren (Zitationsanalysen und Bibliometrie) entwickelt werden, die reputationsförderliche Publikationen von solchen unterscheiden, die es nicht sind. Das bindet Ressourcen, die für eigentliche Forschung fehlen – alles in allem ein Medialisierungseffekt, der nicht zu unterschätzen ist.

Durch die Medialisierung haben sich nicht nur die Vermittlungswege wissenschaftsinterner Kommunikationen verändert, darüber hinaus ist auch die Art und Weise der gesellschaftlichen Rezeption und Verarbeitung wissenschaftlichen

---

7 Max Kaase spricht von einem *information overload*: »The most serious argument against better research quality based an more information and easily accessible data is [...] the lack of criteria for eliminating outdated theoretical approaches and faulty data and empirical findings; there is every reason to believe that information overload under such circumstances will immobilize researchers if they do not become even more selective – which in many instances may mean more idiosyncratic – in their choice of material.« (Kaase 2000: 273)

Wissens, zumal wenn es sich um kontroverses Wissen handelt, zum großen Unsicherheitsfaktor und zur entscheidenden Herausforderung der Außendarstellung von Wissenschaft und Forschung geworden: »Das herkömmliche Bild, wonach die Wissenschaft immer der herrschenden Werteordnung vorauseilt d. h. uneingeschränkte Definitionsmacht besitzt, ist nicht mehr gültig.« (Weingart et al. 2002: 3) Der oben als Übergang vom monologischen Paradigma zum Paradigma der Interaktion von Wissenschaft und Medien diagnostizierte Zusammenhang wird im Rahmen der angloamerikanischen Diskussion um das *public understanding of science* auch als *contextual approach* im Gegensatz zum so genannten *deficit model* thematisiert.[8] Bei der Außenkommunikation von Wissenschaft geht es funktional um die Legitimation der Wissenschaft gegenüber der Gesellschaft, die traditionell als Popularisierung ihrer »Produkte« gedacht wird. Mit Blick auf den einzelnen Wissenschaftler kommt unter mediengesellschaftlichen Vorzeichen die Aussicht auf mediale oder öffentliche Prominenz als Ergänzung und möglicherweise als Kompensation fachinterner Reputation hinzu. Dieses unübersehbar neue Medialisierungsphänomen wird in der Literatur vergleichsweise intensiv behandelt, ohne dass man sich freilich bisher darüber im Klaren wäre, was es für die Wissenschaft bedeutet. Fest steht nur soviel: Die Massenmedien und vor allem das Fernsehen werden zur Quellen für »die Genese eines (außerwissenschaftlichen) ›Starsystems‹ für das wissenschaftliche Personal« (Imhof 2004) und verleihen einzelnen Wissenschaftlern öffentliche Prominenz. Unklar ist aber, wie sich die beiden Ressourcen Reputation und Prominenz zueinander verhalten. Es ist die These formuliert worden, dass die innerwissenschaftlich generierte Reputation von der medial erzeugten Prominenz konkurrenziert wird, diese sogar zu ersetzen vermag (Weingart/Pansegrau 1998), weil das System der Wissenschaft bereit ist, Prominenz zu belohnen. Weingart und Pansegrau wollen jedenfalls nicht ausschließen, dass Prominenz positive Auswirkungen auf die Ressourcenzuweisung haben kann, weil die Aufmerksamkeit der Politik sich vor

---

8 »The deficit model is asymmetrical: it depicts communication as a one-way flow from science to its publics ... (whereas) The contextual model explores the ramifications of its very different root metaphor; the interaction between science and its publics. In consequence, the contextual model is symmetrical: It depicts communication as a two-way flow between science and its publics. The contextual model implies an active public: it requires a rhetoric of reconstruction in which public understanding is the joint creation of scientific and local knowledge ... In this model, communication is not solely cognitive; ethical and political concerns are always relevant.« (Gross zitiert nach: Burns et al. 2003: 190). In der neueren Forschung zum Public Understanding of Science wird im Übrigen zwischen *public's scientific literacy* und dem *interactive science model* unterschieden (vgl. hierzu Logan 2001).

allem auf die »medienwirksamen« Wissenschaftler richtet. Das wäre offensichtlich problematisch, denn mediale Prominenz taugt sicher nur sehr bedingt als Vorschuss auf »Wahrheit«, kann also auch zur Fehlallokation knapper Forschungsmittel führen. Soweit sich das übersehen lässt, ist allerdings diese Vermutung empirisch noch kaum abgestützt.

Im übrigen ist das *Going Public* für den Wissenschaftler nicht nur eine zusätzliche Ressource, sondern auch hochgradig riskant, denn es kann nicht nur eine Anreicherung von wissenschaftlicher Reputation durch mediale Prominenz und mithin einen Zugewinn symbolischen Kapitals bedeuten, sondern es kann auch eine Vernichtung wissenschaftlicher Reputation durch ein Übermaß medialer Prominenz daraus resultieren und mithin ein Netto-Verlust verwertbaren symbolischen Kapitals. Das verweist auf die andere Seite der Medaille: Während in anderen gesellschaftlichen Bereichen wie insbesondere der Politik, Kultur, Sport etc. überwiegend positive Korrelationen von Medienpräsenz und systeminternen Aufstiegschancen zu bestehen scheinen, ist das im Falle der Wissenschaft eher anders (vgl. Dahinden 2004). Hier wird der Gewinn an medialer Prominenz eher negativ bewertet (jedenfalls dann, wenn man ihn beim Anderen bemerkt), denn das Geschäft der mediengerechten Vereinfachung gilt fachintern als niederrangig, als Verunreinigung. Wenn der Wissenschaftler sich selbst darauf einlässt, anstatt es den Journalisten zu überlassen, riskiert er fachinterne Schelte, die sich bis zum Reputationsverlust auswachsen kann. Auch das wäre nicht besonders rational, denn es könnte zur vorschnellen Diskreditierung von wissenschaftlichen Potenzialen beitragen. Das Risiko hält sich dann in Grenzen, wenn die fachliche Reputation über jeden Zweifel erhaben ist.

Was die Wissenschaftspublizistik im weiteren Sinne angeht, so wird in der Literatur übereinstimmend konstatiert, dass die mediale Konstruktion von wissenschaftlicher Wirklichkeit ähnliche Bauprinzipien aufweist, wie sie für die mediale Beschreibung von Welt generell typisch sind (vgl. zusammenfassend Kohring 1997). Wissenschaftsjournalismus begnügt sich nicht mit der Abbildung von Wissenschaft, schon gar nicht mit der Darstellung ihrer epistemologischen Bedingungen, sondern betreibt Popularisierung im Sinne einer selbständigen Rekonstruktion von Wissenschaft. In der Wissenschaftspublizistik wird personalisiert, simplifiziert (die Bedingungen wissenschaftlichen Arbeitens spielen bspw. keine Rolle, wohl aber die Resultate) und nach Nutzwerten der Befunde selektiert (d.h. es wird zwischen aufmerksamkeitsträchtigen Disziplinen/Ergebnissen und »trockenen« bzw. langweiligen unterschieden). Alle diese Trends werden tendenziell verstärkt durch die Tatsache, dass die genuine Wissenschaftsberichterstattung (je nach Schätzung drei und fünf Prozent Anteil am journalistischen Gesamtangebot) stark ergänzt und möglicherweise künftig gar abgelöst wird von der Verwissenschaftlichung der »normalen« journalistischen Produktion (Göpfert 2001). Dabei hat auch die journalistische Produktion durch die Möglichkeiten der neuen Medien tief greifende Veränderungen in ihrer Arbeitsweise erfahren. E-Mail und Internet sind für die Wissenschaftsjournalisten zum längst etablierten Arbeitsinstrument geworden, das sie nicht nur aus Gründen der Bequemlichkeit und Effizienz schätzen: »The hallmarks of this age, while not excluding convenience and efficiency [...], more importantly involve the organization and access to information and heightened connectivity among individuals« (Trumbo et al 2001: 371). Offenbar existiert zudem die Annahme, dass E-Mail-Kontakt auch von den Wissenschaftlern selbst präferiert wird. In diesem Sinne äußert sich ein Wissenschaftsjournalist: »I think a lot of scientists and doctors are really comfortable with it, and may be sort of socially awkward on the phone, but are much comfortable on E-mail.« (Dumlao und Duke 1999, zitiert nach Trumbo et al. 2001: 369) Die Kontaktaufnahme und die Recherche sind damit wesentlich erleichtert und beschleunigt.

Tatsächlich richtet sich das Interesse der Medien nicht eigentlich auf Expertise, sie interessieren sich für »Experten«, wobei die Frage, ob jemand gemessen an seiner fachlichen Reputation, tatsächlich als Experte gelten kann, von den Medienschaffenden zweitrangig behandelt wird (Goodell 1977). Experte der Medien wird man qua »Etikettierung als Experten« durch die Medien (Schanne/Kiener 2004)[9]. Im Kern geht es darum, mit dem Versprechen der Wahrheit, das den Aussagen des Experten anhaftet, Aufmerksamkeit beim Publikum erzeugen. Sobald er (oder sie) den Sprung in die Medienöffentlichkeit gewagt hat, muss der Experte folglich alles so sagen, dass es jeder verstehen und nachvollziehen kann. Er muss also die Laienorientierung, die Medienöffentlichkeit auszeichnet, möglichst exakt kopieren, sonst kann das Kalkül nicht aufgehen. Da der Kreis derjenigen, die über diese Fähigkeit verfügen und zugleich dazu bereit sind, sich auf diesen Mechanismus einzulassen, in jeder wissenschaftlichen Fachdisziplin eher klein ist, tauchen einige wenige Personen immer wieder auf, was deren Prominenz zugute kommt. Zugleich wird durch den Zwang zu laienorientierter Vereinfachung die Besonderheit und Autorität des Wissenschaftlers gleich wieder abgeschliffen, denn schnell wird sichtbar, dass sein Platz ebenso

---

9 Einige wissenschaftliche Fachgesellschaften reagieren darauf mit der Einrichtung von eigenen »Expertenmakler«-Systemen, vermittels derer sich Fachvertreter gegenüber der Medien-Öffentlichkeit als »zuständige« Experten für das eine oder andere Gebiet ausweisen.

gut von nicht-wissenschaftlichen Experten eingenommen werden könnte, was seinen Aufmerksamkeitswert wieder einschränkt. Den einzelnen Wissenschaftler – sofern er sich darauf einlässt – locken die Medien damit in die Popularisierungsfalle. Mit diesem Tun wird der Wissenschaftsjournalismus nicht nur den Legitimations- und mithin Kommunikationsbedürfnissen der Wissenschaft bzw. der Universitäten von sich aus nicht gerecht, er produziert auch individuell und institutionell Verweigerungshaltungen.

Damit lassen sich auch diverse Defizite in der institutionalisierten Wissenschafts-PR erklären. Sie soll generell um Anerkennung in der Öffentlichkeit werben, gleichsam als Bringschuld gegenüber einer Gesellschaft, die die Finanzierung des Systems trägt. Und sie muss zweitens in einem zunehmend von Wettbewerb geprägten Wissenschaftssystem zur Positionierung und Selbstbehauptung der eigenen Institution beitragen. Die Entwicklung des Bewusstseins, dass hierzu eigene und professionelle Öffentlichkeitsarbeit vonnöten ist, hat in Hochschulen und Forschungseinrichtungen allerdings längere Zeit in Anspruch genommen als in anderen Bereichen der Gesellschaft (Wilke 2004), und es ist weit davon entfernt, sich wirklich durchgesetzt zu haben. Das mag an der sprichwörtlichen Elfenbeinmentalität der Wissenschaft liegen, wonach Wissenschaft in der weltabgeschiedenen Nicht-Öffentlichkeit am besten gedeiht. Dass dieses Modell seit Mitte der 1990er Jahre auch in Deutschland zunehmend aufgeweicht wird (1994 wurde eine Arbeitsgruppe »Zur Öffentlichkeitsarbeit der Hochschulen« bei der HRK ins Leben gerufen), kann als strukturbildender Medialisierungseffekt verstanden werden. Demnach ist davon ausgehen, dass mittlerweile an vielen Stellen im Wissenschaftssystem Vermittlungsinfrastrukturen und Informationsaktivitäten ausgebaut werden, zum Teil zähneknirschend, zögernd mit mildem Druck von außen.[10] Inhaltsanalysen der Online-Kommunikation von Forschungsinstituten legen deren Schwachstellen beispielhaft offen: »Especially the internationally renowned top-level research institutions (...) have developed highly specialized ›languages‹ for scientific communication, which often make it impossible for nonspecialists to understand the content,

---

10 So wurden in verschiedenen Ländern von Regierungsseite Programme gestartet, um die Vermittlung von Wissenschaftswissen an die Gesellschaft zu fördern, so z. B. in Deutschland (»Public Understanding of Science and Humanities«, PUSH, bzw. »Science in Dialogue«) und Großbritannien (»Public Understanding of Science«, PUS, bzw. «Science in Society"): »The idea of all these programs is essentially the same: if you inform the public better about scientific issues, they will get a better understanding of science; people will realize how interesting philosophy is, that genetically modified tomatoes aren't dangerous at all, and that cloning research is good for us all.« (Schnabel 2002: 258)

methods, and research process. This leads to the problem of communication between experts and nonspecialists, which in Germany is underdeveloped compared to other countries, at least when talking about the general public as a target audience. The internet could be a medium to foster this urgently needed dialogue between scientists and the public« (Lederbogen/Trebbe 2000 zitiert nach: Lederbogen/Trebbe 2003: 349). Die wichtigsten Ursachen solcher und anderer Schwächen der Wissenschafts-PR sind weitgehend bekannt und betreffen vor allem institutionelle (Zersplitterung der Zuständigkeiten), personelle (unterdotiert und oft genug unterqualifiziert), finanzielle und strategische (selten ein strategische Kommunikationskonzept, das etwa auch Rechenschaft über Zielpublika ablegt) Aspekte (vgl. Schanne/Kiener 2004). Erstaunlich ist immerhin, dass Push-Kommunikation von Fachorganen demgegenüber offenbar erfolgreicher ist. So haben große wissenschaftliche Fachzeitschriften (u. a. Science und Nature) spezielle Dienstleistungen für Wissenschaftsjournalisten etabliert, die wichtige wissenschaftliche Publikationen aus der Fachzeitschrift in einer popularisierten Form verbreiten, welche auch für die direkte massenmediale Publikation geeignet ist (vgl. Dahinden 2004). Studien zeigen, dass sie damit beachtliche Medienresonanz erzielen können[11].

5. Fazit

Orientiert man sich an Poppers Unterscheidung von Entdeckungs-, Begründungs und Verwertungszusammenhang, dann weisen vorliegende Arbeiten auf Medialisierungsphänomene im Bereich der Entdeckung und der Verwendung von Wissenschaft hin, also exakt in den beiden Bereichen, für die zumindest im Paradigma der empirisch-analytischen Wissenschaftstheorie ausdrücklich kein wissenschaftliches Regelwerk formuliert wird und die man vielmehr als dezisionistischen Rand der Wissenschaft betrachtet. Man kann daher vielleicht sagen, dass diese weichen Systemgrenzen der Wissenschaft als Einfallstor der Medialisierung dienen, indem die Medien exakt an diesen Stellen (Was darf und was soll man wissen wollen? Welches Wissen darf man wie verwenden?) im Zusam-

---

11 80 Prozent aller Wissenschaftsberichte, und selbst noch 40 Prozent der Wissenschaftsberichte in den Qualitätsblättern *Frankfurter Allgemeine Zeitung (FAZ)* und *Süddeutsche Zeitung (SZ)* nehmen auf eine einzige Quelle Bezug – eben meist einen Fachzeitschriften-Artikel (Göpfert/ Schanne 1998).

menwirken (und zum Teil auch in Auseinandersetzung) mit Politik und Ökonomie an Regelsetzungen (besser: an der Produktion von Regelmäßigkeiten) mitwirken. Das würde aber zugleich bedeuten, dass der epistemologischen Kern der Wissenschaft, gewissermaßen ihr Quellcode, von der Medialisierung (noch) nicht erreicht wird. Inwieweit sich dies durch fortgesetzte Medialisierungsprozesse wie insbesondere die Herausforderung fachlicher Reputation durch mediale Prominenz zukünftig verändern wird, bleibt die zentrale Fragestellung für ein einschlägiges Forschungsprogramm. Im Hinblick auf das Einwirkungspotenzial der neuen Kommunikationstechnologien sind die Grenzen ihrer Wirksamkeit wohl schon erreicht: Sie haben sich nicht nur etabliert sondern in allen Kommunikationen des Systems beinahe unverzichtbar gemacht, bei der Kontaktaufnahme von Forschungspartnern, ihrem Einsatz bei Recherchen und in der Forschung, sowohl als ihr Gegenstand als auch ihr notwendiges Instrument. Der zeitgenössische Wissenschaftler ist vernetzter denn je, in den meisten wissenschaftlichen Disziplinen ist der vernetzte Computer zum wesentlichen und fast einzigen (Arbeits-)Instrument geworden. Medienbrüche sind kaum mehr nötig. Die umfassende Vernetzung des wissenschaftsinternen Kommunikationssystems steigert allerdings die Selbstreferenz und befördert mithin Abschließung gegen außen. Die Definition eines abgeschotteten, geschützten Kommunikationsraumes, in dem die eigenen Spielregeln ungestört zum Zuge kommen können, befördert die Abkehr vom Außen der Medien-Öffentlichkeit, in der man sich mit fremden Regeln und Kommunikationsformen auseinandersetzen muss. Sollte es soweit kommen, werden die Medien das Öffentlichkeitsloch der Wissenschaft füllen, soviel ist sicher, aber eben mit ihren eigenen Mitteln. Die Chance der Interaktion wäre vertan.

Literatur

Burns, T. W./O'Connor, D. J./Stocklmayer, S. M. (2003): Science communication: a contemporary definition. In: *Public Understanding of Science* 12 (2003), S. 183-202.
Dahinden, Urs (2004): Mediatisierung von Wissenschaft zwischen Glashaus und Marktplatz. In: Imhof et al. (Hg.): *Mediengesellschaft: Strukturen, Merkmale, Entwicklungsdynamiken.* Reihe Mediensymposium Luzern, Bd. 8, Wiesbaden: (im Erscheinen).
Diggelmann, Andreas (1996), Das »Waldsterben« in der Schweizer Tagespresse, in: Meier, Werner A./Schanne, Michael (Hg.) (1996): *Gesellschaftliche Risiken in den Medien. Zur Rolle des Journalismus bei der Wahrnehmung und Bewältigung gesellschaftlicher Risiken,* Zürich, S. 167–183.

Dumlao, Rebecca/Duke, Shearlean (2003): The Web and E-Mail in Science Communication. In: *Science Communication*, Vol. 24 No. 3, March 2003, S. 283-308.

Frühwald, Wolfgang (1998): Das Ende der Gutenberg-Galaxis. Über den Einfluss des Mediums auf den Inhalt wissenschaftlicher Publikationen. In: *Leviathan*, 3/1998, S. 305–318.

Göpfert, Winfried/Schanne, Michael (1998): *Das Förderprogramm Wissenschaftsjournalismus der Robert Bosch Stiftung GmbH. Evaluation.* Zusammenfassender Bericht, Manuskript, Berlin/Zürich.

Göpfert, Winfried (2001): Öffentliche Wissenschaft. Ist der Wissenschaftsjournalismus das Sprachrohr der Wissenschaft? in: Hug, Theo (Hg.): *Wie kommt Wissenschaft zu Wissen.* Band 4: Einführung in die Wissenschaftstheorie und Wissenschaftsforschung. Hohengehren, S. 68-92.

Goertz, Lutz (1995): Wie interaktiv sind die Medien? Auf dem Weg zu einer Definition von Interaktivität. In: *Rundfunk und Fernsehen*, 4/1995, S. 477-493.

Goodell, Rae (1977): *The visible Scientist,* Boston/Toronto.

Imhof, Kurt/Blum, Roger/Bonfadelli, Heinz/Jarren, Otfried (Hg.) (2004): *Mediengesellschaft: Strukturen, Merkmale, Entwicklungsdynamiken.* Reihe Mediensymposium Luzern, Bd. 8, Wiesbaden.

Jäckel, Michael (1995): Interaktion. Soziologische Anmerkungen zu einem Begriff. In: *Rundfunk und Fernsehen*, 4/1995, S. 463-476.

Jarren, Otfried (1996): Auf dem Weg in die »Mediengesellschaft"? Medien als Akteure und institutionalisierter Handlungskontext. Theoretische Anmerkungen zum Wandel des intermediären Systems. S. 79-96. In: Kurt Imhof / Peter Schulz (Hg.): *Politisches Raisonnement in der Informationsgesellschaft*, Zürich.

Jarren, Otfried (2001): »Mediengesellschaft« – Risiken für die politische Kommunikation. In: *Aus Politik und Zeitgeschichte*, 5.10.2001, S. 10-19.

Kaase, Max (2000): Political Science and the Internet. In: *International Political Science Review*, Vol. 21 No. 3, S. 265-282.

Kleinsteuber, Hans J./Hagen, Martin (1998): Interaktivität – Verheissungen der Kommunikationstheorie und das Netz. In: Neverla, Irene (Hg.): *Das Netz-Medium. Kommunikationswissenschaftliche Aspekte eines Mediums in der Entwicklung.* Wiesbaden, S. 63-88.

Kohring, Matthias (1997): *Die Funktion des Wissenschaftsjournalismus.* Opladen.

Kohring, Matthias (1998): Der Zeitung die Gesetze der Wissenschaft vorschreiben? Wissenschaftsjournalismus und Journalismus-Wissenschaft. In: *Rundfunk und Fernsehen*, 46. Jahrgang 1998/2-3, S. 175-192.

Lederbogen, Utz/Trebbe, Joachim (2003): Promoting Science on the Web. Public Relations for Scientific Organizations – Results of a Content Analysis. In: *Science Commmunication*, Vol. 24 No. 3, March 2003, S. 333-352.

Logan, Robert A. (2001): Science Mass Communication. Its Conceptual History. In: *Science Communication,* Vol. 23 No. 2, December 2001, S. 135-163.

Luhmann, Niklas (1990): *Die Wissenschaft der Gesellschaft.* Frankfurt a.M.

Luhmann, Niklas (1997): *Die Gesellschaft der Gesellschaft.* Bde. 2. Frankfurt a.M.

Marcinkowski, Frank (1993): *Publizistik als autopoietisches System.* Wiesbaden.

Marcinkowski, Frank (2001): Öffentliche Kommunikation als präventive Risikoerzeugung – Politikwissenschaftlich relevante Ansätze der Risikokommunikationsforschung und neue empirische Befunde. In: Simonis, Georg/Martinsen, R./Saretzki, T. (Hg.): *Politik und Technik: Analysen zum Verhältnis von technologischem, politischem und staatlichem Wandel am Anfang des 21. Jahrhunderts.* Sonderheft 31/2000 der PVS. Wiesbaden, S. 147-166.

Mazzoleni, Gianpietro/ Schulz, Winfried (1999): »Mediatization« of politics: A challenge for democracy? In: *Political Communication* 16 (1999), S. 247-261.

Neverla, Irene (2000): Das Netz – eine Herausforderung für die Kommunikationswissenschaft. In: *Medien & Kommunikationswissenschaft*, Jg. 4. 2000. H. 2, S. 175-187.

Nowotny, Helga/Scott, Peter/Gibbons, Michael (2001): *Re-thinking science : knowledge and the public in an age of uncertainty,* London.

Russ-Mohl, Stephan (2004): Wissenschaftsjournalismus in der Aufmerksamkeitsökonomie. In: Imhof et al. (Hg.): *Mediengesellschaft: Strukturen, Merkmale, Entwicklungsdynamiken.* Reihe Mediensymposium Luzern, Bd. 8, Wiesbaden (im Erscheinen).

Saxer, Ulrich (1998): Mediengesellschaft: Verständnisse und Missverständnisse. In: Sarcinelli, Ulrich (Hg): *Politikvermittlung und Demokratie in der Mediengesellschaft.* Opladen, S. 52-73.

Schanne, Michael/Kiener, Urs (2004): Wissenschaft und Öffentlichkeit: multiple Grenzziehungen. In: Imhof et al. (Hg.): *Mediengesellschaft: Strukturen, Merkmale, Entwicklungsdynamiken.* Reihe Mediensymposium Luzern, Bd. 8, Wiesbaden: (im Erscheinen).

Schnabel, Ulrich (2003): God's formula and Devil's contribution: science in the press. In: *Public Understanding of Science 12* (2003), S. 255-259.

Schönhagen, Philomen (2002): Interaktivität: Charakteristikum computerbasierter Medien bzw. computervermittelter Kommunikation? In: Nawratil, Ute (Hg.): *Medien und Mittler sozialer Kommunikation: Beiträge zu Theorie, Geschichte und Kritik von Journalismus und Publizistik. Festschrift für Hans Wagner.* Leipzig. S. 369-396.

Schulz, Winfried 2004: Reconstructing Mediatization as an Analytical Concept, in: *European Journal of Communication,* Vol 19(1), S. 87-101.

Schulz, Winfried/Zeh, Reiner/Quiring, Oliver (2000): Wählerverhalten in der Mediendemokratie, in: Markus Klein/Wolfgang Jagodzinski/Ekkehard Mochmann/Dieter Ohr (Hg.), *50 Jahre empirische Wahlforschung in Deutschland,* Wiesbaden, S. 413-443.

Schütz, Holger/Peters, Hans Peter (2002): Risiken aus der Perspektive von Wissenschaft, Medien und Öffentlichkeit. In: *Aus Politik und Zeitgeschichte.* Jg. 52. H. 10/11. S. 40-45.

Treise, Debbie/Walsh-Childers, Kim/Weigold, Michael F./Friedman, Meredith (2003): Cultivating the Science Internet Audience. Impact of Brand and Domain on Source Credibility for Science Information. In: *Science Communication,* Vol. 24 No. 3, March 2003, S. 309-332.

Tremayne, Mark/Dunwoody, Sharon (2001): Interactivity, Information Processing, and Learning on the World Wide Web. In: *Science Communication,* Vol. 23 No. 2, December 2001, S. 111-134.

Trumbo, Craig W./Sprecker, Kim J./Dumlao, Rebecca J./Yun, Gi Woong/Duke, Shearlean (2001): Use of E-Mail and the Web by Science Writers. In: *Science Communication,* Vol. 22 No. 4, June 2001, S. 347-378.

Weingart, Peter (2003): *Wissenschaftssoziologie,* Bielefeld.

Weingart, Peter (2002): Verlust der Distanz – Verlust des Vertrauens? Kommunikation gesicherten Wissens unter Bedingungen der Medialisierung. In: Vosskamp, W. (Hg.): *Ideale Akademie. Vergangene Zukunft oder konkrete Utopie?* Berlin, S. 95-112.

Weingart, Peter (2001): *Die Stunde der Wahrheit? Zum Verhältnis der Wissenschaft zu Politik, Wirtschaft und den Medien in der Wissensgesellschaft.* Weilerswist.

Weingart, Peter/Pansegrau, Petra (1998): Reputation in der Wissenschaft und Prominenz in den Medien: Die Goldhagen-Debatte. In: *Rundfunk und Fernsehen,* 46; Sonderband: Die Medien der Wissenschaft(2-3), S. 193-208.

Weingart, Peter/Salzmann, Christian/Wörmann, Stefan (2002): *Die gesellschaftliche Diskussion wissenschaftlichen Fortschritts in den Massenmedien. Der Fall Biotechnologie und Biomedizin. Expertise im Rahmen der »Ausschreibung von Expertisen im Themenfeld Politik, Wissenschaft und Gesellschaft«* (5. Oktober 2001). 31. Mai 2002.

Wilke, Jürgen (2004): Mediatisierung im Wissenschaftssystem? Beobachtungen aus dem Innenleben einer Universität. In: Imhof et al. (Hg.): *Mediengesellschaft: Strukturen, Merkmale, Entwicklungsdynamiken.* Reihe Mediensymposium Luzern, Bd. 8, Wiesbaden (im Erscheinen).

Der Autor ist tot, es lebe der Autor – Autorschaften im Internet

Roberto Simanowski

Während in der Literaturwissenschaft seit den 60er Jahren vom Tod des Autors die Rede ist (Barthes 2000, Foucault 1988), scheint das Internet eine neue Geburtsstunde des Autors darzustellen: Sei es die eigene Website im World Wide Web, seien es anhaltende Beiträge in *Newsgroups*, seien es *Weblogs*, Online-Journale oder die Möglichkeiten dezentraler, entmonopolisierter Radiostationen innerhalb der *Wireless Local Area Networks*,[1] überall sprießen Autoren bzw. Editoren unabhängig von herkömmlichen Medienhierarchien und unbehelligt von der »Polizei des Diskurses« (Foucault 1991) aus dem Boden. Es mag verwundern, wie man angesichts solcher Hoch-Zeit der Graswurzel-Autoren auch im Jahre 2003 noch den Tod des Autors verkünden kann. Die Rücknahme dieser Deklaration im zweiten Teil der Überschrift ist somit mehr als angebracht: *Der Autor ist tot, es lebe der Autor!* Und doch ist im Folgenden von beiden Phänomenen zu sprechen: Vom Untod des Autors wie von der Trauer über den Verstorben. Der Sachverhalt ist komplexer, als Überschrift und Themenstellung bereits vermuten lassen. Es gibt verschiedene Tode und verschiedene Formen des Überlebens. Es ist von der Verdrängung des Autors im sprachphilosophischen, medienutopischen und kunstbetrieblichen Sinne zu sprechen, von seiner Verabsolutierung gerade im Moment seiner Marginalisierung und von seiner Funktionsverschiebung vor dem Hintergrund der Interaktivitätsdebatte und der Konzepte kollaborativer Kunstprojekte. Der Aufsatz diskutiert die verschiedenen Aspekte in folgenden Schritten: 1. *Hyperfiction* und Zufallsdichtung, 2. Interaktivität und Selbstreflexion, 3. *Readymades* und Programmierung, 4. Kopisten und Kollaborateure.[2]

---

[1] Das Internet knüpft damit noch einmal an die Anfangstage des Radios an, als die die Frequenzen von Hobbyfunkern bevölkert waren (vgl. Rowland 1999: 154ff.). Vgl. dazu insbesondere den Beitrag von Armin Medosch in diesem Band.

[2] Der Aufsatz basiert auf einem Vortrag zur Konferenz »Grenzen der Interaktivität« (13. bis 15. November 2003) am Zentrum für Medien und Interaktivität der Justus-Liebig-Universität Gie-

1. *Hyperfiction* und Zufallsdichtung

Interaktivität ist ein ästhetisches Ideal seit vielen Jahrhunderten. Man begegnet ihr spätestens in den Figurengedichten des Barock, die zur Lektüre vom Leser eine bestimmtes körperliche Reaktion verlangen. Ein Beispiel ist das Pokalgedicht von 1637 anlässlich der Heirat eines Bremer Bürgerpaars, dessen Worte die Form eines Trinkpokals bilden.[3] Dieses Gedicht gehört gewiss in die Vorgeschichte der konkreten Poesie, weil es durch die Anordnung des sprachlichen Materials unabhängig vom Text eine Bedeutung transportiert: Man sieht den Pokal, noch ehe man den Text gelesen hat. Das Gedicht gehört zugleich in die Vorgeschichte der *interaktiven* Literatur, weil es den Leser zu einer körperlichen Reaktion zwingt, durch die erst der Text lesbar wird: Man muss entweder das Blatt oder den eigenen Kopf drehen, um Zugang zum Text zu haben. Das Barock hat mehrere solcher Experimente mit der Gestalt des Textes aufzuweisen. Berühmt sind die permutativen Gedichte zum Beispiel des Quirinus Kuhlmann und Georg Philipp Harsdörffer, bei denen man aus einer Reihe von Wörtern eines auswählen muss, um dem Text Gestalt zu geben.[4]

In solchen Projekten komponiert zwar die Aktion des Lesers den Text, der Spielraum dieser Komposition ist allerdings vorgegeben durch den Autor, der die zur Auswahl stehenden Wörter auswählte bzw. die Drehrichtung des Blattes bestimmte. Die Freiheit des Lesers ist begrenzt, der Tod des Autors ist ein relativer. Ich betone dies, weil seit der Diskussion des Hypertexts als *interactive fiction* (Ziegfeld 1989) oft vom Tod des Autors die Rede war. Das war falsch in zweifacher Hinsicht.

Zum einen bezog man sich zu Unrecht auf die Rede vom Tod oder Verschwinden des Autors innerhalb des poststrukturalistischen und postmodernen Diskurses. Die Stichwortgeber dafür sind Roland Barthes und Michel Foucault, die beide dafür plädierten, den Autor, fern aller idealistischen Souveränitätsillusion, nicht mehr als Subjekt freier Rede zu verstehen, sondern als Objekt ver-

---

ßen. Ergänzende bzw. vorangegangene Überlegungen zu diesem Beitrag befinden sich in Simanowski 2002b, wo die Autorschaften in digitalen Medien unter folgenden Aspekten diskutiert werden: Der Leser als Autor, Das Programm als Autor, Der Autor als Initiator, Autor als Designer.

3 Zur Hochzeit des Bremer Bürgers Meimar Schöne mit der Kaufmannswitwe Fenneke Wolters im Jahr 1637, Bremen, Staats- und Universitätsbibliothek, b 113, Nr. 12.4

4 Vgl. Harsdörffers *Wechselsatz* aus dem *Poetischen Trichter* (1648-53) und Kuhlmanns *Libes-Kuß* (1671).

schiedener Diskurse. Der Autor, so die Schlussfolgerung, ist das Produkt dieser Diskurse; nicht er spricht, wenn er spricht, sondern er wird durch diese Diskurse gesprochen, wie Barthes pointiert formuliert: es »ist die Sprache, die spricht, nicht der Autor« (Barthes 2000: 187).[5] Soziologisch gewendet kann man mit Foucault sagen: der Autor ist das »Ensemble von Strukturen« (Foucault/Caruso 1991: 14), oder mit Marx: der Mensch ist das »Ensemble seiner gesellschaftlichen Verhältnisse« (Marx/Engels 1983: 6).[6] Das Ziel dieser Position ist, den Akzent auf die schwer durchschaubaren Strukturen und Diskurse zu legen, unter deren Einfluss Menschen in der Interaktion mit ihrer Umwelt denken und handeln. Die Hypertexttheorie, die sich so gern auf Barthes und Foucault beruft, fällt hinter diesen Diskussionsstand zurück, indem sie sich auf Personen und separierbare äußere Erscheinungen konzentriert: So heißt es bei Jay David Bolter: »The text is not simply an expression of the author's emotions, for the reader helps to make the text« (1991: 153). George P. Landow, ein anderer 'Grandfather' der Hypertexttheorie, spricht von »another adjustement or reallocation of power from author to reader« durch des Lesers Möglichkeit, »to add links, lexias, or both to texts that he or she reads.« (Landow 1999: 156) Der innere Hoheitsverlust über den eigenen Text wird banalisiert zur Neuordnung der äußeren Besitzverhältnisse. Autorität über den Text geht nicht an den Diskurs verloren, sondern an den Leser als dessen Co-Organisator bzw. Gegenspieler.

Aber selbst im missverstandenen Sinne – und dies ist die zweite notwendige Korrektur – ist der Autor eines Hypertextes alles andere als »tot«. Denn der Autor, nicht der Leser, schreibt den Text und setzt die Links, und da der Autor, nicht der Leser, das Passwort für das *File Transfer Protocol* kennt, kontrolliert er den Text sogar noch nach dessen Veröffentlichung. Kritiker haben außerdem ar-

---

5 Vgl. Barthes 2000: 190: »Der Text ist ein Gewebe von Zitaten aus unzähligen Stätten der Kultur. (...) [so] kann der Schreiber nur eine immer schon geschehene, niemals originelle Geste nachahmen. Seine einzige Macht besteht darin, die Schriften zu vermischen und sie miteinander zu konfrontieren".

6 Diese Aussage gilt freilich auch für einen Text im konventionellen Medium des Buches, auf dessen äußere Gestalt der Leser keinerlei Einfluss hat, und die Diskursbestimmtheit gilt ebenso umgekehrt für den Leser. Er versteht den Text vor dem Hintergrund der Diskurse, an denen er teilhat, seine Lektüre ist, konstruktivistisch formuliert, ein autobiographischer Akt. (Vgl. Scheffer 1992: 182.) Radikal konstruktivistisch formuliert heisst dies: »Eingabegrößen des [kognitiven] Systems [werden] an vorhandene Konzeptstrukturen assimiliert bzw. akkomodiert« (Schmidt 1988: 139f.). Wenn S. J. Schmidt diese Thesen schließlich auf die Formel bringt: »Rezipienten erzeugen Lesarten (Kommunikationen), ohne Original« (ebd., S. 151), verkündet er nicht nur der Tod des Autors, sondern auch das Verschwinden des Textes.

gumentiert, dass die durch den Autor programmierte Intertextualität zwischen den verschiedenen Segmenten eines Hypertextes die interne, aufgrund der eigenen Lesebiografie entwickelte Intertextualität des Lesers außer Kraft setzt. Bevor der Leser anlässlich eines ambivalenten Begriffes wie etwa »Freiheit« oder »Glück« seine eigenen Konzepte abruft, aktiviert er die auf diesen Begriffen gegebenenfalls liegenden Links und setzt sich somit den durch den Autor angebotenen Erklärungen aus. Der Text schließt sich nach außen ab, indem er zu jeder Lücke schon einen abrufbaren Textblock bereithält (Rau 2000: 201): »die Annotationen des Autors überschreiben die Konnotationen des Lesers« (Matussek 1998: 275).[7]

Während diese Einwendungen den Tod des Autors im Hinblick auf *interaktive fiction* in Frage stellen, kann man ihn aus anderer Perspektive durchaus feststellen. Und zwar im Sinne der Voraussicht, die ein Hypertext-Autor auf seinen Text besitzt. Es stimmt, dass er es ist, der die Links setzt, aber es stimmt auch, dass er die Navigationsvarianten, die sich daraus ergeben, nicht mehr überblicken kann. Raymond Queneau veranschlagt für seine *Cent Mille Milliards de poèmes* (1961) – zehn Sonette, die, in Buchform, so angeordnet sind, dass man jeden Vers eines Sonetts mit jedem Vers eines anderen kombinieren kann – eine Non-Stop-Lektüre von über 190 Millionen Jahren. Es ist klar, dass er selbst seinen Text nicht in all seinen Varianten kennen kann. Insofern haben Millionen Leser seiner Sonette ihm voraus, die Texte in einer Form zu lesen, von der ihr Autor nichts weiß. Die Interaktivität zwischen Leser und Text geht hier in der Tat einher mit dem Tod des Autors als Kontrolleur des von ihm ermöglichten Textes.[8]

In der Poetik des automatischen Schreibens bzw. der Zufallsdichtung, in deren Tradition Queneaus Sonette stehen, ist diese Überwindung des Autors und seiner persönlichen (eingefahrenen) Sichtweisen das zugrunde liegende Ziel. Die Überwindung des Autors zielt dabei nicht auf dessen Abschaffung, sondern auf die Überschreitung seiner Kreativitätsgrenzen, auf den Durchbruch zu einem

---

7 Im Grunde ist damit jene Konstellation des konsumierenden Lesers gestärkt, von der man sich, mit Berufung auf Barthes, absetzen wollte. Die behauptete Verkörperung der postmodernen Theorien ist, wie Eckhard Schumacher in seiner Replik auf die explizite Intertextualität des Hypertextes etwas fachterminologisch, aber völlig richtig festhält, »eine Abschlussbewegung, die ihr Ziel offenbar darin sieht, […], die Dissemination der Konnotation in die Ordnung der Denotation zu überführen.« (Schumacher 2001: 129)

8 Zur Diskussion der Autorfunktion im Hypertext im Kontext von Fallstudien vgl. das Kapitel *Hyperfiction* in: Simanowski 2002a: 63-96.

nicht intentionalen Schreiben. Dies kann durch Narkotisierung erfolgen,[9] durch die Vervielfachung des Autors[10] oder, dann tatsächlich als Abschaffung, durch seine Ersetzung mittels technischer Schreibsysteme. Die letzte Variante hat seit der Ankunft des Computers eine Menge automatisch produzierter Gedichte und Geschichten hervorgebracht. Autor dieser Texte ist die Erzählmaschine, deren Schreibkriterien zwar auch menschliche Autoren haben, die auf der konkreten Ausgabeebene aber trotzdem Texte produziert, die so von den Programmierern nicht vorauszusehen waren.[11] Die Herausforderung des computergenerierten Erzählens ist doppelter Art: Es geht zum einen darum, aus einem Vorrat an Wörtern grammatisch richtige Sätze zu bilden, es geht zum anderen darum, dass diese Sätze auch sinnvoll sind und in ihrer Addition eine kohärente Geschichte erzählen. Während ersteres mittels ausgefeilter Verfahren der Strukturerkennung relativ einfach zu organisieren ist, erweist sich letzteres als die Achillesferse computergestützter Textgenerierung.

Die Frage ist freilich, wie sehr man die Lösung dieser technischen Aufgabe wünschen soll. Die maschinelle Produktion von Literatur bedeutet faktisch eine Ausweitung der Entfremdung auch auf den poetischen Prozess; die Abwesenheit des Autors im Text ist zugleich die Abwesenheit einer spezifischen Erfahrung, die schreibend nach Ausdruck sucht. John Cage sieht in der Okkupation des Schreibprozesses durch die Technik[12] eine Rückkehr zur Natur: »The highest purpose (der Zufallsdichtung) is to have no purpose at all. This puts one in accord with nature in her manner of operations.« (Cage 1973: 155) So opponieren

---

9 Eine besondere Form der »Narkotisierung« – neben Alkoholika und Rauschmitteln als den üblichen Stimulanzien – ist die Ablenkung des Autors im Prozess des Schreibens, in dem ihm zum Beispiel zugleich Texte vorgelesen werden (Solomon/Stein 1896). Vgl. dazu Schulze 2000: 40-66.

10 Vgl. die *Cadavre éxquis* als populärste Form des kollektiven Automatismus, in der zwei Spieler nacheinander je ein Wort schreiben, ohne das vorangegangene zu kennen. Eine moderne Form der Autor-Verfielfachung sind die kollaborativen Schreibprojekte im Internet, in denen der Gedanke des einen Autors durch einen anderen Autor aufgegriffen, anverwandelt, umgedeutet oder einfach negiert wird (vgl. unten Abschnitt 4.).

11 Ein frühes Beispiel sind die Experimente der Stuttgarter Gruppe um Max Bense, die seit den 50er Jahren am Grosscomputer *Zuse* stochastische Texte erzeugten. Spätere Erzählmaschinen sind etwa Meehans *Tale Spin* (1977), *Racter* von Chamberlain und Etter (1984), Lebowitz' *Universe* (1985), Kurzweils *Cybernetic Poet* (1990), Scott Turner's *Minstrel* (1992) und Selmer Bringsjords *Brutus* (1998).

12 Im Hinblick auf das automatische Schreiben sprechen Max Bense und Reinhard Döhl in ihrem Manifest *Zur Lage* (1964) von einer «Poietike techne", in der der »Dichter-Seher«, der »Inhalts- und Stimmungsjongleur« durch den »Handwerker« ersetzt wird (Bense/Döhl 1964).

Technik und Natur gleichermaßen der Kultur, deren Verweisung aus dem Schreibprozess die Verweisung der menschlichen Erfahrung und Unbedingtheit einer Botschaft ist. Aus der Entfremdung des Schreibprozesses resultiert auf der anderen Seite die Entfremdung der Rezeption. Denn wenn der Leser nicht mehr mit der spezifischen Selbst- und Welterfahrung eines Autors konfrontiert ist, welche Sinnkonstrukte kann der Text dann noch auslösen? Welche Sendung kann ein Text ohne Sender haben? Welche Autorität hätte die von einer Erzählmaschine ausgegebene Botschaft: *Du musst dein Leben ändern?!*[13]

2. Interaktivität und Selbstreflexion

Der ästhetische Gewinn einer solchen Konstellation, in der Leser einen Text lesen, den sein Autor gar nicht kennt (so im Falle Queneau oder der klassischen Hyperfiction) bzw. der gar keinen Autor hat (so im Falle der Erzählmaschinen), bleibe dahingestellt. Aus soziologischer Sicht ist man damit jedenfalls dort angekommen, wo John Cage und Roy Ascott die Kunst erwarteten, als sie Mitte der 60er Jahre von ihr forderten, Konstellationen zu schaffen, die das Publikum aktiv einbeziehen und die das materialisierte Ergebnis der Kunst aus der Interaktion zwischen dieser Konstellation und dem Publikum entstehen lassen.[14] Die Interaktion dieser *behaviouristischen Kunst* (Ascott 2002) erfolgt zunächst auf der externen Ebene sichtbarer Handlungen. Das Publikum muss sich verhalten, es ist in der Rezeption der Kunst zugleich in deren Produktion involviert.

Es sei an dieser Stelle auf Massaki Fujihatas Artikel *On Interactivity* verwiesen, in dem der traditionelle Rezeptionsprozess etwa im Hinblick auf ein Gemälde als »interaction« between codes« bezeichnet wird (Fujihata 2001: 316). Diese Interaktion vollzieht sich als kognitiver Prozess, als interne Auseinandersetzung mit den Symbolen und Zeichen, die das Gemälde enthält. Fujihatas Hinweis auf

---

13 Mit dieser Zeile endet Rainer Maria Rilkes berühmtes Gedicht *Archaic Torso of Apollo*. Die interessante Frage, die sich hier anschließen ließe, ist, welche Bedeutung das Verschwinden des Autors aus dem Text aus einer nicht biografischen, rein textimmanenten literaturtheoretischen Perspektive annimmt. Man wird argumentieren können, dass automatisch produzierte Literatur eine theologische Form aufweist, dass man autorlosen Sätzen, wie etwa der zitierte Rilke-Imperativ, wie einem Orakel gegenübersteht, das ebenfalls keinen menschlichen Autor aufweist.
14 Vgl. Cage 2002: 93: »We used to have the artist up on a pedestal. Now he's no more extraordinary that we are« und Ascott 2002: 103: »The necessary conditions of behaviourist art are that the spectator is involved and that the artwork in some way *behaves.*«

die Interaktion zwischen Codes ist wichtig, weil diese interne Interaktion des Rezipienten mit einem Werk oft unterschlagen wird in der pauschalen Gegenüberstellung von passivem Rezipienten – im Falle fertiger, äußerlich nicht beeinflussbarer Kunstwerke – und aktivem Rezipienten – im Falle eines erst durch den Rezipienten zu vollendenden Kunstwerkes.[15] In letzterem Falle kommt es faktisch zu einer Verdoppelung der Interaktion: auf interner und externer Ebene. Fujihata beschreibt den Übergang vom Kunstwerk zum Event wie folgt: »the process of viewing and the process of thinking are not simultaneous. They are separate processes. An interactive system serves to combine these two processes into a single real-time process for the user. Thus, experiencing becomes equal to understanding. Interactive art provides the user with an artificial environmnet where he/she can learn by experiencing.« (Fujihata 2001: 316f.)

Abgesehen von Fujihatas problematischer Entkoppelung von Analyse und Interpretation[16] bleibt freilich zu fragen, ob ein interaktives System wirklich externe und interne bzw. physische und kognitive Interaktivität in der erhofften Weise zusammenbringt. Die Erfahrung einer interaktiven Situation bedeutet nicht per se zugleich ein Verstehen, sie bedingt nicht einmal ein Nachdenken. Man könnte im Gegenteil behaupten, dass in vielen interaktiven Projekten die Erfahrung das Nachdenken verdrängt, dass das Verständnisinteresse durch das Spektakel der Interaktion ersetzt oder auf die Erkenntnis der technischen Funktionsweise reduziert wird. Das Desinteresse an einer Botschaft ist dabei oft auf beiden Seiten des ästhetischen Prozesses zu beobachten. Autoren schaffen interaktive Situationen, *Closed-Circuit*-Installationen – in denen das Verhalten des Betrachters (*User-Input*) dem System Informationen einspeist, die wiederum das Verhalten des Systems (*System-Output*) beeinflussen –, ohne dass sie dieser spezifischen Informationsverarbeitung eine bestimmte Botschaft anhängen. Das Publikum andererseits fragt gar nicht erst nach einer solchen Botschaft, sondern nur danach, wie das System technisch funktioniert, als sei damit auch schon dessen Sinn erschöpft.

---

15 Diese Gegenüberstellung ist seit den Happenings und interaktiven Installationen der 60er Jahre sehr populär und wird in der Hypertextdiskussion der 80er und 90er Jahre fortgeführt. In neueren Texten wird allerdings differenzierter diskutiert und zwischen der Interaktion als »mental event in the viewer's mind« sowie konkretem »contributing to an artwork« durch »remote and immediate intervention« unterschieden (Paul 2003: 67).

16 Fujihata trennt beide Prozesse geradezu räumlich, indem er zwischen der Betrachtung des Gemäldes in der Galerie und dem Nachdenken über es auf dem Heimweg unterscheidet (Fujihata 2001: 316). Die damit angenommene Wahrnehmung ohne Interpretation ist mit modernen Wahrnehmungstheorien freilich nicht haltbar.

Ungeachtet dieser kritischen Einwände ist festzuhalten, dass Fujihatas *learn by experiencing*-Modell genau die Überlegung widerspiegelt, die der handlungsbezogenen Ästhetik vieler interaktiver Projekte der 60er und 70er Jahre zugrunde liegt. So erklärt Bruce Nauman 1970 in einem Interview: »An awareness of yourself comes from certain amount of activity and you can't get it from just thinkung about yourself. You do exercises, you have certain kinds of awareness that you don't have if you read books.« (Nauman 1971: 27) In diesem Sinne schreitet Nauman Ende der 60er Jahre von Videoarbeiten zu »handlungsbezogenen Plastiken« bzw. »Erfahrungsarchitektur« (Wappler 2000: 129 und 130) voran wie etwa der berühmten *Corridor*-Installation 1970 im New Yorker Guggenheim-Museum. In dieser Installation sieht der Teilnehmer am Ende eines schmalen Ganges zwei Monitore. Auf einem ist der Gang leer (es läuft ein zuvor aufgenommenes Video ab), auf dem anderen ist der Teilnehmer selbst abgebildet, aufgenommen von einer Kamera über dem Eingang des Korridors. Zur Irritation über die abwesende Anwesenheit des Users an diesem Ort kommt somit die unüberwindbare Distanz zu sich selbst, da das im Monitor gezeigte Image sich verkleinert, je mehr sich der Teilnehmer ihm nähert. Das Bild des Teilnehmers hat diesem den Rücken zugekehrt und läuft ihm faktisch davon, entzieht sich unbarmherzig seinem näher kommenden Original. Der Verlust des Selbst im ersten Monitor wiederholt sich im zweiten. Das System kann von den Teilnehmern problemlos durchschaut und kontrolliert werden, allerdings nur, um immer wieder die Grenzen zu erkennen, die das System ihrem Versuch setzt, dem eigenen Bild näher zu kommen. Die Erkenntnis dieser Erfahrung ist die Verweigerung der »phantasmagorischen Vergewisserung im apparativen Spiegelbild« (Wappler 2000: 132f.) es ist die Verlorenheit des Narziss in der Untiefe des Korridors, wobei die technologische Analogie des Systems zum Fernsehen eine weitere Bedeutungsebene zum Thema verlorenes Selbstbild öffnet.

Eine Voraussetzung der »kognitiven Erfahrung« ist freilich die präzise Komposition dieser Erfahrungsarchitektur durch ihren Autor und die rigide Beschränkung des Handlungsspielraums der Teilnehmer, dem keine weitere kreative Rolle zukommt. Die Offenheit der Installation wird gewissermaßen wieder zur Werkhaftigkeit verdichtet.[17]

Aber auch im entgegengesetzten Verfahren lässt sich Erkenntnis durch unmittelbaren Einbezug des Publikums in Gestalt und Ablauf des Projekts erfahrbar vermitteln. David Rokebys *Very Nervous Systems*-Installationen wie etwa

---

17 Vgl. in diesem Sinne Daniels 2003: 21. Daniels verweist in diesem Zusammenhang auch auf Naumans Mistrauen in die Publikumsbeteiligung.

Body Language (1984–86)[18] verweigern dem User gerade das Durchschauen ihrer Funktionsweise und vermitteln auf diese Weise das Gefühl des Ausgeliefertseins an etwas Unkontrollierbares. Rokeby nennt seine Installationen »systems of inexact control« und sieht ihre philosophisch-politische Dimension darin, das Sich-Einlassen auf das Unkontrollierbare, Unvorhersehbare zu üben.[19]

In beiden Fällen liegt die künstlerische Botschaft in der Interaktion, die der involvierte Betrachter mit dem technischen System eingeht, und in beiden Fällen ist das Verstehen der »Grammatik des Interfaces« – die syntaktische Struktur einer interaktiven Installation (Fujihata 2001: 319) – Voraussetzung der Erkenntnis.[20] Entscheidend ist, dass diese syntaktische Struktur auch in ihrer semantischen Bedeutung verstanden wird, dass man also den erfahrenen Mangel an Kontrolle bzw. den erfahrenen Entzug des Spiegelbildes im Versuch, es zu erfassen, auf seine Botschaft hin reflektiert. Diese Reflexion gleicht dann wieder der *interaction between codes*, wie sie Fujihatas im Hinblick auf die Gemälderezeption festhält; es ist die Interaktion nach der Interaktion. Die »Grammatik des Interfaces« ist an die Stelle der visuellen Zeichen des Gemäldes getreten, sie ist der zu entziffernde Text und bleibt, wie jeder Text, mehr oder weniger verschiedenen Interpretationen offen.

---

18 In dieser Installation werden die von drei Kameras aufgenommenen Bilder eines Raumes digitalisiert und auf Bewegungen hin analysiert, die durch ein komplexes Verfahren in Sound umgewandelt wird. Der Besucher produziert mit seiner Bewegung im Raum die in den Raum gesendete Musik.

19 »For the most part, sense of control is a dangerous illusion. Many people are unwilling to engage in situations where the locus of control is ambiguous (which includes virtually all life situations). I am trying to propose a different model. You might not be able to gain control over my systems, but you will almost certainly sense that your actions are highly significant to the outcome, and that the outcome does tangibly reflect your input. The fact that my neighbour does not always reply the same way when I say ›hello‹ does not mean that this is a disempowering experience. If we weed out of our lives those things that are uncertain, unpredictable and ambiguous, we will become a very sad species. The computer sets up the illusions that total control is possible. But the crux of this illusion is the fact that the control only functions effectively within the carefully constructed ambiguity vacuum of the computer. This is not to say that the computer is useless beyond its privileged interior realm, but that the computer is designed to carefully maintain an illusion, a fantasy of control that is not a useful paradigm got real-world encounters, except for dictators and other absolute rulers.« (Rokeby 2003)

20 Vgl. zum Begriff des *Interface* als Grenze zwischen »Benutzer« und »Medium« auch die Beiträge von Marotzki, Bucher sowie Heitjohann und Popp in diesem Band

3. *Readymades* und Programmierung

Ein besonders interessantes Phänomen der Kunstgeschichte ist die Marginalisierung und gleichzeitige Verabsolutierung des Autors im *Readymade*. Ein Objekt des Alltags, das einen namenlosen Produzenten hat, erhält durch den bloßen Akt der Auswahl einen Autor und ein zweites Dasein als Kunstwerk. Im Grunde liegt dabei eine Verschiebung von handwerklichen auf konzeptuelle Fähigkeiten des Autors vor. Der Autor macht einen Gegenstand zum Kunstwerk, nicht indem er ihn schafft, sondern indem er ihn »berührt« und in einen anderen Kontext – den Kontext des Kunstbetriebs mit dem Autor als Hauptfigur – stellt. Diese »Berührung« unterscheidet sich vom »Anfassen« eines Herausgebers, denn sie ist ein Akt der Taufe auf den eigenen Namen. Das *Readymade* lebt von der Selbstinszenierung des Künstlers, die sich nicht mehr im Objekt selbst kundtut, wie im Falle des vom Autor erzeugten Kunstwerks, sondern eben in dessen Re-Kontextualisierung. Das *Readymade* lebt von der Erklärung des Künstlers, Künstler zu sein: Autorschaft wird zu einem performativen Akt, äußert sich im bloßen Willen, Autor zu sein.[21]

Bedeutet dies, dass auf diese Weise jeder zum Autor werden kann? Kann jeder ein Urinal ins Museum bringen? Die Antwort darauf ist dreifach: 1. Die Qualität, die durch den Autor auf das von ihm nicht geschaffene Objekt übergeht, ist Bildung, konkret: Kenntnis der Kunstgeschichte und ein Konzept, sie wirkungsvoll zu kommentieren bzw. zu demontieren. 2. Keiner kann nach Duchamp noch einmal ein Urinal ins Museum bringen, denn ein Konzeptwerk versperrt sich der Kopie (die im übrigen selbst bei Gebrauch anderer Gegenstände vorläge). 3. Wer nach Duchamp ein Urinal ins Museum bringt, kommentiert damit nicht die Kunstgeschichte vor, sondern seit Duchamp und stellt so den gleichen Gegenstand in einen veränderten Kontext. Seine Selbstinszenierung ist zugleich eine Reflexion der Selbstinszenierung Duchamps, sein Konzept baut auf dem Referenzkonzept auf und geht über dieses hinaus.

Readymades begegnen in vielerlei Form. In der Fotografie denkt man an John Baldessaris, der gefundene Fotos durch kleine Eingriffe (zum Beispiel Rotfärbung der Schatten)[22] manipuliert, und an Charles Cohen, der mit seinen *Archival Digital Inkjet*-Prints (2001) pornografische Bilder aus dem Internet ediert, indem

---

21 Die extreme Konsequenz dieser Logik der Selbstinszenierung zeigt sich, wenn Piero Manzoni 1960 in *Artist's Breath* den eigenen Atem in einem Ballon konserviert und wenn er 1961 in *Artist's Shit* den eigenen Kot in Konservendosen abpackt.

22 Vgl. das Foto *Invasion of the Body Snatchers, Piazza S. Gaetano, Naples*, 1958/1992

er die gezeigten Personen als weiße Silhouetten erscheinen lässt. Für die Literatur sei auf Peter Handkes *Aufstellung des 1. FC Nürnberg am 26. 1. 1968* von 1969 verwiesen, eine Mannschaftsaufstellung, die im Sportteil einer Zeitung als Sachtext mit klarem Gerbrauchswert fungieren würde, in Handkes Präsentation ein Jahr später innerhalb eines literarischen Bandes diesen Gebrauchswert jedoch verliert und zugleich kommentiert und somit ästhetische Eigenschaften erhält (Handke 1969: 59). Für den Film sei Andy Warhols *Empire* (1964) zitiert, eine achtstündige, tonlose Schwarz-Weiß-Aufnahme des New Yorker *Empire State Building* vom 44. Stock des gegenüberliegenden *Time-Life-Building*.[23] Für das Fernsehen ist auf die »human Readymades« (Daniels 2003: 47)[24] der *Reality-Shows* zu verweisen, wobei in diesem Falle die verunsichernde Funktion des einstigen Avantgardekunstphänomens – man denke an Valie Exports *Facing a Family* (1971) oder Dan Grahams *Alteration of a Suburban House*-Konzept (1978) – durch die Unterhaltungsintention des *Mainstream*-Mediums aufgesogen wird.

Ein neuer Fundort der *Readymades* ist natürlich das Internet, in dem jeder Fotos und Texte mehr oder weniger privater Art allgemein zugänglich macht. Eine besondere Form der *Reality-Show* sind dabei die *Webcams*, mit denen verschiedene *User* ihren Alltag veröffentlichen.[25] In diesem Falle, das ist neu, sind *Readymade* und Autor identisch. Im Falle von Thomas Ruffs *Nudes*-Serie (2000) handelt es sich hingegen wieder um vom Autor ausgewählte und manipulierte *Readymades*. So wie Charles Cohen manipuliert Ruff pornografische Bilder aus dem Internet – durch Schaffung von Unschärfen, Vergrößerung der Pixelanzahl und des ursprünglichen Aufnahmeformats, Unterdrückung störender Details –, um sie schließlich im Galeriekontext als Kunst auszustellen. Ähnlich wie bei Cohen setzt der Eingriff ins vorgefundene Bild dabei eine doppelte Bewegung von Be- und Entkleidung in Gang. Während die Unschärfe zunächst als Verdeckung der konkreten Nacktheit erscheint, unterminiert sie andererseits auch das, was Roland Barthes die »Maske aus Gesten«, die »eisige Gleichgültigkeit ge-

---

23 In diesem Falle wurde das Urinal tatsächlich noch einmal ins Museum getragen und zwar durch Wolfgang Staehle, der mit *Empire 24/7* (2001) eine Live-Aufnahme des gleichen Objekts präsentierte, nun in Echtzeit und digitalisiert rund um die Uhr im Internet zugänglich (*www.thing.net/empire.html*).
24 Dieser Begriff findet seine Anwendung freilich bereits, wenn Pierro Manzoni in *Living Sculptures* (1961) Menschen signiert und zu Kunstwerken erklärt.
25 Das berühmteste und wohl dienstälteste Beispiel ist die von 1996 bis Ende 2003 bestehende Website *Jennicam* der Webdesignerin Jennifer Ringley. Zur Diskussion der *Webcams* als *Readymades* vgl. Daniels 2003: 43-45.

schickter Praktikerinnen« nennt (Barthes 1964). Während jene Praktikerinnen aus der Sicherheit dieser symbolischen Bekleidung die Beobachtung beobachten und den Voyeur selbst zum Objekt der Szenerie machen, verstellt Ruff, indem er sich zwischen Vorlage und Betrachter schiebt, dem abgebildeten Körper diesen Blick zurück auf die Betrachter. Ruffs Weichzeichnung verstärkt damit im Grunde die Nacktheit des Körpers und installiert die Macht des eigenen Blicks in beide Richtungen: auf Objekt und Betrachter des Bildes. Es ist Ruff, der das Publikum anschaut, nicht die nackte Frau oder der nackte Mann – und er setzt sie/ihn *seinem* Blick aus, der alles andere als hilflos ist.[26]

Das Internet hat zugleich ein neues Genre der *Readymades* hervorgebracht. Neben dem *signierten Readymade* (Duchamps *Flaschentrockner*), dem *beschrifteten Readymade* (Duchamps *Schneeschaufel* mit der Inschrift »In advance of the broken arm«) und dem *nachgeholfenen Readymade* (Duchamps Mona Lisa-Druck mit aufgetragenem Bart *L. H. O.O.Q.*) gibt es nun das *gefälschte Readymade*. Hierbei handelt es sich um *Websites*, die eine kommerzielle Kommunikationssituation simulieren, um diese zu kommentieren und in ihrer Funktionsweise zu entlarven. Ein Beispiel ist die Website *www.kolonialwarenladen.de*, die vorgibt, ein Online-Shop zu sein, und durch das Angebot unwahrscheinlicher Waren oder Konditionen die Gutgläubigkeit der ahnungslosen Nutzer testet, um sie ihnen selbst schließlich vor Augen zu halten.[27] In anderen Fällen, wie der WTO-Website der Performance-Künstlergruppe *The Yes Man*, dient das gefälschte *Readymade* und die dadurch initiierte Kommunikation unter falscher Identität als Ausgangspunkt für komplexere, *anti-corporate* orientierte Performances.[28] Eine dritte Variante dieses Genres sind literarische Projekte, die in Form privater Homepages vorgeben, reales Leben abzubilden. Ein bekanntes Beispiel dafür ist *Online Caroline*, ein Online-Angebot, das die Besucher in die Probleme Carolines mit ihrem Partner einbezieht, um Rat per E-Mail bittet und die E-Mails scheinbar individuell beantwortet (*www.onlinecaroline.com*). Ein

---

26 Diese Tilgung des Blicks des Objekts auf den Betrachter wird symptomatisch, wenn Ruff in einem Falle (nudes kü12) dem Objekt auf der Vorlage tatsächlich den Kopf wegretuschiert. Zur ausführlichen Diskussion vgl. Simanowski 2004a.

27 Weniger subtil arbeitende Beispiele sind *syndikaton.com* und, schon im Titel verräterisch, *brainwash.com* (*www.3d3n.de/brainwash*).

28 Vgl. *www.theyesmen.org/hijinks/wto.shtml*. In diesem Falle erfolgt die Fälschung nicht nur über Mediengrenzen hinweg (Vertreter von *The Yes Man* treten unter falscher Identität auf realen Konferenzen auf), sondern auch in doppelter Weise: die WTO-Website gibt nicht nur vor, etwas zu sein, was sie nicht ist (das tun *www.kolonialwarenladen.de und Online Caroline* auch), sie ist auch eine Kopie der echten Website. Ausführlicher zu diesem Thema vgl. Simanowski 2001b.

Readymade der Fälschung ist auch Feng Mengbos auf der Documenta XI gezeigtes *Q4U* (2002), das die Software des Computerspiels *Quake III Arena* (*Q3A*) kopiert mit dem Unterschied, dass jede Person des *Shooter*-Spiels Fengs Gesicht erhielt, was zugleich an Duchamps *L.H.O.O.Q.* und an die Klone-Armee in Andy und Larry Wachowskis Filmsaga *Matrix* erinnert.

Das zugrunde liegende Codierungsverfahren der digitalen Medien und die sofortige Verfügbarkeit verschiedenster Informationen im Internet haben zu einer *Ästhetik des Mappings und der Rekonfiguration* geführt. Die im Netz verfügbaren Informationen werden kartografiert, in ein anderes semiotisches System überführt oder/und neu zusammengestellt und in dieser Übersetzung repräsentiert. Ein Beispiel für ersteres ist der Kunst-Browser *WebStalker* der britischen Gruppe I/O/D, der die einzelnen Dateien einer Website sowie ihre Verbindungen untereinander als Grafik visualisiert (*www.backspace.org/iod*). Ein weiteres Beispiel ist die Transformation von Bildern in ASCII-Text, die auf verschiedenen Websites angeboten wird (*www.text-image.com*), während andere Websites unter dem Stichwort *Text2Image* Software bereithalten, um Texte in Bilder zu transformieren.

Ein Projekt wie *Ping* (2001) von Chris Chafe und Greg Niemeyer zeigt wiederum, dass man auch Zeit und Raum in Musik verwandeln kann. *Ping* misst die Entfernung im Internet, indem es Echos produziert: Die kurze Nachricht eines Ausgangscomputers wird vom Zielcomputer (auf dem die angesteuerte Website liegt) an den Sender zurückgeschickt. Die Zeit dieser Rundreise – die von verschiedenen Faktoren abhängt (Datenstaus im Internet, Auslastung des jeweiligen Computers, unterschiedlich gewählte Pfade zum selben Ziel), aber immer im Millisekundenbereich liegt – wird gemessen in Sound verwandelt (*www.crossfade.walkerart.org/ping*). Im Rahmen unserer Diskussion wäre von einem *Readymade* zu sprechen, das nicht nur der Realität (der Internet-Kommunikation) entnommen ist, sondern erst durch diese Entnahme und die »Nachhilfe« der Transformation überhaupt wahrnehmbar wird. Im gleichfalls auf dem Datenverkehr aufbauenden *Ping Body* (1996) von Stelarc kontrolliert dieses *Readymade* dann sogar den Autor und verkehrt die ursprüngliche Bewegung des *Readymades* durch den Autor (das Tragen des Urinals ins Museum) in ihr Gegenteil.[29]

---

29 In *Ping Body* wird die gemessene Zeit in Stromstöße umgewandelt und als Bewegungsstimulation auf die Muskeln Stelarcs weitergeleitet, womit dieser die Autorschaft über die eigenen Bewegungen gegen die anonyme und intentionslose »Autorschaft« des Datenstroms eintauscht.

Ein weiteres Beispiel für die Rekonfigurierung der Daten-*Readymades* ist Lisa Jevbratts Projekt *1:1*, das die Websites zu willkürlich erstellten IP-Adressen aufsucht und in Form kleiner, farbiger Pixel visualisiert.[30] Das Ergebnis ist eine Art abstraktes Bild, ähnlich einem farbigen Bildschirmrauschen, auf dem jedes Pixel per Mausklick zu der von ihm repräsentierten Website führt. Die Ironie dieses *Readymades* aus Tausenden von *Readymades* ist, dass es aus Adressen besteht, also noch in seiner Dekontextualisierung seinem Ursprungsort im wörtlichsten Sinne verbunden bleibt.

Während die Informationen innerhalb des Internet bei den genannten Beispielen in ein anderes semiotisches System transformiert werden, belassen andere Projekte sie in ihrer ursprünglichen Form, stellen sie aber neu zusammen.[31] So kombiniert Andruid Kernes *Collage Machine* (inzwischen umbenannt in *combinFormation*) Images und Textpassagen verschiedener zuvor zur Auswahl gestellter Websites (*www.ecologylab.cs.tamu.edu/combinFormation*) ebenso wie Mark Napiers Browser *Riot*, der sich dazu jener Websites bedient, die *Riot*-User zuletzt besucht haben (*http://potatoland.org/pl.htm*). Man mag in beiden Fällen von *nachgeholfenen Readymade-Collagen* sprechen. Eine Mischung aus autorgeneriertem Werk und *Readymade* ist *The Impermanence Agent* von Noah Wardrip-Fruin, Adam Chapman, Brion Moss und Duane Whitehurst, der den Text einer von Wardrip-Fruin geschriebenen Ausgangsgeschichte sukzessive durch Material aus besuchten Websites ersetzt und in diesem Verlust des Ausgangstextes durch die überschreibenden *Readymades* zwei verschiedene Autorkonzepte und Kommunikationsmodelle gegeneinander stellt.[32]

Napier konnotiert die Rekombination der Online-*Readymades* politisch: »Riot disrupts the accepted rules of property and exposes the fragility of territo-

---

30 Vgl. *http://spike.sjsu.edu/~jevbratt/c5/onetoone*. Die Farbgebung folgt den Eigenschaften des Referenzobjekts: grün für zugänglich, rot für nicht zugänglich, blau für *Not Found* und weiß für *Remote Server Error*.

31 Die Montage – Braques und Picassos Einbau von Zeitungsausschnitten und Holzstücken in ihre Bilder oder Duchamps aus einem Fahrrad-Vorderrad und einem Hocker erstellte Skulptur *Fahrrad-Rad* (1913) – ist der Vorläufer des *Readymade*.

32 Vgl. *www.impermanenceagent.com*. Der in traditioneller Weise durch einen Autor erstellte Ausgangstext wird faktisch überschrieben durch *Readymades*, deren Autor das Publikum ist; das traditionelle Kommunikationsmodell der Lektüre einer dem Leser angebotenen Geschichte wird implizite konterkariert durch das Modell der vom Leser ausgehenden *Daily-Me*-Selektion. Zum *Daily-Me*-Aspekt des *Impermanence Agent* sowie zu anderen Projekten Noah Wardrip-Fruins vgl. das Interview auf *www.dichtung-digital.com* Nr. 2/2004 (*www.dichtung-digital.com/2004/2-Wardrip-Fruin.htm*).

rial boundaries (...) Riot is a software coded ›melting pot‹, a blender that mixes web pages from separate domains into one browser window.« Das sind große Worte, die im vorliegenden Fall sogar berechtigt sein mögen. Sie mögen auch berechtigt sein im Hinblick auf *Carnivore* (2001) von Alex Gallowey und *RSG* (*Radical Software Group*), das auf der Spionage-Software *DCS 1000* (Kosename *Carnivore*) basiert, mit der das FBI die über einen beliebigen Server ablaufende Kommunikation nach Stichwörtern filtert. Das *Carnivore*-Projekt (*www. rhizome.org/carnivore*) erlaubt Interessenten den *Download* und die Anwendung der Software zur kreativen Visualisierung solcher Daten. Napier ist einer dieser Interessenten. Er visualisiert und animiert in *Black and White* die Daten des CNN-Servers nach ihren 0 und 1 Code-Werten, wobei die 0s eine schwarze horizontale Bewegung und die 1s eine weiße vertikale Bewegung auf dem Bildschirm ausführen (*http://potatoland.com/blackwhite*).

So generiert die Spionage-Software Phänomene, die als Kunstprojekte auf entsprechenden Websites (*www.rhizome.org*) und in entsprechenden Büchern (Paul 2003: 179ff.) Aufnahme finden. Man wird diesen Projekten kaum den künstlerischen Wert abstreiten können und kann aufgrund des politisch hoch sensiblen Themas gar von engagierter Kunst sprechen, deren Sarkasmus darin liegt, einen brisanten Tatbestand in interessanter Kostümierung zu verbildlichen. Die *Mapping*- und Rekonfigurations-Ästhetik wirkt allerdings oft zugleich wie eine Bürokratisierung des Authentischen, die echte, in Echtzeit gewonnene Daten, die jetzt gerade irgendwo im Internet produziert werden, mit buchhalterischer Genauigkeit verwalten: Ein verspielter Daten-Positivismus mit postmodernem Beigeschmack, insofern die Übersetzung der Daten immer auch deren Relativität und Dekontextualisierbarkeit ausstellt. Das künstlerische Konzept der Übersetzung von Statistik in Bilder und Bewegung erschöpft sich dabei nicht selten in Datenfetischismus und Programmierkompetenz.

Dies wird deutlich im Falle von Benjamin Freys Software *Valence* (1999), die generell dazu genutzt wird, Bezüge einzelner Informationen in einer größeren Database zu visualisieren – sei es *Website*-Nutzung, die Genome von Menschen, Fruchtfliegen und Mäusen oder der Wortschatz eines Buches – oder dem ähnlich funktionierenden *TextArc* (2002) von W. Bradford Paley, das die einzelnen Wörter, z.B. in Shakespeares *Hamlet*, in ihrer Häufigkeit, Kontextualisierung und Verbindung zu anderen Wörtern grafisch anzeigt. Paul nennt *Valence* »an aesthetic ›context provider‹« (Paul 2003: 178). Ist es deswegen schon digitale Kunst?

Auch Stelarcs *Ping Body* stellt – so interessant es im Diskursrahmen des *Readymades* ist – im Grunde nur eine gesuchte Datentransformation dar, die durch ihren martialischen Charakter beeindruckt. Paul entdeckt eine essentielle Botschaft dahinter: »Allowing the body to be controlled by the machine, Stelarc's work operates on the threshold between embodiment and disembodiment, a central aspect of discussion about the changes that digital technologies have brought about for our sense of self.« (Paul 2003: 167) Die vorgeführte Körperkontrolle ist allerdings hausgemacht und fände gar nicht statt ohne aufwändige Inszenierung, mit der willkürlich eine Verbindung zwischen den digitalen Daten des Internet-*Traffic* und der Bewegungsfreiheit des realen Körpers hergestellt wird. *Mapping* und Rekonfiguration suchen hier weniger auf künstlerische als auf künstliche Weise einen politischen Bezugspunkt.

Die Überinterpretation der zugrunde liegenden Botschaft wird deutlich im Falle von Lisa Jevbretts Projekt *1:1*, das Tilman Baumgärtel als »eine Art praktizierte Netzkritik" begrüßt: »Sie begnügt sich nicht mit der kritischen Reflexion des Internet auf der Ebene seiner visuellen Oberfläche, sondern begibt sich in das Netz hinein, um das Medium aus sich selbst heraus zu thematisieren und seine technische Struktur zu hinterfragen.« (Baumgärtel 2001: 192) Im netzkritischen Jargon der 90er Jahre wird *Mapping* so zum Trojanischen Pferd mit dem »Hinterfragen«-Bonus. Die Autorin selbst ist weniger darauf bedacht, dem Verdacht der *reinen Kunst*[33] zu entgehen, und hebt vielmehr den poetischen und visuellen Aspekt hervor:

Oberflächlich betrachtet hat es nicht das Geringste zu tun mit den Metaphern, der Betrachtung des Internet und den Themen, die im Zusammenhang mit dem Web diskutiert werden, wie zum Beispiel mit Informationsüberflutung, Kategorisierungen, Identität und so weiter. Eine Menge Arbeit, bloß um damit nichts zu sagen. Aber es ist auch poetisch – wie ein mittelalterlicher Kartenzeichner, der versucht, sich einen unerforschten Kontinent vorzustellen. Die riesige Menge an Informationen gibt dem Ganzen eine erhabene Qualität – in einem Kantschen Sinne. (Baumgärtel 2000)

Die Kantische *Erhabenheit* ist eine passende Beschreibung dessen, was viele Beispiele der *Mapping*- und Rekonfigurations-Ästhetik, aber auch anderer Werke digitaler Kunst, ausmacht. Es ist die Unfassbarkeit des Technischen, die an diesen Werken begeistert. Und nicht nur die Unfassbarkeit der vorfindbaren Datenmenge, sondern auch das Verfahren ihrer Übersetzung und Kostümierung. Der interaktiv beteiligte User durchschaut weder das eine, noch das andere. Die

---

33 Vgl. Baumgärtels weiteren Kommentar: »In den Arbeiten von Lisa Jevbrett wird die Selbstreferentialität der Netzkunst auf die Spitze geschrieben und bekommt gerade dadurch paradoxerweise wieder eine Relevanz, die über die eines »reinen Kunstwerks« hinausgeht.« (Baumgärtel 2000)

Autoren dieser Projekte aber sind – als deren Programmierer – über Gefühle der Erhabenheit erhaben und verwandeln mit technischer Kompetenz an sich langweilige Daten zielsicher in ein visuelles Spektakel. Genau dies unterscheidet sie schließlich auch von den Autoren traditioneller *Readymades*.

Anders als in klassischen Collagen und *Readymades* bestimmt das Publikum von *Riot*, *Collage Machine* oder *Impermanence Agent* selbst das Resultat der Ent- und Aneignung der vorgefundenen Objekte. Ist somit das Publikum letztlich der Autor der Readymades? Diese Perspektive wäre ob ihrer Paradoxalität argumentativ zwar attraktiv, würde aber übersehen, dass das Material dieser Collagen kommunikative Prozesse sind. Die kommunizierenden Partner sind somit eher Teil des *Kommunikations-Readymades* als dessen Autor. Fraglos ist indessen, dass den Programmierern der Collage-Maschine eine stärkere Autorrolle zukommt, als dies beim klassischen *Readymade*, und zwar auch beim nachgeholfenen, der Fall ist. Diese Autorschaft beruht nicht mehr auf der bloßen Rekontextualisierung des vorgefundenen Materials und dem performativen Akt der Autorbehauptung, sondern auf handfester technischer Kompetenz. Es liegt eine Rückbewegung von konzeptuellen Fähigkeiten des Autors auf handwerkliche vor. Im besten Falle (*Impermanence Agent*) kommt es zu einer Gleichstellung beider Aspekte, in anderen (*1:1* oder *Ping Body*) zu einer Ersetzung. Im hier angesetzten Diskussionszusammenhang ist somit hinsichtlich der *Readymade-Collagen*, der gefälschten *Readymades* und vielleicht selbst der nachgeholfenen *Readymades* von Ruff sowie der *Webcam-Websites* – denn auch diese erfordern ein Mindestmaß an Programmierkenntnis – möglicherweise eher von *falschen Readymades* zu sprechen.[34]

4. Kopisten und Kollaborateure

Der freie Datentransfer in den digitalen Medien fördert das Verschwinden des Autors im Sinne des geistigen Eigentümers. Die Zeitungen sprechen seit langem davon und immer wieder mit neuen Schlagzeilen. So berichtete die *New York*

---

34 Diese Frage verlangt eine weitere Diskussion, die hier nicht geleistet werden kann und auch nicht geleistet werden muss, da es in diesem Aufsatz um Verschwinden und neue Erscheinungsweisen des Autors in den digitalen Medien geht. Das Ergebnis der ausstehenden Diskussion kann maximal verlangen, die Autorschaft der aufgeführten Projekte in einer anderen Kategorie als der des *Readymades* zu besprechen.

Times im September 2003 über Datenhandel im Netz unter der Überschrift »Eine Nation der Kopisten«, die *Süddeutsche Zeitung* greift im Globalisieren noch höher und titelt »Die Kultur der Kopisten«.[35] Der Datendiebstahl betrifft nicht nur die Kopie von CDs und Videos oder Musik- und Filmdateien. Er erstreckt sich auch auf Priester, die zum Beispiel ihre Predigten aus dem Internet ziehen,[36] und vor allem auf akademische Arbeiten. Laut Umfragen kopieren ein Drittel aller Studenten Hausarbeiten ganz oder teilweise aus dem Netz, wozu zweierlei anzumerken ist.

1. Wird eine Hausarbeit ganz aus dem Netz geladen und als eigene ausgegeben, liegt der Fall der Nicht-Autorschaft klar auf der Hand. Dieses Phänomen gab es natürlich auch vor dem Internet, ebenso was die teilweise Anleihe von Textpassagen durch das heimliche Zitieren betrifft.
2. Stellt die eigene Hausarbeit eine Collage aus verschiedenen Arbeiten anderer Autoren dar, ist der Collagen-Komponist wohl ebenso als eigenständiger Autor zu betrachten wie der *Hip-Hop*-DJ. Aus diskurstheoretischer Sicht ist an den oben bereits diskutierten Umstand zu erinnern, dass es Originalautorschaft ohnehin nicht gibt, sondern jeder Autor eine bestimmte Collage von Diskursen produziert. Aber auch diese ›Autoren zweiter Hand‹ geben ihren Collagen einen bewussten Zusammenhang, der aus den Zwängen ihrer individuellen Sichtweisen folgt. Sind jene Studenten, die die Arbeiten anderer Autoren als ihre eigenen ausgeben, deswegen »Autoren dritter Hand«? Oder stellen sie eine neue Variante zum Tod des Autors dar?

Beobachter wie der Philosoph Michael Schefczyk sehen nicht nur ein Massensterben des Autors, sondern beklagen implizite auch die »Demokratisierung« des Betrugs. Während man bisher Geld, Beziehungen oder Zeit brauchte, um anderer Leute Leistungen kopieren zu können oder mühsam abzuschreiben, setzt mit der massenhaften Vernetzten von Computern mittels Schlagwortsuche und *Cut-and-Paste*-Aktionen ein »veritabler Kostensturz« ein: »Angebote wie *www.hausarbeiten.de* ermutigen natürlich nicht ausdrücklich zum Unterschleif, aber naiv wäre, wer bei der mundgerechten Darbietung von Referaten oder bei der Ausstellung erprobter Seminararbeiten an gar nichts Böses dächte.« (Schefczyk 2004) Der Kommentar der Perlentaucher-Presseschau – »vielleicht sollte man Google erst ab 18 zulassen« (*www.perlentaucher.de/feuilletons/2004-02-14.html*) – re-

---

35 Vgl. den Beitrag von Andrian Kreye in der SZ vom 3.11.2003 sowie David Callahans Buch *The Cheating Culture: Why More Americans Are Doing Wrong to Get Ahead* (2004).
36 So der Hinweis bei Callahan schon im Klappentext.

flektiert die Befürchtungen um den Ruin der künftigen Generation, die Schefczyk, und viele andere mit ihm, haben: »Würden wir wirklich auf eine Generation der Mogler und Betrüger zusteuern, so würde über kurz oder lang der eigentliche Reichtum eines Landes, das in Menschen verkörperte Wissen, erodieren.« (Schefczyk 2004)

Gegenpol zu dieser Form des Verschwinden des Autors ist das massenhafte Drängen zur Autorschaft in den im Internet verbreiteten kollaborativen Schreibprojekten, die faktisch jeden vorbei kommenden Leser einladen, zum Autor zu werden.[37] Anders als im Falle der oben genannten persönlichen Websites und der noch zu besprechenden *Weblogs* und anders auch als im Falle der *Hyperfiction* und interaktiver Installationen realisiert sich Autorschaft hier als bewusster persönlicher Dienst an einem konkreten kollektiven Werk. Die gemeinsame Texterstellung kann dabei vielerlei Formen annehmen: Die Autoren schreiben an verschiedenen Zweigen einer multilinearen Geschichte,[38] sie beteiligen sich an einer Sammlung mehr oder weniger voneinander unabhängiger Beiträge unter einem spezifischen Stichwort[39] oder sie verfassen gemeinsam eine lineare Geschichte.[40] Ihren Ursprung haben diese Mitschreibprojekte innerhalb von Computernetzsystemen im Frankreich der frühen 80er Jahre, wo zum Beispiel Roy Ascott 1983 sein *La Plissure du Texte* initiierte und wo 1985 auf der *Immatériaux*-Ausstellung das Minitel-System die Basis eines groß angelegten kollektiven Schreibprojekts bot. Mit Ascott ist zugleich der Bezug zum Ausgangspunkt dieses Beitrages hergestellt und die Verbindung zwischen der Absetzung des Autors und seiner massenhaften Auferstehung im interaktiven Dienst einer gemeinsamen Sache.

---

37 Zum Phänomen des »kollaborativen Schreibens« vgl. insbesondere den Beitrag von Kuhlen in diesem Band.
38 Vgl. *Die Säulen von Llacaan* (*http://netzwerke.textbox.de/llacaan*), eine kollaborative *Hyperfiction* über eine Phantasiewelt, die von einer Untergrundbewegung und anderen Erscheinungen erschüttert wird.
39 Vgl. *23:40* (*www.dreiundzwanzigvierzig.de/cgi-bin/2340index.pl*), das Kurzgeschichten zu jeder Minute eines abstrakten Tages versammelt (ausführlich dazu in Simanowski 2004b), und Storyweb (*http://t0.or.at/~lyrikmaschine/storyweb/storyhom.htm*), das eigenständige Texte verbindet, die sich voneinander inspirieren ließen (eine Besprechung dazu in Simanowksi 2001: 24-27).
40 *Beim Bäcker* (*http://home.snafu.de/klinger/baecker*) startet als Geschichte mit erotischen Phantasien in einem Bäckerladen (für eine ausführliche Fallstudie vgl. Simanowski 2002a: 27-34), *The World's First Collaborative Sentence* (*http://ca80.lehman.cuny.edu/davis/Sentence/sentence1.html*) ist die kollektive Fortschreibung eines Satzes, den Dougles Davis 1994 im Internet startete.

Der genauere Blick zeigt freilich, dass solcher Dienst mitunter wenig Rücksicht auf das Gemeinsame nimmt und das Erbe des vorangegangenen Autors durch den Folgeautor selten aufgenommen und umgesetzt wird: bereits eingeführte Personen werden entweder im Eigeninteresse umgedeutet oder durch die Einführung »eigener« Figuren ignoriert, getroffene Verabredungen kommen nicht zustande, erfolgte Ereignisse werden nicht in Rechnung gestellt. Das Schreiben nicht *in*, sondern *neben* der Geschichte wird in manchen Fällen (zum Beispiel *Beim Bäcker*) schließlich zu einem spürbaren Problem und führt die Geschichte zur Reflexion ihrer selbst: Die Geschichte der Geschichte wird Gegenstand der Beiträge. So sind Mitschreibprojekte oft weniger in ästhetischer Hinsicht interessant, als wegen der Geschichte, die sie dem Leser über ihre Autoren erzählen. Unter dem Text liegt ein Text, der von der Dynamik der Kommunikation im Netz handelt; die Autoren der offiziellen Geschichte sind die Figuren einer geheimen und schreiben im Schreiben an jener zugleich an dieser über sich selbst.[41]

Mitschreibprojekte halten eine weitere Autorposition bereit, die dem Initiator des Projekts zukommt. Dies gilt zumindest, wenn das Projekt eine interessante technische Konstruktion aufweist, die an sich ästhetischen Wert besitzt und diesen den gesammelten Beiträgen zur Verfügung stellt. Ein Beispiel dafür ist *23:40*, das nicht nur Texte zu jeder Minute eines abstrakten Tages sammelt, sondern nach jeder Minute auch zum nächsten Text weiterleitet. Die schriftliche Kommunikationssituation nimmt somit Eigenschaften der mündlichen an: der Text hat seinen Verlautbarungszeitpunkt, der Autor beeinflusst die äußeren Umstände der Rezeption. Wie er diesen Einfluss poetologisch nutzt, liegt an ihm, dass er ihn hat, verdankt er dem Initiator und/oder Programmierer des Projekt. Das Mitschreibprojekt wird hier im Grunde zu einer Spielform konzeptueller Kunst und hat als solche im Ideengeber des Konzepts einen genau bestimmbaren Autor.[42]

Eine Autorposition, bei der die individuelle Autorschaft scharf abgegrenzt bleibt und zugleich auf einer vielschichtigen Autorgemeinschaft beruht, bieten die *Weblogs*, eine Mischung aus Tagebuch und kommentierter Presseschau. In der Definition auf *Wikipedia* heißt es:

---

41 Zur »sozialen Ästhetik« der kollaborativen Autorschaft vgl. das Kapitel *Mitschreibprojekte* in Simanowski 2002a: 27-62.

42 Interessanterweise war die Konzeptualisierung von *23:40* selbst wiederum ein kollektiver Prozess innerhalb des Forums Netzliteratur.de (vgl. Simanowski 2002a: 44).

In einem Weblog (auch Blog) hält ein Autor (»Blogger«) seine »Surftour« durch das Internet fest, indem er zu besuchten Seiten einen Hypertext-Eintrag schreibt. Er linkt auf andere Webseiten und kommentiert aktuelle Ereignisse oder äußert Gedanken und Ideen. Viele Einträge bestehen aus Einträgen anderer Weblogs oder beziehen sich auf diese, so dass Weblogs untereinander stark vernetzt sind. Die Gesamtheit aller Weblogs bildet die Blogosphäre. (*http://de.wikipedia.org/wiki/Weblog*)

Auch in der Definition von Dennis G. Jerz wird die Vernetzung der *Blogger*, die »Demokratisierung des Hypertextes«, hervorgehoben, die aus der leicht zu handhabenden *Content-Management*-Technik resultiert.[43]

Weblogs sind inzwischen so populär, dass man bereits *klassische Weblogs* – die der soeben gegebenen Beschreibung entsprechen – von den als *Weblog* geführten Tagebüchern und persönlichen Websites unterscheidet, welche das Genre nur seiner technischen Form wegen nutzen, ohne der ursprünglichen inhaltlichen Ausrichtung zu entsprechen.[44] Diese klassischen *Weblogs* verkörpern faktisch eine öffentliche, kollektive Nachrichtenreflexion. In sehr persönlicher Form vernetzen und kommentieren sie vorgefundene Nachrichten, wobei die Kommentarfunktion des *Blogs* wiederum den Lesern erlaubt, ihrerseits Einträge zu kommentieren. Die kurze Geschichte der *Weblogs* hat bereits ihren Helden, dessen Texte soviel Aufsehen auch außerhalb der *Blogs* und außerhalb des Internet erregte, dass sie in renommierte Zeitungen übernommen und schließlich zu einem Buch zusammengestellt wurden. Sein *Blogger*-Name ist Salam Pax, sein Thema der bevorstehende und erfolgte Angriff der US auf den Irak.

Salam Pax – die Anne Frank des Irakkrieges, wie es auf Nick Dentons *Weblog* heißt (*www.nickdenton.org/archives/005924.html*) – bietet, unabhängig von den irakischen, arabischen und westlichen Medien, Einsichten in das Leben, Fühlen und Denken der Iraker vom September 2002 bis zum Juni 2003. Er lässt uns erkennen, dass man kritisch gegen Saddam und das Vorgehen der USA sein kann, er lässt uns mit ihm die Stunden zählen zwischen der Fernsehmeldung über

---

43 »A weblog is a textual genre native to the World Wide Web, comprising a regularly-updated collection of links to other documents, together with commentary that evaluates, amplifies, or rebuts the off-site information. A cross between an online diary and a newspaper clipping service, a weblog is important factor in the ongoing democratization of hypertext – that is, a means by which ordinary people who do not think of themselves as programmers or designers can efficiently harness the power of hypertext, and thereby add their voices to the community of global villagers.« (Jerz 2003)

44 Es gibt inzwischen mehrere Suchmaschinen für *Weblogs* wie *www.feedster.com*, *www.blogpulse.com* und *www.logg.de*. Zum Problem der *Content*-Produktion vor dem Hintergrund des Kaufes der *Weblog*-Plattform *Blogger.com* durch *www.g.oogle.com* vgl. Jerz 2003.

den Start der Bomber und ihrer Ankunft in Bagdad[45] und er nimmt uns mit auf die Straßen nach der Ankunft der US-Truppen. Genauer sollte es freilich heißen: Einsichten in das Leben, Fühlen und Denken *dieses* konkreten Irakers. Denn entgegen dem Titel der amerikanischen Ausgabe – *Salam Pax. The Clandestine Diary of an Ordinary Iraqi* – handelt es sich nicht um irgendeinen Iraker, der mittels des Internet zu Autorruhm in der westlichen Welt gelangt. Salam Pax ist so populär, weil er die Leseerwartungen der westlichen Welt erfüllt und einen Großteil ihrer Lebensgewohnheiten teilt. Er hat als Kind intellektueller Eltern die Hälfte seines Lebens im Ausland verbracht, er lebte lange Zeit in Wien, er hat ein sehr distanziertes Verhältnis zur Religion (zieht *Tao Te Ching* dem *Koran* vor), schreibt ein vorzügliches, unterhaltsames Englisch, ist tief in der westlichen Kultur verwurzelt und hat außerdem das Geld für den Internetanschluss, das vielen seiner Landsleute für die Miete fehlt. So kann er in seine Betrachtungen mühelos David Bowie, Orwell, Mies van der Rohe, Wittgenstein, William Gibson und *The Fight Club* einflechten (vgl. 22, 26, 43, 166, 119) und so kann er statt des verbreiteten weinerlichen Pessimismus seiner Landsleute einen ironisch distanzierten bis zynisch-makaberen Bericht, der ihm schließlich das Interesse westlicher Redakteure und Lektoren einbringt.[46] Salam Pax ist, wie er selbst festhält, kein *regular Joe* (27), er ist, wie Ian Katz in der Einleitung schreibt, »just like us« (IX). Dass ihn der amerikanische Buchtitel trotzdem als gewöhnlichen Iraker ausstellt, mag einfach buchhändlerischen Erwägungen folgen oder auch dem tiefer liegenden Interesse, Berührungsängste vor und Vorurteile über die Iraker seitens der amerikanischen Leser gezielt abzubauen.[47]

---

45 »We start counting the hours from the moment one of the news channels reports that the B52s have left their airfield. It takes them six hours to get to Iraq. On the first day of the bombing it worked precisely.« (Salam Pax 2003: 131)

46 Um nur ein kurzes Beispiel zu geben: »We have not decided to leave Bagdad if ›it‹ happens, but just in case we absolutely have to. We are very efficiant packers, me and my mom. The worst packers are the emotional ones. The oh-let's-remember-when-I-bought-this-thing packers. We just do it in cold blood. We have done this quite often. We are serial packers. Grrrrrrr. « (97; Eintrag 16.2.2003) Es bleibt die Frage, ob Salam Pax als *Anne Frank* des Krieges Erfolg gehabt hätte, wenn er nicht ebenso »its Elvis« (XIII) gewesen wäre. Der besondere Stil seines Berichts ist im Titel der deutschen Ausgabe eingefangen: *Let's get bombed. Schöne Grüße aus Bagdad.*

47 Der deutsche Verlag folgte anderen Erwägungen, der britische bleibt mit *Salam Pax: The Baghdad Blog* äußerst neutral.

Man kann zuspitzend festhalten: Salam Pax' Karriere als Internetautor beruht auf seiner Entfremdung von der eigenen Herkunftskultur.[48] So sehr er im Netz zu Autorruhm kommt, so wenig erreicht er seine Landsleute, deren er nicht mehr als zweieinhalb unter seinen Lesern zählt (115). Den wachsenden Autorruhm indessen registriert er sehr genau. Er freut sich, auf den *Blogs* seiner Leser verlinkt zu sein, er freut sich über die Gedichte andere *Blogger* auf ihn und er spricht von seinem »Publikum« (24, 87, 85). Er zeigt sich aber auch besorgt, wenn ihm in den etablierten Medien Autorität als Auskunftsperson zugeschrieben wird. (X, 95) Dessen ungeachtet nimmt Salam Pax' Karriere als Autor schließlich den Weg vom Graswurzel-Unternehmen *Weblog* zu den etablierten Publikationsorten und -adressen. Als *Blogger* entdeckt und im *Guardian* ausführlich zitiert wird er schließlich dessen Kolumnist und Buchautor: »Unusually for an Internet phenomenon, Salam successfully made the transition into old media.« (XII)

Es bleibe dahingestellt, wie ungewöhnlich ein solcher Übergang wirklich ist.[49] Fakt bleibt, dass er stattfindet und dass mit ihm die Umgehung der »Diskurspolizei« (Foucault 1991) im Internet in die etablierten Medien mit ihren traditionellen Türhütern verlängert wird – und nach den Regeln von Aufmerksamkeitsökonomie plus Marktgesetz geradezu erzwungen werden kann. Diese Feststellung zu den neuen Möglichkeiten für Autoren in bzw. durch die digitalen Medien ist freilich um die Erkenntnis zu ergänzen, dass die Diskurspolizei – und nun sind die *internen* Ausschließungsprozeduren gemeint, – eben nicht wirklich umgangen werden kann und im Falle des Salam Pax die Integration in die westliche Kultur Voraussetzung dafür war, in dieser schließlich als Autor zu reüssieren. Abgesehen davon aber bleibt Salam Pax eine Erfolgsgeschichte des Internet und der mit ihm verbundenen neuen Karrierepfade als Autor.

Was die anderen (Über-)Lebensformen des Autors im Internet betrifft, so wurde deutlich, dass in manchen Fällen dem Leser der Autor, in manchen dem Autor der Leser abhanden kommt. *Hyperfictions* haben zwar sehr wohl einen klar benennbaren Autor, der aber seinen Text nicht wirklich kennt. Computergenerierte Texte vermitteln ihre Botschaft mit der Autorität einer Maschine (oder

---

48 Salam Pax reflektiert diese In-between-Situation, wenn er das Bild eines typischen arabischen Blogs entwirft – »western readers wouldn't get it, because it would be so out of their cultural sphere« – und sich selbst als »embodiment of cultural betrayal« bezeichnet (54).

49 Die neuen Medien dienen in mancher Hinsicht als Sprungbrett für Aufmerksamkeit in den alten Medien; man denke nur an die Internet-(Mit)schreibprojekte, die anschließend in großen Verlagen erschienen: *NULL* (DuMont 2000), *Am Pool* (Kiepenheuer & Witsch 2001 als: *The Buch – Leben im Pool*) oder an Rainald Götz' Online-Tagebuch *Abfall für alle* (Suhrkamp 1999).

eines Orakels). Interaktive Installationen werden durch einen benennbaren Autor verantwortet, vom Publikum aber oft nur getestet und nicht auch »gelesen«. *Readymades* marginalisieren den Autor und verabsolutieren ihn zugleich, wofür das Internet eine Vielzahl neuer Beispiele liefert. In manchen sind *Readymade* und Autor identisch, in anderen sind die *Readymades* gefälscht oder rekonfiguriert. Der Zu- und Eingriff des Autor kann eine klare Botschaft enthalten – wenn etwa ein kommerzielles Computerspiel durch Klonen die nach dem 11. September ausgegebene Freund-oder-Feind-Losung *ad absurdum* führt oder – wenn Internet-*Traffic* visualisiert und animiert wird – sich im bloßen Jonglieren mit Daten erschöpfen. Bemerkenswert ist, dass die Kommunikations-*Readymades* nicht mehr allein durch eine Autorbehauptung existieren, sondern neben – oder auch statt – der traditionellen konzeptionellen Grundlage handfeste handwerkliche Kompetenz erfordern. Während das Internet durch Suchmaschinen den Wandel vom Autor zum Kopisten fördert, bietet es mit kooperativen Schreibprojekten einen guten Nährboden für den Jedermann-Autor, der sich mitunter als Spielwiese für Egoisten erweist. Eine Gemeinde von sich gegenseitig lesenden und zitierenden Autoren entsteht in der »Blogosphäre" der *Weblogs*, die das Tagebuchschreiben seines privaten Charakters entkleidet und ins Erwachsenenalter verlängert. Im Hinblick auf die Situation des Autors im Zeitalter des Internet ist somit abschließend salomonisch zu sagen, dass der zweite Teil des Paneltitels durchaus aus dem Imperativ in den Indikativ überführt werden kann: Der Autor ist tot, der Autor lebt.

Literatur

Ascott, Roy (2002), Behaviourist Art and the Cybernetic Vision, in: Packer,Randall/Jordan, Ken (Hg.): *Multimedia. From Wagner to Virtual Reality*. New York, London. S. 95-103.
Barthes, Roland (2000): Der Tod des Autors, in: Jannidis, Fotis/Lauer, Gerhard/Martinez, Matias /Winko, Simone (Hg.): *Texte zur Theorie der Autorschaft*. Stuttgart. S. 185-193, hier: 187 (zuerst 1967).
Baumgärtel, Tilman (2001): *Net.art 2.0. Neue Materialien zur Netzkunst*. Nürnberg.
Barthes, Roland (1964): Strip-tease. In: Ders.: *Mythen des Alltags*. Frankfurt a. M. S. 68-72 (frz. 1957).
Bense, Max/Döhl, Reinhard (1964) Zur Lage. Online unter *www.reinhard-doehl.de/ zurlage.htm*.
Cage, John (2002): Diary: Audience 1966, in: Packer, Randall/Jordan, Ken (Hg.): *Multimedia. From Wagner to Virtual Reality*. New York, London. S. 91-94.

Cage, John (1973): *Silence. Lectures and Writings.* Middletown, 1973 (zuerst 1961).
Daniels, Dieter (2003): *Vom Readymade zum Cyberspace.* Kunst / Medien / Interferenzen, Ostfildern-Ruit.
Foucault, Michel (1991): *Die Ordnung des Diskurses.* Frankfurt a. M. (Paris 1972).
Foucault, Michel (1988): Was ist ein Autor? In: Ders.: *Schriften zur Literatur.* Frankfurt a. M., S. 7-31 (zuerst in: Bulletin de la Société francaise de Philosophie, Juli-September 1969).
Foucault, Michel/Caruso, Paolo (1991): Gespräch mit Michel Foucault. In: Seitter, Walter (Hg.): *Michel Foucault. Von der Subversion des Wissens.* Frankfurt a. M., S. 7-27 (Mailand 1969).
Fujihata, Masaki (2001): On Interactivity. In: Stocker, Gerfried/Schöpf, Christine (Hg.): *Takeover. Who's doing the art of tomorrow (ARS Electronica 2001).* Wien/New York. S. 316-319.
Jerz, Dennis G. (2003): On the Trail of the Memex. Vannevar Bush, Weblogs and the Google Galaxy. In: *dichtung-digital,* Nr. 1/2003 (*www.dichtung-digital.com/2003/1-jerz.htm*)
Handke, Peter (1969): *Die Innenwelt der Außenwelt der Innenwelt.* Frankfurt a. M.
Landow, George P. (1999): Hypertext as Collage Writing, in: Lunenfeld, Peter (Hg.): *The Digital Dialectic. New Essays on New Media.* Cambridge, Ma. S. 150-170.
Marx, Karl/Engels, Friedrich (1983): *Werke, Bd. 3.* Berlin/Ost.
Matussek, Peter (1998): Hypomnemata und Hypermedia. Erinnerung im Medienwechsel: die platonische Dialogtechnik und ihre digitalen Amplifikationen. In: *Deutsche Vierteljahresschrift,* Jg. 72, Sonderheft, S. 264-278.
Nauman, Bruce (1971): Nauman Interview. In: *Avalanche,* Winter 1971, S. 22-31.
Paul, Christiane (2003): *Digital Art.* London.
Rau, Anja (2000): *What you click is what you get? Die Stellung von Autoren und Lesern in interaktiver digitaler Literatur.* Berlin.
Rokeby, David (2003): Very Nervous System: Interview with David Rokeby. In: *dichtung-digital* Nr. 1/2003 (*www.dichtung-digital.com/2003/1-Rokeby.htm*).
Rowland, Wade (1999): *Spirit of the Web. The Age of Information from Telegraph to Internet.* Ontario.
Salam Pax (2003): *Salam Pax. The Clandstine Diary of an Ordinary Iraqi.* New York.
Schefczyk, Michael (2004): Ausschneiden, einsetzen – fertig? Der Gedankenklau im Internet macht Schule. In: *Neue Zürcher Zeitung,* 14.02.2004.
Scheffer, Bernd (1992): *Interpretation und Lebensroman. Zu einer konstruktivistischen Literaturtheorie.* Frankfurt a. M.
Schmidt, Siegfried J. (1988): Diskurs und Literatursystem. Konstruktivistische Alternativen zu diskurstheoretischen Alternativen. In: Fohrmann, Jürgen/Müller, Harro (Hg.): *Diskurstheorien und Literaturwissenschaft.* Frankfurt a. M. S. 134-158.
Schulze, Holger (2000): *Das Aleatorische Spiel. Erkundung und Anwendung der nichtintentionalen Werkgenese im 20.* Jahrhundert. München.
Schumacher, Eckhard (2001): Hyper/Text/Theorie: Die Bestimmung der Lesbarkeit. In: Andriopoulos, Stefan/Schabacher, Gabriele/Schuhmacher, Eckhard (Hg.): *Die Adresse des Mediums.* Köln. S. 121-135.

Simanowski, Roberto (2004a): Fotografie ohne Kamera: Wie man aus obszönen Readymades des Internet Offline-Kunst macht. In: Schade, Sigrid/Sieber, Thomas/Tholen, Georg Christoph (Hg.): *SchnittStellen. Erster Basler Kongress für Medienwissenschaft*. Basel.

Simanowski, Roberto (2004b): Erinnern und Vergessen im Netz. In: Lotz, Christian/Wolf, Thomas R./Zimmerli, Walter Ch. (Hg.): *Erinnerung. Philosophische Perspektiven*. München.

Simanowski, Roberto (2002a): *Interfictions. Vom Schreiben im Netz*. Frankfurt a. M.

Simanowski, Roberto (2002b): Autorschaften in digitalen Medien. Einleitung. In: Roberto Simanowski (Gastherausgeber): *Digitale Literatur* (Text & Kritik, Heft 152, Oktober 2001). S. 3-21.

Simanowski, Roberto (2001a): Von der Lyrikmaschine zum Internetroman. In: Schlobinski, Peter/Suter, Beat (Gasteditor): *Der Deutschunterricht* (Themenheft »Hypertext – Hyperfiction«), 2/2001. S. 15-30.

Simanowski, Roberto (2001b): Zur Ästhetik der Lüge. Gefälschte Websites und Hochstapler. In: *dichtung-digital*, Nr. 4/2001 (*www.dichtung-digital.de/2001/07/17-Simanowski*) und telepolis.de (*www.heise.de/tp/deutsch/inhalt/co/7965/1.html*).

Solomon, Leon Mendez/Stein, Gertrude (1896): *Normal Motor Automatism*. In: Psychological Review 2, H 5, S. 494ff.

Wappler, Friederike (2000): Ein Bewusstsein seiner selbst gewinnt man nur durch ein gewisses Maß an Aktivität. Überlegungen zur handlungsbezogenen Ästhetik Bruce Naumans. In: Hemlen, Kai-Uwe (Hg.): *Bilder in Bewegung. Traditionen digitaler Ästhetik*. Köln. S. 125-134.

Ziegfeld, Richard (1989): Interactive Fiction: A New Literary Genre? In: *New Literary History. A Journal of Theory and Interpretation*, Nr. 20/2, S. 341-372.

Kollaboratives Schreiben[1]

Rainer Kuhlen

1. Kollaboration und Kommunikation – nicht in kulturkritischer, sondern in politischer Absicht

Der Beitrag deckt ein breites Spektrum ab, zwangsläufig geht dies auf Kosten der Tiefe. Auf diese Weise können jedoch heterogene Sachverhalte dergestalt zusammengebracht werden, dass eine neue, synthetisierende Sicht entsteht. Wie sonst könnte man riskieren, solch Heterogenes zusammen zu sehen: die Folgen der Hypertextifizierung von Wissen und Information, die Auswirkungen von kollaborativen interaktiven Formen ihrer Erstellung, Verteilung und Nutzung in Netzwelten auch auf das Rechtssystem (Urheberrecht, *Copyright*), das Entstehen von alternativen Publikationsformen durch die Möglichkeiten des *scholarly skywriting*[2] und die Konsequenzen eines heute erneut intensiv reklamierten Rechts auf Kommunikation für das politische und Mediensystem und für das normative Verhalten (die Moral) der Menschen in elektronischen Räumen.

Wir personalisieren das Thema und wollen fragen, was sich denn ändert, wenn die für die Produktion von Wissen und Information Zuständigen, also die, die traditionell als Autoren angesprochen werden, zu Kollaborateuren werden, die in vernetzten elektronischen Welt ungehindert miteinander kommunizieren (wollen).

---

[1] Der Text basiert auf einem Vortrag zur Konferenz »Grenzen der Interaktivität« (13. bis 15. November 2003) am Zentrum für Medien und Interaktivität der Justus-Liebig-Universität Gießen.

[2] *Scholarly skywriting* ist eine Begriffsprägung von Steve Harnad und stammt bereits aus dem Jahr 1990. Harnad zielt darauf ab, dass sämtliche Prozesse des Entstehens, Bewertung, Publizierens, Verteilens und Nutzens von Wissen bzw. Wissensobjekten in hohem Maße interaktiv und kollaborativ in elektronischen Umgebungen ablaufen können: »The potential effects of this rapid global interactiveness on scholarly inquiry are, in my opinion, nothing short of revolutionary« (Harnad 1990).

Kollaborateure sind in unserem Kontext natürlich keine Vaterlandsverräter, nicht solche, die mit dem Feind zusammenarbeiten. Vielleicht mag aber der von Landow gegebene Hinweis auf die politische Dimension von Kollaboration (Landow 1997: 105) erklären, weshalb der Begriff der Kollaboration auch im intellektuellen Kontext der Erstellung von geistigen Produkten sowohl aus ästhetischen, emotionalen als auch aus politischen, rechtlichen Gründen oft genug als verdächtig angesehen wird. Unsere westliche Kultur ist mit dem romantischen Geniebegriff in erster Linie auf das individuell erzeugte Werk ausgerichtet und schützt entsprechend (über exklusive Rechtezusicherungen im Urheberrecht) den individuellen Autor. Faktisch heute wohl mehr den Verwerter, dem es auch leichter fällt, einem, oft nur noch fiktiv individuellen Autor dessen Verwertungsrechte an einem festen individuellen Werk abzukaufen als einem kollaborativen Netzwerk mit offenen Wissensstrukturen, das intuitiv eher dem *commons*, dem öffentlichen Bereich, zugerechnet wird als der Privatsphäre des individuellem Eigentums.

Dem Autor entspricht das Werk. Das Werk, auch darauf weist Landow hin, der bislang in medialer Hinsicht dominante Wissensträger, das Buch bzw. in der konzentrierten Form, der Artikel, kommt in seiner durch den Druck festen und unveränderbaren Referenz auf den Autor (zuweilen sind es auch Mehrfachautoren, aber bislang wohl kaum je ein Netzwerk), dem individualistischen Verständnis entgegen, dem allerdings durch die elektronischen Hypertextwelten zumindest die Basis mit Monopolanspruch entzogen ist. In diesen Welten werden im Prozess des kollaborativen Schreibens durch sich kollaborativ verhaltende Autoren aus Texten Hypertexten.

George P. Landow thematisiert in seinem Hypertextbuch im Abschnitt über kollaboratives Schreiben und kollaborative Autorschaft (Landow 1997: 104ff) auch diesen weiteren Begriff von Kollaboration. Dem Hypertextprinzip inhärent sei, dass Texte in hypertextuellen Umgebungen sich selbst kollaborativ verhalten:

Once encoded within a network of electronic links, a document no longer exists by itself. It always exists in relation to other documents in a way that a book or printed document never does and never can. (Landow 1997)

Das hat Konsequenzen für den Kollaborationsbegriff:

First, any document placed on any networked system that supports electronically linked materials potentially exists in collaboration with any and all other documents on that system; second, any document electronically linked to any other document collaborates with it. (Landow 1997)

Demnach sind es nicht nur die Autoren, die sich kollaborativ verhalten, sondern die Texte, die Dokumente selbst, und zwar nicht nur, wie es aus einer hermeneutischen oder diachronischen Perspektive immer schon der Fall war, durch die in jedem Text durchscheinenden Bezüge auf vergangene Texte, sondern durch die reale synchrone Vernetzung mit anderen »Texten«, die in der beliebigen Offenheit erst das Prinzip von Hypertext Realität werden lässt.

Interaktion und Navigation jedes einzelnen Lesers in diesen offenen Hypertexten schaffen dann für einen bestimmten Zeitpunkt das Textfragment als Netzausschnitt aus dem potenziell viel Größeren. Wer ist dann noch der Autor dieses aktuell entstandenen und nur eine Weile gültigen Netzausschnitts? Wer hat daran Urheber- oder Verwertungsrechte? Wird man aus *trails*, entstanden aus real nachgegangenen Pfaden als Ergebnis einer Navigationssitzung, Informationsprodukte erstellen, für die Rechte beansprucht werden können? So etwas hat sich schon Vannevar Bush in seinem immer wieder als Beginn von Hypertext referenzierten Artikel *As we may think* von 1945 als Leistung seiner konzipierten Memex-Maschine vorgestellt (Bush 1945).

Trotz dieser Vorbemerkungen – hier geht es nicht in erster Linie um eine Auseinandersetzung mit dem Begriff der »kollektiven Kreativität« (Simanowski 2004). Weder wollen wir die unter anderem durch Bolter (2001) und Landow (1997) angestoßene, im Kontext der postmodernen Theorie geführte Debatte um die Folgen der Hypertextifizierung von Text fortsetzen, die ja zusammen mit den Konzepten von *collaborative writing* und *collaborative authorship* zu sehen sind. Simanowski versucht in seiner kulturkritischen Analyse Verblüffungsfestigkeit gegenüber der Hypertext-Euphorie aufzubauen, wie sie seit etwa 1990 entstanden ist (vgl. Kuhlen 1991) und dann mit der vollständigen Durchdringung des Internet durch das World Wide Web auch die allgemeinen Publikumsmärkte, also die Öffentlichkeit erreichte. Die Atomisierung und Verlinkung von Text führe, so Simanowski, nicht zum oft beschworenen Tod des Autors, noch nicht einmal zu einem »end of authority« (Bolter 2001:165ff), sondern höchstens zu einem »Tod des Lesers«, der in »pavlowschem Reflex« den Link-Angeboten »ständig hinterherhechelt«, ohne je dabei zu einem wirklichen Gedanken zu kommen (vgl. Simanowksi 2004).

Außerdem geht es uns nicht darum, ob die durch Hypertext sich aufbauenden Netzwelten und die in ihnen vermehrt möglich werdenden und dann auch praktizierten Formen der Kollaboration (der gemeinsam und verteilt produzierten »Werke«) tatsächlich einen Beitrag zur Überwindung der elitären Genie-Ästhetik aus dem 18. und 19. Jahrhundert leisten können, die sich irgendwie weiter in das 20. und 21. Jahrhundert geschlichen hat.

Es geht also nicht um Kulturkritik oder Ästhetik, sondern der Beitrag thematisiert die im weiteren Sinne *politischen* Konsequenzen der zunehmend vernetzten und damit kollaborativen Arbeit in elektronischen Räumen und die Konsequenzen bezüglich der Ansprüche, die an die solchermaßen erstellten Werke gestellt werden, sowohl aus rechtlicher als auch aus politisch-gesellschaftlicher Sicht – weniger, erneut, aus der ästhetischen Perspektive.

Aber natürlich ist Grundlage der folgenden Überlegungen der grundlegende Wandel in den Formen unseres Umgangs mit Wissen und Information und in den Formen, wie wir miteinander kommunizieren, der durch das gekennzeichnet ist, was ich die fortschreitende Telemediatisierung auch der intellektuellen Lebenswelten nennen möchte, also die tendenziell vollständige Durchdringung dieser Lebenswelten mit Verfahren, Produkten und Diensten von Informatik, Telekommunikation und »Hypermedia« (Hypertext plus Multimedia). Die Telemediatisierung ist kein quasi neutrales technisches Ereignis. In Übereinstimmung mit der Medientheorie der Torontoer Schule (im Gefolge von McLuhan z.B. Deibert 1997) schätzen wir die Informations-, Kommunikations- und Distributionstechnologien als Umgebungen (*environments*) ein, die direkte Auswirkungen auf das politische, kulturelle, wirtschaftliche oder soziale Leben und unser normatives Verhalten haben. Wir reden hier keinem Determinismus das Wort, verfolgen aber die These, dass etablierte Strukturen, die unter früheren technischen und medialen Bedingungen entstanden sind, Probleme haben, weiter zu bestehen bzw. erfolgreich zu sein, wenn sie nicht in der Lage sind, sich radikal veränderten »Umgebungen« (hier technisch-medialer Art) anzupassen.

Der Begriff der Telemediatisierung legt durchaus nahe, dass alle gesellschaftlichen Strukturen davon betroffen sind. Wir konzentrieren uns auf einige, die direkt mit dem Umgang mit Wissen und Information zusammenhängen, oder anders formuliert: Folgen haben für das, was in Art. 19 der Allgemeinen Erklärung der Menschenrechte mit *seek, receive and impart*[3] angesprochen ist (ähnlich als *freedom of expression* im weiteren Sinne in allen »großen« menschenrechtlichen Texten der Menschheit, so auch in Art. 5 unseres Grundgesetzes). Natürlich besteht kein unmittelbarer Zusammenhang zwischen technisch-medialer Entwicklung und den gesellschaftlichen Strukturen, hier des Umgangs mit Wissen und Information. Vielmehr wird dieser über die durch die technisch-mediale Umgebung möglich werdenden Verhaltens-/Umgangsformen und Einstellungen herge-

---

3 Siehe dazu ausführlicher weiter unten Abschnitt 4.

stellt. Wir thematisieren unter den vielen möglichen hier lediglich die neuen kollaborativen und kommunikativen Verhaltens-/Umgangsformen; konkreter, allerdings nur eher andeutend als ausführend, was aus den neuen kollaborativen und kommunikativen Verhaltens-/Umgangsformen in elektronischen Umgebungen folgt

- für den Begriff der Autorschaft, über den intellektuelle Werke bislang überwiegend individuell zugerechnet und geschützt werden,
- für Verteilung und Publikation der Ergebnisse, Produkte der Wissenschaft, aber auch des weiteren Kulturbereichs aus Kunst und Unterhaltung und damit für den weltweiten Zugriff auf die Ressourcen von Information und Kommunikation,
- für Formen des Wissensmanagement in organisationellen Umgebungen,
- für Lehren und Lernen, wenn zunehmend kollaboratives Arbeiten ermöglichende neue Lehr- und Lernformen zum Einsatz kommen,
- für die Rolle der Medien, die bislang weitgehend das Monopol für die Erstellung politischer Öffentlichkeit und des *Agenda-Setting* haben,
- für die Entwicklung neuer partizipativer, deliberativer Formen des politischen Systems.

2. Kollaboratives Arbeiten und einige Konsequenzen

Kollaborateure sind hier also höchstens »Verräter« an der Idee der exklusiven individuellen Zurechenbarkeit und der exklusiven Rechte an der Verwertung des produzierten Werkes und damit auch an der strikten Idee eines geistigen Eigentums. Unter Kollaborateuren sollen also diejenigen verstanden werden, die ernst damit machen, dass die Produktion von neuem Wissen immer schon Kollaboration war und ist. Waren die Kollaborateure für die Gegenwart früher (und auch noch heute) die Giganten des Wissens der Vergangenheit, so sind es heute mehr die realen und virtuellen Partner, die in vernetzten globalen Räumen zusammen Wissen erzeugen und daraus Informationsprodukte machen. Da solche Produkte, zumal da sie entwicklungsoffen, also keine abgeschlossenen Werke sind, als kollaborative Leistung weder individuell zurechenbar sind noch individueller Anerkennung bedürfen, sollten sie auch niemandem gehören und als gemeinsames öffentliches Gut von allen frei und frei zugänglich genutzt werden können. Ein geglücktes kollaboratives Werk ist, nicht zuletzt durch seine Verknüpfungsstrukturen, mehr als die Summe der vielleicht noch mit Mühe einzeln referenzierbaren Wissensstücke (Kuhlen et al. 2002a).

Wir wollen damit natürlich überhaupt nicht bestreiten, dass das individuelle Werk nicht weiter als kreatives Produkt eines individuellen Autors entstehen wird, und auch nicht, dass weiterhin Schutz- und damit Anreizformen für diese Werke und Autoren sinnvoll sein mögen – der medial bedingte Paradigmenwechsel aber ist unverkennbar. So wie die mediale Technik des Drucks mit bewegten Lettern das Buch des Autors und die Verteilformen für Bücher durch Verleger hat dominant werden lassen, so lässt die elektronische Umgebung unvermeidbar kollaborative Formen entstehen, die aus Werken Netzwerke und aus proprietären, ge- bzw. verschlossenen Verwertungsprodukten öffentliche, geteilte und entwicklungsoffene Teilungs- und Nutzungsangebote machen.

In diesem Prozess stehen wir noch ganz am Anfang, und unser Rechtssystem ist weit davon entfernt, dem bereits Rechnung tragen zu können. Die jetzigen Copyright-/Urheberrechtsreformen regeln, regulieren (bisweilen: strangulieren) die neuen medialen Möglichkeiten auf der Grundlage von Wertvorstellungen für den Umgang mit Wissen und Information, die in ganz anderen medialen Umgebungen entstanden sind. Kein Wunder, dass es immer mehr Menschen gibt, die in Netzumgebungen ein ganz anderes normatives Verhalten entwickelt haben und entsprechend sowohl die Vorschriften des dafür zuständigen Rechtssystems ignorieren als auch die Geschäftsmodelle der offiziellen Informationswirtschaft nicht für gerechtfertigt halten (Kuhlen 2004b). Die »Napsterisierer« sind vermutlich keine Piraten oder Verbrecher, manchmal vielleicht Trittbrettfahrer, aber in der Gänze wohl eher Vorreiter für elektronischen Umgebungen angemessene Organisationsformen im Umgang mit Wissen und Information (Kuhlen 2002b).

Die Beispiele für den Paradigmenwechsel liegen – jenseits der »Napsterisierung« – auf der Hand: bekanntestes Gegenmodell zu einer individuellen, voll- oder halb-kommerziellen Aneignung, Vermarktung und Verknappung von Wissen ist die *free-and-open-software*-Bewegung. Hierbei ist natürlich wichtig und Voraussetzung das Offenlegen des Code, aber folgenreicher für kollaboratives Arbeiten ist die Auszeichnung der Verwendung von Software als »frei«. Für *free software* gelten die folgenden Bedingungen, die Lizenzierungsbedingungen für die Nutzung der vorhandenen *Software*:

The freedom to run the program, for any purpose (freedom 0). The freedom to study how the program works, and adapt it to your needs (freedom 1). Access to the source code is a precondition for this. The freedom to redistribute copies so you can help your neighbor (freedom 2).

The freedom to improve the program, and release your improvements to the public, so that the whole community benefits (freedom 3). Access to the source code is a precondition for this.[4]

Dadurch dass in diesem Modell Nutzungsrechte an Software nicht ver- bzw. gekauft werden (können), sondern diese lizenziert wird, z.B. über die im *GNU*-Projekt der *Free Software Foundation* entwickelte *General Public License* (GPL)[5], bleiben zumindest im Prinzip die Rechte der Zurechenbarkeit bei dem/den Autoren. Aber das ist nicht entscheidend. Zentrale Ziele sind *improvements to the public* und *benefits (for the) whole community*.

Auch die analog zur GPL entwickelte *creative-commons*-Lizenzierung, die die Form des Öffentlichmachens aller anderen Wissensprodukte (außer Software, deren Verwendung durch GPL geregelt ist) in die autonome Entscheidung der Autoren legen will und die inzwischen weltweite Anwendung findet[6], hat zum Ziel, die offene und freie Nutzung von Wissen zu fördern. Dabei ist die *creative-commons*-Lizenz insofern konservativer (und damit vielleicht auch realistischer), als die Anforderung der individuellen Referenzierung auf das Werk erfüllt sein muss, gerade wenn dieses frei verwendet, also auch beliebig kopiert und, in Analogie zur Software-Lizenz, weiterentwickelt werden darf. Die *creative-commons*-Lizenz bleibt so immanent im geltenden Urheber(rechts)anspruch. Allerdings wird aus dem Anspruch auf reputative Anerkennung durch Referenzierung nicht mehr der rigide Anspruch auf exklusive Verwertung, geschützt durch Verknappungsformen überwiegend technischer Art, abgeleitet.

---

4 Zitiert nach *www.gnu.org/philosophy/free-sw.html*; zusammengefasst z.B. durch (Grassmuck 2000): Der Quellcode der Software ist frei verfügbar; die Software darf frei weitergegeben werden; sie ist frei modifizierbar; abgeleitete Werke müssen ebenfalls unter der GPL stehen, d.h. auch, sie dürfen keinen nicht-freien Code enthalten, der unter einer anderen Lizenz steht; vgl. Grassmuck 2002, Gehring/Lutterbeck 2004.

5 Vgl. *www.gnu.org/licenses/gpl.txt:* »the GNU General Public License is intended to guarantee your freedom to share and change free software--to make sure the software is free for all its users ... When we speak of free software, we are referring to freedom, not price. Our General Public Licenses are designed to make sure that you have the freedom to distribute copies of free software (and charge for this service if you wish), that you receive source code or can get it if you want it, that you can change the software or use pieces of it in new free programs; and that you know you can do these things«; ausführlicher dazu Stallman 2002.

6 Vgl. *www.creativecommons.org*; die deutsche Version der Lizenz ist nach Vorleistungen des ifrOSS-Instituts und der Mitwirkung von Professor Dreier der Universität Karlsruhe seit Juni 2004 verfügbar.

Dabei erscheint nur konsequent, dass sich der *creative-commons*-Ansatz mit der Idee des *Open Access*-Publizierens in Zukunft wohl verbinden wird[7]. Auch *Open Access* ist als Reaktion auf exklusive kommerzielle Verwertungsansprüche auf Wissen vor allem in wissenschaftlichen Umgebungen entstanden (vgl. Andermann 2004), die das Entstehen innovativer, elektronischer Umgebungen angemessener Produktions-, Verteilungs- und Nutzungsformen behindert haben. Durch *Open Access* wird das traditionelle Autoren- und Werkverständnis nicht in Frage gestellt, wohl aber das Recht auf die individuelle Verfügung über die produzierten wissenschaftlichen Ergebnisse, die nicht der exklusiven Verwertung zugeführt werden sollen, sondern prinzipiell im öffentlichen Raum von jedem frei genutzt werden können. Konsequent gilt bei *Open Access*-Publikationen – in Umkehrung des bislang vorherrschenden Marktprinzips –, dass die Autoren bzw. deren Institutionen für die Publikation bezahlen sollen, nicht die Nutzer für deren Nutzung.

Radikaler lösen Projekte wie *Wikipedia* die Vorstellung individueller Autorenschaft und individueller geschlossener Werke auf und setzen auf die Rationalität von Kollaboration und transparenter Öffentlichkeit. *Wikipedia*, eine *open content encyclopedia* in vielen Sprachen, radikalisiert über das »Wiki-Prinzip«[8] das kollektive, kollaborative Erzeugen von Dokumenten jeder Art. Jeder im Prozess Beteilige hat das Recht der Umformulierung und Ergänzung des Bestehenden. Die Qualitätskontrolle – unvorstellbar für das klassische *Reviewing*-System – erfolgt letztlich über das Offenlegen, nicht über individuelle Bewertung mit den Konsequenzen der Anerkennung oder Zurückweisung. *Wikis*, also auch die Beiträge in der *Wikipedia*, folgen in der Regel der Hypertextmethodologie, unterstützen die Verknüpfung mit anderen *Wiki*-Beiträgen oder externen Wissensobjekten über *link patterns*. *Wikipedia* hat Anfang 2001 ihre Arbeit aufgenommen und arbeitet derzeit (Juli 2004) mit ca. 300.000 offen produzierten und frei nutzbaren Artikeln.[9] Zunehmend mehr finden sich in neueren Arbeiten, bevor-

---

7 Deren Prinzipien gehen auf die vom *Open Society Institute* (OSI) Ende 2001 in Gang gesetzte *Budapest Open Access Initiative* (BOAI) zurück (vgl. *www.soros.org/openaccess),* deren wesentliches Ziel es ist »[to] aid the transition to open access and to make open-access publishing economically self-sustaining«. Eine eigene Dynamik hat *Open Access* durch die von der Max-Planck-Gesellschaft initiierte Berliner Erklärung von Oktober 2003 erhalten, die von den großen Wissenschaftsorganisationen unterzeichnet worden ist (vgl. unter *www.mpg.de/pdf/openaccess /BerlinDeclaration_dt.pdf).*

8 Vgl. *http://en.wikipedia.org/wiki/Wiki*

9 Kollaboratives Arbeiten hat in der Wörterbuchgeschichte lange Tradition. Muster aller kooperativ angelegten Wörterbücher ist das aus dem 19. Jahrhundert stammende *Oxford English Dictio-*

zugt in Ausbildungsumgebungen, Referenzen auf *Wikipedia*-Beiträge – Zeichen der Anerkennung für konsequent kollaboratives Arbeiten und der intensiven Nutzung von Wissensobjekten bei freiem Zugang.

3. Herausforderungen der Kollaboration

Ausprägungen und Bedingungen der Kollaboration sind aktuell Gegenstand der Forschung und Entwicklung. Stellvertretend einige Beispiele:

Kollaboration – eine Herausforderung für Simulation in der Künstlichen Intelligenz

Kollaboration als kollektive Leistung ist eine ganz besondere Herausforderung an die Informatik, vor allem an die Künstliche-Intelligenz-Forschung (KI). War bis vor einigen Jahren Schach als Spiel zwischen zwei Individuen die intelligente Herausforderung für KI-Software, so hat die Niederlage des Schachweltmeisters Garri Kasparow im Spiel gegen *Deep Blue*, gegen einen Computer, das kompetitive Interesse der KI-Forscher in andere »intelligente«, menschliche Domänen verlagert. KI-Forscher sind zunehmend an Kollaboration interessiert und hier eignet sich vor allem Fußball als »Testsportart«.[10] Bekanntlich werden seit 1997 alljährlich Weltmeisterschaften im Roboterfußball in vier verschiedenen Ligen ausgetragen. Die Herausforderung besteht darin, dass jeder einzelne Akteur (in unseren Begrifflichkeiten der Autor) durchaus autonom, zielgerichtet und auf die Umwelt reagierend zu handeln in der Lage sein muss, aber ständig in kollaborative Situationen verstrickt ist.[11] Typisches Beispiel ist

---

nary, ein Beleg-Wörterbuch, das seine millionenfachen Belege dem Sammel- und Auswertefleiß vieler tausend Laien verdankt. Allerdings waren das weitgehend individuell erbrachte Leistungen, deren Zitate dann in der Zentralredaktion zusammengeführt wurden. Eine systematische Diskussion der Potenziale von Hypertext und der Internet-Technologie für die Entwicklung von Wörterbüchern wird von Storrer/Freese (1996) geführt.

10 Vgl. dazu *www.fh-furtwangen.de/~dorer/publications/javaMagazin3_agentenInDerWissenschaft _2001-09_de.pdf*.

11 Aktuelles Beispiel der *RoboCup*-WM 2004 in Portugal, bei der das deutsche Team erfolgreich »neue Methoden für ein kooperatives Spiel erprobt« hat. Hierbei haben sich die im Roboterfußball vorgesehenen fünf Roboter vorübergehend zu einem *Middle-Size*-Spieler vereinigt und so ein komplexes Spielproblem gelöst; vgl. *RoboCup*-WM: Fünf Freunde müsst ihr sein (zit. nach *www.heise.de/newsticker/meldung/48823* – Zugriff 020704).

hier der Umgang mit der Abseitsfalle. Wenn in der Verteidigung nicht kollaborativ gearbeitet wird, steht auf einmal ein Angreifer konform mit den Regeln frei und bekommt durch mangelnde Kollaboration seiner Gegner die große Torchance. Ästhetisch und theoretisch herausfordernder ist fast noch das Doppelpassspiel oder auch nur der berühmte Pass Günther Netzers aus der Tiefe des Raums, dessen Erfolg auf der Antizipation möglicher Bewegungen seiner Kollaborateure beruht. Sicher war er der »Auctor«, der Urheber des Passes, aber reichte das aus? Macht aber auf der anderen Seite durchgängige Kollaboration, diesen Verdacht dürfen wir allerdings nicht klein reden, nicht das Entstehen von »Netzers« unmöglich und damit die Möglichkeit herausragender individueller »Autoren«leistung? Wir werden Formen der Wissensproduktion entwickeln müssen, bei denen individuelle und kollaborative Leistungen gleichermaßen Anreize bekommen, zusammengehen und Anerkennung finden können.

3.1 Kollaboration in der Wissenschaft[12]

Kollaboration ist natürlich ein Thema auch in der Wissenschaft – eine Folge der fortschreitenden Globalisierung auch dieses Bereichs und dafür gibt es einige empirische Evidenz. Internationale Kollaboration und internationale Ko-Autorschaft nehmen seit einigen Jahren erheblich zu. Als »personalisiertes Muster der Kollaboration« führt Stichweh mit einigen Referenzen an:

Allein zwischen 1980 und 1990 hat sich der Anteil internationaler Koautorschaft an allen Publikationen, die mehr als einen Autor aufweisen, von 11% auf 20% fast verdoppelt. Gut dokumentiert ist in der Forschung auch die höhere Sichtbarkeit und Zitationswahrscheinlichkeit, die ein in internationaler Koautorschaft entstandener Artikel bietet. (Stichweh o.J.)

So interessant dieser empirische Hinweis ist, wichtiger ist in diesem Zusammenhang natürlich das neue Publikationsverständnis und -verhalten in der Wissenschaft, wie es sich in der *Open Access*-Initiative realisiert (s. oben), nämlich Veröffentlichen und Vervielfältigen nicht mehr als individuellen Akt zwischen Autor und Verlag zu sehen, sondern ihn ganz im Sinne des kollaborativen Verständnisses frei zur Nutzung in die neuen Wissensportale der Wissenschaftsorganisationen zu stellen, wenn auch unter Wahrung des individuellen Referenzanspruchs.

---

12 Vgl. zu diesem Aspekt insbesondere den Beitrag von Marcinkowski und Schrott in diesem Band.

Autor sein, muss – zumindest in der Wissenschaft in mit öffentlichen Mitteln geförderten Umgebungen – nicht mehr heißen, die vollständige Kontrolle über das Publikwerden und Verwerten der Resultate seiner Forschung zu haben. Zweifellos entstehen hier neue Herausforderungen an das Rechtssystem. Offene vernetzte Hypertexte können kaum so behandelt werden wie bislang in der Urheberrechtsgesetzgebung, wo man davon ausgeht, dass bei Werken mit Mehrfachautoren jeder einzelne Autor Rechte der Urheberschaft am Ganzen hat, kein einzelner also für sich (autonom) über das Ganze als Werk vieler verfügen darf. Das mag für statische Produkte wie Arbeiten von Mehrfachautoren angehen. In vernetzten Hypertexten oder in kollaborativen Kommunikationsforen wird das hoffnungs- und vor allem sinnlos. Die Abhängigkeit des eigenen Beitrags, des weiterführenden Links, des Kommentars von der Vorgabe des Kollaborateurs ist offensichtlich. Dieser hohe Vernetzungsgrad mit vielfachen Einzelstücken und vielen Einzel-»Autoren« ist ebenfalls typisch für elektronische Produkte in der Unterhaltungsindustrie, im kollaborativen Wissensmanagement und zunehmend in kollaborativen Lernumgebungen. Entsprechend müssen neue Formen der Anrechnung, der Belohnung, der Anreize gefunden werden, die nicht mehr exklusiv auf die individuelle Leistung abzielen.

3.2 Kollaboration im Wissensmanagement

Unter »Wissensmanagement« subsumiert man bekanntlich alle Verfahren, die es einer Organisation erlauben, eine bessere Kontrolle über Produktion, Verteilung und Nutzung von explizitem und implizitem Wissen zu bekommen. Traditionelles Ziel des Wissensmanagement war es also zu wissen, was die Organisation als Summe ihrer Mitglieder und Ressourcen im Prinzip weiß und wie das verfügbare Wissen zur rechten Zeit an die richtigen Personen kommen kann.

Auch hier ist ein Paradigmenwechsel zu verzeichnen (vgl. Kuhlen 2004a). Bislang ging man eher davon aus, dass Wissen vorhanden ist, in irgendwelchen Containern gespeichert – traditionell in gedruckten Erzeugnissen, zunehmend in elektronischen Systemen wie Datenbanken, wissensbasierten Systemen, Wissensbanken, nicht-linearen Hypertexten und Websites – und dann in problematischen Situationen abgerufen wird. Dies könnte das Wissens-*Warehouse*- oder das statische Paradigma genannt werden.

Eine dynamische Sicht auf das Wissensmanagement hingegen nimmt Wissen nicht als gegeben an, sondern betont den Prozess, wie Wissen in vielfältigen

Kommunikationsprozessen entsteht, in der Regel durch Kombination und Integration vielfältiger oft zunächst nur implizit vorhandener einzelner Wissensstücke aus vielfältigen (personalen und technischen) Ressourcen. Information (als Wissen in Aktion, also als aktuell benötigtes Wissen) ist dann nicht mehr nur das Resultat gezielter Verteilung oder einer gezielten Nachfrage aus den existierenden Wissensbeständen, sondern das Ergebnis von Kommunikationsprozessen. Kollaboration ist wesentlich Kommunikation. Dies könnte das Netzwerk- oder das kommunikative bzw. kollaborative Paradigma des Wissensmanagement genannt werden.

Natürlich stützt sich auch diese Form kollaborativen Wissensmanagements auf existierende Informationsressourcen jeder Art, betont aber zusätzlich die Mehrwerteffekte, die dadurch entstehen, dass Menschen mit verschiedenen sozialen Hintergründen und verschiedener Expertise zusammenkommen. Hypothese dabei ist, dass das Ergebnis von Kommunikationsprozessen etwas anderes (und mehr) ist als die Summe der zuvor schon existierenden einzelnen Wissensstücke. Und weiter wird die Entwicklung neuen Wissens dadurch gefördert, dass in Dialog-, bzw. *Multilog*-Situationen die quasi *maieutischen* Situationen entstehen, in denen die Teilnehmer zu kreativen, bislang nicht explizit bewussten Äußerungen quasi getrieben werden.

Die wesentlichen Instrumente in diesem Paradigma sind asynchrone Kommunikationsforen (zunehmend auch *Wiki*-Applikationen). Deren Überlegenheit gegenüber den auf den allgemeinen Publikumsmärkten weiter verbreiteten synchronen Formen wie *Chat* beruht in der Regel darauf, dass durch die Asynchronizität ein Klima der abgewogenen und informationell abgesicherteren Kommunikation entstehen kann. Nicht auf jede Frage muss sofort geantwortet werden. Der Vorteil der höheren Rationalität ist im Allgemeinen höher einzuschätzen als der vermutliche Verlust an Spontaneität im synchronen Medium mit seinen direkten reaktiven Kommunikationsstilen. Allerdings ist der Erfolg asynchroner Kommunikationsprozesse in hohem Maße von einer guten Moderation abhängig (vgl. Bremer 2003). Dies gilt speziell in Lernumgebungen, in denen laufend Moderationsleistungen erforderlich sind – wie Anreize schaffen, Übersichten und Zusammenfassungen erstellen, Orientierungshilfen anbieten und Feedback zur Lernkontrolle geben.

3.3 Kollaboratives Lernen

Der Grundgedanke kollaborativen Lernens beruht darauf (Soller et. al. 1998), das Wissen nicht als statischer Inhalt gesehen wird, der etwa über Vorlesungen vermittelt wird und den es sich überwiegend rezeptiv anzueignen gilt, sondern als konstruktiver Prozess, der sich im Diskurs ständig weiterentwickelt, der also grundsätzlich offen und durch Referenzierung auf »Wissensstücke« anderer Lernender oder aus externen Ressourcen intensiv vernetzt ist. Kollaboratives Lernen ist angewandtes Wissensmanagement (Bürger/Griesbaum/Kuhlen 2003; Semar/Kuhlen 2004).

Ein entsprechendes System wird derzeit im Konstanzer System *K3* am Beispiel informationswissenschaftlicher Kurse wie Informationsethik und *E-Commerce* und *Information Retrieval* entwickelt. *K3* realisiert Wissensmanagement in Ausbildungsumgebungen über kooperative, verteilte Formen der Produktion und der Aneignung von Wissen (Kuhlen 2002c; Semar et al. 2004). Die in der Ausbildung nötige Bewertung setzt sich zusammen aus den kollaborativen Leistungen in Gruppen, deren Bewertung auf die einzelnen Gruppenmitglieder »vererbt« wird, und individuellen Leistungen, die über spezielle Arbeitsaufträge erstellt werden. Letzteres ist auch deshalb (noch) nötig, weil die traditionellen Prüfungsanforderungen fast ausschließlich auf individuell anrechenbare Leistungen ausgerichtet sind, obgleich längst Konsens darüber herrscht, dass zur Vorbereitung auf die spätere Berufspraxis die Fähigkeit zu kollaborativem Arbeiten immer größeres Gewicht bekommen sollte.

Die Kollaboration in der Gruppe wird durch die wechselnde Übernahme von Rollen befördert. Im Mittelpunkt steht dabei der wöchentlich wechselnde Moderator, der Anreize, Vorgaben und Koordinationsleistungen für die Arbeit geben soll; aber auch der *Summarizer*, der die Diskussion wöchentlich zusammenfasst; der Präsentator, der in den Präsenzveranstaltungen die Ergebnisse der Gruppenarbeiten darstellt; der Rechercheur, der die Arbeit durch externe Referenzen und Links informationell absichert; der Visualisierer, der komplexe Kommunikationsstrukturen grafisch aufbereitet usf. Zunehmend werden diese Rollen auch durch software-gestützte Verfahren übernommen.

Kollaboration, so eines der bisherigen Ergebnisse von *K3*, ist nicht ein quasi naturwüchsiger Prozess, sondern muss intensiv geplant, gesteuert und kontrolliert werden, durch wen und was auch immer – im unkonventionellsten Fall durch die Öffentlichkeit bzw. durch die Teilnehmer selbst.

4. Die globale Dimension des kommunikativen Paradigmas

Nehmen wir einen Wechsel in der Perspektive vor: Kollaboration und Kommunikation gehören zusammen. Kollaboratives Arbeiten beruht auf Kommunikation. Auch hier wollen wir keine kommunikationstheoretische oder sozialpsychologische Diskussion um Kommunikation, computervermittelte Kommunikation führen (vgl. Döring 2003), sondern die politische Diskussion weiterführen, die auch hier zugleich eine rechtliche, hier menschenrechtliche Dimension hat.

Gibt es so etwas wie Kommunikationsfreiheit oder sogar ein Kommunikationsrecht oder, um die umstrittene Formel gleich einzuführen, ein *right to communicate (r2c)*?[13] Warum ist *r2c* so kontrovers? Kaum jemand mit gesundem Menschenverstand würde Menschen das Recht absprechen, kommunizieren zu dürfen. Menschen können gar nichts anders, als laufend zu kommunizieren, d.h. in den Austausch mit anderen zu treten. Doch ist es oft genug so, dass das Selbstverständlichste auf einmal zum höchst Problematischen wird.

Juristen tun sich dabei nicht so schwer (vgl. Determann 1999). Für sie ist Kommunikationsfreiheit als Grundlage für Kommunikationsrecht(e) die Verbindung von Mitteilungsfreiheit und Rezipientenfreiheit. Kommunikationsfreiheit ist ein individuelles Recht, kann aber trotz des universalen Anspruchs nicht absolut reklamiert werden. In Anspruch genommene Kommunikationsrechte können durchaus mit Rechten Anderer, aber auch mit kollektiven Interessen (z.B. des Staates) in Widerspruch geraten. Diese Widersprüche verschärfen sich im globalen Kontext der Internet-Kommunikation, wenn unterschiedliche Kulturen und unterschiedliche Vorstellungen von staatlichen Zuständigkeiten das individuelle Kommunikationsverhalten beeinflussen.

Wir wollen herausarbeiten, dass Kommunikation als Paradigma des Verhaltens in vernetzten elektronischen Umgebungen mehr ist als das, was bislang durch Mitteilungs- und Rezipientenfreiheit abgedeckt ist, und dadurch auch mehr ist als das, was in Artikel 19 der *Universal Declaration of Human Rights* (UDHR) als *seek, receive, impart* beschrieben ist. Problematisiert werden kann also, ob die großen Texte der Weltgemeinschaft (die Konventionen, Deklarationen, Charten etc.) für Kommunikationsrechte ausreichend sind. Problematisch ist dies vor allem deshalb, weil die fortschreitende Telemediatisierung neues normatives Verhalten im Umgang mit Wissen und Information hat entstehen lassen, das eine Anpassung des Verständnisses von Kommunikationsfreiheit notwendig

---

13 Für das Folgende vgl. ausführlicher (Kuhlen2003a und 2004b).

macht und das es nahe legen könnte, das »Recht zu Kommunizieren« (*r2c*) verbindlich zu kodifizieren.

Diese (politische und menschenrechtliche) Auseinandersetzung um *r2c* ist nicht neu. Schon in dem gut 20 Jahre zurück liegenden Streit um eine Neue Weltinformations- und Kommunikationsordnung (NWIKO) ging es um Kommunikationsrechte als Voraussetzung für eine inklusive und gerechte Teilhabe auch der Länder des Südens an den damals entstehenden globalen Informations- und Kommunikationsmärkten. Viele der damaligen Argumente (z.b. die Kritik eines Informationskolonialismus) tauchen heute, z.b. im Kontext von WSIS, aber auch der WTO/GATS-Verhandlungen, z.B. in Cancun 2003, wieder auf.

Lehrreich ist es, sich die gegenüber *r2c* skeptischen und konstruktiven Positionen zu vergegenwärtigen. Wir tun das kurz aus der Sicht der Politik, der Wirtschaft, der Medien und der Zivilgesellschaft. Vorab – wir werden zu dem Ergebnis kommen, dass Kommunikationsrechte keine vagen, folgenlosen oder gar überflüssigen Rechte sind, sondern höchst reale und verantwortungsbewusste Konsequenzen für die Ausgestaltung von Wirklichkeit in so gut wie allen Bereichen der Gesellschaft haben. Deshalb sind Kommunikationsrechte, das *right to communicate*, als universal und fundamental anzusehen. Kommunikationsfreiheit ist in diesem neuen Verständnis das Recht eines Jeden, in einen freien Austausch von Wissen und Information eintreten und sich kollaborativ, teilend, unbeschränkt durch Autoritäten oder technische Restriktionen an der Produktion von neuem Wissen und neuer Information beteiligen zu können.

Warum ging es damals? Der Streit zwischen 1975 und 1985 um eine neue Weltinformations- und -kommunikationsordnung, damals zu Zeiten des Kalten Kriegs mit den Blockbildungen der kommunistischen Staaten, der Entwicklungsländer und der fortgeschrittenen Länder des Westens/Nordens, eskalierte mit dem Austritt der USA aus der UNESCO, weil diese, damals stark dominiert von den ersten beiden Blöcken, das klassische westliche Verständnis einer unbedingten Informations- und Medienfreiheit zu relativieren und die Formulierung *free flow of information* durch die Formel *free and balanced* zu ersetzen suchte. Das mag sich wie scholastische Spielerei anhören, in Wirklichkeit aber wurde *balanced* dahingehend verstanden, dass Wissen und Information durchaus mit Blick auf Entwicklungsinteressen der Länder des Südens funktionalisiert werden sollten.

Auch heute, etwa im WSIS-Prozess (Kleinwächter 2004), geht es (vordergründig) um die Verbindlichkeit der Menschenrechte im Kontext der Informationsgesellschaft, speziell um die Bedeutung und Reichweite von Informationsfreiheit. Faktisch ging und geht es natürlich um die Besitzverhältnisse und die Dominanz der Informations- und Medienmärkte, heute bis hinein in die Frage (von *Internet Governance*), wer das Steuerungs- und Kontrollrecht an den Strukturen des Internet, und damit an der Kommunikationsinfrastruktur und den Kommunikationsprozessen selbst haben soll (Kuhlen 2004c).

Was waren und was sind also die Befürchtungen der Gegner des *r2c* im einzelnen auch noch heute? Die Antwort darauf ist komplex.

- Das *politische* Argument greift die aus dem alten Streit um NWIKO stammenden Argumente wieder auf. Es bestehe die Gefahr von Zensur bzw. Medienkontrolle und damit Gefahr für die öffentliche demokratische Gesellschaft, wenn der Staat individuelle Informations- und Kommunikationsrechte als kollektives Stellvertreterrecht reinterpretiere und so die Kontrolle über Informationen reklamiere. *Freedom of expression* dürfe, so die Argumente aus dem Westen, nicht aus politischem Interesse, z.B. zur Abwehr von »fremder« Information zur Wahrung der kulturellen Identität, funktionalisiert werden. Schwierig sei es zudem, *r2c* so weit zu operationalisieren, dass es mit Wahrnehmungs- und Einklageanspruch operationalisiert werden kann. Es wird also bezweifelt, ob es als Menschenrecht überhaupt kodifiziert werden kann.

- Das *medienbezogene* Argument, so z.B. von Seiten der Medienorganisationen wie *World Press Freedom Committee* (WPFC) damals und heute[14], verteidigt gegenüber einem erweiterten *r2c* die durch Artikel 19 UDHR (und die vielen anderen »großen« Texte) gewährte Informationsfreiheit, die nach herrschender Meinung auch als Medien- bzw. Pressefreiheit interpretiert wird. Die Medien könnten nur über diese Freiheiten (*seek, receive, impart*) ihre politische Aufgabe der Sicherung demokratischer Öffentlichkeit wahrnehmen (die Medien als *public watchdog*). Das geht faktisch natürlich zusammen mit dem medialen Eigeninteresse der Presse- und Medienverlage, einschließlich der gegenwärtigen *Internet Content Provider*, aber auch mit dem Interesse und Berufsethos der praktizierenden (freien und angestellten) Journalisten. Eine Veränderung der kodifizierten Informations- und Kommu-

---

14 So hat Mitte 2003 die Organisation *Reporters without borders* einen Bericht herausgegeben *The Internet under surveillance* (www.rsf.org), in dem denjenigen, die sich von Seiten der Zivilgesellschaft für ein *right to communicate* einsetzen, vorgeworfen wird, dass sie faktisch den »enemies of freedom of expression and the free flow of information« (Referenz auf Art 19 UDHR) Vorschub für eine neue Form von Zensur durch den Staat leisten. Sie seien die *new elitists*, die erneut versuchten, das individuelle Recht des *freedom of information* in ein kollektives zu verwandeln, das dann am besten von Regierungen wahrgenommen bzw. kontrolliert werden kann.

nikationsfreiheiten durch ein neues *r2c* bringe, wie die Erfahrungen mit dem NWIKO-Streit gezeigt haben, nur Unsicherheiten und – über die kollektive Aneignung der Kommunikationsrechte durch staatliche Institutionen – Missbrauchsmöglichkeiten der Zensur.

- In der *menschenrechtlichen* Argumentation wird in rechtskonservativer Position in der Regel formal angeführt, dass es ein *r2c* schon deshalb nicht gibt, weil ein solches in keinem der menschenrechtlich relevanten Texte als solches explizit formuliert sei. Bezweifelt wird, ob durch *r2c* zusätzliche, also nicht bislang abgedeckte menschenrechtliche Rechte ausgemacht werden können. Besser als neue Rechte einzufordern und zu kodifizieren zu versuchen, die fragwürdig und schwierig seien, sei es doch sicherzustellen, dass auch unter den Bedingungen der modernen Informations- und Kommunikationsgesellschaft die Verwirklichung der bestehenden Menschenrechte, und hier erneut insbesondere das Recht der freien Meinungsäußerung, uneingeschränkt gewährleistet ist. Die menschenrechtliche Diskussion spitzt sich dann also auf die Frage zu, ob es ausreichend, bestehende Rechte (wie die in Artikel 19 angesprochenen) konstruktiv im Lichte der neueren technologischen und medialen Entwicklungen zu interpretieren und so ihre Reichweite sozusagen inkrementell zu erweitern, oder ob es angesichts des tatsächlichen Paradigmenwechsels nötig ist, den Rechtekanon zu erweitern, eben in Richtung von Kommunikationsrechten. Manche Menschenrechtler, auch aus der Zivilgesellschaft im WSIS-Prozess, haben sich vor allem deshalb gegen eine Erweiterung der existierenden Menschenrechte gewandt, weil sie befürchtet haben, dass jede Erweiterung gleichzeitig eine Kritik an den bestehenden Menschenrechten bedeuten könne, also in diesem Fall die ohnehin weiter in vielen Staaten der Welt bedrohte Verbindlichkeit von Artikel 19, Informationsfreiheit, relativiert werden könnte. Ganz anders sehen das zivilgesellschaftliche Gruppierungen, z.B. um Umfeld von CRIS (*Communication Rights in the Information Society*), die sich vehement für Kommunikationsrechte einsetzen (Siochrú 2004).

Die kritischen Gegenargumente sind sicher nicht vorschnell von der Hand zu weisen. Trotzdem bezweifeln wir, ob ein interpretatorischer, quasi hermeneutischer Anspruch an die kodifizierten Menschenrechte ausreichend ist. Um diese Zweifel etwas abzusichern, wollen wir uns kurz auf eine textimmanente Interpretation von Art. 19 der UDHR mit Blick auf *r2c* einlassen (obgleich das natürlich nicht politisch entscheidend sein wird). Vergegenwärtigen wir uns noch einmal den Text:

Everyone has the right to freedom of opinion and expression; this right includes freedom to hold opinions without interference and to seek, receive and impart information and ideas through any media and regardless of frontiers.

»Meinungsfreiheit« und das Recht,»Informationen und Gedankengut zu suchen und zu empfangen« sind nur indirekt unser Thema hier. Uns geht es direkt um die Konsequenzen von *impart*. Ist damit Kommunikationsfreiheit angesprochen? *Impart* wird offiziell mit «verbreiten« übersetzt, so auch in der deutschen Version von Art. 19. Das Online-Wörterbuch LEO – *Link Everything Online*[15] – lässt diese Übersetzung aus, bietet aber sonst eine breite Palette an: »gewähren, mitteilen, übermitteln, verleihen, vermitteln, weitergeben«, dann noch unter *impart knowledge* »Wissen vermitteln«. Der Interpretationsspielraum ist gar nicht so groß – immer handelt es sich um einen Vorgang, bei dem jemand etwas hat, an dem er einen anderen *teil*haben lassen will. Ob der andere (dem man etwas gewährt, ihm mitteilt, über- oder vermittelt, verleiht oder weitergibt) selbst wieder etwas zurück gibt, das ist in *impart* wohl nicht impliziert. *Impart* gehört in das Wortfeld der Distributionswörter, und doch soll es Kommunikationsrechte begründen?

Wir bezweifeln das, vor allem weil der Begriff der Kommunikation und damit des kollaborativen Verhaltens im Kontext der elektronischen Räume des Internet durchaus eine andere Dimension angenommen hat, als es in dem traditionellen Kommunikationsverständnis, sei es der Sozialwissenschaft (*face-to-face*-Kommunikation), der Informatik und Nachrichtentheorie (technische Netzkommunikation) oder der Kommunikationswissenschaft (Medienkommunikation) der Fall ist.

Warum ist das *r2c* trotzdem heute weiterhin so kontrovers (Kuhlen 2003b)? Fokussieren wir die bislang geführte Diskussion: Mit den elektronischen Diensten vollzieht sich ein medial bedingter Wechsel vom Distributions-, über das Interaktions- zum Kommunikationsparadigma im engeren (eigentlichen) Sinne. Die offizielle Medienwelt war und ist bis heute – trotz erster Ansätze von digitalem und interaktivem Fernsehen – Einweg-Kommunikation. Sie produziert Formen der *1:n*-»Kommunikation«. Privilegierte Medienprofessionelle, individuelle Star-Journalisten und heute bei fortschreitender Kommerzialisierung des Medienbereichs die global operierenden Eigentümer der Medien, entscheiden, was in die Öffentlichkeit kommen und was damit auch zum politischen Thema wer-

---

15 LEO – Teil: Deutsch-Englisches Wörterbuch – Ein Online-Service der Informatik der Technischen Universität München – http://dict.leo.org/ – Zugriff am 1.9.2003.

den kann. Erst die heutigen Netzwerkmöglichkeiten eröffnen neue Formen der medialen Mitbestimmung.

Die Forderung nach einem *r2c* im medialen Umfeld bedeutet mit Blick auf demokratische Öffentlichkeit nichts Anderes als das Recht, durch direkten Austausch mit im Prinzip jedem anderen dazu beizutragen, dass eine politisch relevante Öffentlichkeit *direkt* entsteht, die also nicht über das professionelle mediale System vermittelt ist.

Kein Wunder weiterhin, dass sich auch das offizielle politische System spröde gegenüber einem *r2c* verhält – könnten doch dadurch bestehende Herrschaftsverhältnisse und Besitzansprüche des repräsentativen Systems in Richtung direktdemokratischer partizipativer deliberativer Formen zumindest relativiert werden (Leggewie/Maar 1998; Leggewie 2003).

In elektronischen Umgebungen können sich über die spontane Kommunikation hinaus neue Formen der Institutionalisierung der Erzeugung von Öffentlichkeit und damit neue Vermittlungsformen und neue politische Entscheidungsstrukturen ergeben. Ob dies mit, gegen oder ganz unabhängig von den existierenden traditionellen Medienorganisationen und mit oder gegen das existierende politische und ökonomische System geschehen wird, ist offen und vielleicht auch nicht entscheidend. Entscheidend ist, ob in den neuen, zum Teil weiter spontanen, zum Teil vielleicht dann auch wieder institutionalisierten Formen der Erzeugung von Öffentlichkeit das *r2c* prinzipiell von jedermann geltend gemacht werden kann und nicht von alten oder neuen Eliten oder gar von staatlichen Organen oder kommerziellen Interessen okkupiert wird. Auch mit Kommunikation, wie schon mit Kultur, wird man Geschäfte machen wollen. Fassen wir zusammen:

- Die Forderung nach *r2c* im medialen Umfeld bedeutet keineswegs eine Kampfansage an das bestehende mediale und politische und ökonomische System, lediglich die Kritik an deutlich erkennbaren Fehlentwicklungen im Mediensystem, wie Monopolisierung und starke Kommerzialisierung, Kritik an der Verselbständigung von politischer Herrschaft.
- *r2c* bedeutet weiter das Recht, alternative, nicht substitutive Formen der Bildung demokratischer deliberativer Öffentlichkeit zu testen und an ihr aktiv im Austausch mit anderen teilzunehmen.
- *r2c* bedeutet, neuen, elektronischen Umgebungen angemessenen Geschäfts- und Organisationsmodellen für den Umgang mit Wissen und Information

Freiraum zu geben, die auf den Prinzipien des Teilens, der Offenheit, der Inklusivität und der Nachhaltigkeit beruhen.[16]
- Auch steht das *r2c* im direkten Zusammenhang mit der *Open Access*-Initiative, durch die offene Kommunikations- und Publikationsformen in der Souveränität der Wissenschaft entwickelt werden.
- Zuletzt ist *r2c* im Zusammenhang der *creative-commons*-Lizenzierung zu sehen, durch die Autoren das Recht wieder (zurück)gegeben wird, über die Nutzung ihrer Wissensprodukte selbst bestimmen zu können und wodurch Formen der reputativen Anerkennung (über die Pflicht der Referenzierung der Wissensobjekte auf den bzw. die Autor/en) gegenüber der ökonomischen Anerkennung neues Gewicht gewinnen.

Das Recht auf Kommunikation ist nicht ein beliebiges, vages, folgenloses akademisches Recht, sondern hat höchst reale Konsequenzen für eine inklusive und nachhaltige Ausgestaltung von Wirklichkeit in so gut wie allen Bereichen der Gesellschaft. Deshalb ist es als universal und fundamental anzusehen.

5. Fazit

Heute steht auf dem Spiel, welche Ausprägungen Kommunikations- und Wissensgesellschaften haben sollen. Bleibt es bei einer Gesellschaft der *Status-quo*-Sicherung, bei der Kommunikation nur bedeutet, Zugang zu den technischen Netzen zu haben, um konsumierend das Wissen und die Information derjenigen aufzunehmen, die, wie derzeit die großen Medien- und Informationskonzerne, die globalen Märkte dominieren und manipulieren? Bleiben also unter dem Primat der Kommerzialisierung von Wissen und Information grundlegende Kommunikationsrechte uneingelöst? Verschärft sich weiter die globale digitale Spaltung, verschärft sich die Verknappung des Zugriffs auf Wissen und Information durch Erweiterung der rechtlichen und technischen Kontrollinstrumente zur Si-

---

16 Wir spielen vor allem auf die kontroverse Diskussion um die Geschäftsmodelle in der Unterhaltungs-, vor allem der Musikindustrie an, die im Fortbestehen ihrer proprietären Verwertungsmodelle sich einer massiven Herausforderung durch die in elektronischen Umgebungen möglich gewordenen offenen Tauschbörsen ausgesetzt sehen, die technisch sich der Potenziale der *p2p*-Technologie innovativ bedienen und methodisch auf das kollaborative Paradigma des Teilens, Austauschens und Produzierens von Wissensobjekten (Musikstücken) durch Kombination, Zitierung, Veredelung, Umbau setzen (Kuhlen 2002b, 2003c).

cherung intellektueller Produkte und der Ansprüche auf geistiges Eigentum? Obgleich es doch immer mehr ins allgemeine Bewusstsein rückt, dass die Fortdauer der digitalen Spaltung wesentlicher Grund für die globalen Konflikte ist. Wo immer mehr erkennbar ist, dass die künstliche Verknappung und der Verwertungsanspruch von Wissen und Information kontraproduktiv für jede Form der Produktion von Wissen und Information ist – in der Wissenschaft, in der Alltagskommunikation, in der Unterhaltungsindustrie, in den Medien und in der Kunst.

Bevor neue Kommunikationsrechte Realität werden können, muss allerdings noch einiges geklärt sein. Sicher dürfen Menschenrechte, also auch nicht das *r2c*, nicht ihres individuellen und universellen (inklusiven) Anspruchs entkleidet und in die patriarchalische Fürsorge von Staaten gestellt werden. Nationale und kulturelle Besonderheiten können und dürfen nicht zur Rechtfertigung von Menschenrechtsverletzungen herhalten. Andererseits ist wohl auch nicht das westliche, individualistische, eher schon atomistische Verständnis von individueller Autorschaft und Informations- und Medienfreiheit die Garantie für die Entwicklung von gerechten, also inklusiven, fairen und nachhaltigen Gesellschaften – zu stark ist doch wohl dieses atomistische Verständnis mit der gegenwärtigen Praxis der Verwertung und proprietären kommerziellen Aneignung von Wissen und Information verknüpft. Man kann auch sagen, dass dieses, sicher ungewollt, zu negativen Nebenfolgen, eben des beharrlichen *digital divide* oder der Krise im wissenschaftlichen Publikationswesen geführt hat, die heute zu dramatischen Hauptfolgen geworden sind.

Was wir heute in den Umgebungen vernetzter elektronischer Räume brauchen, sind offene Kommunikationsräume, in der jeder die Chance hat, nicht nur nach Information zu suchen (*seek*) und diese zu empfangen (*receive*) oder diese zu verbreiten (*impart*), sondern sich kommunikativ verhalten. Das ist das Recht eines jeden, in einen freien Austausch von Wissen und Information eintreten und sich kollaborativ, teilend, unbeschränkt durch Autoritäten oder technische Restriktionen an der Produktion von neuem Wissen und neuer Information mit Chancen auf Anerkennung beteiligen zu können. Daher sind Kollaboration und Kommunikation unverzichtbar für eine Vision der Informationsgesellschaft, die erst dann zur Realität gebracht werden kann, wenn sie sich als Kommunikationsgesellschaft versteht, die auf den Prinzipien des Teilens, Austauschens und der symmetrischen Anerkennung der Rechte der jeweiligen Kommunikations-/Kollaborationspartner beruht. Wird damit Ernst gemacht, sollte sich schon einiges ändern.

Literatur

Andermann, H. (2004): Initiativen zur Reformierung des Systems wissenschaftlicher Kommunikation. In: Kuhlen, Rainer/Seeger, Thomas/Strauch, Dietmar (2004): *Grundlagen von Information und Dokumentation.* 5. Auflage, München.

Bolter, Jay David (2001): *Writing space. Computers, hypertext and the remediation of print.* Mahwah.

Bremer, Claudia (2003): Lessons learned: Moderation und Gestaltung netzbasierter Diskussionsprozesse in Foren. In: Kerres, Michael/Voß, Britta (Hg.): *Digitaler Campus. Vom Medienprojekt zum nachhaltigen Medieneinsatz in der Hochschule.* Münster, S. 191-201.

Bürger, Michael/Griesbaum, Joachim/Kuhlen, Rainer (2003): Building information and communication competence in a collaborative learning environment (K3) In: *SINN03 eProceedings, Proceedings of the conference on Worldwide Coherent Workforce, Satisfied Users – New Services For Scientific Information.* September 17-19.2003. Oldenburg.

Bush, Vannevar (1945): As we may think. In: *Atlantic Monthly*, 176, S. 101-108,1945. Reprinted in: Greif, Irene (1989): *Computer supported cooperative work. A book of readings.* San Mateo.

Deibert, Ronald J. (1997): *Parchment, printing, and hypermedia.Communication in world order transformation.* New York.

Determann, L. (1999): *Kommunikationsfreiheit im Internet. Freiheitsrechte und gesetzliche Bestimmungen.* Baden-Baden.

Döring, Nicola (2003): *Sozialpsychologie des Internet. Die Bedeutung des Internet für Kommunikationsprozesse, Identitäten, soziale Beziehungen und Gruppen.* Göttingen et al. 2003.

Gehring, Robert A./Lutterbeck, Bernd (Hg.) (2004): *Open Source Jahrbuch 2004. Zwischen Softwareentwicklung und Gesellschaftsmodell.* Berlin.

Grassmuck, Volker (2000): *Offene Quellen und öffentliches Wissen.* Vortrag auf dem Moskauer Medienkongress 2000 »Internet: Konzeptionen – Perspektiven", 19.-21.1.2000 (vgl. unter *http://waste.informatik.hu-berlin.de/Grassmuck/Texts/wos-moskau.html*).

Grassmuck, Volker (2002): *Freie Software. Zwischen Privat- und Gemeineigentum.* Bonn.

Harnad, Stevan (1990): Scholarly skywriting and the prepublication continuum of scientific inquiry. In: *Psychological Science 1*, S. 342-343 (Nachdruck in *Current Contents* 45, 1991, 11, S. 9-13).

Kleinwächter, Wolfgang (2004): *Macht und Geld im Cyberspace. Wie der Weltgipfel zur Informationsgesellschaft (WSIS) die Weichen für die Zukunft stellt.* Heidelberg.

Kuhlen, Rainer (1991): *Hypertext. Ein nicht-lineares Medium zwischen Buch und Wissensbank.* Berlin, Heidelberg.

Kuhlen et al., Rainer/Bekavac, Bernard/Griesbaum, Joachim/Schütz, Thomas/Semar, Wolfgang (2002a): Kollaborativ erarbeitetes Wissen ist mehr als die Summe des Wissens vieler Einzelautoren – ENFORUM, ein Instrument des Wissensmanagements in Forschung und Ausbildung im Informationsgebiet. In: *Zeitschrift für Bibliothekswesen und Bibliographie* (ZfBB) 49, Heft 4, S. 195-206.

Kuhlen, Rainer (2002b): Napsterisierung und Venterisierung – Bausteine zu einer politischen Ökonomie des Wissens. In: *PROKLA – Zeitschrift für kritische Sozialwissenschaft. Sonderheft zum Thema: Wissen und Eigentum im digitalen Zeitalter* 32, 4, S. 57-88.

Kuhlen, Rainer (2002c): *K3 – Wissensmanagement über kooperative verteilte Formen der Produktion und der Aneignung von Wissen zur Bildung von konzeptueller Informationskompetenz durch Nutzung heterogener Informationsressourcen*. Online unter *www.inf-wiss.uni-konstanz.de/FG/Forschungsprojekte/k3/vorhabensbeschreibung.pdf*.

Kuhlen, Rainer (2003a): Kommunikationsrechte – »impart« oder »r2c«? In: *Information, Wissenschaft & Praxis 54*, S. 389-400.

Kuhlen, Rainer (2003b): Why are Communication Rights so Controversial? In: Heinrich Böll Stiftung (Hg.): *Visions in Process. World Summit on the Information Society, Geneva 2003*. Berlin, S. 54-58

Kuhlen, Rainer (2003c): Medienprodukte im Netz – Zwischen Kommerzialisierung und freiem Zugang. In: Picot, A. (Hg.): *Digital Rights Management*. Berlin.

Kuhlen, Rainer (2004a): Change of Paradigm in Knowledge Management – Framework for the Collaborative Production and Exchange of Knowledge. Plenary Session, 03 August 2003, of the World Library and Information Congress: 69th IFLA General Conference and Council, Berlin 2003. In: Hobohm, H.-C. (Hg.): *Knowledge Management. Libraries and Librarians Taking Up the Challenge*. IFLA Publications 108. K.G. Saur: München, S. 21-38.

Kuhlen, Rainer (2004b): *Informationsethik – Formen des Umgangs mit Wissen und Information in elektronischen Räumen*. UTB-Reihe, Konstanz.

Kuhlen, Rainer (2004c): Optionen und Obligationen nationaler und globaler Informationspolitik nach und vor dem Weltgipfel zur Informationsgesellschaft (WSIS). In: *Information, Wissenschaft & Praxis 55*, S. 199-209.

Landow, George P. (1997): *Hypertext: the convergence of contemporary critical theory and technology* (revised and amplified edition von 11992). Baltimore, London.

Leggewie, Claus (2003): Von der elektronischen zur interaktiven Demokratie. Das Internet für demokratische Eliten. In: Klumpp/Kubicek/Roßnagel 2003 (Hg.): *next generation information society?* Mössingen-Talheim. S. 115-128.

Leggewie, Claus/Maar, Christa (1998): *Internet und Politik. Von der Zuschauer- zur Beteiligungsdemokratie?* Köln.

Semar, Wolfgang/Kuhlen, Rainer (2004): Anrechnung (Crediting) und Evaluierung kollaborativen Lernverhaltens als Teil des Wissensmanagement in der Ausbildung. In: Schmidt, Ralph (Hg.): *Information Professional 2011. Allianzen – Kooperationen – Netzwerke. 26. Online-Tagung der DGI*. Frankfurt a.M.: Deutsche Gesellschaft für Informationswissenschaft und Informationspraxis, S. 219-232.

Semar et al., Wolfgang/Griesbaum, Joachim/König-Mistric, Jagoda/Lenich, Andreas/Schütz, Thomas (2004): K3 – Wissensmanagement über kooperative verteilte Formen der Produktion und der Aneignung von Wissen zur Bildung von konzeptueller Informationskompetenz durch Nutzung heterogener Informationsressourcen – Stand und Aussichten. In: Hammwöhner, Rainer/Rittberger, Marc/Semar, Wolfgang (Hg.): *Wissen in Aktion – Der Primat der Pragmatik als Motto der Konstanzer Informationswissenschaft*. Konstanz. S. 329-347.

Simanowski, Roberto (2004): *Die Interaktionsfalle. Zur Ästhetik des Spektakels im Internet*. Online unter *www.dichtung-digital.org/2004/1-Simanowski.html*.

Siochrú, S.Ó. (2004): Will the real WSIS please stand-up? The historic encounter of the «Information Society" and the «Communication Society". In: *Gazette – The International Journal for Communication Studies 66* (im Erscheinen).

Stallman, Richard (2002): *Free software, free society: Selected Essays.* Boston.

Stichweh, Rudolf (o.J.): *Globalisierung von Wirtschaft und Wissenschaft. Produktion und Transfer wissenschaftlichen Wissens in zwei Funktionsystemen der modernen Gesellschaft.* Online unter *www.uni-bielefeld.de/soz/iw/pdf/stichweh.pdf.*

Soller et. al. Amy/Goodman, B./Linton, Franklyn/Gaimari, R. (1998): Promoting effective peer interaction in an intelligent collaborative learning system. In: *Proceedings of the 4th International Conference on Intelligent Tutoring Systems (ITS 98).* San Antonio. S. 186-195.

Storrer, Angelika/Freese, Katrin (1996): Wörterbücher im Internet. In: *Deutsche Sprache.* 24, S. 97 – 153 (auch unter: *www.ids-mannheim.ded/grammis/orbis/wb/wbfram1.html*)

Recht in interaktiven Umgebungen

Eike Richter

Rechtliches Handeln ist ein Teil eines voraussetzungsreichen Handlungsnetzwerkes, das nur unter bestimmten Bedingungen die ihm zugedachte Funktion erfüllen kann, nämlich Erwartbarkeiten an das Handeln Anderer zu erhöhen und zu konkretisieren, um soziale Beziehungen zu stabilisieren und Konflikte zu lösen oder bereits an ihrem Entstehen zu hindern. Sofern es darum geht, diese Funktionsbedingungen auszuloten, muss sich die Rechtswissenschaft dafür interessieren, wie ihre Nachbarwissenschaften Veränderungen in Staat und Gesellschaft erklären. Dies gilt heute mehr denn je für den sich vollziehenden Wandel der an nationalen Grenzen orientierten Industriegesellschaften zu einer globalen Informations- und Wissensgesellschaft, den die Soziologie, die Politik-, die Kommunikations- und andere mit der Analyse und Deskription von Gesellschaft befassten Wissenschaften mit Begriffen wie Vernetzung, Verlinkung, Virtualität, Hypertextualität, aber eben auch mit jenem der *Interaktivität* einzufangen suchen.

Interaktivität steht für tatsächliche Veränderungen unserer Welt. Damit ist keinesfalls gesagt, dass der Begriff nicht auch normative Bedeutung erlangen oder als materiellrechtlicher Begriff nicht brauchbar sein könnte. Solange es allerdings kaum eine eindeutige Grenze zu geben scheint zwischen einem Geschehen, das als interaktiv zu bezeichnen wäre und einem Ereignis, das diese Bezeichnung nicht mehr verdient, dürfte der Begriff nicht ohne weiteres als dogmatischer Anknüpfungspunkt für rechtliche Ge- und Verbote oder andere Sollensanordnungen geeignet sein.[1]

---

[1] Bei einer Abfrage der JURIS-Datenbank verzeichnet der Begriff »Interaktivität« lediglich sieben, einen bzw. 17 Treffer in den dort aufgenommenen Gesetzen der Europäischen Union und des Bundes, der Entscheidungen der Rechtsprechung und der rechtswissenschaftlichen Literatur. Mit 127, 59 bzw. 170 Treffern häufiger, wenn auch im Verhältnis zum durchsuchten Datenbestand immer noch vernachlässigbar, wird der Begriff »interaktiv« gebraucht, und zwar so gut wie ausschließlich zur Deskription ohne nähere Spezifizierung. Besondere Erwähnung verdient allerdings § 2 Abs. 2 Nr. 5 des Gesetzes über die Nutzung von Telediensten (TDG), der von »Angebote(n) (...) mit interaktivem Zugriff (...)« spricht. Allerdings konnte die Kommentarliteratur

1. Zum Begriff der Interaktivität

Interaktivität meint bei aller begrifflichen Unschärfe im Kern eine *Wechselseitigkeit*, also ein Phänomen, das ähnlich wie Information, Kommunikation und Wissen für das Entstehen und Funktionieren von Gesellschaft, Staat und auch Recht in der Regel als selbstverständlich, naturwüchsig und unverbrüchlich vorausgesetzt wird, so dass man sich mit ihm kaum je bewusst auseinandersetzt.[2] Die besondere Aufmerksamkeit, die der Begriff der Interaktivität heute erfährt, hat denn auch andere Gründe: Sie erklärt sich aus der Beobachtung, dass sich im Zuge der zunehmenden Verbreitung neuer, durch Konvergenz und Multimedialität gekennzeichneter Medien und der mit ihr einhergehenden technischen Informatisierung und Vernetzung von Staat und Gesellschaft bisher wenig beleuchtete Formen und Strukturen sozialer und damit auch rechtlich relevanter Beziehungen in den Vordergrund rücken (Rogers 1986: 5; Heeter 1989: 221; Navarra 2000: 1f.; Kim 2002: 1ff., 130 u. 177ff.). Allem voran das Internet und seine Dienste scheinen im Vergleich zu traditionellen Medien jedem Beteiligten eine aktivere Position zuzuweisen (vgl. Kim 2002: 112ff.) und lassen damit neue Formen und Möglichkeiten wechselseitiger Einflussnahme zwischen Menschen, aber auch zwischen Mensch und Maschine entstehen (Navarra: 2000). Der Interaktivitätsbegriff soll diese Beobachtung auf den Punkt bringen und damit das Neue an den neuen Medien konkretisieren (vgl. Stegbauer 2001: 63). Nebenbei führt er zwei zentrale Entwicklungsbereiche moderner Computertechnologie zusammen, die in ihren Sozialitäten bisher regelmäßig getrennt betrachtet wurden: Der Computer als flexibler Mittler zwischenmenschlicher Kommunikation einerseits und als intelligenter, »vermenschlichter« Partner einer Mensch-Maschine-Interaktion anderseits.

Der Versuch, die zahlreichen, zum Teil ineinander fließenden Konzeptionen zum Interaktivitätsbegriff zu ordnen, lässt rasch erkennen, dass das Wechselseitige der Interaktivität auf ganz verschiedene, zum Teil auch miteinander kombinierte Aspekte jener Situationen bezogen wird, bei denen neue Medien zum Einsatz kommen (Rafaeli 1988: 117). Für die meisten Konzeptionsversuche spielen dabei Fragen der technologieorientierten Medienentwicklung und nutzerorientierten Medienrezeption einerseits und der wechselseitigen (Individual-) Kommunikation und der einseitigen (Massen-)Kommunikation andererseits eine

---

dem hier normativ verwendeten Begriff »interaktiv« bisher keine schärfere Konturen verleihen, vgl. etwa Tettenborn 2001: Rn. 82-85.
2 Ähnliche Feststellung bei Goertz 1994, 484; Navarra 2000, 1f.

wichtige Rolle. Mit Interaktivität werden die Fähigkeiten der neuen Medien angesprochen, Sende- und Empfängerrollen austauschbar, die Kommunikationsinhalte flexibel verknüpfbar und Massenkommunikation individuell initiierbar zu machen. Interaktivität wird damit als Eigenschaft der Kommunikationsbeziehung zwischen Menschen (»Rückkopplungsverhältnis«), des Verhältnisses des Einzelnen zur Maschine (»Selektivität«), der Kommunikationsinhalte (»Verlinkung«) oder auch der gesellschaftlichen Kommunikation insgesamt begriffen.

Die Bedeutung des Interaktivitätsbegriffs für das Recht lässt sich freilich erst erfassen, wenn die sozialen, gesellschaftlichen und kulturellen Veränderungen und Möglichkeiten die sich mit sich mit dem Phänomen der Interaktivität verbinden, mit in den Blick genommen werden. Neben grundsätzlichen Fragen zur Informations- und Wissensverteilung, die aus rechtswissenschaftlicher Sicht in die Debatte um einen gerechte Gestaltung einer Informationsordnung münden[3], wird das Phänomen der Interaktivität als Ausdruck für neue soziale Wirkungen, ja sogar einer neuen Logik von Räumlichkeit und Zeitlichkeit verstanden.[4] Ausgangspunkt bilden unter dem Begriff der De-Lokalisierung zusammengefasste Beobachtungen, dass die neuen Medien durch Auflösung von Entfernungen neue Räume erschlössen und herkömmliche zugleich zum Verschwinden brächten. Sie minderten so die Bedeutung geophysischer Orte und ließen neben ihnen neuartige Orte menschlicher Interaktion und Transaktion entstehen.[5] In diese »virtuellen« Orte seien aus Sicht des Teilnehmenden sowohl der Raum als auch die Akteure eingebettet, so dass sich notwendig Kognition, Wahrnehmung und Handeln veränderten.[6] Teilt man diese Beobachtung, so wird man ergänzen wollen, dass solche »medialen« Räume freilich nicht wie physische Räume durch Begrenzung von außen in Form von in der Zeit konstanter Substanz (etwa durch die Einziehung von Wänden oder der Festlegung einer Sitzordnung) entstehen. Ihre Grenzen entstehen von innen heraus, eben durch die Konstitution von Wechselseitigkeiten, sei es in Bezug auf Personen oder Inhalte, die Beziehungsgeflechte zu einer Einheit verdichten und damit von anderen Beziehungen im Netz unterscheidbar machen. Wie die Substanzhaftigkeit von Häusern, Wänden und Möbeln im physischen Raum wird Interaktivität damit zur »Modelliermasse« des medialen Raumes.

---

3 Aus der zahlreichen Literatur etwa Eberle 1987; Zöllner 1990; Pitschas 1993; Hoffmann-Riem 1998; Trute 1998; Richter 2003.
4 Zum Folgenden insbesondere Stegbauer 2001: 140ff.; Castells 2004: 466.
5 Vgl. Stegbauer 2001: 38ff. mit zahlreichen Nachweisen.
6 Vgl. Tully 1998; auch Castells 2004: 431ff.: »Raum der Ströme«.

Die Nutzung medialer Räume unterliegt damit Restriktionen bzw. konstitutionellen Vorgaben, die im Vergleich zu jenen geophysischer Räume feiner und flexibler strukturierbar erscheinen und nicht so sehr von »natürlichen« Vorgaben geprägt als vor allem technisch induziert sind, also selbst erst aus menschlicher Gestaltung resultieren.[7] Wie Grenzen und Infrastrukturen im Einzelnen entstehen und ausgestaltet sind und wie Verhalten reguliert wird, ist in medialen Räumen mehr denn je abhängig von menschlicher Gestaltung und zwischenmenschlicher Aushandlung.[8] Damit wächst der Einfluss der Technik auf die Ausformung der gesellschaftlichen Verhältnisse (vgl. Roßnagel 2003: 428) wachsen und mit ihm die Macht derjenigen, die Zugang zu medialen Umgebungen haben und kompetent sind, die Technik zu gestalten und zu nutzen (vgl. Groß 2004)

Interaktive Beziehungen gelten als uniplex und mittelmäßig stabil. Sie können zwar Bindungskräfte von sozialen Gruppen oder sozialen Netzwerken erzeugen, die über jene einfacher Kommunikation wie sie etwa im Falle zufälligen Zusammentreffens flüchtiger Bekannte stattfindet, hinausgehen. Im Ganzen dürften in interaktivitätsbasierten Sozialräumen wie etwa dem Internet aber lose Kontakte überwiegen.[9] Sie lassen das Internet als jene, beinahe grenzen- und strukturlose Verknüpfung von unbegrenzten Anzahlen von Menschen und ihren Äußerungen erscheinen, die als solche keine Mechanismen zur Erhöhung von Erwartbarkeiten an Andere, zur Begründung von Vertrauen oder zur Kanalisierung und Homogenisierung von Meinungen bietet. Wie etwa die Abhängigkeiten des Electronic Commerce und des Electronic Government von Rechtssicherheit schaffenden Maßnamen belegen, scheint die Herstellung sozialer Integration und die Stabilisierung der sozialen Beziehungen in interaktiven Räumen auf externe soziale Kontrolle angewiesen zu sein.

Interaktivität verstanden als individuelle Initiierbarkeit von Massenkommunikation wird zudem als Grundlage für das Entstehen neuer Öffentlichkeiten angesehen (Kubicek/Schmid/Wagner 1997: 49ff.; Bieber 1999: 182ff.; Roßnagel 2000; Kim 2002: 165ff.; Jarren/Donges 2002: 129ff.; Richter 2003: 208ff.). Im Unterschied zu den traditionellen Massenmedien ermöglichten die neuen Me-

---

7 Dieser Überlegung wurde in der Anfangszeit des kommerzialisierten Internet zu wenig Beachtung geschenkt, weshalb Recht und Staat nur als Bedrohung für die neuen Freiheitsräume der Informationsgesellschaft aufgefasst werden konnten, nicht aber auch als möglicher Garant für das Entstehen und den Erhalt der Freiheiten.
8 Vgl. Graham 1999: Abs. 4ff. m.V.a. Supreme Court (N.Y.), People v. Lipsitz, 23/6/97, URL *www.oag.state.ny.us/internet/litigation/lebedeff.html* (2.8.2004); Stegbauer 2001: 142f.
9 So auch Stegbauer 2001: 91.

dien, dass nicht mehr nur die im Wege des Kompromisses oder auch der erzwungenen Akzeptanz gefundenen Resultate, sondern auch die Prozesse einschließlich der geäußerten Meinungsverschiedenheiten, Erfahrungsunterschiede, Konflikte und Widersprüche, die diesen Resultaten vorausgehen, als öffentliche Meinung dargestellt werden können. Das Interaktivitätspotenzial der neuen Medien gibt prinzipiell jedem die Möglichkeit, die eigene, individuelle Auffassung von Wirklichkeit zu verallgemeinern (Kim 2002: 169). Insofern scheinen die neuen Medien die Rollen des Informanten und des Entscheiders anzunähern und diskursive, im Ideal mehrstufige und entscheidungsorientierte Erörterungen privater wie öffentlicher Angelegenheiten in der Öffentlichkeit zu entwickeln (vgl. Leggewie 2003: 124). Interaktivität ist somit ein wirkungsmächtiger Mechanismus der Einflussnahme im Übergangsbereich von (passiver) Information zu (aktiver Mit-)Entscheidung – ein Bereich, der erfahrungsgemäß mit den Kategorien und Institutionen des Rechts nur schwer zu fassen ist.[10] Für die Rechtswissenschaft dürfte sich insofern ein Blick auf frühe, aber erstaunlich aktuelle systemtheoretische Überlegungen zur Strukturierungsleistung von Aufmerksamkeit und Vergessen (vgl. dazu Luhmann 1975; Kieserling 1999) lohnen, die in neuen Erkenntnissen zur sozialrelevanten Struktur von medialen Netzen, insbesondere zur Herausbildung von *hubs* und deren Bedeutung hinsichtlich Einfluss, Steuerung, Macht und Kontrolle,[11] ihre Bestätigung zu finden scheinen.

Die Funktionalität und Leistungsfähigkeit des Rechts hängt dann nicht nur von den Verständnismöglichkeiten von Interaktivität und von den gesellschaftlichen und kulturellen Veränderungen, die mit diesem Begriff verbunden sind, sondern letztlich auch vom Verständnis von Recht selbst ab. Dabei deuten schon die bisherigen Überlegungen an, dass man sich angesichts der unscharfen Konturen und der mäßigen empirischen Fundierung des Interaktivitätsbegriffs freilich mit der erheblich bescheideneren Rolle wird begnügen müssen, Anstöße zu liefern, auf heute erkennbare Aspekte, Zusammenhänge und Tendenzen von Recht und Interaktivität aufmerksam zu machen, die vielleicht auch tatsächlich die Zukunft des Rechts angeben mögen, genauso gut aber auch flüchtige Phänomene bleiben können, weil sie durch andere, mächtigere und heute noch nicht erkennbare Tendenzen beiseite gedrängt werden. Wie immer das sei, es bietet sich an, den Begriff der Interaktivität auf einige Grundkategorien rechtlichen Denkens zu beziehen und vor dem Hintergrund der mit ihm zur Auffassung gebrachten Ver-

---

10 Vgl. etwa Schmidt-Aßmann 1998: Zweites Kap. Rz. 102ff.
11 Barabási 2002: 27ff., 70ff. u. 83ff. sowie der Beitrag von Barabási und Bonabeau in diesem Band.

änderungen der Kommunikationsstrukturen einige grundsätzliche Überlegungen zum Verhältnis von Recht und Technik zu notieren, in weiteren Schritten sich andeutende Veränderungen rechtlicher Räumlichkeit und das Verhältnis von Recht und Öffentlichkeit zu betrachten, um abschließend einen Blick auf einige Aspekte der demokratischen Legitimation des Rechts zu werfen.

2. Technik und Recht als Instrumente der Verhaltenssteuerung

Interaktivität ist Ausdruck zunehmender Dominanz der Technik bei der Steuerung individuellen Verhaltens und bei der Gestaltung der gesellschaftlichen Verhältnisse in medialen Räumen. Die hieraus vor allem im Rahmen von frühen Entwürfen zur Regulierbarkeit und Regulierung der Informationsgesellschaft gezogenen Schlüsse erweisen sich allerdings im Rückblick als voreilig: Interaktivität macht rechtliche Regulierung nicht per se wirkungslos, das Internet nicht zu einem rechtsfreien, mithin weder – positiv – zu einem besonders freiheitlichen, allenfalls selbstregulierten (Mankowski 1999: 138 f.), noch – negativ – dem rechtlichen und staatlichen Schutz entzogenen, dem Gemeinwohl nicht verpflichteten Sozialraum (Engel 1996: 220). Wie die E-Commerce-, Signatur-, Fernabsatz- und Datenschutzrichtlinie, das Fernabsatz- und Signaturgesetz, das Gesetz zur Anpassung der privatrechtlichen Formvorschriften, das Verwaltungsverfahrensänderungsgesetz, die Änderungen des Mediendienste-Staatsvertrages und weitere spezifische Regelungen des Internet belegen, schließen sich Effektivität rechtlicher Regulierung und Interaktivität nicht aus. Interaktivität verlangt vielmehr, die Bedeutung des Rechts in medialen Räumen zu überdenken.

Die Entwicklung der neuen Medien hat in Erinnerung gerufen, dass Verhaltenssteuerung nicht nur normativ über Verhaltensanweisungen, sondern auch über die Gestaltung der Umwelt des sozialen Lebens, wie des Raumes, der Märkte oder eben auch der Technik erfolgen kann, indem Umstände geschaffen werden, die es dem Steuerungsadressaten tatsächlich unmöglich machen, in bestimmter Weise zu handeln. Freilich sind solche Formen der Lenkung nur unter bestimmten Bedingungen Erfolg versprechend. Sie setzen nämlich voraus, dass es dem Steuernden, etwa dem Staat, möglich ist, alle einem einzelnen Menschen in seiner natürlichen Freiheit offen stehenden Handlungsmöglichkeiten in jeder Situation zu erfragen und zu kontrollieren, um sie durch Gestaltung der Umgebungsbedingungen zu öffnen oder zu verschließen. Auf der anderen Seite ist die

Praktikabilität und Effektivität solcher Steuerung gleich besonders hoch, wenn – wie bei medialen und interaktiven Räumen – der Verhaltens- und Aktionsraum und damit die tatsächlichen, vorgegebenen Handlungsmöglichkeiten etwa durch Bereitstellung von Infrastruktur erst von Grund auf geschaffen werden,[12] wenn der Steuernde also in der Lage ist, den Raum von vornherein so zu gestalten, dass nur solche Handlungen tatsächlich möglich sind, die auch zulässig sein sollen (vgl. Roßnagel 2003: 428 f.). Soll beispielsweise in einer Spielstraße erreicht werden, dass Autofahrer ihre Geschwindigkeit der Situation anpassen, so kann dies nicht nur durch ein (nachträglich aufgestelltes) Tempo-30-Verkehrsschild, sondern auch (von vornherein) baulich durch eine Fahrbahnverengung etwa in Form eines aufgestellten Blumenkübels erreicht werden. In vielen Fällen dürfte dies im Vergleich zum Verbotsschild sogar eine wirkungsvollere Maßnahme sein. Ganz ähnlich können Kommunikationswege zwischen Mitgliedern einer Behörde durch dienstliche Anweisungen, aber auch durch die entsprechende bauliche Gestaltung des Behördengebäudes und der Diensträume gesteuert werden. Und auch missliebigen Äußerungen in einem Internetchat kann statt mit der Androhung von Sanktionen, auch mit technischen Filtern begegnet werden (vgl. dazu Schmehl/Richter 2004).

Auf dieser Erkenntnis verhaltenssteuernder Wirkung von Technik baut eine populäre These auf, nach der die Programmierung von Computern, die Entscheidungen nicht nur vorbereiten, sondern selbst treffen, letztlich nichts anderes sei, als die Übersetzung von normativen Handlungsanweisungen mit Regelcharakter in Algorithmen (Groß 2004). Das Recht steuere hier lediglich über ökonomische, organisatorische oder technische Wirkungspfade, spiele gleichsam über die »Bande« der Handlungslogiken (Fuhrmann 2002: 116 f.).

Zutreffend ist, dass nicht-normative Steuerungsmedien regelmäßig nicht ohne eine normative Strukturierung auskommen, wie umgekehrt sich normative, insbesondere rechtliche Steuerung in der Regel nur entfalten kann, wenn sie durch faktische Steuerungsmedien etwa in Form von Anreiz- oder Sanktionsmitteln unterstützt wird. Verhaltenssteuerung erfolgt nicht nur über ein Medium, vielmehr stellt sich regelmäßig die Frage nach der richtigen Verbindung und Mischung unterschiedlicher Steuerungsmedien (Schmidt-Aßmann 1997: 17). Rechtliche Steuerung würde allerdings seine Spezifität verlieren, wenn die Einsicht in die verhaltensteuernde Wirkung von Technik darüber hinaus zum Anlass genommen

---

12 Vgl. die Ausführungen auf S. 242.

würde, Programmierung zur »impliziten Normsetzung«[13] oder Technik sogar zu Recht erklären zu wollen.[14]
Rechtliche Steuerung ist normative Steuerung, das heißt über Sollenssätze wie Gebote und Verbote wirkende Steuerung. Normative Steuerung erwartet, dass sich der zu Steuernde für die gesollte Verhaltensalternative entscheidet, *obwohl* ihm auch andere Verhaltensweisen tatsächlich möglich sind. Um die Normbefolgung deshalb zu sichern oder zumindest wahrscheinlicher zu machen, setzt das Recht auf verschiedene motivationale Effekte, die von klassischen Zwangs- und Sanktionsandrohungen über Anreize bis zur Einsicht, Überzeugung und Akzeptanz des Steuerungsadressaten reichen. Das ändert nichts daran, dass sich Recht stets an das Vorstellungsleben und nicht an die faktischen Verhältnisse des Adressaten richtet (vgl. Druey 1995: 29). Mit gutem Grund, denn hierin und im breiten Spektrum der Motivationsmittel kommt die vornehmliche Anknüpfung des Rechts an den menschlichen Willen und damit dessen innewohnende Liberalität und uneingeschränkte Anerkennung des Individuums zum Ausdruck, was es von anderen Steuerungsinstrumenten unterscheidet.

Daraus folgt, dass das Recht nur dort eine Ordnung bewirken kann, wo der menschliche Wille von Bedeutung ist oder jedenfalls als bedeutsam erklärt wird. Tatsächliche Umgebungsbedingungen und Grenzen, die bestimmtes Handeln oder Verhalten von vornherein für jeden Menschen unmöglich machen, stehen nicht zur Disposition des menschlichen Willens, sondern sind ihm von Anfang an entzogen. Der Mensch braucht hier nicht bewegt zu werden, das eine zu tun oder das andere zu lassen, wenn ihm beides ohnehin tatsächlich unmöglich ist. Die Funktionsleistungen des Rechts (vgl. dazu Rüthers 1999: Rn. 72ff.), wie etwa Verhaltenssteuerung, Verantwortungszurechung oder Streitentscheidung spielen dann keine unmittelbare Rolle (mehr). Dass es freilich alles andere als eine einfache Frage ist, ob dem Einzelnen unter den Bedingungen von Interaktivität ein eigener Wille zusteht oder nicht, braucht angesichts der durch die Computerisierung angefachten Determinismusdebatte keines Belegs.[15] Um die Rolle des Rechts für interaktive Räume zu erforschen, wird man aber nicht umhin kommen, diese Frage zu stellen (vgl. Röhl 2001: 121 ff).

---

13 Zuletzt einflussreich vor allem Lessig 2001: 19ff.
14 So wohl Groß 2004, der im Anschluss an Polomski 1993: 219f. m.w.N. im Rahmen von Verwaltungsverfahren eingesetzte Computerprogramme als Verwaltungsvorschriften qualifiziert; vorsichtiger Britz 2002: 265.
15 Ausführlich etwa Zippelius 2003, § 25.

Nach diesen Überlegungen ist es jedenfalls in gesamtgesellschaftlicher Hinsicht auch unangezeigt, unter dem Eindruck der gescheiterten Versuche der Akteure im Netz, sich selbst zu organisieren, nun allzu große Hoffnung auf einen mehr oder weniger umfassenden Systemschutz zu legen, bei dem die technischen Systeme so gestaltet sind, dass rechtliche Anforderungen »von selbst«, eben durch die normale Nutzung der Technik durchgesetzt werden (vgl. Dix 2003; Büllesbach 2003: 395 f.). Technischer Schutz (z.B. Firewall, Verschlüsselungen) mag zwar unter den Bedingungen der Interaktivität in verschiedenen Hinsichten effektiver sein als der klassische rechtliche Schutz durch zwangs- und strafbewährte Ge- und Verbote. Einsichtsfähigkeit, Urteilskraft, Orientierung – mithin Fähigkeiten, die an anderer jede Stelle, und sei es in den »alten« physischen Räumen, für den gemeinverträglichen Gebrauch von Freiheit unverzichtbar sind – werden dadurch aber wohl kaum gefördert oder gehen sogar verloren. Selbst wenn rechtsgemäße Technikgestaltung, wie immer man sich diese vorzustellen hat und wer immer sie bestimmen sollte, Bußgeld- und Strafverfahren überflüssig zu machen vermögen (Roßnagel 2003: 428 f.), dann auch nur, damit diese in anderen sozialen Kontexten, die mit einem technischen Systemschutz nicht mehr zu regulieren sind, mangels Eigenverantwortlichkeit umso häufiger werden.

3. Interaktiver Raum als Rechtsraum

Deutet es sich also an, dass dem Recht auch in den neuen interaktiven Sozialräumen bedeutsame Funktionen im Rahmen der Regulierung und Ordnung der sozialen Beziehungen zukommen soll und zukommen, dann richtet sich der Blick auf Interaktivität als Funktionsbedingung des Rechts und auf die Frage, ob Bedarf und Möglichkeiten bestehen, herkömmliche rechtliche Regulierungsmechanismen auf diese Bedingungen anzupassen.

Wie schwer es dem geltenden Recht fällt, die veränderten sozialen Wirkungen von Raum und Zeit im Netz dogmatisch zu verarbeiten, konnte bereits in verschiedenen Zusammenhängen beobachtet werden. So sehen sich beispielsweise die Strafverfolgungsbehörden und Gerichte seit der Kommerzialisierung des Internet mit der Tatsache konfrontiert, dass das Netz für die strafbewährte Verbreitung volksverhetzender Darstellungen, pornografischer Schriften (§§ 130 Absatz 2 Nummer 2, 184, 184c des Strafgesetzbuches – StGB) und ähnlicher Delikte missbraucht wird.[16] In Fällen, in denen die Informationen zwar über Computer im deutschen Inland abgerufen werden können, aber von ausländischen Servern bereitgehalten werden, scheint der Verfolgung solcher Straftaten allerdings die fehlende Anwendbarkeit deutschen Strafrechts entgegen zu stehen, denn gemäß der das Territorialprinzip zum Ausdruck bringenden Vorschrift des § 3 StGB gilt das deutsche Strafrecht nur für Taten, die im »Inland«, d.h. auf einem bestimmten geografischen Gebiet einschließlich gewisser Lufträume und Gewässer, »begangen werden«. »Begangen« wird eine Tat nach § 9 Absatz 1 StGB u.a. »an jedem Ort, an dem der Täter gehandelt hat oder an dem der zum Tatbestand gehörende Erfolg eingetreten ist«. Da der Strafgrund der Volksverhetzung oder der Verteilung pornografischer Schriften schon in der abstrakten Gefährdung liegt, die von der Verbreitungshandlung ausgeht, es also nicht auf einen darüber hinaus gehenden konkreten Erfolg, wie etwa der Rezeption dieser Information durch eine Person ankommt,[17] haben solche Delikte – wenn sie vom Ausland aus vorgenommen werden – weder eine Tathandlung noch einen Erfolg auf deutschen Staatsgebiet. Sie sind damit Auslandstaten, auf die das deutsche Strafrecht nicht anwendbar ist. Im Grunde ist die Problematik nicht neu. Das Interaktivitätspotenzial der neuen Medien hat ihr nur eine neue qualitative und quantitative Dimension gegeben, denn es ist nun jedem einzelnen möglich, massenkommunikativ tätig zu werden.

Der Bundesgerichtshof (BGH) behalf sich in einem ihm vorgelegten Fall dadurch, dass er bei Delikten, die bereits bei der Schaffung einer Eignung verwirklicht sind, diese Eignung als »Erfolg« ansah. Dementsprechend stufte er alle Orte, wo die Eignung »eintrat«, als »Erfolgsort« im Sinne von § 9 Absatz 1 StGB ein. Nach seiner Auffassung tritt bei abstrakten Gefährdungsdelikten der Erfolg mithin dort ein, wo die Tat ihre (abstrakte) Gefährlichkeit im Hinblick auf das im Tatbestand umschriebene Rechtsgut entfalten kann.[18] Da im entschiedenen Fall die über eine Website verbreiteten Hetzschriften selbstverständlich auch in Deutschland abrufbar und sie damit auch hier *geeignet* waren, den öffentlichen Frieden zu stören, waren die Straftaten auch hier begangen. Diese Rechtsprechung wurde freilich heftig kritisiert, hat sie doch letztlich zur Folge, dass das deutsche Strafrecht für einen Großteil der im Internet denkbaren Straftaten weltweite Geltung beansprucht (vgl. Sieber 1999: 7). Von dringenden Zweifeln hinsichtlich ihrer Vereinbarkeit mit den Grundsätzen der Auslegung und des Völ-

---

16 Weitere strafrechtliche Beispiele bei Sieber 1999, 5.
17 BGHSt 46, 212ff. (220); Tröndle/Fischer 2004, § 9 Rn. 5.
18 BGHSt 46, 212ff. (221), andeutend bereits BGHSt 42, 235 (242).

kerrechts ganz abgesehen, scheint sie damit jedenfalls das in den §§ 3 und 9 normierte Regel-Ausnahme-Verhältnis von territorial beschränkter und ubiquitärer Anwendung des deutschen Strafrechts zu nivellieren.

Allerdings kann man schon Zweifel haben, ob dieses oder ähnlich gelagerte Probleme[19] überhaupt im Wege eines juristischen Diskurses über die Auslegung des herkömmlichen Rechts einer beständigen Lösung zugeführt werden kann. Der dogmatische Streit scheint eher das eigentliche Problem zu verdecken, nämlich dass das geltende nationale und internationale Recht und mit ihm die staatlichen Strafgewalten auf einem territorialen Verständnis von Raum aufbauen, was mit Blick auf die lange historische Bedeutung von staatlicher Identität und Souveränität durch die Entstehung von Grenzen selbstverständlich (vgl. Stolleis 1997: 67), für mediale Räume aber steuerungstechnisch von vornherein unpassend erscheint.[20] Im herkömmlichen Verständnis bezieht sich der Rechtsraum a priori auf ein Territorium, also eine begrenzte Oberfläche der Erde.[21] Dies ist unter Effektivitätsgesichtspunkten auch konsequent, wenn solche sozialen Beziehungen und Handlungen zum Gegenstand der Regulierung erhoben werden sollen, die in ihrer Beschaffenheit und Wirkung ebenfalls durch den geophysischen Raum geprägt sind. Die neuen Medien existieren freilich nicht außerhalb eines territorialen Raumes. Nach »innen« schaffen sie aber aufgrund ihres Interaktivitätspotenzials konzeptionell neue Räume, die eine Anknüpfung des Rechts an die Territorialität erschwert. Man wird also auf Dauer nicht umhinkommen, zu klären, inwieweit der Rechtsraum von geophysischen Aspekten getrennt werden kann (Graham 1999: Abs. 10 ff). Die Anwendbarkeit des Strafrechts ist kein Problem des Merkmals des »zum Tatbestand gehörenden Erfolges«, sondern, wie der mit diesem Merkmal verknüpfte Streit im Grunde auch zeigt, eine Frage der sozialen Wirkungen von Handlungen.[22]

Mit der Anknüpfung an einen (geophysischen) Tatort in § 9 Absatz 1 StGB geht das Strafrecht von einer dogmatisierbaren Unterscheidbarkeit von Handlung und Wirkung aus – eine Unterscheidung, die unter den Bedingungen der Interaktivität medialer Räume noch schwieriger als ohnehin zu fassen ist, was eben etwa

---

19 Die Anwendbarkeit wurde auch im Zivilrecht, insbesondere im Wettbewerbs- und im Urheberrecht virulent, vgl. § 14 Abs. 2 UWG u. § 15 UrhG, sowie Rüßmann, 1998; Thum 1998: 117.
20 Zum Wettbewerbsrecht ähnlich Rüßmann 1998 und Thum 1998: 144.
21 Vgl. Stolleis 1997: 74ff. Zur rechtshistorischen Bedeutung der Erkenntnis raumzeitlicher Bedingtheit des Rechts vgl. Wyduckel 1979: 127ff.
22 Vgl. auch die Rechtspr. des Reichsgerichts (RGSt 1, 274 [276]; 3, 316 [318]; 20, 146 [147f.]) zum vorgängigen § 3 RStGB.

bei Handlungen, die das geltende Gesetz als »Verbreiten« oder »Äußern« beschreibt, besonders deutlich zu Tage zu treten scheint.

4. Interaktive Öffentlichkeit als kontrollierende Öffentlichkeit

Wenn Interaktivität das Entstehen neuer Öffentlichkeiten impliziert, dann ist das auch für das Recht von Bedeutung, weil Öffentlichkeit auch für das Recht in verschiedenen Hinsichten bedeutsam ist. Obwohl der Begriff auch im Recht in vielen Zusammenhängen zumindest attributiv präsent ist, fällt eine Thematisierung des Verhältnisses von Recht und Öffentlichkeit allerdings nicht einfach, und zwar nicht nur aufgrund der normativen Vorgeprägtheit des Öffentlichkeitsbegriffs (Jarren/Donges 2002: 112). »Öffentlich« und »Öffentlichkeit« zählen zu den traditionsreichsten Begriffen der politischen Theorie. Ihre zentrale Stellung im Kategoriengefüge resultiert aus den zahlreichen Bedeutungen, die diese Begriffe annehmen können und die ihnen in verschiedenen Kontexten Relevanz und Überzeugungskraft verleihen, sie aber auch nicht selten kaum greifbar erscheinen lassen. »Öffentlich« meint Momente des »Offenbaren« und des »öffentlich Einsehbaren«, aber auch Aspekte des »Allgemeinen« im Sinne von das »Gemeinwesen Betreffende«, was ein breites Spektrum von Bedeutungsvarianten erschließt (Peters 1994: 42 f.; Schmidt-Aßmann 1998: Zweites Kap. Rz. 113.): »Öffentlichkeit« im Unterschied zu »Privatheit« zur Kennzeichnung von unterschiedlichen sozialen Handlungs- und Verantwortungsbereichen, »Öffentlichkeit« im Unterschied zu Geheimheit als soziale Grenzziehung im Bereich Information und Wissen, »Öffentlichkeit« als Bezeichnung für eine Art Kollektivität mit einer bestimmten Kommunikationsstruktur oder eine Sphäre kommunikativen Handelns mit bestimmten anspruchsvollen Merkmalen und Funktionen. Im letztgenannten Verständnis ist der Öffentlichkeitsbegriff vor allem für – auf die Breiten des Rechts bezogen: verfassungsrechtliche – Fragen der Kontrolle und Einhaltung von Recht (Scherzberg 2000: 320ff.; Rossen-Stadtfeld 2001) zentral. Dieser Bereich soll im Folgenden vor dem Hintergrund elektronischer und interaktiver Öffentlichkeit kurz beleuchtet werden.

Ganz allgemein sollen Kontrollen Maßstabsgerechtigkeit von Vorgängen oder Ergebnissen sichern, indem sie sie einem Soll-Ist-Vergleich unterziehen (Kirchhof 1996: § 59 Rn. 188). Staatsaufsicht und Rechtsprechung sind Beispiele für Kontrolle als ein spezifischer Mechanismus, um Rationalität – im Kontext von Recht: rechtliche Rationalität, also Rechtmäßigkeit – von Handlungen zu erhöhen und zu sichern (Schmidt-Aßmann 2001: 10). Auch hier hilft zum Verständnis in Erinnerung zu rufen, dass Recht sich an die Vorstellungswelt des Adressaten richtet. Es kann von diesem eingehalten, aber auch – ob willentlich oder nicht – gebrochen werden. Es kann aber auch schon über diese Frage an sich Uneinigkeit bestehen, sei es weil von verschiedenen Tatsachen ausgegangen oder weil Recht verschieden verstanden wird. Wichtige Funktionen von Kontrolle erschließen sich im Licht dieser Geistigkeit und Interpretationsoffenheit des Rechts und der Abhängigkeit seiner Konkretisierung von den zu beurteilenden Tatsachen. Kontrolle ermöglicht, Verstöße gegen das Recht zu erkennen und zu markieren, gegebenenfalls auch auf sie zu reagieren, etwa zu sanktionieren.[23] Präventiv motiviert dies wiederum den Adressaten des Rechts, sich für die Einhaltung des Rechts zu entscheiden. Kontrolle hilft schließlich Streitigkeiten um das richtige Verständnis von Recht aufzudecken und eröffnet damit die Möglichkeit, sich über Recht zu verständigen (Luhmann 1987: 282; Hoffmann-Riem 2001: 327).[24]

Um diese Funktion von Kontrolle zu gewährleisten, institutionalisiert das Recht selbst Formen von Distanz und Grenzziehungen. Kontrolle ist geprägt durch Abgrenzbarkeit und eine arbeits- oder gar gewaltenteilige Distanz der Kontrollinstanz sowohl zu den Vorgängen, Entscheidungen oder Handlungen, die sie kontrolliert, als auch zu den kontrollierten Subjekten selbst (Schmidt-Aßmann 2001: 10; Hoffmann-Riem 2001: 326 f.). Freilich ist die Institutionalisierung von Distanzierungen und Grenzziehungen kein Selbstzweck, sondern soll den zur Kontrolle Berufenen zur ernsthaften Kontrolle, zum »Gegen-Denken« (Hoffmann-Riem 2001: 344, 366) befähigen und motivieren.

Es ist insbesondere diese fehlende Motivation der Öffentlichkeit zum kontrollierenden Denken, die die Rechtswissenschaft vor überzogenen Erwartungen an deren Kontrollfunktion warnen lässt (vgl. Schmidt-Aßmann 1998, Zweites Kap. Rz. 116). Sofern man nicht schon in der *Möglichkeit* individueller Initialisierung von Massenkommunikation *an sich* kontrollierende Momente erblicken möchte, dürfte das Potenzial neuer Medien, Verschiedenheiten zu verallgemeinern und Verallgemeinerung zu individualisieren, grundsätzlich auch kaum zur

---

23 Strittig ist, ob der rechtliche Kontrollbegriff – wie hier nur angedeutet – über ein Betrachten und Bewerten hinaus im Sinne des englischen *control* auch ein Einwirken (z.B. ein Korrigieren, Ausgleichen oder Rückgängigmachen) auf das zu Kontrollierende einschließt, dafür etwa Schulze-Fielitz 2001: 298, mit weiteren Nachweisen.
24 Für einen Überblick siehe Kahl 2000: 403.

Entwarnung veranlassen. Denn es ist nicht ersichtlich, dass mit den neuen technischen Möglichkeiten auch die sozialen und individuellen Barrieren, die die meisten Individuen bisher daran gehindert haben, in eine kritische Öffentlichkeit einzutreten, nun jedenfalls in einer Breite wegfallen oder künftig wegfallen werden und Öffentlichkeit damit zu einem steten Beziehungsgefüge zwischen den Akteuren, Inhalten und Publikum würde. Themenfokussierungen und Reaktionen bleiben auch im Netz oft von eher beiläufigen Bedingungen abhängig, sind wenig einschätzbar, unbeständig und regelmäßig von selbstselektiven Verzerrungen in der Interessensrepräsentanz gekennzeichnet. Insofern unterscheiden sich die neuen Öffentlichkeiten der interaktiven Medien nicht von den alten Öffentlichkeiten der klassischen Medien. Diese wie jene erfüllen in der Realität die ihnen gerne zugeschriebenen Transparenz-, Validierungs- und Orientierungsfunktionen (vgl. Jarren/Donges 2002: 112 ff) nur eingeschränkt. Über eine im Einzelfall aufblitzende Kontrolle wird interaktive Öffentlichkeit nicht hinauskommen. Für einen festen Einbau von interaktiver Öffentlichkeit in das rechtliche System wird man dagegen ungleich beständigere Kontrollleistungen verlangen müssen, die wohl nur mit Hilfe interessenstrukturierender und machtausbalancierender Gegenmaßnahmen zu erreichen sein dürften. Solche institutionalisierenden Maßnahmen dürften aber der Funktionalität und Effektivität individueller und spontaner Initiierung von Massenkommunikation geradezu entgegenlaufen. Ob und wie es in den interaktiven Räumen der neuen Medien gelingen kann, eine das kritische Gegendenken motivierende Distanzierung und Grenzziehung zu erreichen, wird sich daher erst noch zeigen müssen.

Literatur

Barabási, Albert-László (2002): *Linked. The New Science of Networks*. Cambridge, Ma.
Bieber, Christoph (1999): *Politische Projekte im Internet*. Frankfurt a. M. (u.a.).
Britz, Gabriele (2002): Reaktionen des Verwaltungsverfahrensrechts auf die informationstechnischen Vernetzungen der Verwaltung. In: Hoffmann-Riem, Wolfgang/Schmidt-Aßmann, Eberhard (Hg.): *Verwaltungsverfahren und Verwaltungsverfahrensgesetz*. Baden-Baden, S. 213-276.
Büllesbach, Alfred (2003): Datenschutz in der Informationsgesellschaft. In: Klumpp, Dieter/Kubicek, Herbert/Roßnagel, Alexander (Hg.): *next generation information society? Notwendigkeit einer Neuorientierung*. Mössingen-Talheim, S. 386-397.
Castells, Manuel (2004): *Der Aufstieg der Netzwerkgesellschaft*. Opladen.

Dix, Alexander (2003): Konzepte des Systemschutzes. In: Roßnagel, Alexander (Hg.): Handbuch Datenschutzrecht. München, S. 363-386.

Druey, Jean Nicolas (1995): *Information als Gegenstand des Rechts. Entwurf einer Grundlegung*. Zürich (u.a).

Eberle, Carl-Eugen (1987): Die öffentliche Verwaltung vor den Herausforderungen der Informationsgesellschaft. In: *Die Verwaltung*, Bd. 20, S. 459-476.

Engel, Christoph (1996): Inhaltskontrolle im Internet. In: *Archiv für Presserecht – Zeitschrift für Medien- und Kommunikationsrecht*. S. 220-227.

Fuhrmann, Heiner (2002): Technikgestaltung als Mittel zur rechtlichen Steuerung im Internet». In: *Zeitschrift für Rechtssoziologie*. S. 115-130.

Goertz, Lutz (1994): Wie interaktiv sind Medien? Auf dem Weg zu einer Definition von Interaktivität. In: Rundfunk und Fernsehen, 43 Jg., S. 477-493.

Graham, James Alexander (1999), Der virtuelle Raum – sein völkerrechtlicher Status. In: *JurPC – Internet-Zeitschrift für Rechtsinformatik*, Web-Dok. 35.

Groß, Thomas (2000): Grundlinien einer pluralistischen Interpretation des Demokratieprinzips, in: Redaktion Kritische Justiz (Hg.): *Demokratie und Grundgesetz*. S. 93-101.

Groß, Thomas (2004): Die Informatisierung der Verwaltung – Eine Zwischenbilanz auf dem Weg von der Verwaltungsautomation zum E-Government. In: *Verwaltungs-Archiv*, S. 400-417.

Heeter, Carrie (1989): Implications of New Interactive Technologies for Conceptualizing Communication. In: Salvaggio, Jerry L./Bryant, Jennings (Hg.): *Media Use in the Information Age – Emerging Patterns of Adoption and Consumer*. Hillsdale, New Jersey (u.a.), S. 217-235.

Hoffmann-Riem, Wolfgang (2001): Verwaltungskontrolle – Perspektiven. In: Schmidt-Aßmann, Eberhard/Hoffmann-Riem, Wolfgang (Hg.): *Verwaltungskontrolle*. Baden-Baden, S. 325-366.

Hoffmann-Riem, Wolfgang (1998): Informationelle Selbstbestimmung in der Informationsgesellschaft – Auf dem Wege zu einem neuen Konzept des Datenschutzes. In: *Archiv für öffentliches Recht*. S. 513ff.

Jarren, Otfried/Donges, Patrick (2002): *Politische Kommunikation in der Mediengesellschaft, Bd. 1: Verständnis, Rahmen und Strukturen*. Opladen.

Kahl, Wolfgang (2000): *Staatsaufsicht*. Tübingen.

Kieserling, André (1999): *Kommunikation unter Anwesenden. Studien über Interaktionssysteme*. Frankfurt a.M..

Kim, Ki Beom (2002): *Interaktivität neuer Medien – Zur Konzeptualisierung einer neuen massenmedialen Kommunikationsform*. Diss., Bremen. Online unter http://elib.suub.uni-bremen/publications/dissertations/E-Diss452_kim.pdf (Stand: 27.4.2004).

Kirchhof, Paul (1996): Mittel staatlichen Handelns. In: Isensee, Josef/Kirchhof, Paul (Hg.), *Handbuch des Staatsrechts. Bd. III*, 2. Aufl., Heidelberg, § 59.

Kubicek, Herbert/Schmid, Ulrich/Wagner, Heiderose (1997): *Bürgerinformation durch »neue« Medien?. Analysen und Fallstudien zur Etablierung elektronischer Informationssysteme im Alltag*. Opladen.

Leggewie, Claus (2003), Von der elektronischen zur interaktiven Demokratie. Das Internet für demokratische Eliten. In: Klumpp, Dieter/Kubicek, Herbert/Roßnagel, Alexander (Hg.), *next generation information society? Notwendigkeit einer Neuorientierung.* Mössingen-Talheim, S. 115-128.

Lessig, Lawrence (2001): *Code und andere Gesetze des Cyberspace.* Berlin.

Luhmann, Niklas (1975): *Soziologische Aufklärung 2. Aufsätze zur Theorie der Gesellschaft.* Opladen.

Luhmann, Niklas (1987): *Rechtssoziologie.* Opladen.

Mankowski, Peter (1999): Wider ein transnationales Cyberlaw. In: *Archiv für Presserecht – Zeitschrift für Medien- und Kommunikationsrecht,* S. 138-143.

Navarra, Christine (2000): *Wie interaktiv ist das Internet? Nutzungsmöglichkeiten und die erforderliche Medienkompetenz.* Stuttgart.

Peters, Bernhard (1994): Der Sinn von Öffentlichkeit. In: Neidhardt, Friedhelm (Hg.): *Öffentlichkeit, öffentliche Meinung, soziale Bewegungen.* Opladen, S. 42-76.

Pitschas, Rainer (1993): Allgemeines Verwaltungsrecht als Teil der öffentlichen Informationsordnung. In: Hoffmann-Riem, Wolfgang/Schmidt-Aßmann, Eberhard/Schuppert, Gunnar Folke (Hg.): *Reform des Allgemeinen Verwaltungsrechts.* Baden-Baden, S. 219-305.

Polomski, Ralf-Michael (1993): *Der automatisierte Verwaltungsakt.* Berlin.

Rafaeli, Sheizaf (1988): Interactivity – From Media to Communication. In: Hawkins, Robert P./Wiemann, John M./Pingree, Suzanne (Hg.): *Advancing Communication Science – Merging Mass and Interpersonal Processes.* Newbury Park (u.a.) S. 110-134.

Richter, Eike (2003): Anforderungen an eine nachhaltigkeitsgerechte Informations- und Kommunikationsordnung im Umweltrecht. In: Lange, Klaus (Hg.): *Nachhaltigkeit im Recht. Eine Annäherung.* S. 199-223.

Rogers, Everett M. (1986): *Communication Technology. The New Media in Society.* New York (u.a.).

Röhl, Klaus F. (2001): *Allgemeine Rechtslehre. Ein Lehrbuch,* 2. Aufl.. Köln (u.a.).

Rossen-Stadtfeld, Helge (2001): Kontrollfunktion der Öffentlichkeit – ihre Möglichkeiten und ihre (rechtlichen) Grenzen. In: Schmidt-Aßmann, Eberhard/Hoffmann-Riem, Wolfgang (Hg.): *Verwaltungskontrolle.* S. 117-203.

Roßnagel, Alexander (2000): Möglichkeiten für Transparenz und Öffentlichkeit im Verwaltungshandeln – unter besonderer Berücksichtigung des Internet als Instrument der Staatskommunikation. In: Hoffmann-Riem, Wolfgang/Schmidt-Aßmann, Eberhard (Hg.): *Verwaltungsrecht in der Informationsgesellschaft.* S. 257-332.

Roßnagel, Alexander (2003): Recht und Technik in der globalen Informationsgesellschaft. In: Klumpp, Dieter/Kubicek, Herbert/Roßnagel, Alexander (Hg.): *next generation information society? Notwendigkeit einer Neuorientierung.* Mössingen-Talheim, S. 423-432.

Rüßmann, Helmut (1998): Wettbewerbshandlungen im Internet – Internationale Zuständigkeit und anwendbares Recht. In: *Kommunikation und Recht – Betriebs-Berater für Medien Telekommunikation, Multimedia.* S. 422-427.

Rüthers, Bernd (1999): *Rechtstheorie. Begriff, Geltung und Anwendung des Rechts.* München.

Scherzberg, Arno (2000): *Die Öffentlichkeit der Verwaltung.* Baden-Baden.

Schmehl, Arndt (2004): *Das Äquivalenzprinzip im Recht der Staatsfinanzierung.* Tübingen, i.E.

Schmehl, Arndt/Richter, Eike (2004): Virtuelles Hausverbot und Informationsfreiheit (Referendarexamensklausur Öffentliches Recht). In: *Juristische Schulung,* i.E..

Schmidt-Aßmann, Eberhard (1997): Verwaltungsorganisationsrecht als Steuerungsressource. Einleitende Problemskizze. In: Ders./Hoffmann-Riem, Wolfgang (Hg.): *Verwaltungsorganisationsrecht als Steuerungsressource*. Baden-Baden, S. 9-63.

Schmidt-Aßmann, Eberhard (1998): *Das allgemeine Verwaltungsrecht als Ordnungsidee. Grundlagen und Aufgaben der verwaltungsrechtlichen Systembildung*. Berlin (u.a).

Schmidt-Aßmann, Eberhard (2001): Verwaltungskontrolle: Einleitende Problemskizze. In: Ders./Hoffmann-Riem, Wolfgang (Hg.): *Verwaltungskontrolle*. Baden-Baden, S. 9-44.

Schulze-Fielitz, Helmuth (2001): Zusammenspiel von öffentlich-rechtlichen Kontrollen der Verwaltung. In: Schmidt-Aßmann, Eberhard/Hoffmann-Riem, Wolfgang (Hg.): *Verwaltungskontrolle*. Baden-Baden, S. 291-323.

Sieber, Ulrich (1999): Internationales Strafrecht im Internet – Das Territorialprinzip der §§ 3, 9 StGB im globalen Cyberspace. In: *Neue Juristische Wochenschrift*, S. 2065-2073, zitiert nach *www.jura.uni-muenchen.de/sieber/article/InternationalesStrafrecht/9StGB.pdf* in der vom 17.7.2004 abrufbaren Fassung.

Stegbauer, Christian (2001): *Grenzen virtueller Gemeinschaft – Strukturen internetbasierter Kommunikationsforen*. Opladen.

Stolleis, Michael (1997): Die Idee des souveränen Staates. In: *Der Staat, Beiheft 11: Entstehen und Wandel verfassungsrechtlichen Denkens*. S. 63-85

Tettenborn, Alexander (2001): § 2 TDG. In: Engel-Flechsig, Stefan/Maennel, Frithjof A./Tettenborn, Alexander (Hg.): *Beck'scher IuKDG-Kommentar*. München.

Thum, Dorothee (1998). Das Territorialitätsprinzip im Zeitalter des Internet – Zur Frage des auf Urheberrechtsverletzungen im Internet anwendbaren Rechts. In: Bartsch, Michael/Lutterbeck, Bernd (Hg.): *Neues Recht für neue Medien*. S. 117-144ff.

Tröndle, Herbert/Fischer, Thomas (2004): *Strafgesetzbuch und Nebengesetze. Kommentar*, 52 Aufl., München.

Trute, Hans-Heinrich (1998): Öffentlich-rechtliche Rahmenbedingungen einer Informationsordnung (Bericht 2). In: *Veröffentlichungen der Vereinigung der Deutschen Staatsrechtslehrer*. Bd. 57, S. 216-273.

Tully, Claus J. (1998): Stichwort:»Mensch-Computer-Interaktion«. In: Grubitzsch, Siegfried/Weber, Klaus (Hg.): *Psychologische Grundbegriffe. Ein Handbuch*. Reinbek bei Hamburg.

Wyduckel, Dieter (1979): *Princeps Legibus Solutus. Eine Untersuchung zur frühmodernen Rechts- und Staatslehre*. Berlin.

Zippelius, Reinhold (2003): *Rechtsphilosophie*, 4. Aufl.. München.

Zöllner, Wolfgang (1990): *Informationsordnung und Recht*. Vortrag gehalten vor der Juristischen Gesellschaft zu Berlin am 25. Oktober 1989, Berlin (u.a.).

Sicherheit oder Freiheit im Internet?

Markus Möstl

1. Sicherheit *oder* Freiheit? – Freiheit *und* Sicherheit!

Der Titel des Panels 2 dieser Tagung »Sicherheit *oder* Freiheit?« suggeriert – wenngleich nur in Frageform –, zwischen Sicherheit und Freiheit bestehe ein Verhältnis der Alternativität.[1] Dies jedoch ist – im allgemeinen genauso wie speziell im Internet – allenfalls die halbe Wahrheit.[2] Sicher: Wenn der Staat das Internet auf strafbare Inhalte überwacht und etwa die Sperrung von Seiten anordnet (Storr 2003, OVG Münster 2003, König/Lötz 1999, Hornig 2001, Holznagel/Kussel 2001, Stadler 2002, Spindler/Volkmann 2002, Bremer 2002), kann nicht geleugnet werden, dass er hierbei die Freiheit der Internetkommunikation im Interesse von Sicherheitsinteressen einschränkt und dass so gesehen in der Tat ein Spannungsverhältnis zwischen Freiheit und Sicherheit besteht. In anderen Konstellationen indes stehen Freiheit und Sicherheit keineswegs in einem Spannungsverhältnis, sondern erscheinen geradezu als zwei Seiten ein und derselben Medaille: Die Freiheit zur Nutzung des Internet für Zwecke des Rechtsverkehrs etwa bleibt ein leeres Wort, wenn der Datenverkehr nicht sicher ist; die staatliche Bereitstellung einer verlässlichen Infrastruktur zertifizierter Signaturen ist insofern ein Akt der Sicherheitsgewährleistung, der rechtsgeschäftliche Freiheitsausübung im Internet überhaupt erst möglich macht (vgl. Herchenbach 2000). Auch im Bereich des Datenschutzes (vgl. Moos 2002, Dafner 2003, Gundermann 2000, Boehme/Nessler 2002, Rasmussen 2002) läuft die Freiheit informationeller Selbstbestimmung ins Leere, wenn sie der Staat nicht schützt und sichert gegen Dritte, die unbemerkt Datensammlungen anlegen, Nutzerprofile zeichnen, um diese für kommerzielle Zwecke auszunutzen. Aus der Sicht dessen,

---

1 Der Beitrag basiert auf einem Vortrag zur Konferenz »Grenzen der Interaktivität« (13. bis 15. November 2003) am Zentrum für Medien und Interaktivität der Justus-Liebig-Universität Gießen.
2 Zum Verhältnis von Sicherheit und Freiheit im allgemeinen Möstl 2002: S. 37ff.

der vom Staat Schutz seiner Freiheit gegen Dritte verlangt – seien dies Hacker, Datensammler etc. – fallen Sicherheit und Freiheit geradezu in eins; denn »ohne Sicherheit ist keine Freiheit«, wie bereits Wilhelm von Humboldt formuliert hat (Von Humboldt 1792: 58).

Aber auch wenn man auf unser erstes Beispiel zurückkommt, den Bereich der Überwachung des Internet auf strafbare Inhalte, wo die Freiheit des Internetnutzes in der Tat mit staatlichen Sicherheitsinteressen in Konflikt geraten kann, wäre es falsch, die Ziele Freiheit und Sicherheit schlicht in einem Verhältnis der Alternativität zu sehen. Zu bedenken ist nämlich, dass auch hier das staatliche Sicherheitsziel Freiheitsinteressen zu dienen bestimmt ist, wenngleich es hier freilich nicht um Freiheitsinteressen des Internetnutzers, sondern um Freiheitsinteressen Dritter geht. So will etwa die Sperrung einer Homepage, in der zum Hass gegen eine bestimmte Minderheit aufgestachelt wird, nichts anderes, als die Freiheiten und Rechte dieser Minderheit zu schützen; so will die Sperrung kinderpornografischer Inhalte nichts anderes, als die Würde, Selbstbestimmung und Freiheit der betroffenen Kinder zu sichern. Es sind also im Kern Freiheitsrechte Dritter, die in Gestalt grundrechtlicher Schutzpflichten staatliche Sicherheitsgewährleistung legitimieren; auch hier geht es weniger um die Alternative von Freiheit oder Sicherheit als vielmehr um die Spannung von Freiheit des einen und Freiheit des anderen.

Staatliche Sicherheitsanstrengungen im Netz – das sollten die bisherigen Ausführungen zeigen – dürfen nicht allein in ihrer Rolle als Feind der Freiheit gesehen werden; sie sind vielmehr legitim, entweder weil sie, wie etwa im Fall des Datenschutzes, wirkliche Internetfreiheit überhaupt erst möglich machen, oder aber weil sie, auch soweit sie sich, wie bei der Sperrung strafbarer Internetseiten, in der Tat gegen die Freiheit des Internetnutzers richten, durch den Schutz der Freiheitsinteresse Dritter gerechtfertigt werden können, durch die alte Aufgabe des Staates, seinen Bürgern ein Leben in Freiheit, Sicherheit und Frieden zu gewährleisten (Isensee 1983, Robbers 1987, Götz 1988, Möstl 2002).

Nehmen wir nach diesen eher abstrakten Überlegungen zu Freiheit und Sicherheit im Folgenden zwei konkrete Problemfelder – erstens die Überwachung des Internet auf verbotene Inhalte und zweitens den Datenschutz im Internet – in rechtlicher Hinsicht etwas genauer unter die Lupe.

2. Sicherheitsgewährleistung und Freiheitsrechte der Internetnutzer

Die erste zu betrachtende Frage lautet hierbei: Inwieweit werden Maßnahmen staatlicher Sicherheitsgewährleistung im Internet vom Verfassungsrecht, namentlich von den Grundrechten der Internetnutzer begrenzt und gesteuert?

2.1 Überwachung des Internet auf verbotene Inhalte

Soweit es um die staatliche Überwachung des Internet auf strafbare Inhalte geht, treten die Kommunikationsgrundrechte der Internetnutzer (Determann 1999) als Abwehrrechte, als *gegen* staatliche Eingriffe gerichtete Freiheitsrechte auf den Plan. Für die Frage ihrer Wirkkraft ist es im Ausgangspunkt entscheidend, dass das Grundgesetz zwei verschiedene Arten von Kommunikation kennt und diese mit einem ganz unterschiedlich gelagerten Schutzstatus versieht. Auf der einen Seite steht die bewusst von der Öffentlichkeit abgeschirmte Individualkommunikation: Diese belegt das Grundgesetz mit einem Schutz der »Vertraulichkeit«, mit einem »Geheimnisschutz«, d.h. es schottet solchermaßen vertrauliche Individualkommunikation im Prinzip schon von vornherein vollständig von staatlicher Kenntnisnahme und Überwachung ab, und zwar auch dann, wenn die Kommunikation mittels technischer Mittel über Distanzen hinweg erfolgt. Einschlägig ist insoweit das Grundrecht des Post- und Fernmeldegeheimnisses (Art. 10 GG) (Gusy 1999). Ganz anders gestrickt ist der Schutz, den die Meinungs- und Medienfreiheiten des Art. 5 GG genießen: Hier geht es nicht um Geheimnisschutz und Vertraulichkeit, sondern vielmehr um die möglichst ungehinderte Verbreitung eigener Meinungen in der Öffentlichkeit; wir bewegen uns nicht im Bereich einer von der Öffentlichkeit abgeschirmten Privatsphäre, sondern auf dem öffentlichen Marktplatz der Meinungen. Art. 5 GG kann es folgerichtig nicht darum gehen, die von ihm erfasste, bewusst nicht vertrauliche, sondern gerade öffentliche Massenkommunikation staatlicher Kenntnisnahme und Kontrolle von vornherein zu entziehen. Was Art. 5 GG stattdessen tut, ist, diese nicht schlechthin verbotene Überwachung[3] im Interesse freier Meinungsentfaltung streng zu begrenzen und in klar umrissene Bahnen zu lenken.

Das Internet lässt sich dem Schema vertraulicher, von staatlicher Überwachung abgeschotteter Individualkommunikation einerseits sowie an die Öffentlichkeit gerichteter und insoweit begrenzter staatlicher Überwachung zugänglicher Massenkommunikation andererseits nicht eindeutig zuordnen, ist das Internet doch wie kein anderes Medium von einer bisher nicht gekannten Integration von Massen- und Individualkommunikation gekennzeichnet (Gusy 1999, auch Determann 1999: 460ff). Notwendig ist daher eine differenzierte Betrachtung: Soweit über das Internet an die Öffentlichkeit adressierte, meinungsbildende Inhalte, z.B. Homepages, zugänglich gemacht werden, sind allein die Meinungs- und Medienfreiheiten des Art. 5 GG einschlägig; ein wie auch immer geartetes, Schutz vor staatlicher Kenntnisnahme gewährleistendes »Internetgeheimnis« kann es insoweit nicht geben (Gusy 1999, Krüger/Pagenkopf 2003, Determann 1999: 462). Ein Polizist, der sich (wie jedermann) in öffentlich zugänglich Datennetze einwählt, sich auf einen virtuellen Streifengang durch das Internet begibt und dabei auf verbotene Inhalte stößt, begeht ebenso wenig einen Grundrechtseingriff wie ein Polizist auf einem echten Streifengang, der Zeuge einer Straftat wird (Sieber 2000). Vertraulichkeitsschutz durch das Fernmeldegeheimnis des Art. 10 GG kann bei der Internetnutzung allenfalls dann ins Spiel kommen, wenn das Internet als Medium abgeschirmter Individualkommunikation benutzt wird, wie dies etwa beim Senden von E-Mails der Fall sein kann, jedenfalls, soweit dessen Vertraulichkeit technisch hinreichend gesichert ist, sein Inhalt also nicht in postkartenartiger Weise ohnehin für jedermann einsehbar ist (Krüger/
Pagenkopf 2003). Immer dann, aber auch nur dann, wenn der Staat besondere technische Hindernisse überwinden muss, um von Internetkommunikation Kenntnis zu nehmen, sei es durch Abhörmaßnahmen beim Provider oder durch Hacking, ist das Fernmeldegeheimnis berührt (Gusy 1999); zu Recht haben die Gerichte den Lauschangriff auf Mailboxen und die Beschlagnahme von E-Mails beim Provider als Eingriff in Art. 10 GG gewertet, der nur unter jenen engen Voraussetzungen zulässig sein kann, wie sie allgemein für die Fernmeldeüberwachung gelten (BGH 2003).

---

3 Dass staatliche Überwachung nicht schlechthin verboten sein kann, wird schon an Art. 5 Abs. 2 GG deutlich, der die Meinungsfreiheit unter den Vorbehalt der Schranken der allgemeinen Gesetze stellt, Gesetze, deren Einhaltung auch kontrolliert und durchgesetzt werden können muss.

Öffentlich zugängliche Information dagegen, die über das Internet verbreitet wird – das ist erneut zu betonen –, unterliegt keinem besonderen Geheimnisschutz, sie ist staatlicher Überwachung nicht von vornherein entzogen, sie ist freilich aber durch die Meinungs- und Medienfreiheiten des Art. 5 GG geschützt, die staatlicher Überwachung Grenzen setzen: Wie sehen diese Grenzen aus? Zunächst knüpft die Meinungsfreiheit des Art. 5 I 1 GG i. V. m. der Schrankenregelung des Art. 5 II GG das Verbot oder gar die Unterstrafestellung von Meinungsäußerungen an strenge Voraussetzungen; nur allgemeine Gesetze, die sich nicht gegen eine bestimmte Meinung als solche richten, sondern dem Schutz höherrangiger Rechtsgüter dienen, vermögen ein Verbot zu rechtfertigen (Badura 2003: C 62). Doch nicht nur das Verbot selbst, sondern auch die Art und Weise der Durchsetzung des Verbots wird von Art. 5 GG reguliert und begrenzt. Zum einen verbietet Art. 5 I 3 GG die sog. Vorzensur, d.h. jegliche Präventivkontrolle, die Meinungsäußerungen bereits vor deren Veröffentlichung einer staatlichen Überwachung unterwirft; erst wenn Informationen bereits in der Welt sind, darf Kontrolle einsetzen (Starck: Rdn. 156-158). Zum anderen verlangen die Medienfreiheiten, insbesondere die Presse- und die Rundfunkfreiheit des Art. 5 I 2 GG, dass freiheitsschonende Strukturen der Überwachung eingerichtet werden, die der Bedeutung und Eigenart des jeweiligen Mediums Rechnung tragen, d.h. dem Institut und Leitbild einer freien Presse, eines freien Rundfunks etc. gerecht werden.[4] Gesetzgebung und Rechtsprechung haben hierfür – je nach Medium – differenzierte Vorgaben entwickelt: Für den Bereich der Presse ist etwa der Grundsatz der »Polizeifestigkeit« der Presse charakteristisch geworden, der staatliche Kontrolle auf repressiv-strafverfolgerische Maßnahmen beschränkt. (Degenhart o.J. Rdn. 260-262, 572-581) Im Bereich des Rundfunks sind intensivere inhaltliche Vorgaben (z.B. hinsichtlich der Ausgewogenheit des Programms) prägend, im Gegenzug ist die Überwachung einer besonderen ausdrücklich »staatsfreien« organisatorischen Ausgestaltung zugeführt worden (Badura 2003: C68f). Die Einordnung des Internet bereitet aufs neue Schwierigkeiten (Starck 1999: Art. 5 Abs. 1, 2, Rdn. 97; Degenhardt o.J.: Art. 5 Abs. 1 und 2, Rdn. 696): Eine ausdrückliche »Internetfreiheit« sieht Art. 5 I 2 GG nicht vor. Eine Subsumption unter »Rundfunk« passt vielleicht begrifflich (Verbreitung mittels elektrischer Schwingungen), keinesfalls aber inhaltlich (man denke an klassische Anforde-

---

4 Zum Verhältnis der Meinungsfreiheit des Art. 5 Abs. 1 S. 1 (Zulässigkeit einer bestimmten Äußerung) und den Medienfreiheiten des Art. 5 Abs. 1 S. 2 GG, bei denen es um die institutionell organisatorischen Voraussetzungen und Rahmenbedingungen sowie um die Institution des jeweiligen Mediums geht, vgl. Bethge 2003.

rungen wie Ausgewogenheit des Gesamtprogramms, die für die interaktiven Abrufdienste des Internet ganz ungeeignet sind). Eher schon passt das freiwüchsige Internet zur Vielfalt der Presselandschaft, was freilich nichts daran ändert, das Internetinformationen kein »Druckwerk« im Sinne des Pressebegriffs sind. Die begriffliche Einordnung indes darf letztlich nicht überbewertet werden, da in der Sache kein Zweifel bestehen kann, dass die Medienfreiheiten des Art. 5 GG auch dem neuen Medium »Internet« eine ihm angemessene Aufsichtsstruktur gewährleisten wollen. Wie diese aussehen sollte, zeichnet sich erst in Umrissen ab; Gesetzgebung und Rechtsprechung sind weithin noch auf der Suche, wie etwa das sogleich[5] noch näher zu beleuchtende Nebeneinander von allgemein polizeilicher Überwachung der Teledienste, besonderen Überwachungsbefugnissen durch besondere Behörden bei den Mediendiensten und einer rundfunkgleich staatsfreien Aufsicht im Bereich des Jugendschutzes deutlich macht (Langenfeld 2003: 303/307).

2.2 Datenschutz

Im Bereich des Datenschutzes,[6] meinem zweiten Untersuchungsgegenstand, kommen die freiheitsrechtlichen Maßgaben des Grundgesetzes von vornherein unter umgekehrtem Vorzeichen zum Tragen als im ersten Untersuchungsgegenstand, der Überwachung auf strafbare Inhalte. Ging es bei der Überwachung – negativ – um eine auf die Grundrechte gestützte Abwehr staatlicher Eingriffe in den freien Internetverkehr, also um eine Aktivierung der Abwehrfunktion der Freiheitsrechte *gegen* staatliche Sicherheitsinteressen, so geht es beim Datenschutz im Schwerpunkt ganz im Gegenteil darum, den Staat gestützt auf die Grundrechte – positiv – zu verpflichten, den Internetnutzer gegen private Datenverarbeitungseingriffe zu schützen; es geht um die Aktivierung der Schutzpflichtdimension der Freiheitsrechte, um eine Ermöglichung von Internetfreiheit *durch* Datensicherheit. Das einschlägige Grundrecht ist insoweit das vom BVerfG aus Art. 2 I i.V.m. 1 I GG entwickelte Recht auf informationelle Selbstbestimmung. (BVerfGE 65, 1) Wie weit grundrechtliche Schutzpflichten im Einzelnen reichen, ist umstritten (Möstl 2002: 90ff. m.w.N.). Klar ist, dass jedenfalls kein Optimum an Schutz verlangt werden kann. Überwiegend angenommen wird indes, dass der Staat im Sinne eines Untermaßverbotes zumindest verpflich-

---

5 Siehe weiter unten Abschnitt 3a.
6 Vgl. dazu auch Moos, Köhler/Arndt, Dafner, Gundermann, Boehme/Nessler, Rasmussen.

tet ist, zum Schutz des Grundrechts Maßnahmen zu ergreifen, die überhaupt wirksam, d.h. nicht offensichtlich ungeeignet oder unzureichend sind.

3. Gesetzliche Instrumente der Sicherheitsgewährleistung im Internet

Betrachtet man vor diesem verfassungsrechtlichen Hintergrund, welche Maßnahmen der Sicherheitsgewährleistung der Gesetzgeber bislang in den beiden hier interessierenden Bereichen »Überwachung des Internet auf verbotene Inhalte« sowie »Datenschutz im Internet« ergriffen hat, so ergibt sich folgendes Bild:

3.1 Überwachung auf verbotene Inhalte

Im Bereich der Überwachung des Internet auf verbotene Inhalte existiert ein nicht leicht durchschaubares Nebeneinander verschiedener gesetzlicher Regelungen. Prägend ist der in der bundesstaatlichen Kompetenzordnung angelegte Unterschied von Telediensten bzw. Teledienstegesetz des Bundes[7] auf der einen und Mediendiensten bzw. Mediendienste-Staatsvertrag der Länder[8] auf der anderen Seite. Die Abgrenzung zwischen beiden ist schwierig und nicht unumstritten;[9] die Überwachung der Verbreitung strafbarer Inhalte dürfte überwiegend Mediendienste betreffen.[10] Ergänzt werden die beiden Regelungskomplexe durch den erst kürzlich in Kraft getretenen Jugendmedienschutz-Staatsvertrag, der Sonderregelungen im Bereich des Jugendschutzes enthält.[11]

---

7 Gesetz über die Nutzung von Telediensten vom 22.07.1997, BGBl. I, S. 1870, zuletzt geändert durch Gesetz vom 14.12.2001, BGBl. I, S. 3721.
8 Staatsvertrag über Mediendienste, zuletzt geändert durch Art. 3 des 6. Staatsvertrages zur Änderung des Rundfunkstaatsvertrages vom 20.12.2001, BayGVBl. 1997, 225ff. (GVBl. Berlin 2001, S. 162).
9 Moos, in: Kroeger/Gimmy (Hg.): Handbuch zum Internetrecht, S. 267ff.
10 Vgl. den Fall OVG Münster, MMR 2003, S. 348/349.
11 Staatsvertrag über den Schutz der Menschenwürde und den Jugendschutz in Rundfunk und Telemedien (Jugendmedienschutz-Staatsvertrag – JMStV), BayGVBl. 2003, S. 147ff. vom 20.02.03 in kraft getreten am 01.04.2003; vgl. dazu Stettner 2003, Grabentin 2003 und Langenfeld 2003.

Die drei gesetzlichen Grundlagen finden hinsichtlich der vorgesehenen Aufsichts-Zuständigkeiten sowie in der rechtstechnischen Ausgestaltung der Befugnisse noch nicht zu einer gemeinsamen Linie. Sie stimmen im Kern allerdings darin überein, dass sie bei der Bekämpfung verbotener Inhalte zentral auf das Instrument der Sperrung von Internetseiten, notfalls auch beim nicht verantwortlichen Access-Provider, setzen.[12] Das Teledienstegesetz enthält insoweit keine eigenständige Regelung, sondern verweist hinsichtlich Zuständigkeit und Befugnis auf das allgemeine Polizei- und Ordnungsrecht.[13] Der Mediendienste-Staatsvertrag dagegen enthält bzgl. der Sperrung eine differenzierte Zuständigkeits- und gesonderte Befugnisregelung.[14] Der Jugendmedienschutz-Staatsvertrag seinerseits verweist auf diese Befugnisnorm, überträgt die Zuständigkeit indes auf eine organisatorisch in besonderer Weise, nämlich staatsfrei ausgestaltete »Kommission für Jugendmedienschutz«.[15] Die 2002 von der Bezirksregierung Düsseldorf gegenüber verschiedenen Providern angeordnete Sperrung rechtsradikaler Internetseiten zweier amerikanischer Diensteanbieter (Storr 2003: Fn. 2, S. 1ff.) hat, mögen sie auch noch so sehr ein Tropfen auf dem heißen Stein sein, gezeigt, dass die Befugnisnormen zur Sperrung von Internetseiten immerhin nicht nur auf dem Papier bestehen. Die damit befassten Gerichte[16] haben diese Maßnahme bislang überwiegend gehalten und auch die Befugnisgrundlage für verfassungsrechtlich einwandfrei angesehen. Zu Recht: Der subsidiäre Zugriff auf den nichtverantwortlichen Nichtstörer, wenn der verantwortliche Störer nicht greifbar ist, etwa weil er sich im Ausland aufhält, entspricht allgemeiner polizeirechtlicher Dogmatik.[17] Auch ein Grundsatz der »Polizeifestigkeit des Internet« steht nicht entgegen, denn schon bei der Presse ist keineswegs sicher, ob der entsprechende einfachgesetzliche Grundsatz wirklich Verfassungsrang hat, ganz abgesehen davon, dass gute Gründe dafür bestehen, dem in besonderem Maße flüchtigen und schwer überwachbaren Internet bereits von Verfassungs wegen andere Aufsichtsstrukturen angedeihen zu lassen als dem statischeren Pressewe-

---

12 Vgl. auch Storr, König/Lötz, Hornig, Holznagel/Kussel.
13 § 8 Abs. 2 S. 2 Teledienstegesetz sowie Schenke 2003.
14 § 22 Abs. 1-3 Mediendienste-Staatsvertrag.
15 § 20 Abs. 4 i.V.m. §§ 14ff. Jugendmedienschutz-Staatsvertrag.
16 OVG Münster, MMR 2003, S. 348; VG Minden, MMR 2003, S. 135; VG Düsseldorf, MMR 2003, S. 205.
17 Stadler 2002: 343-344, Spindler/Volkmann 2002; der Gesetzgeber ist nicht verfassungsrechtlich verpflichtet, gemäß allgemeinen polizeirechtlichen Grundsätzen eine Pflicht zur Entschädigung der Nichtstörer zu statuieren, vgl. dazu Möstl, Die staatliche Garantie für die öffentliche Sicherheit und Ordnung, S. 341ff.

sen, das schon mithilfe repressiver Maßnahmen hinreichend kontrollierbar erscheint (Storr 2003: 121f.). Auf die Geeignetheit und Verhältnismäßigkeit von Sperrverfügungen komme ich sogleich zurück.[18]

Wenn demnach bereits jetzt gesetzliche Aufsichtsbefugnisse bestehen, die vor der Verfassung Bestand haben, so damit freilich nicht gesagt, dass die Regulierung des Internet bereits seine endgültige Gestalt gefunden hat. Die neuen Steuerungsinstrumente des Jugendmedienschutz-Staatsvertrages,[19] etwa die Einrichtungen der freiwilligen Selbstkontrolle oder die neuartige Anerkennung geprüfter Filtersoftware (Jugendschutzprogramme) zeigt, dass das ordnungsrechtliche Instrumentarium aus Überwachung und Sperrung ergänzungsfähig und wohl auch -bedürftig ist (Hornig 2001).

3.2 Datenschutz

Auch im Bereich des Datenschutzes[20] ist ein nicht leicht entwirrbares Nebeneinander gesetzlicher Regelungen zu verzeichnen. Zu erwähnen sind insbesondere das Teledienstedatenschutzgesetz[21] des Bundes sowie die inhaltlich weitgehend gleich gelagerten Regelungen des Mediendienste-Staatsvertrags,[22] darüber hinaus die allgemeinen Bestimmungen des BDSG. Diese nationalen Regelungen basieren nicht selten auf europäischem Recht, das über die nationalen Grenzen hinaus europaweit zu einem bestimmten datenschutzrechtlichen Mindeststandard verpflichtet, so namentlich die Europäische Datenschutzrichtlinie des Jahres 1995[23] sowie die noch in deutsches Recht umzusetzende neue »Richtlinie über die Verarbeitung personenbezogener Daten und den Schutz der Privatsphäre in der elektronischen Kommunikation«.[24] Bei aller Vielheit der Rechtsquellen treten doch übergreifende Prinzipien des Datenschutzes im Internet zutage: der

---

18 Siehe weiter unten Abschnitt 4.
19 §§ 11, 19 Jugendmedienschutz-Staatsvertrag.
20 Zum folgenden siehe Dafner 2003 sowie auch Moos 2002, Köhler/Arndt 2003, Gundermann 2000, Boehme/Nessler 2002, Rasmussen 2002.
21 Gesetz über den Datenschutz bei Telediensten vom 22.07.1997, BGBl. I, S. 1870, zuletzt geändert durch Gesetz vom 14.12.2001, BGBl. I, S. 3721.
22 §§ 16ff. Mediendienste-Staatsvertrag.
23 Richtlinie 95/46/EG des europäischen Parlamentes und des Rates zum Schutz natürlicher Personen bei der Verarbeitung personenbezogener Daten und zum freien Datenverkehr vom 24.10.1995, ABl. EG Nr. L 281, S. 31.
24 Richtlinie 2002/58/EG, ABl. EG Nr. L 201, S. 37ff.; vgl. hierzu Ohlenburg, MMR 2003, S. 82.

Grundsatzes des Verbotes mit Erlaubnisvorbehalt, der die Verarbeitung personenbezogener Daten nur bei Einwilligung oder aufgrund ausdrücklich gesetzlicher Zulassung erlaubt; der Grundsatz der Beschränkung auf das erforderliche Maß bei der erlaubten Verarbeitung von Bestands- und Nutzungsdaten; das Zweckbindungs- und das Transparenzgebot; schließlich der Grundsatz des Systemdatenschutzes und das Datenvermeidungsgebot. Mögen im einzelnen gegenüber dem beträchtlichen Potenzial heimlicher Erfassung und Verarbeitung von Daten im Internet auch noch vielfältige Verbesserungsmöglichkeiten bestehen, man wird doch nicht soweit gehen können, die gesetzlichen Regelungen als Unterschreitung jenes Mindeststandards anzusehen, den die grundrechtlichen Schutzpflichten zwingend vorschreiben. (Dafner 2003: 359)

4. Zur Wirksamkeit des Instrumentariums – entzieht sich das Internet staatlicher Regulierung?

Die bisherigen Ausführungen haben die grundsätzliche Verfassungskonformität der bestehenden gesetzlichen Regelungen zur Internetüberwachung und zum Datenschutz bejaht, ohne näher zu bedenken, dass es nicht ausreicht, dass Gesetze auf dem Papier bestehen, sondern dass Gesetze vor allem auch effektiv vollziehbar sein müssen (Holznagel 2000: Abs. 3.2, Rdn. 98ff.). Gerade hier, bei der Frage effektiver Vollziehbarkeit, indes liegt der Pferdefuß jeder gesetzlichen Regelung des Internet. Grund ist die sich staatlicher Regulierung in besonderem Maße entziehende Eigenart des Internet (Hornig 2001: 846/847ff.; Boehme/Nessler 2002: 217/221): Erstens seine enormen Datenmengen, die jeden Versuch flächendeckenden Vollzugs als illusorisch erscheinen lassen. Zweitens seine Internationalität; was nützt der beste nationale Datenschutzstandard, wenn die im Internet vertretenen ausländischen Firmen hieran nicht gebunden sind?; was nützt nationale Überwachung auf strafbare Inhalte, wenn die Täter im Ausland sitzen und die entsprechenden etwa volksverhetzenden Inhalte dort sogar nicht einmal verboten sind? Drittens die dezentrale Netzwerkstruktur des Internet; was nützt die Sperrung einer Internetseite bei einem bestimmten Zugangsprovider, wenn dadurch nur ein Zugang verschlossen wird, vielfältige andere Zugänge zur verbotenen Seite indes offen bleiben? Das dargestellte Vollzugsproblem ist nicht bloß ein faktisches, es ist auch ein Rechtsproblem. Normen, die der Staat nicht gleichmäßig durchzusetzen vermag, verletzen den Gleichheitssatz;[25] staatliche Maßnahmen, die zur Erreichung ihres Ziels ungeeignet sind, verstoßen gegen das Verhältnismäßigkeitsprinzip.[26] Entzieht sich das Internet also in einem Maße effektiver staatlicher Regulierung, dass die hierzu erlassenen Maßnahmen allein aufgrund ihres Vollzugs- und Effektivitätsdefizits als verfassungswidrig einzustufen sind, mit der Folge dass das Internet in der Tat ein staatsfreier Raum[27] zu sein hätte? Die Antwort lautet nach hier vertretener Ansicht »nein«.

Erstens: Die verfassungsrechtlichen Anforderungen an die Effektivität staatlicher Maßnahmen dürfen nicht überspannt werden. Die grundrechtlichen Schutzpflichten verlangen allein Maßnahmen, die überhaupt wirksam sind, also nicht völlig ungeeignet oder offensichtlich unzureichend.[28] Und auch das Verhältnismäßigkeitsprinzip fordert allein, dass die ergriffenen Maßnahmen überhaupt geeignet, d.h. ihrem Ziel förderlich sind; nicht ist verlangt, dass das Ziel möglichst optimal erreicht werden müsste (Storr 2003: 117f). Zu Maßnahmen, die die Verbreitung strafbarer Inhalte oder die Umgehung datenschutzrechtlicher Standards im Internet immerhin nennenswert erschweren, auf diese Weise in die richtige Richtung gehen und so dem Gebot genügen, überhaupt wirksam zu sein, ist der Staat indes durchaus in der Lage. Die von der Bezirksregierung Düsseldorf verfügte Sperrung von Internetseiten durch Access-Provider ist ein gutes Beispiel: Die zumindest erreichte Erschwerung des unmittelbaren Zugriffs für eine Vielzahl an Nutzern sahen die Gerichte als ausreichend an, um die Maßnahme verfassungsrechtlich zu rechtfertigen (OVG Münster 2003: 348/351).

Zweitens: Die sich jeder flächendeckenden Überwachung entziehende Komplexität des Internet ist nicht so singulär, wie es scheint. Auch im nichtvirtuellen Leben gibt es viele Bereiche, in denen eine Garantie einer flächendeckenden präventiven Durchsetzung der bestehenden Handlungsverbote völlig aussichtslos erscheint (man denke nur an den Straßenverkehr, an Ladendiebstahl etc.). Immer dann, wenn eine durchgehende präventive Durchsetzung von Verhaltensregeln durch Polizei und Behörden unmöglich ist, greift indes die zweite große Säule staatlicher Rechtsdurchsetzung und Sicherheitsgewährleistung, das repressive Straf- und Ordnungswidrigkeitenrecht, das durch die generalpräventiven Wirkungen der Strafandrohung Bürger auch dort zum Rechtsgehorsam an-

---

25 Vgl. im Steuerrecht: BVerfGE 84, 239.
26 Am Beispiel der Sperrverfügung: Storr 2003: 13ff.
27 Zur dahingehenden, »anarchistischen« Tendenz der Internetnutzer: Hornig 2001: 846/848.
28 Vgl. weiter oben Abschnitt 2b.

hält, wo ein flächendeckender präventiver Vollzug unmöglich ist.[29] Auf die Mittel des Straf- und Ordnunsgwidrigkeitensrechts kann im Bereich des Internet jedoch ohne Abstriche zurückgegriffen werden. Es ist insofern folgerichtig, wenn die jüngste Novelle der Internet-Datenschutzgesetze den Bußgeldrahmen für Datenschutzverstöße verdoppelt hat (Rasmussen 2002 S. 36/44). Und ebenso liegt es in der Logik des hier entwickelten Gedankengangs, dass der BGH auch im Ausland tätige Ausländer schon dann am Maßstab des deutschen Strafrechts misst, wenn sich die z.b. volksverhetzenden Inhalte ihrer Internetseiten in Deutschland nur auszuwirken drohen, d.h. zur Friedensstörung in Deutschland geeignet sind, (BGH 2001: 228) auch wenn diese Inhalte in seinem Heimatland nicht strafbar wären.

Drittens: Immer dann, wenn der Staat im Rahmen seiner verfassungsrechtlichen Pflicht zur Sicherheitsgewährleistung an seinen territorialen Grenzen auf unüberwindbare Hindernisse stößt, weil er es mit grenzüberschreitenden Phänomenen zu tun hat, mutiert seine Pflicht eigenhändiger Sicherheitsgewährleistung zu einer Pflicht zu internationaler Kooperation. (Möstl 2002: 513) Soweit Staaten auf sich allein gestellt zu einer hinreichenden Rechtsdurchsetzung nicht in der Lage sind, sind sie gehalten, ihre Anstrengungen in einer Weise zu verklammern, dass auch grenzüberschreitende Phänomene hinreichend bewältigt werden können. Dies ist nicht nur im Bereich des Internet so, sondern gilt etwa genauso bei der Bekämpfung der sonstigen grenzüberschreitenden Kriminalität. Die unerlässliche Entwicklung gemeinsamer Mindeststandards und einer effektiven Zusammenarbeit der Staaten stößt im Bereich des Internet angesichts unterschiedlicher Vorstellungen etwa zum Thema »Meinungsfreiheit und rechtsradikale Inhalte« zwar vielfach auf Schwierigkeiten, bzgl. anderer Themen, z.B. der Kinderpornografie, jedoch ist sie durchaus Erfolg versprechend (Storr 2003: 124ff). Gerade die Europäische Union ist, etwa im Bereich des Datenschutzes, ein gutes Beispiel, wie immerhin in einem sehr großen Wirtschaftsraum einheitliche Standards gefunden werden können.

Viertens: Es bleibt Spielraum, fehlende Wirkungsmöglichkeiten klassischer polizei- und ordnungsrechtlicher Instrumente dadurch zu kompensieren, dass der Staat alternative Methoden der Standardsetzung, z.B. im Wege der Selbstregulie-

---

29 Zum Strafrecht als Mittel der Sicherheitsgewährleistung vgl. Möstl 2002: 149ff.

rung, fördert oder verlangt.[30] Der neue Jugendmedienschutz-Staatsvertrag ist bereits dabei, diesen Weg zu beschreiten.[31]

5. Schlussbemerkung

Der Staat als der überkommene Garant von Sicherheit scheint in den Weiten des World Wide Web bisweilen auf verlorenem Posten zu stehen (Storr 2003: 1). Und doch: Sicherheitsgewährleistung im Internet ist unverzichtbar, sowohl um Internetfreiheit, etwa die Freiheit informationeller Selbstbestimmung im Netz, überhaupt erst wirksam werden zu lassen, als auch, um das Internet nicht von einem Raum der Freiheit zu einem Raum des Freiheitsmissbrauchs auf Kosten anderer verkommen zu lassen, in dem unbehelligt zum Hass auf Minderheiten aufgestachelt, Kinder missbraucht und sonstige strafbare Handlungen begangen werden können. Und weiter: Wir haben – wenn überhaupt – einzig den Staat bzw. supra- und internationale Zusammenschlüsse von Staaten, bei denen immerhin die Hoffnung besteht, zu dieser Sicherheitsgewährleistung verlässlich imstande zu sein. Das Internet braucht den Staat, um ein Raum freier und sicherer Kommunikation zu sein und zu bleiben.

Literatur

Badura, Peter (2003): *Staatsrecht*, 3. Aufl.
Bethge, Herbert (2003). In: Sachs, Michael (Hg.): *Grundgesetz*, Art. 5, Rdn. 89; BVerfGE 86, 122/128.
BGH (2001). In: *Multimedia und Recht* 2001, S. 228
BGH (2002). In: Kröger, Detlef/Hanken, Claas: *Casebook – Internetrecht*. S. 239-253.
Boehme-Neßler, Volker (2002): Datenschutz in der Informationsgesellschaft. In: *Kommunikation und Recht* 2002, S. 217-224.
Bremer, Karsten (2002): Radikalpolitische Inhalte im Internet – ist ein Umdenken erforderlich? In: *Multimedia und Recht* 2002, S. 147-152.
Dafner, Carolin (2003): Das öffentliche Wirtschaftsrecht der Teledienste – unter besonderer Berücksichtigung des Teleshopping und Telebanking. München.

---

30 Zu Recht skeptisch: Hornig 2001: 846/850, für den Datenschutz: Boehme/Nessler 2002: 217/221ff.
31 § 19 Jugendmedienschutz-Staatvertrag.

Degenhart, Christoph (o.J.): Art. 5 Abs. 1 und 2, Rn. 260-262, 572-581. In: *Bonner Kommentar*.
Determann, Lothar (1999): *Kommunikationsfreiheit im Internet*. Baden-Baden.
Götz, Volkmar (1988): Innere Sicherheit. In: Isensee, Josef /Kirchhof, Paul (Hg.): *Handbuch des Staatsrechts*, Bd. 3.
Grapentin, Sabine (2003): Neuer Jugendschutz in den Online-Medien. In: *Computer und Recht* 2003, S. 458-464.
Gusy, Christoph (o.J.): Art. 10, Rdn. 21 In: von Mangoldt, Hermann/Klein, Friedrich/Starck, Christian (Hg.): *Das Bonner Grundgesetz*.
Gundermann, Lukas (2000): E-Commerce trotz oder durch Datenschutz? In: *Kommunikation und Recht* 2000, S. 225-234.
Herchenbach, Judith (2000): Datenschutz und digitale Signatur. In: *Kommunikation und Recht* 2000, S. 235-238.
Holznagel, Bernd/Kussel, Stephanie (2001): Möglichkeiten und Risiken bei der Bekämpfung rechtsradikaler Inhalte im Internet. In: *Multimedia und Recht* 2001, S. 347-352.
Hornig, Michael (2001): Möglichkeiten des Ordnungsrechts bei der Bekämpfung rechtsextremistischer Inhalte im Internet. In: *Zeitschrift für Urheber- und Medienrecht* 2001, S. 846-857.
Humboldt, Wilhelm v. (1792): *Ideen zu einem Versuch, die Grenzen der Wirksamkeit des Staats zu bestimmen*. Stuttgart.
Isensee, Josef (1983): *Das Grundrecht auf Sicherheit*. Berlin/New York.
Köhler, Markus/Arndt, Hans-Wolfgang (2003): *Recht des Internet*. Heidelberg.
Koenig, Christian/Loetz, Sascha (1999): Sperrungsanordnungen gegenüber Network- und Access-Providern. In: *Computer und Recht* 1999, S. 438-445.
Krüger, Hartmut/Pagenkopf, Martin (2003): Art. 10, Rn. 14a. In: Sachs, Michael (Hg.): *Grundgesetz.*. München.
Langenfeld, Christine (2003): Die Neuordnung des Jugendschutzes im Internet. In: *Multimedia und Recht* 2003, S. 303-310.
LG Hanau (2002). In: Kröger, Detlef/Hanken, Claas: *Casebook – Internetrecht*. S. 254-290.
Möstl, Markus (2002): *Die staatliche Garantie für die öffentliche Sicherheit und Ordnung*. Tübingen.
Moos, Flemming (2002): Datenschutz im Internet, in: Kröger, Detlef/Gimmy, Marc Andre (Hg.): *Handbuch zum Internetrecht*. S. 497-534.
OVG Münster (2003). In: *Multimedia und Recht* 2003, S. 348-355.
Rasmussen, Heike (2002): Datenschutz im Internet. In: *Computer und Recht* 2002, S. 36-44.
Robbers, Gerhard (1987): *Sicherheit als Menschenrecht*. Baden-Baden.
Schenke, Wolf- Rüdiger (2003): *Polizei- und Ordnungsrecht*. Heidelberg.
Sieber, Ulrich (2000): Strafprozessrecht. In: Hoeren, Thomas/Sieber, Ulrich (Hg.): *Handbuch Multimedia-Recht*. München. Abschnitt E, Rdn. 686.
Spindler, Gerald/Volkmann, Christian (2002): Die öffentlich-rechtliche Störerhaftung der Access-Provider. In: *Kommunikation und Recht* 2002, S. 398-409.
Stadler, Thomas (2002): Sperrungsverfügung gegen Access-Provider. In: *Multimedia und Recht* 2002. S. 343-347.

Starck, Christian (o.J.): Art. 5 Abs. 1, 2, Rdn. 156-158. In: von Mangoldt, Hermann/Klein, Friedrich/Starck, Christian (Hg.): *Das Bonner Grundgesetz*.

Stettner, Rupert (2003): Der neue Medienschutz-Staatsvertrag – eine Problemsicht. In: *Zeitschrift für Urheber- und Medienrecht* 2003, S. 425-437.

Storr, Stefan (2003): Voraussetzungen und Reichweite von Sperrverfügungen in: Heermann, Petere W./Ohly, Ansgar (Hg.): *Verantwortlichkeit im Netz – wer haftet wofür?* Stuttgart u.a. S. 103-123.

Computerspiele sind nicht interaktiv

Mathias Mertens

In einem der Gründungstexte der sehr jungen Forschungsrichtung »Gamestudies«, *Cybertext. Perspectives on Ergodic Literature*, sagt es Espen Aarseth deutlich: »Das Wort *interaktiv* funktioniert eher textuell als analytisch, denn es ruft vage Vorstellungen von Computerbildschirmen, Anwenderfreiheit und personalisierten Medien hervor, während es überhaupt nichts erklärt. Seine ideologische Implikation ist jedoch eindeutig: Menschen und Maschinen sind gleichrangige Kommunikationspartner, was einzig und allein auf der simplen Fähigkeit der Maschine beruht, menschlichen Input aufzunehmen und darauf zu reagieren.« Und während diese Beschreibung noch Raum für soziologische Deutung lässt, macht es sein Fazit unmissverständlich klar: »Ein System interaktiv zu nennen heißt, es mit magischen Kräften auszustatten.« (1997: 48, Übersetzung: MM)

Dass Computerspiele nicht interaktiv sein sollen, klingt zunächst einmal paradox, werden sie doch landläufig als Paradebeispiele für Interaktivität, gar als »interaktive Kunstform« betrachtet.[1] Nirgendwo sonst hätte man so viel Einfluss auf das Geschehen, greife mit *Keyboard*, *Joystick* und *Gamepad* so entscheidend in den Ablauf ein, schriebe gewissermaßen das Skript für die Story selbst, so die Einschätzung. Auch, um sich gegen kulturkritische Vorbehalte gegenüber dem Medium zur Wehr zu setzen, ist das Interaktivitätsargument nützlich, indem das Partizipatorische als eine neue Qualität beschrieben wird, die es von bloß rezeptiven Medien wie dem Buch oder dem Film abhebe.

Warum nun gerade diejenigen, die sich intensiv mit dem Medium auseinandersetzen und daraus sogar eine Existenzgrundlage gemacht haben – Aarseth steht als Professor dem *Center of Computer Games Research*[2] der *IT University of Copenhagen* vor –, die Legitimationsgrundlagen ihres Untersuchungsgegenstandes angreifen, scheint nicht verständlich zu sein. Dabei ist es ein Symptom

---

1 Etwa in Bröhm 2002
2 Siehe *http://game.itu.dk/itu_about.html*

von Emanzipation gegenüber der Wissenschaft von den klassischen Medien. Denn die Interaktivität von Computerspielen in Frage zu stellen ist bereits Ausdruck einer eigenständigen Forschungsperspektive, die sich aus einem spezifischen Gegenstand ableitet. Die landläufige Definition von Interaktivität, die sich aus der Erfahrung mit anderen Medien ableitet, soll verabschiedet werden, eine Definition des genuinen Charakters von Computerspielen soll gefunden werden, damit interaktiv nicht »bloß ein anderes Wort für computerisiert« (Aarseth 1997: 103, Übersetzung: MM) ist. Wie aber hat man sich das vorzustellen?

1. Der Computer zwischen sich selbst – Interaktion und Interaktivität

Beschreibungen von Interaktivität zeichnen sich meistens durch Taxinomien und Abstufungen aus, etwa bei Johannes Haack, der folgende Stufen beschreibt: Passives Rezipieren – Informationszugriff – Multiple-Choice – Aktivierung von Zusatzinformationen – Antworten mit Feedback – Ungebundener Dialog (Haack 1997). Das Problem zeigt sich schon hier, Interaktivität wird als eine Summe von Techniken verstanden, je mehr davon zusammenkommen, desto interaktiver ist ein Design. Ob Interaktivität aber überhaupt abstufbar ist, ob Informationszugriff, Multiple-Choice, Aktivierung von Zusatzinformation und Antworten mit Feedback nicht eher gleichrangige Phänomene eines bestimmten Paradigmas sind, wird nicht reflektiert. Es ist zudem fraglich, ob Passives Rezipieren und Ungebundener Dialog überhaupt als Elemente in diese Reihe gestellt werden dürfen, oder ob sie nicht die Anzeige von Medialität oder Nicht-Medialität darstellen.

Interaktivität wird seitens der Kommunikationspartner gesehen und dabei auch nur beim Computer. Der Computer bzw. das Computerprogramm hat einen bestimmten Grad von Interaktivität, die Eigenschaft, dem Benutzer eine Reihe von Eingriffs- und Steuermöglichkeiten zu eröffnen. Interaktivität stellt deshalb eigentlich ein Erdulden von Aktivität dar, ein Matrix von möglichst vielen Wegen, die dem Anwender zur Verfügung gestellt werden. Rolf Schulmeister weist zu Recht darauf hin, dass hier eine »Verwechselung von Navigation und Interaktion« vorliegt (2002: 193 f.). Bezogen auf diese verbreitete Verwendung des Begriffs muss er aber auf die tautologische Wendung »wechselseitige Interaktivität« zurückgreifen, um das zu beschreiben, was eigentlich schon aus dem Grundbegriff folgen müsste (1996).

Die Schwierigkeiten, die sich mit der Definition von Interaktivität verbinden, liegen in seinem Ursprung begründet, der Ableitung vom Konzept der Interaktion. Zwar wird immer wieder auf den Unterschied hingewiesen – etwa von Schulmeister, der postuliert: »Interaktion und Interaktivität sollte man säuberlich auseinanderhalten. Während der Begriff der Interaktion für die Kommunikation zwischen Menschen reserviert bleiben sollte, kann Interaktivität die Schnittstelle zur Hardware und zur Software bezeichnen« (2004: 30) – doch ist es in der Praxis schwierig, sich den Implikationen der Wortwahl zu entziehen. Denn der psychologische Interaktions-Begriff bezieht sich auf menschliche Kommunikation, auf den »wechselseitigen Ablauf von Mitteilungen zwischen zwei oder mehreren Personen« (Beavin/Jackson/Watzlawick 2000: 50) und den »wechselseitige[n] Einfluss von Individuen auf ihre Handlungen während ihrer unmittelbaren physischen Anwesenheit« (Goffmann 1973: 18). Je mehr nun die Benutzeroberfläche des Computers so designt wird, dass sie den Eindruck von Wahlfreiheit und nicht determiniertem Angebot erweckt, desto mehr wird die Maschine vermenschlicht und als Kommunikationspartner angesehen, als Partner in einem System aufeinander bezogener Rollenverhältnisse im Sinne Erving Goffmanns. Es scheint, als entwerfe der Computer ein Bild von sich, »ein Bild, das die anderen übernehmen können« (Goffmann 1986: 10 f.), um sich in bestimmten Situationen daran orientieren zu können – »Computer« hier verstanden als das Zusammenspiel von Hardware und Software, als die Apparatur, die dem Benutzer gegenübergestellt ist. Die Benutzeroberfläche sorgt dafür, dass der Computer den Turing-Test besteht, mithin also für menschlich gehalten wird und somit zum Interaktionspartner aufsteigt.[3]

---

3 Frei nach Turings Bedingung, dass der Computer »das Imitationsspiel gut genug spiel[t], um einem durchschnittlichen Fragesteller nur eine siebzigprozentige Chance zu lassen, dass er nach fünf Minuten die richtige Identifizierung vornimmt« (Turing 1992: 62). Vgl. dazu auch Mertens 2004.

2. Die Fiktion des Fingierens als Fiktion – Erzähler, Autor, Interpret?

Dass Computerspiele mit Geschichten und Figuren operieren, hat sie zu einem Lieblingsobjekt der Interaktivitätsproklamation gemacht. Mit Bezug auf Wolfgang Isers Rezeptionsästhetik und den »impliziten Leser« von literarischen Texten, sieht man in Computerspielen die Verwirklichung einer alten Medienutopie: die Emanzipation des Rezipienten vom Produzenten, indem er diesen nicht mehr bedarf. Der Spieler erzählt sich nun selbst eine Geschichte, oder, wie es in (computerspiel)narratologischer Formulierung von Britta Neitzel heißt: »Die notwendigen Eingriffe des Spielers in das Geschehen (...) verflüssigen die Grenzen von Produktions- und Rezeptionsprozess. Um diesen außertextlichen Verhältnissen in Hinblick auf die Erzählinstanzen gerecht zu werden, müsste man für das Videospiel zwei implizite Autoren annehmen« (2001: 65). Weil das Spiel keinen Ablauf ohne den Spieler hat, weil es auf die Kombinationsgabe und das Eingabegeschick ankommt, um von einem Spielprozess zu sprechen, kommt eine solche Sichtweise zu dem Schluss:

> Zu einer potentiell narrativen Darstellung kommt es erst im Spiel. Denn erst hier wird das Strukturmodell des Programms in einen konkreten zeitlichen Ablauf von Handlungen überführt. Programm und Spieler arbeiten im Prozess des Spiels zusammen und produzieren den TEXT. (Neitzel 2000: 131)

Noch in solch differenzierten Beschreibungen des Computerspielens, die nicht bloß emphatisch von *Interactive Fiction* sprechen, treten die Probleme auf, die sich aus einer Übertragung erzähltheoretischer Konzepte auf das neue Medium ergeben. Der Spieler »greift in das Geschehen ein«, ist also eine Instanz, die eine Außenposition gegenüber einem Ablauf innehat, dadurch wird er zu einem »Autor«, also jemandem, der ein fiktionales Gebilde entwirft, ausgestaltet und vollendet, was jedoch gleichzeitig zum bereits ablaufenden Geschehen passieren soll. Deshalb wird von einer »narrativen Darstellung« gesprochen, also nur einer Vergegenwärtigung von etwas bereits Vollendetem, was keine Autorschaft, sondern bestenfalls Interpretation bedeuten würde, wie auch die Formulierung, dass das »Strukturmodell des Programms in einen konkreten zeitlichen Ablauf von Handlungen überführt« wird, einen monodirektionalen Vorgang beschreibt. Das Fazit, Programm und Spieler – gemeint ist die Überführung des Strukturmodells in Handlung – arbeiten »zusammen« und »produzieren den TEXT«, ist dann wieder die Paraphrase des Interaktivitäts-Ideals, die aus der Analyse und ihren Widersprüchen nicht hervorgeht. Deutlich wird dagegen etwas anderes: Eine Geschichte ist etwas, das *vorher* stattgefunden hat, etwas, auf das man in Gänze Zugriff hat und ablaufen lassen kann – entweder, indem man durch Präteritum diese Vorgängigkeit indiziert oder indem man durch Präsens Unmittelbarkeit *simuliert*. Wenn es beim Spielen eine Geschichte gibt, so kann es sie nur danach geben, weil man erst dann Zugriff auf sie hat:

> Es ist klar, dass die dargestellten Ereignisse nicht *vergangen* oder *vorgängig* sein können, weil wir sie als Spieler beeinflussen können. Wenn wir den Knopf drücken, feuern wir die momentane Waffe ab, was einen Einfluss auf die Spielwelt hat. Auf diese Weise konstruiert das Spiel die erzählte Zeit als *synchron* mit der Erzählzeit und der Lese-/Betrachtungs-Zeit: die Zeit der Geschichte ist *jetzt*. (...) Es ist unmöglich, etwas zu beeinflussen, das bereits passiert ist. Das bedeutet, *man kann nicht Interaktivität und Erzählung zur selben Zeit haben.* (Juul 2001, Übersetzung: MM)

Aber selbst, wenn man nachträglich die so produzierte Geschichte erzählen soll, bekommt man Schwierigkeiten, denn, wie Jesper Juul treffend bemerkt, »wäre unsere Erzählung kein Spiel, und tatsächlich wäre viel von unserer umfangreichen Reise, die es bedurfte, um [das Spiel] zu beenden unendlich langweilig, wenn es in seinen Details erzählt würde« (2001, Übersetzung: MM). Das Spiel besteht aus unzähligen Fehlversuchen, Neustarts, Sackgassen, Einstudieren von Bewegungsroutinen, Probeläufen und Bewährungsproben. Es besteht aus Situationen und nicht aus Szenen. Das Spielen eines Spiels besitzt keinen Plot, der das Geschehen organisiert, sondern stellt nur eine Suche nach einem solchen dar. »Eine Erzählung produzieren und Erzählen sind verschiedene Dinge« (Frasca 1999, Übersetzung: MM). Während klassische narrative Medien wie Roman und Film als Analyse des Materials fungieren, ist das Computerspiel eine Synthese – und zwar meistens die eines schlechten Romans oder Films, wie eine anschließende Analyse ergeben würde.

3. Nur dabei statt mittendrin – *Interactive Fiction*

Sicherlich gibt es Spiele, die nacherzählt ein Roman oder Film sein wollen, nicht erst seitdem Hideo Kojima von seinem *Metal Gear Solid* (Konami, 1999) als einem »interaktiven Actionfilm« sprach.[4] Ein neuester und sehr avancierter Ver-

---

4 Grund dafür, so Kojima weiter, sei, dass er im Gegensatz zu anderen Menschen, die zu 80 Prozent aus Wasser bestehen, aus 80 Prozent Spielfilmen bestehe.

such in dieser Richtung ist *Deus Ex – Invisible War* (Ion Storm, 2003),[5] das eine komplexe Geschichte von einem geklonten Menschen in der Zukunft erzählt, der von so verschiedenen Gruppen wie Wissenschaftlern, Kirchen, Sekten, Polizei, Widerstandskämpfern und der WTO für seine Zwecke benutzt wird und sich zwischen den Fronten bewegen muss, um die Entwicklung der menschlichen Gesellschaft zu beeinflussen. Außergewöhnlich lange Dialoge mit zum Teil philosophischem Inhalt werden begleitet von detailreichen Schauplätzen und einer Game-Mechanik, mit der man auf jedes physische Objekt einwirken kann. Doch genau diese Perfektion, mit der das Ideal von *Interactive Fiction* umgesetzt zu sein scheint, offenbart, dass ein Spiel aus etwas anderem besteht.

In einer Kolumne hat Umberto Eco einmal darüber geschrieben, wie man einen Pornofilm erkennt, und zwar an seinen vielen toten Zeiten:

In pornographischen Filmen wimmelt es von Leuten, die in Autos steigen und Kilometer um Kilometer fahren, von Paaren, die eine unglaubliche Zeit damit verbringen, sich in Hotels an der Rezeption einzuschreiben, von Herren, die minutenlang in aufwärtsfahrenden Aufzügen stehen, bevor sie endlich ins Zimmer gehen, von Mädchen, die allerlei Liköre schlürfen und mit Hemdchen und Spitzenhöschen herumtändeln, ehe sie einander gestehen, dass sie Sappho lieber als Don Juan mögen. Um es deutlich und derb zu sagen: Bevor man in pornographischen Filmen einen richtigen Fick zu sehen kriegt, muß man einen Werbespot des städtischen Verkehrsreferats über sich ergehen lassen. (1995: 122f.)

Die Aktionen, um die es geht, erklären sich aus sich selbst heraus, <u>um den Schein eines Films zu erzeugen, muss dieser Normalität darstellen</u>, von <u>der sich</u> die entscheidenden Szenen dann abheben. Ein ganz ähnlicher Effekt stellt sich bei *Deus Ex – Invisible War* ein. Es wimmelt von Figuren, die sich auf den Straßen oder in den Bars aufhalten und auf Zuruf irrelevante Äußerungen tätigen, man verbringt eine unglaubliche Zeit damit, minutenlang von einem Schauplatz

---

5 Es gibt noch keinen Standard dafür, wie man Computerspiele »bibliografiert«. Eine bestimmte Autorschaft festzustellen, ist nicht nur wegen des riesigen Stabs an Mitarbeitern schwierig: Ist nun die Programmierung wesentlich für das Spiel? Das Grafikdesign? Das Leveldesign? Das Script? Für all diese Bereiche gibt es Hauptverantwortliche. Ähnlich wie beim Film der Regisseur hat sich beim Computerspiel die Position des *Producer* herausgebildet, der alle Bereiche koordiniert. Doch es gibt erst wenige *Producer*, die einen distinkten und wiedererkennbaren Stil besitzen, so dass man sie als Autor anführen könnte. Ähnlich wie in der Anfangszeit des Films empfiehlt es sich, eher die Entwicklerstudios und die Vertreiber anzugeben, weil diese für einen bestimmten Stil stehen – Electronic Arts etwa für perfektionistische Sportspiele, Nintendo für »familienfreundliche« Geschicklichkeitsspiele, Eidos für aufwendige Actionspiele. Bei den Spielen wird also im Folgenden ein erkennbarer Autor im Text genannt, in den Klammern der Hersteller und das Veröffentlichungsjahr angegeben.

zum anderen zu laufen, nur um festzustellen, dass man doch am vorherigen suchen muss, man tändelt um informationstragende *Non-Player-Characters* herum, bespricht und bedient sie, ehe sie einem endlich gestehen, dass der entscheidende Hinweis woanders zu finden ist. Bevor man einen weiteren Schritt in der Handlung vorankommt, muss man eine aufwändige Inspektion der gesamten Level-Architektur vorgenommen haben. Das In-die-Geschichte-Versetzen, das *Deus Ex – Invisible War* mit seiner beeindruckenden realistischen Grafik-Engine – dem Programmcode, der für die gesamte Spielphysik verantwortlich ist – betreibt, führt dazu, dass man sich in all den Zeiträumen aufhält, die bei einem Film sonst weg geschnitten sind, um eine gute Erzählung zu ergeben. Die Ideologie der *Interactive Fiction* erzeugt Tom Stoppards Theaterstück *Rosenkrantz und Güldenstern sind tot*, in dem die *Hamlet*-Charaktere orientierungslos durch die Zeiträume zwischen ihren Auftritten herumirren. Allerdings fehlt die dort stattfindende automatische Weiterbeförderung in die nächste, plotrelevante Szene.

Das Spiel zelebriert seine Fähigkeiten, indem es dem Spieler gleich zu Beginn einen Basketball in die Hand gibt, den er werfen kann und der täuschend echt abprallt und sich fortbewegt, man kann auf jedes Objekt einwirken, allerdings bewirkt man damit nur an ganz bestimmten, dafür vorgesehenen Stellen etwas. Insofern unterscheidet sich dieser realistische Ansatz nicht von dem berüchtigten *Tomb Raider II*-Beispiel (Eidos, 1997), wo man mit der Schrotflinte auf eine Reihe von Fensterscheiben schießen kann, ohne dass etwas passiert, deren letzte jedoch zerspringt, weil sich dahinter der Fenstersims befindet, auf dem man weitergehen muss. Steven Poole weist auf die semiotischen Implikationen dieser Spiel-Konstruktionen hin, wenn er sagt:

Moderne Videospiele verehren das Ikon. Sie zeichnen immer schönere und detailreichere Welten und Charaktere. (...) In einem ikonischen Spiel wie *Tomb Raider*, wird aber klar, dass Spielobjekte wie Türen und Schlüssel, die gute drei-dimensionale ›Bilder‹ ihrer Referenten sind, tatsächlich meistens als Symbole fungieren. Weil ihnen keine ›realistischen‹ physikalischen Attribute gewährt werden. (...) Eine Holztür kann nicht von einem Raketenwerfer zerstört werden, und ein Schlüssel kann nicht bearbeitet werden, um für ein anderes Schloss zu passen. Deshalb funktioniert eine *Tomb Raider* Tür als ein Symbol für ›Ausgang‹ oder ›Schwelle‹, als ein Mittel, um die Bewegung zwischen vordefinierten Plätzen zu regeln; und ein Schlüssel funktioniert symbolisch wie eine kleines *Power-Up*, ein Zeichen zweiter Ordnung für ›Fähigkeit, die Tür zu benutzen‹. (2000: 191, Übersetzung: MM)

Statt Interaktion mit der Umgebung, die sich der eigenen Handlung anpasst, statt impliziter Autorschaft bietet die *Interactive Fiction* nur das Präludium einer Geschichte, die sich anschließend gebildet haben wird. Die Darstellung mag nahe legen, dass es sich um eine Erzählung handelt, das Spiel ist sie aber nicht. Sie ist irrelevant, wie James Newman betont:

> Viele großartige Spiele haben eine schlechte Grafik (...) aber es gibt nur wenige gute Spiele mit schlechter Steuerung. Die wenigsten guten Spiele fühlen sich schlecht an. (...) Wir müssen Lara in den Spielsequenzen nicht in Kategorien der Repräsentation nachdenken (...) – wir müssen überhaupt nicht über ›sie‹ nachdenken. (2002, Übersetzung: MM)

4. Was vom Spielen übrig bleibt – Transpositionen, Levelbau, *Modifications*

Wie es aussieht, wenn Spieler vom Spiel erzählen und nicht von dessen Geschichte, kann man an vielen Stellen im Internet miterleben. Etwa in den Filmen der Gruppe *Mega64*, die sich mit bekannten Computerspielen in parodistischer Form auseinandersetzen.[6] So ist sofort zu erkennen, dass es sich um *Metal Gear Solid* oder *Shenmue* (Sega, 1999) handelt, obwohl nichts von deren Geschichte aufgegriffen wird. Stattdessen ahmen sie nach, wie sich die Spiele im Newmanschen Sinne »anfühlen« und versetzen diesen Spielmodus in absurde Alltagsumgebungen, wo sie lächerlich werden. Im *Metal Gear Solid* Film sieht man, wie der Darsteller in der Ninja-Uniform der Spielfigur *Solid Snake* deren Bewegungsabläufe des Schleichens, geduckten Rennens, Um-die-Ecke-Guckens und Ablenkens durch Klopfzeichen originalgetreu zwischen den Regalen eines Supermarktes und einer Eisdiele vollzieht. Die *Shenmue*-Version von *Mega64* besteht darin, dass der Darsteller mit stoischem Ausdruck durch die Stadt geht und die Menschen mit den stereotypen und ständig wiederholten Phrasen der Dialogmenüs des Spiels anspricht. Und ihre Reflexion auf *Tetris* (Mirrorsoft, 1986) besteht darin, dass ein *Tetris*-Blockwinkel durch die Straßen irrt und versucht, sich zwischen Einkaufswagen oder Telefonkabinen einzupassen.

James Newman berichtet davon, dass einer seiner Doktoranden erklärte, wenn er *Tetris* spiele, dann sei er ein Tetrisstein.

Als meine Studenten dann dieses Phänomen weiter untersuchten, stellten sie fest, dass sie sich nicht so sehr wie ein einzelner Tetrisstein fühlten sondern eher wie alle Tetrissteine, die gerade fallen, gefallen waren oder noch fallen werden. (...) Das deutet darauf hin, dass das Verhältnis

---

6 Zu finden auf *www.mega64.com*. Die Filme sind zuerst für den Offenen Kanal des San Diego Fernsehens produziert worden. Demnächst werden sie als DVD vermarktet werden.

von Spieler und Spielwelt am besten als ein experimentelles Ganzes verstanden werden sollte, in dem Aktion, Umgebung, Szenario eine Synthese eingehen und nicht bloß als Verbindung zwischen Subjekt und Objekt in einer Welt fungieren« (2002, Übersetzung: MM).

Obwohl der *Mega64*-Film nur einen Teilaspekt dieses Verhältnisses abbildet, deutet er doch auf dasselbe hin. Sind diese Filme Transpositionen des Spielgefühls in ein anderes Medium, so gibt es auch innermediale Reflexionen, tatsächliche Interaktionen mit den Spielen auf der Ebene des Codes. Die einfachste Form stellen neue Level dar, die von Spielern gestaltet und verbreitet werden. Historische Vorläufer dafür gab es in den achtziger Jahren, als für Flipperprogramme oder Spiele wie *Boulderdash* (First Star Software, 1984) so genannte »Construction Kits« veröffentlicht wurden, mit denen man eigene Spielarchitekturen entwerfen konnte, was soweit ging, dass dieses »Customizing« in Titeln wie *Mail Order Monsters* (Electronic Arts, 1985) oder *The Incredible Machine* (Sierra, 1993) zum eigentlichen Spielprinzip erhoben wurde (wenn auch mit einer Wettkampf- und Puzzleorientierung, die das Interaktive wieder nur im Sinne von Espen Aarseth als Ideologie benutzte). »Demokratisiert«, d. h. ungesteuert von den Herstellern, hat sich das Leveldesign mit der Veröffentlichung von *Doom* (id Software, 1993), das nicht nur durch seine Verbreitung als Shareware-Download im Internet revolutionär wirkte,[7] sondern das mit seinem bald offen gelegten Code eine direkte Einladung aussprach, es fortzuschreiben. Das Internet war dabei der entscheidende Faktor, indem es als Verbreitungsmedium für die sehr rasch in sehr großer Anzahl entstehenden »Wad-Files« mit den neuen Leveln fungierte. Dabei war auffällig, dass es Qualitätsunterschiede der Level gab, die von den Spielern wahrgenommen wurden. Das lag nicht daran, dass ein Level besser aussah als der andere – alle griffen auf die vorgegebenen grafischen Elemente des Hauptspiels zurück – oder dass man in einem Level etwas anderes machen musste (also eine andere Geschichte erleben konnte) – es blieb ein Ego-*Shooter* in einem *Science Fiction*-Setting mit böswilligen Kreaturen. Der Grund dafür war, dass einige Spieler das Wesen des Spiels besser trafen, indem sie die Räume so gestalteten, dass sie eine faszinierendere »Spielbarkeit« aufwiesen.

Mit den *Doom*-Folgetiteln *Quake* (id Software, 1996) und *Quake II* (Activision, 1997) setzte sich diese Leveldesign-Bewegung fort, entwickelte sich aber

---

7 *Shareware* ist ein Verfahren, bei dem man einen Teil des eigenen Programms verschenkt und explizit dazu auffordert, dass man es kopiert und weitergibt. Als Nutzer kann man auf diese Weise das Programm kennenlernen und es schon eingeschränkt benutzen, und sich dann dazu entschließen, die Vollversion zu kaufen. Die *Shareware*-Version von Doom bestand aus dem kompletten ersten Drittel des Spiels.

auch in eine andere Richtung. Denn nun beschränkte sich der Umgang mit dem Code nicht mehr auf das Neuarrangement der Elemente, sondern jetzt wurde direkt eingegriffen und hinzuprogrammiert. Teilnehmer an Online-*Quake*-Turnieren veränderten ihre Spielfiguren dahingehend, dass sie unsichtbar in einer Ecke stehen und auf den vorbei rennenden Gegner warten konnten, den sie dann mühelos eliminierten. Das rief Gegenprogrammierungen auf den Plan, die andere Spieler mit Ortungsfähigkeiten für solche *Lurker* ausstatteten. Einige Spieler interpretierten sogar das eigentliche Spiel neu, indem sie Rennwagen programmierten, mit denen sie durch die Level fuhren, in denen die anderen noch einander auflauerten. Und einige verließen es ganz, um daraus ein eigenes Spiel zu machen, entweder, indem sie eine private Version erstellten, oder indem sie als Hersteller das Nutzungsrecht für die Game-Engine erwarben, um darauf ihr eigenes kommerzielles Spiel aufzubauen.

In diesen so genannten *Modifications*, kurz *Mods*, verändern Spieler das Aussehen von Computerspielen, fügen ihm neue Elemente hinzu und verändern somit ihre Ausrichtung. Am bekanntesten ist *Counterstrike*, eine Modifikation von *Half-life* (Sierra On-Line, 1998). Vom ursprünglichen *Ego-Shooter*-Setting in einem geheimen Forschungslabor in der Wüste, in das außerirdische Kreaturen eingedrungen sind, und das nun von der Armee zerstört werden soll, um die Beweise für diese außer Kontrolle geratene Operation zu vernichten, ist bei *Counterstrike* nichts mehr geblieben. Es geht jetzt um Team-Kooperation, um Geiseln aus der Hand eines anderen, terroristisch definierten Teams zu befreien. Trotzdem »fühlt« es sich sehr ähnlich an, in Internet-Foren sprechen Spieler vom *Half-life*- oder *Quake II*-Gefühl, das bestimmte, auf deren *Engines* beruhende Spiele erzeugen. Aber statt sich die Geschichten zu erzählen, die vorgeblich in den Spielen durch verdoppelte implizite Autorschaft generiert werden sollen, tauschen sie lieber ihre Level und *Mods* aus, um eine angemessene, gewissermaßen architektonische Kommunikation zu betreiben.

Und wie jedes funktionierende und wachsende System ist auch die Spieleindustrie selbstreferenziell geworden, indem sie darauf reagiert und sich in den Kommunikationsprozess eingliedert:

Es ist eine junge Industrie, die ihre Mitarbeiter aus eben der Jugendkultur rekrutiert, die sie selbst geschaffen hat, in erster Linie aus einem Pool technikbegeisterter junger Männer, die durch permanentes Spielen mit Gamedesign vertraut sind. Diese Form ›immaterieller Arbeit‹ ist mit tayloristisch-fordistischen Formen der Arbeitsorganisation nicht vereinbar. (...) Viele Spiele, insbesondere die guten, sind das Produkt von Netzwerken, die mehr als die Arbeit am Arbeitsplatz umfassen. Diese Netzwerke binden auf unterschiedliche Weise die unbezahlten produktiven Aktivitäten von Konsumenten in die Entwicklung der Spiele mit ein. Die Integration des digitalen ›Prosumers‹ umfasst das Sammeln von Informationen über Geschmack und Vorlieben von Spielern, das Überwachen ihres Surfverhaltens, Hotlines, auf denen man Hinweise zur Verbesserung von Spielen geben kann, ebenso wie die Einrichtung laborähnlicher, interaktiver Entertainmentcenter oder den Abruf der Arbeitskraft eines Kontingents von Spielefans. Die Arbeit der bezahlten Teams der Spieleentwickler – das ›A-Web‹ – bildet somit lediglich das Zentrum in einem diffusen Wirbel kreativer Tätigkeiten – dem ›B-Web‹ –, das von unbezahlten Erfindern, Testpersonen, Hinweisgebern und freiwilliger Arbeit getragen wird. (Dyer-Whitheford 2003)

5. Paranoid Android – Akkomodation statt Interaktion

Was aber ist es, das diese Erzählungen von Spielen mitteilen? Der Medienhistoriker Claus Pias hat in seiner Studie *Computer Spiel Welten* dargelegt, dass Spielen ein »Akkomodationsvorgang« ist, ein regulatorischer Konflikt zwischen Mensch und Computer auf einer symbolischen Ebene. Jede Seite operiert dabei mit für sie kommensurablen Objekten, der Computer mit Programmmodulen und Variablen, der Spieler mit Fadenkreuzen und Monstern. Durch die semantische Vertrautheit mit solchen narrativen Versatzstücken wird der Spieler dazu gebracht, die Anpassung an die Struktur zu vollziehen, ungefähr im Sinne von McLuhans Postulat, das Medium sei die Botschaft, und der Inhalt »mit dem saftigen Stück Fleisch vergleichbar, das der Einbrecher mit sich führt, um die Aufmerksamkeit des Wachhundes abzulenken« (1992: 29):

Die Beziehung dieser Modelle untereinander ist jedoch hinter dem Interface verborgen, das ihre Steuerung zugleich erst ermöglicht. Die Funktionsweise der künstlichen Welt bleibt, damit sie funktionieren kann, dem Spieler unzugänglich. Durch die konstitutive wechselseitige Verbergung des Interface ergibt sich gewissermaßen eine symmetrische Anordnung mit einer Steuerungsroutine namens Spieler auf der einen und einer Steuerungsroutine namens [Spiel] auf der anderen Seite. Am Interface erscheinen nur einzelne Wissensbereiche oder Sub-Modelle (...), deren Daten der Spieler manipuliert. Diese Eingaben werden vom Hauptprogramm gegen alle anderen Bereiche abgeglichen und als Zug-Ergebnis an den Spieler zurückgegeben, worauf dieser wieder Abgleichungen vornimmt. Der Spieler irritiert das System mit seinen Eingaben, dessen Ausgaben irritieren ihn und nötigen zu neuen Eingaben. Es ist ein Spiegel-Spiel regelungstechnischer Instanzen, in dem der Spieler selbst zum Programm oder zu einer zweiten ›Technological, Economic, Military, Political Evaluation Routine‹ wird, die eine Welt temperiert. (Pias 2002: 286 f.)

Im Spiel verwirklicht sich eine Programmstruktur. Was sich auf der Oberfläche als narrative Stufe geriert, ist eigentlich nur das Zwischenergebnis einer Rechenroutine. Die Frage von *Electronic Arts*-Gründer Trip Hawkins in den achtziger Jahren, »Can a computer game make you cry?«, ist mit nein zu beantworten, weil Gefühle, Produkt menschlicher Interaktion und Thema jeglicher Narration, nicht zur Disposition stehen. So wäre es auch falsch, den Tod im Computerspiel mit dem großen menschlichen Thema des Todes in Verbindung zu bringen. Tatsächlich ist es eine Programmschleife, aus der erst durch einen anderen »Tod« ein Entkommen ist:

> Ein Actionspiel zu spielen heißt nichts anderes, als eine permanente Akkomodationsleistung zu vollziehen, an deren Ende nicht mehr der symbolische Tod des Spielers steht, der an seiner Unangepasstheit scheitert, um mit (s)einem sublimen Körper wieder aufzuerstehen, sondern der ›Sieg‹ über die Maschine als Spielende und als *ihr* symbolischer Tod. Jeder Versuch der Freiheit im Piaget'schen Sinne (...) anders zu spielen als vorgesehen, bedeutete das Aussetzen und damit das Ende des Spiels. Im Actionspiel gibt es keine Spielereien oder Verhandlungen, kein falsches Spiel im richtigen. Und es lässt keinen Platz für ein Subjekt, das sich in einer (womöglich spezifisch menschlichen) Freiheit zu einem ›play‹ über die ›games‹ aufschwingen könnte. (Pias 2002: 116f.)[8]

Filme, zusätzliche Level und *Mods* zeugen von einer erfolgreichen Akkomodation bzw., um einen humaneren Ausdruck zu verwenden, von einem tiefen Verständnis dieses Wesens von Computerspielen. Ihre Welten sind nicht „weltenhaft", sondern konfigurativ. Sie bestehen immer aus einer bestimmten Anzahl von bestimmten Elementen – Bewegungslinien, Objektplätzen, temporalen Zuständen –, die darauf warten, sich an eine Mechanik, einen Körper zu heften und diesen dazu zu bringen, sie in die einzig richtige Abfolge zu stellen. Insofern ist der Begriff Interaktivität, das Reden von der Entscheidungs- und Bewegungsfreiheit, die man bei Computerspielen im Gegensatz zu anderen Medien hätte, falsch. Spielen ist ein Angepasstwerden an diese Elemente, eine Formatierung gemäß dieser erwünschten Abfolge, eine Instrumentalisierung durch die Maschine, damit sie ablaufen kann. Nicht nur, dass man bei *Tomb Raider* nicht die Fensterscheibe zerschießen kann, die nicht zerschossen werden soll, man könnte auch keinen Tunnel graben, um aus dem Verlies zu entkommen, für dessen Tür man keinen Schlüssel besitzt. Denn der einzige Befehl, den das Programm für die Weiterleitung der Variable »Lara« kennt, lautet: if »Schlüssel« then exit.

---

8 So ging es in *Doom* auch nicht darum, alle Monstren zu besiegen, denn das war zumindest auf der Spielstärke »Nightmare« nicht möglich. Der symbolische Tod der Maschine als Spielende wurde selten so sinnfällig in Szene gesetzt, wie in diesem Spiel, wenn man als letzte Spielhandlung auf ein Porträt von Programmierer John Romero schießen musste.

6. Jenseits des Heldenprinzips – Ein Beispiel für ein reflexives Spiel

So wie die besten Experten für Literatur die Schriftsteller sind und nicht die Filmwissenschaftler, so verstehen auch Gamedesigner besser als Literaturwissenschaftler, um was es in Spielen geht. Zum Beispiel Shigeru Miyamoto, der mit *Donkey Kong* (Nintendo, 1982) grundlegende Arbeit für die Computerspielkonzeption geleistet hat, der mit *Super Mario* einen Popstar des Mediums geschaffen hat und der mit seiner Serie *Legend of Zelda* seit fast zwei Jahrzehnten das Genre des Action-Adventures immer weiter definiert. Da *Legend of Zelda* auf der Oberfläche eine klassische Heldenerzählung darstellt, in der ein Auserwählter die Rettung der Welt betreiben muss, hat die Fortsetzungsreihe mit einer Aporie zu kämpfen: Wie kann der neueste Titel *The Wind Waker* (Nintendo, 2002) gleichzeitig alle Standards liefern, also als *Legend of Zelda* wieder erkennbar sein, und eine neue Geschichte darstellen? Nach *Legend of Zelda* (1987), *The Adventure of Link* (1988), *A Link to the Past* (1991), *Ocarina of Time* (1998) und *Majora's Mask* (2000) scheint zumindest das Narrative des Spiels selbst in einer ewigen Schleife gefangen. Immer noch gibt es einen Helden im Robin-Hood-Dress mit Zipfelmütze, der ein Schwert führt, eine Prinzessin, die es vor dem Schurken zu retten gilt, immer noch sind Edelsteine in Vasen und Ausrüstungsgegenstände in Truhen versteckt, immer noch gilt es, die Splitter des Triforce-Symbols zu finden und wieder zusammenzusetzen.

Miyamoto ist sich dieser Problematik allerdings bewusst und richtet die Narration gegen sich selbst, um aus dieser Problematik aussteigen und in das eigentliche Spiel einsteigen zu können. *The Wind Waker* stellt sich zu Beginn all die Fragen nach dem Wesen des Computerspiels und gibt sich gewissermaßen selbst als Antwort. Ein kleiner Junge, dem der Spieler einen Namen gibt, ist die Hauptfigur von *The Wind Waker* – und nicht der legendäre Link, von dem der Vorspann in einer mittelalterlichen Wandteppichästhetik noch zu berichten wusste, dass er immer wieder aufgetaucht war, wenn das Gleichgewicht der Weltkräfte gestört war. Der Spieler führt diesen Jungen das ganze Spiel über, auch wenn man nach und nach alle Versatzstücke der Link- und *Zelda*-Historie aufsammelt und benutzt. Sie bleiben aber Versatzstücke: das traditionelle grüne Kostüm, das anlässlich eines Geburtstags angezogen werden muss und über das sich die anderen Spielfiguren lustig machen, der »Heroen-Schild«, den die Großmuttter als Wandschmuck benutzt, das »Master-Schwert«, das zunächst furchtbar gewöhnlich ist und erst durch das Vorwärtskommen mit Kraft aufgeladen wird, die Prinzessin Zelda, die eigentlich die Piratenkapitänin Tetra ist, dann aber als Prinzessinnenlegende zur Untätigkeit verdammt wird, der Deku-Baum, aus dem Vorgänger-Titel, der senil vor sich hindämmert, Blätterwesen um sich herumtanzen lässt und sich nicht an vorherige Abenteuer mit Feen und heroischen Jungen erinnern kann.

Der kleine Junge, den man spielt, nimmt das alles hin und benutzt es stoisch, alles ist selbstverständlich, ohne dass es irgendeine transzendente Bedeutung hätte. Wie beim legendären Helden puzzelt sich alles zusammen zum vorherbestimmten Schicksal, aber der Held, der dieses Schicksal erfüllt, ist ein austauschbarer Jedermann. Die Versatzstücke suchen sich einen beliebigen Körper, an den sie sich hängen, der sie durch seine Bewegung verbindet und zu einer Geschichte werden lässt. *The Wind Waker* reflektiert somit, was eigentlich immer passiert, wenn man ein Computerspiel spielt. Egal wie ausgestaltet die Figuren sein mögen, wie individuell und tiefgründig sie mit Hintergrundgeschichte und *Cutscenes* – selbständig ablaufenden Filmsequenzen – gemacht sein wollen, letztlich können doch Hunderttausende problemlos in sie hineinschlüpfen. Hunderttausendmal erfüllt sich so die Bestimmung, dass der Eine einst da kommen werde, um die Welt zu erlösen. Nur, um für die nächsten Hunderttausend wieder unerlöst zu sein. Von Individualität keine Spur, die Heldenerzählung ist nur ein Köder, um ein Heer von Einzelnen anzulocken und zu verpflichten.

Vernachlässigt man alle narrative Oberfläche, dann handelt *The Wind Waker* hiervon: Indem man überall in der Spielumgebung Objekte findet oder durch ebenfalls zu findende Wertgegenstände tauscht, wird man in die Lage versetzt, acht Schatzkarten zu finden, die den Weg zu acht Schlüsselteilen weisen, die zusammengesetzt den Zugang zu einem geheimen Ort ermöglichen. Dieser Ort wird dadurch erzeugt, dass man drei andere Schlüssel findet und sie zu bestimmten anderen Orten bringt. Von dem geheimen Ort gibt es einen Weg zu einem noch geheimeren Ort, zu dem man nur mit seinem Schwert Zugang erhält, das aber erst durch die Eskortierung von zwei bestimmten Figuren zu zwei bestimmten Orten zu einem Schlüssel wurde. Die Kombination aller Elemente führt zum Schluss dazu, dass man an dem noch geheimeren Ort auf den Endgegner trifft und ihn vernichtet. Also reinste Logistik, Verschieben von Gegenständen im Raum. Oder, richtiger, das Flussdiagramm eines Computerprogramms.

7. Computerspiele sind doch interaktiv – wenn auch ganz anders: Ludologie und Emergenz

Gonzalo Frasca hat in Abgrenzung zu einer narratologischen Betrachtung von Computerspielen den Begriff der »Ludologie« vorgeschlagen – eine nicht ganz saubere Bildung aus dem lateinischen »ludus« für Spiel und dem griechischen »logos« für Verstehen (aber das gilt auch für »Narratologie«). Mit der Ludologie, der Spiellehre, werden alle vorherigen, zumeist narratologischen Interpretationen als Bemühungen abqualifiziert, die sich nicht mit dem Spiel an sich beschäftigen: »Wir schlagen den Begriff *Ludologie* vor (...), um die bisher nicht-existente »Disziplin, die Spiele und Spielaktivität untersucht« zu benennen.« (1999) Mit Bezug auf Johan Huizingas *Homo ludens* soll der abgeschlossenen und wohldefinierten Außerweltlichkeit und Regelhaftigkeit von Spielen die Aufmerksamkeit gelten.[9] Was implizieren die Parameter und die Regeln ihres Zusammenspiels und welche Wirkung hat das Verhalten des Spielers auf dieses Verhältnis? Das wäre eine ludologische Fragestellung – im Gegensatz zu einer narratologischen Sichtweise, die nach der Geschichte fragt, die erzählt wird.

Aus ludologischer Perspektive stellt sich auch die Frage nach Interaktivität neu. Wenn es Interaktion geben sollte, dann wohl nur mit diesen Regeln, die für eine Akkomodation an die Programmstruktur sorgen sollen, die aber bei entsprechendem Design auch zu Emergenz führen können. Es wäre sicherlich falsch, zu behaupten, ludologische Theoretiker würden emergente Spielkonzepte bevorzugen und auf ihre Herstellung drängen, es passt allerdings zu ihren Ausführungen – so wie das klassische Adventure mit seiner »Und jetzt«-Struktur den Narratologen entgegenkommt. Auf jeden Fall sind emergente Regelsysteme im Wortsinne interaktiver als *Interactive Fiction*.

Beispiele wären insbesondere ältere Spiele, deren Reiz nicht nur in der Novität ihrer Existenz, ihrer kruden Ästhetik oder ihrer Funktion als Distinktion stiftendes Generationenmedium begründet lag, obwohl die einsetzende Nostalgie der jetzigen Mittdreißiger all das in den Vordergrund stellt. Es hatte auch damit zu tun, dass sie trotz oder gerade aufgrund ihrer simplen Regeln ein gewisses Maß an Emergenz ermöglichten. *Paradroid* (Graftgold, 1985) von Andrew

---

[9] »Spiel ist eine freiwillige Handlung oder Beschäftigung, die innerhalb gewisser festgesetzter Grenzen von Zeit und Raum nach freiwillig angenommenen, aber unbedingt bindenden Regeln verrichtet wird, ihr Ziel in sich selber hat und begleitet wird von einem Gefühl der Spannung und Freude und einem Bewußtsein des ›Andersseins‹ als das ›gewöhnliche Leben‹.« (Huizinga 2001: 37)

Braybrook etwa, hat eine simple Geschichte: Vernichte die Roboterarmee, die ein Raumschiff kontrolliert. Zu diesem Zweck kann man einfach schießen und die Roboter auslöschen – und an diesem Punkt sind viele aktuelle *Ego-Shooter* stehen geblieben und haben sich nur grafisch weiterentwickelt –, oder man kann sich in ihre Schaltkreise »einhacken«, sie übernehmen und sich ihrer verbesserten Kampf- und Einhack-Fähigkeiten bedienen. So weit, so linear.

Zu einer nicht-linearen und in Ansätzen emergenten Erzählung wird das Spiel nun durch zwei weitere Regeln. Zum einen kann man einen Roboter nur eine bestimmte Zeit lang übernehmen, nach einer Weile brennen seine Schaltkreise durch und er vernichtet sich selbst. Man muss also rechtzeitig einen anderen Roboter übernehmen. Zum anderen gibt es nur eine bestimmte Anzahl von jeder Roboterklasse auf dem Schiff. Und da man nicht unbedingt mit einem Roboter der untersten einen der obersten Klasse übernehmen kann, geschweige denn, dass man ihn abschießen könnte, bevor dieser einen selbst abgeschossen hat, hat jede Übernahme und jeder Abschuss Konsequenzen für den möglichen weiteren Verlauf des Spiels. Vernichtet man alle Roboter einer Klasse, so wird man zu einem späteren Zeitpunkt nicht mehr problemlos wechseln können. Denn wenn man aus Zeitnot, weil das hochklassige Modell, das man kontrolliert, durchzubrennen droht, auf einen gerade verfügbaren unterklassigen Roboter wechselt, steht man danach vor dem Problem, das man sich mit geringen Fähigkeiten den stärksten Modellen nähern muss, ohne dass man einen Zwischenschritt über den Mittelbau machen könnte. Um das Spiel meistern zu können, entwickelt man im Laufe der vielen Spielversuche eine komplexe Wellenbewegung des Auf- und Abstiegs in den Hierarchien, einen negativen Feedback-Loop, mit dem man den Systemzustand und die eigenen Aktionen »thermostasiert« – wohl ein interaktiveres Geschehen als die Wahlmöglichkeit zwischen zwei oder mehr vorgefertigten Wegen.

Das ist nicht die von Pias erwähnte Piagetsche Freiheit des Subjekts, sich »zu einem ›play‹ über die ›games‹ auf[zu]schwingen« (Pias 2002: 117), also eine ungeregelte Bewegung in einem jede erdenkliche Möglichkeit anbietenden Raum zu haben statt sich mit einem Regularium und physikalischen Vorgaben auseinanderzusetzen. Die Ideologie der Interaktivität impliziert aber genau dieses freie »play« und meint, weil es sich um »Spiele« handele, müssten sie dieses »play« anbieten. Dass Computerspiele als »games« in der Interaktion mit Regeln allerdings eine ganz andere Art von Freiheit ermöglichen können, wird dabei nicht erkannt. Computerspiele sind nicht interaktiv. Sie bieten nur endlos emergierende Reaktionsmuster von Spieler und Programm.

Literatur

Aarseth, Espen (1997) : *Cybertext. Perspectives on ergodic Literature*. Baltimore.
Beavin, Janet H./Jackson, Don D./Watzlawick, Paul (2000): *Menschliche Kommunikation. Formen, Störungen, Paradoxien*. Bern.
Bröhm, Alexandra (2002): Technik erstickt Kreativität: Ansichten eines Querdenkers. In: *Sonntagszeitung* (1. Dezember 2002).
Dyer-Witheford, Nick (2003): Boomendes kognitives Kapital. In: *Jungle World*, 2/2003.
Eco, Umberto (1995): Wie man einen Pornofilm erkennt. In: Ders.: *Wie man mit einem Lachs verreist und andere nützliche Ratschläge*. München. S. 121-124.
Frasca, Gonzalo (1999): *Ludology meets Narratology. Similitude and differences between (video)games and narrative*. Online unter *www.ludology.org/articles/ludology.htm*.
Goffmann, Erving (1986): *Interaktionsrituale*. Frankfurt a. M.
Goffmann, Erving (1973): *Wir alle spielen Theater*. München.
Haack, Johannes (1997): Interaktivität als Kennzeichen von Multimedia und Hypermedia. In: Issing, Ludwig J./Klimsa, Paul (Hg.): *Information und Lernen mit Multimedia*. Weinheim/Basel, S. 151-165.
Huizinga, Johan (2001): *Homo ludens. Vom Ursprung der Kultur im Spiel*. Reinbek b. H.
Juul, Jesper (2001): *Games telling stories?* Online unter *www.gamestudies.org/0101/juul-gts*.
McLuhan, Marshall (1992): *Die magischen Kanäle*. Düsseldorf.
Mertens, Mathias (2004): *Die Maschine, die es gut mit Ihnen meint*. In: Freitag 3/2004.
Neitzel, Britta (2001): Die Frage nach Gott oder Warum spielen wir eigentlich so gerne Computerspiele? In: *Ästhetik & Kommunikation*, Nr. 115: Computerspiele. Berlin. S. 61-68.
Neitzel, Britta (2000): *Gespielte Geschichten. Struktur- und prozessanalytische Untersuchungen der Narrativität von Videospielen*. Inaugural-Dissertation zur Erlangung des Doktorgrades der Fakultät Medien an der Bauhaus Universität Weimar. (*ftp://ftp.uni-weimar.de/pub/publications/diss/Neitzel/*)
Newman, James (2002): *The Myth of the Ergodic Videogame. Some thoughts on player-character relationship in videogames*. Online unter *www.gamestudies.org/0102/newman*.
Pias, Claus (2002): *Computer Spiel Welten*. München.
Poole, Steven (2000): *Trigger Happy*. New York.
Schulmeister, Rolf (2004): Didaktisches Design aus hochschuldidaktischer Sicht. Ein Plädoyer für offene Lernsituationen. In: Rinn, Ulrike/Meister, Dorothee M. (Hg.): *Didaktik und Neue Medien. Konzepte und Anwendungen in der Hochschule*. Münster. S. 19-49 (*www.izhd.uni-hamburg.de/pdfs/Didaktischers_Design.pdf*).
Schulmeister, Rolf (2002): Taxinomie der Interaktivität von Multimedia. Ein Beitrag zur aktuellen Metadaten-Diskussion. In: *it+ti* Nr. 4/2002, S. 193-199. Online unter *www.izhd.uni-hamburg.de/pdfs/interaktivitaet.pdf*.
Schulmeister, Rolf (1996): *Grundlagen hypermedialer Lernsysteme: Theorie – Didaktik – Design*. Wokingham u. a.
Turing, Alan (1992): Maschinelle Rechner und Intelligenz. In: Douglas R. Hofstadter/Daniel C. Dennett (Hg.): *Einsicht ins Ich. Fantasien und Reflexionen über Selbst und Seele*. München. S. 59-72.

Mausklick und *cookie* –
Erweiterungen des Körpers im Datenraum[1]

Arne Moritz

Vor einigen Jahren ersetzte eine große deutsche Bank ein wenig voreilig das nationale Attribut in ihrem Namen durch die Ziffer 24. Die Substitution sollte der Inszenierung eines beginnenden Zeitalters dienen, in dem Banker und Kunden sich weniger real als virtuell und weniger national als global im rund um die Uhr geöffneten Netz begegnen sollten. Es war die Zeit jener Euphorie, in der auch allseits die Utopie reproduziert wurde, dass künftig fast alles den hindernisfreien Weg der »Datenautobahn« befahren würde – welche als Begriff, wohl zum Bedauern weniger, mittlerweile einen permanenten autofreien Sonntag des Vergessens erlebt. Und so heißt auch jene Bank mittlerweile wieder wie vor den globalen Träumen und die viel bemühte Ziffer dient nur noch im Namen einer Unterabteilung für *E-Finance* als Aushängeschild.

Das Beispiel zu Beginn mag signalisieren, dass der Vorwurf der Skepsis und Naivität des Blicks auf das weltweite Netz hier nicht gescheut wird. Dabei ist dem Autor bewusst, dass sich in den Weiten des World Wide Web manches findet, was sich der Normaluser, der er ist, nicht träumen lässt. Im Folgenden wird auf die Beschäftigung mit Sekundärexistenzen, die sich in virtuellen Realitäten ihr Haus bauen, jedoch nicht nur deshalb verzichtet. Entscheidend ist, dass in der oft bemühten Perspektive »virtueller Realität« eine metaphysische Rhetorik inbegriffen zu sein scheint, die eine erste wirkliche Wirklichkeit von einer transzendenten technoiden Realität ebenso konsequent wie unangemessen abspaltet.[2] Die letztens im entsprechenden Vokabular festzustellende Wende zu aggregativ

---

1 Überarbeitete Fassung eines Vortrags, gehalten bei d-motion, Konferenz und Festival für Interaktive Medien, 27.-29.11.2003 in Halle/S. Ich danke den Organisatorinnen des Forums *expanded mind – expanded body* Tanja Assmann, Irmela Gertsen und Holger Neumeier für Ihre Einladung. Den Herausgebern des vorliegenden Sammelbandes danke ich für die Ermutigung zur Überarbeitung und ihre freundliche Bereitschaft zur Aufnahme des Beitrags.

2 Vgl. Münker 1997 als entsprechend kritische Stellungnahme; sowie den Versuch, *virtual reality* weniger dramatisch und weniger transzendent vom Begriff der Fiktionalität bzw. durch herkömmliche psychologische Kategorien der Rezeptionsanalyse zu beschreiben, bei Schreier 2002.

vorgehenden Konzepten einer »*mixed*« oder »*augmented reality*« scheint dagegen Symptom eines sachgerechteren Zeitalters der Erschlaffung zu sein, das den metaphysischen Idealismus der Gründerzeit ad acta gelegt hat und sieht, dass mit den neuen Medien wohl doch nur die eine Wirklichkeit etwas weiter geworden ist.[3] Man verstehe die folgende Beschränkung auf die Normaluserperspektive also außer als Inkompetenzeingeständnis insofern auch als Ausdruck des Interesses an der Frage, was *uns* in unserer *einen* Wirklichkeit durch das neue Wirkliche der Netze geschieht. Denn die Antwort auf diese nicht unwichtige Frage bleibt unsichtbar, wenn man das World Wide Web diskursiv bereits überall sonst situiert, aber nicht in dieser Welt.

Der folgende Beitrag zu dieser Frage umfasst drei Teile: Er beginnt mit einer nicht allzu tief gehenden, aber mutmaßlich hinreichenden Klärung und Problematisierung der im Titel genannten Begriffe Körper, Geist und Expansion. Darauf folgt eine eher deskriptive Annäherung an die das World Wide Web in seiner gegenwärtigen Form bestimmenden Phänomene von *Mausklick* und *cookie*, die hinsichtlich ihrer Bedeutung für die Identifizierung der Schnittstellen der interaktiven Expansion unserer Geister und Körper in das Jenseits des Screens untersucht werden. Der dritte Abschnitt unterbreitet einige Vorschläge, welche praktischen Implikationen aus den vorangegangenen Überlegungen folgen sollten, sofern man diese ernst nimmt und nicht nur für hübsche Metaphern hält.

1. Körper und Geister –
die Frage der interaktiven Expansion ins Netz

Sofern man es nicht mit sehr streitsüchtigen Geistern zu tun hat, kann man sich wohl darauf einigen, dass ein Körper etwas ist, was im Raum ausgedehnt ist und dort einigermaßen genau definierbare Grenzen besitzt, die ihn von anderen Kör-

---

3 Als vorbildhaft für die Depotenzierung des metaphysischen Potentials in der Konzeptualisierung der neuen Medien in den genannten Ausdrücken können möglicherweise die im Vergleich mit den Anfängen ebenfalls veränderten technischen Realisierungsmodi angesehen werden. So wird interessanterweise das Interface zum User nicht mehr in Form einer Brille gestaltet, welche die reale Realität absolut ausblendet, sondern diese mittels luzider Displays mit der künstlich erzeugten Realität vermischt.

pern abtrennen.⁴ Das allermeiste, was in diesem Sinn Körper ist, ist weder mein noch irgendjemandes Körper.

Mein Körper beginnt und endet dort, wo *ich* morgens die Dusche kälter drehen muss, weil das heiße Wasser *mir* Schmerzen bereitet. Er ist der Körper im Raum, mittels dessen *ich* etwas empfinde und niemand sonst.⁵ Mein Körper ist auch derjenige Körper, dessen tief greifendere Veränderung oder Umorganisation dazu führt, dass *ich* nicht mehr bin. Diesen Körper, der Substrat meiner Empfindungen und überhaupt meiner Existenz ist, abstrahiert man von mir, wenn man von meinem biologischen Körper spricht. Als Körper im Raum markiert er den Ort, an dem *ich* zu finden bin.⁶

In den sozialen Zusammenhängen, in denen bis auf einige Einsiedler die meisten unserer Gattung stehen, hat mein Körper als solcher Ort ausgesprochen hohe Bedeutung und wird zum sozialen Körper: Er ist es, den jemand wieder erkennt, der mir zuwinkt; wer mich besuchen will, muss dorthin kommen, wo er sich befindet; oder um die unschöneren Seiten des Sozialen anzusprechen, wer mich strafen will, muss jenen Körper einsperren oder zerstören, der meiner ist.⁷ Nimmt man schließlich zur räumlichen noch die zeitliche Dimension hinzu, so ist mein Körper nicht nur derjenige Körper, der in der Zeit relativ genau markiert, wann ich bin bzw. nicht bin. Vor allem ist er derjenige Körper, der so kontinuierlich mit mir verbunden ist wie kein anderer und dadurch auf eine so starke Weise transformiert wird wie keiner. Für den Baum, den ich einmal im Wald gefällt habe, war dies eine – wenngleich wahrhaft einschneidende – Episode. An jenem Körper, der meiner ist, findet sich dagegen meine Biografie als Ganze in

---

4 Vgl. indessen Inwagen 1980 als Beispiel diffizilerer philosophischer Streitlust, die alle in diesem Beitrag folgenden (und andere) Annäherungen an den *common sense* des Gebrauchs des Ausdrucks Körper in Bezug auf Personen dem non-sense Verdacht aussetzt.

5 Der Körper wird als solcher konstitutiver Träger unserer Empfindnisse von der Phänomenologischen Forschung als Leib untersucht. Vgl. etwa Husserl 1991, S. 144-147.

6 Derartige Abhängigkeiten müssen nicht als Dualismus von Ich und Körper (Leib/Seele) verstanden werden. Statt dessen lässt sich die Äußerung ›ich‹ als Sprechakt verstehen, der von Körpern in einem bestimmten Zustand hervorgebracht wird (lebendigen Menschen), zum anderen inferentiell darauf verpflichtet, die mit dem Ausdruck ›ich‹ gesetzte Identität durch den konstant durchzuführenden Verweis auf einen raumzeitlichen Körper beglaubigen zu können (den Körper dieses Ichs). Somit werden durch die Possessivkonstruktion ›mein Körper‹ bzw. die Rede im Genitiv vom Körper dieses Menschen nicht notwendig zwei Entitäten gesetzt, sondern eine einzige (dieser Körper) unter Betonung einer ihrer Funktionen.

7 Vgl. Scarry 1992 zum Zusammenhang von Körperlichkeit und personaler Identität wie sie in der absichtlichen Zufügung körperlicher Leiden bzw. gewaltsamer Tötung offenbar wird.

weit höherem Maße manifestiert: man sieht ihm weit mehr an als nur, dass ich in den letzten Jahren mehr Seiten umgeblättert als Bäume gefällt habe.

Mein Körper also, um dasjenige zusammenzufassen, was im zweiten Teil für die Betrachtung von *cookies* entscheidend sein wird, ist unter vielen anderen Körpern das Substrat meiner Empfindungen und meiner Existenz, der Ort meiner sozialen Bezüge und derjenige Körper, der das Leben, das ich führe, durch kontinuierliche Veränderung abbildet.

Niemand darf hoffen, dass ich nun zweitens – wie es die Gegenüberstellung von Geist und Körper stets nahe legt – neben den genannten Massen der Körper den vornehmen Club der Geister eröffnen werde. Stattdessen möchte ich darauf verweisen, dass ein Geist stets zusammen mit einem Körper vorkommt. Und ich möchte die Behauptung aufstellen, dass dies nicht deshalb so ist, weil sich in jenen Fällen dem körperlichen Sein ein Sein ganz anderer Art auf geheimnisvolle Weise verbunden hat. Der Grund der Symbiose wäre vielmehr darin zu sehen, dass ein Wort wie Geist von uns zuschreibend in Bezug auf Körper gebraucht wird, an denen wir Bestimmtes beobachten: Wir sagen, dass ein Körper Geist hat, wenn wir beobachten, dass er handelt. Und damit setzen wir wiederum zweierlei in Bezug auf denjenigen voraus, dessen Körper das ist: erstens Freiheit und zweitens Gründe.

Dass man mir, aufgrund des vorliegenden Textes zumindest ein gewisses Maß an Geist zusprechen wird, hängt untrennbar damit zusammen, dass an mir der Knopf nicht erkennbar ist, durch den man diese Äußerungen ähnlich wie bei einem Computerdrucker auslösen könnte. Vielmehr scheine ich selbst mich zu ihnen bereit erklärt zu haben, worüber hinaus ich zweitens, wenn man mich nach meinen Gründen für diese Äußerungen fragte, nicht wie der unauffindbare Knopf stumm bliebe, sondern zur Bekräftigung mindestens irgendetwas stammelte. Sollte tatsächlich mittels sehr feiner neurologischer Raffinesse nachweisbar sein, dass dennoch alles, was wir tun, der Kausalität mikrochemischer und elektrischer Prozesse in unseren Gehirnen oder insgesamt unseren Körpern folgt, dann wird dadurch die geschilderte Rede von Geist zwar in ihrer sachlichen Adäquatheit durchaus berührt. Die angeführte Grammatik unseres Sprachgebrauchs wird so aber gerade bestätigt: Wir gebrauchen Geist in Bezug auf Ereignisse an Körpern, für die es uns so erscheint, dass sie dort nur auftreten, weil sich jemand frei für sie entscheidet, der Gründe für dieses Tun besitzt.

Mein Geist also, um dasjenige zusammenzufassen, was im zweiten Teil bei der Betrachtung des Mausklicks im Vordergrund stehen wird, wäre nichts anderes als eine Zuschreibung durch andere aufgrund von Beobachtungen von Erscheinungen meines Körpers, angesichts derer diesen anderen die Voraussetzung meiner Freiheit und meiner Fähigkeit zur diskursiven Rechtfertigung nahe gelegt erscheint.

Damit zum dritten: der Frage nach einer Expansion von Geist und Körper, die sich im gegebenen Zusammenhang hinsichtlich der Interaktion mit Medien stellt. Ich darf auf mein Standpunkteingeständnis zurückkommen und feststellen, dass die Frage im Zeitalter nach der Netzeuphorie nicht mehr zwingend lauten muss, inwiefern in Form des Mediums Alternativen zu unseren Geistern und Körpern auftauchen. Ich werde daher neben dem Konzept der Virtuellen Realität auch das der Künstlichen Intelligenz ausklammern – also beide Verheißungen, die in Bezug auf Körperlichkeit bzw. Geist jeweils bestehenden Monopolverhältnisse künftig technisch zu beenden.[8] Vielmehr untersuche ich als Frage nach der Expansion, inwiefern *unsere* Geister und *unsere* Körper, gegenüber dem Umriss in den beiden vorangegangenen Definitionsversuchen, durch die Interaktion mit dem World Wide Web als Medium eine Erweiterung erfahren.

Dass eine solche Expansion überhaupt geschieht, erscheint indes aus einer bestimmten Perspektive selbstverständlich, insofern man eine solche Erweiterung generell als den funktionalen Sinn von Medien bestimmen zu können scheint: sie sollen denjenigen Raum und diejenige Zeit transzendieren, auf den wir durch unsere Körper als raum-zeitlich begrenzte Wesen festgelegt sind – was gemäß den vorangegangenen Definitionsversuchen auch unseren Geist betrifft, insofern er stets an unserem Körper auftritt.[9] Wenn also Medien generell als menschliche Versuche verstanden werden können, den eigenen Körper und damit auch den eigenen Geist an einer Stelle im Raum zu inkorporieren, wo diese gerade nicht sind, ist die Geschichte der Expansion, die hier erzählt werden soll, eine sehr alte. Das folgende hat den Status eines neuen Kapitels in ihr. Damit dieses nicht langweilig gerät, ist für seine Abfassung allerdings die Frage nach den Unterschieden zentral, die unsere mediale Expansion in die Netze etwa von den Fällen unterscheiden, in denen wir als Geister auf eine Tafel mit Kreide das Wort »Ich« schreiben oder als Körper bei einem Spaziergang im Sand unsere Spuren hinterlassen. Entscheidende Bedeutung kommt bei der Feststellung der entsprechenden Unterschiede aber weniger dem zu, was gleich bleibt, also uns,

---

8 Vgl. die grundlegenden Beiträge zu den damit ausgesparten Diskussionsfeldern: Moravec 1988; Barloewen 1998; sowie Hayles 1999.

9 Vgl. die derartige Bestimmung des Zwecks unserer Codes der Kommunikation bei Flusser 1998, S. 10.

sondern den Medien und den Schnittstellen der Interaktion, durch die wir an ihnen in Erscheinung treten: im vorliegenden Fall Mausklick und *cookie*.

2. Expandierter Körper (*cookies*) und expandierender Geist (Mausklick) – Grenzen des Übergangs ins Netz

Ein sehr umsichtiger Gott, der die weltweiten Netze des Internet überblicken könnte, sähe vor allem eine Menge elektronischer Infrastruktur, fließender Ströme und Signale, sich verändernder Speichermedien – und irgendwo, jeweils inmitten des Netzes, an Enden desselben: uns.

Wenn dieser Gott uns sprachlich nicht göttlich überlegen wäre, sondern die Begriffe Geist und Körper gerade so verwendete wie wir – wo würde er die fragliche Expansion ins Medium des Netzes wahrnehmen?

Wie angekündigt mache ich in dieser Hinsicht zwei Vorschläge, in dem hybriden, aber methodisch, wie ich hoffe, geschickten Versuch, diese göttliche Perspektive auf die Netze einzunehmen. Ich beginne zunächst mit dem ersten Vorschlag: dem *cookie* als Symptom unseres ins Netz expandierten Körpers.

Cookies sind unscheinbare Textdateien eines Umfangs von maximal 256 Zeichen. Sie werden bei Normalusern durch den Microsoft Internet Explorer oder andere Benutzeroberflächen während des »Browsens« im Netz in einem eigenen Verzeichnis meines Rechners angelegt, wenn eine Webseite dafür entsprechend eingerichtet ist. Es handelt sich dabei um eine bereits ältere Erfindung der Firma Netscape, die seit Ende der neunziger Jahre eine personalisierte Nutzung von Internetinhalten ermöglichen sollte.[10]

Das Ergebnis meiner Besuche der Netzseite von *www.amazon.de* in Form eines *cookies* auf meinem Rechner besteht aus einer längeren Zeichenfolge, deren Bedeutung bis auf das Auftauchen des Namens *Amazon* in keiner Weise öffentlich verständlich ist. Niemandem außer den Betreibern der *Amazon*-Seite ist also genau klar, was das, was dort steht, im einzelnen bedeutet – für *cookies* anderer Seiten gilt Entsprechendes. Aber dieser unverständliche Text des *cookies* ermög-

---

10 Ausführliche technische und datenschutzrelevante Informationen zum Thema *cookies* bietet die Webseite *www.cookiecentral.com*.

licht, indem er bei einem erneuten Besuch der *Amazon*-Seite auf meinem Rechner aufgefunden wird, einen Aufruf von Daten, die bei *www.amazon.de* über mich gespeichert sind. Und aufgrund dieses Abgleichs werde ich bei jedem Besuch der *Amazon*-Seite freundlich begrüßt: »Hallo, Arne Moritz!« und etwas unsicherer, da auch ein anderer meinen mit dem *cookie* versehenen Rechner nutzen könnte, »oder sind Sie nicht Arne Moritz, dann klicken Sie hier.« Und nicht nur dies ermöglicht die *cookie*-Datei auf meinem Rechner, sondern auch dass mir Bücher und CDs präsentiert werden, die mich interessieren könnten – etwa Pamphlete über Gott und die Welt, weil ich irgendwann einmal ein Buch über mittelalterliche Theologie gekauft habe, woran sich *Amazon* mit Hilfe der *cookie*-Datei anhand seiner Kundendatenbank zu erinnern vermag.

Ich möchte behaupten, dass unser umsichtiger Gott in Bezug auf das bei mir gespeicherte *cookie* und die bei *Amazon* gespeicherten Daten, die zum *cookie* gehören, nach den oben eingeführten Kriterien mit Recht von meinem Körper als einem ins Netz expandierten spräche.[11] Natürlich hätte diese Rede einen etwas schrägen Klang, da das *cookie*-Verzeichnis auf meinem Rechner und die Daten bei *www.amazon.de* und anderen gerade nicht Träger meiner Empfindungen und Substrat meiner Existenz zu sein scheinen, wie wir es oben für unseren *Körper* gesagt hatten. Es schmerzt mich nicht, wenn das *cookie* angelegt wird, sondern ich bemerke es gar nicht – und ich höre keineswegs überhaupt auf zu existieren, wenn es gelöscht wird. Eine Schwäche dieses Einwands besteht allerdings darin, dass es an unserem empfindsamen Körper auch empfindungsfreie Bereiche gibt: man denke an Lungengewebe. Außerdem muss nicht jede Veränderung eines Teils meines Körpers immer gleich zum Ende meiner Existenz führen – sondern mitunter nur dazu, dass ich ein wenig anders erscheine. Und tatsächlich erscheine ich im Netz ja jeweils als ein etwas anderer, wenn ich das *Amazon-cookie* nicht auf dem Rechner habe: Ich werde dann gefragt: Sind Sie neu hier – und erhalte einen Einkaufsgutschein.

Das *cookie*-Verzeichnis spielt insofern für meine Existenz in der oben erwähnten sozialen und biografischen Dimension durchaus die Rolle eines raumzeitlichen Körpers, der in dem Sinn meiner ist wie mein biologischer Körper als sozialer meiner ist: es markiert, wo ich bin, sofern ich im Netz bin; ich werde im Netz aufgrund von ihm, als der, der ich im Unterschied zu anderen bin, erkannt und wieder erkannt und das Leben, das ich im Netz führe, hinterlässt an ihm

---

11 Damit wäre das *cookie* eine Technologie der Verkörperlichung, die gegenüber entgegengesetzten Tendenzen der Wirklichkeit des Netzes zur Entkörperlichung unterschieden werden müsste, die bei List 1996; sowie List 2000 rekonstruiert werden.

kontinuierliche Spuren der Veränderung. Das *cookie* leistet somit als raumzeitlicher Körper im Netz die Herstellung einer Kontinuität derjenigen Identität, die normalerweise durch den konstanten Bezug auf unseren biologischen Körper geleistet wird. Somit steht sein Effekt im Widerspruch zu demjenigen Diskurs, der das Netz vornehmlich als Ort der Auflösung derartiger personaler Identität bzw. als Experimentierfeld eines Pluralismus solcher Identitäten versteht.[12] Jedes einzelne der auf meinem Rechner gespeicherten *cookies* ersetzt jene vorher angesprochene Eigenschaft der raumzeitlichen Kontinuität meines biologischen Körpers, aufgrund derer er als Körper für die genannte soziale Repräsentation meines ›ich‹ taugt.

Keines der *cookies* befindet sich jedoch, was die Rede von der Expansion letztlich rechtfertigt, an meinem biologischen Körper. Die Tätowierungen meines Körpers, welchen die *cookies* gleichen, erfolgen stattdessen an anderen raumzeitlichen Körpern, die zur Infrastruktur des Netzes gehören. Die Daten auf meinem Rechner und auf den Servern von *www.amazon.de* erscheinen in diesem Sinn als ins Netz expandierter *Körper*, der nie dort ist, wo sich mein biologischer Körper befindet.[13] Und das ist das Neue dieses neuen Kapitels innerhalb der größeren Geschichte der medialen Expansion unserer Körper: das *cookie* auf meinem Rechner und was auf anderen Rechnern in den Weiten des World Wide Web mit ihm korreliert ist, ist nicht bloßes Zeichen zum Ersatz der Präsenz meines abwesenden Körpers, sondern fungiert, wenn ich im Netz bin, mit denjenigen Funktionen meines Körpers, die ihn als sozialen Körper auszeichnen. Was das *cookie* als materieller Gegenstand ist, steht nicht symbolisch für unsere Körper, sondern ist Teil derselben – in einer Expansion ins Netz und ohne die räumliche Nähe, die der Begriff Teil fälschlich suggerieren könnte. Was allerdings erstaunt und wieder aufzugreifen sein wird, ist, dass wir, um deren Körper es bei dieser Expansion doch geht, gerade nicht die Akteure unserer derartigen Verkörperlichung

---

12 Vgl. die kritische Auseinandersetzung mit dem entsprechenden Diskurs bei Vahinger 1998.

13 Somit kann die Realität des *cookies* als Bestandteil einer durch den alltäglichen Gebrauch des Netzes entstehenden Wandlung der User zu *Cyborgs* verstanden werden, menschlichen Leibern, die informationstechnische Teile einverleibt haben – eine bei der ursprünglichen Begriffsprägung durchaus mitbedachte Variante des *Cyborg*-Seins, welche durch die bekannteren mythisch-ironischen Überzeichnungen allerdings erst in den Blick gerät: Vgl. Haraway 1991, insbesondere S. 149, S. 177; sowie Featherstone/Burrows 1995; der ausgearbeitete Entwurf der angesprochenen Perspektive einer Einverleibung der informationstechnischen Hardware im täglichen Gebrauch findet sich bei: Hayles 1999, S. 89-92.

im Netz sind, sondern diese, abgesehen von ein paar Mausklicks weitgehend ohne unser Zutun geschieht.[14]

Damit komme ich zu meinem zweiten Vorschlag, der die Expansion unserer Geister betrifft. Ich glaube, dass unser umsichtiger Gott bei einer gewissen Einstellung seines Blicks auf die weltweiten Netze in Bezug auf den Begriff Geist und die Frage nach dessen Expansion ein wenig verwirrt reagieren würde. Die weltweit gespeicherten HTML-Texte und die ihnen zugehörigen Daten anderen Typs könnten ihm einerseits als gar nicht so verschieden von recht bekannten Ausdrucksformen des Geistes erscheinen – etwa der Veröffentlichung eines Traktats, in dem jemand fern seines eigenen Körpers einen gewissen gedanklichen Gehalt und eine Intention inkorporiert. Außerdem könnte unser Gott in der hypertextuellen Linkstruktur, die dem World Wide Web eigen ist, etwas sehen, demgegenüber die Kategorie Geist zumindest als Geist von jemandem relativ inadäquat erscheint – so wie die Perspektive der Intertextualität von Texten deren Interpretation nach produktionsästhetischen Gesichtspunkten in Bezug auf den Autor aushebelt.[15]

Allerdings glaube ich, dass unser weitsichtiger Gott – wie es sich für einen Gott gehört – bei seiner Verwirrung nicht stehen bleiben würde, sondern schließlich in Form des Mausklicks etwas entdecken würde, das ihn durchaus zur Rede von einer Expansion unseres Geistes provozieren könnte. Das mag nun wiederum beim Leser Verwirrung stiften: der Klick mit der Maus, von uns Normalusern täglich ungezählt oft geistesabwesend ausgeführt, scheint mit allem anderen mehr zu tun zu haben als mit Geist. Klicks scheinen allenfalls für eine zweite, allerdings reichlich skurrile These über unseren expandierten Körper herhalten zu können: im Hinblick auf eine prothesenhaft an der Handinnenfläche von uns Normalusern inkorporierte Maus.

Statt dessen möchte ich die Aufmerksamkeit darauf lenken, dass der Mausklick als Bestandteil der Interaktion im weltweiten Netz jenseits aller pragmati-

---

14 *Cookies* stimmen funktional etwa überein mit textuellen Strategien, durch die Chat-User im körperlosen und auf Schrift beschränkten Netzverkehr die sozialen Funktionen von Körperlichkeit kompensieren – allerdings mit dem entscheidenden Unterschied, dass im Falle der *cookies* bisher die Akteure der Kompensation gerade nicht diejenigen sind, deren fehlende Körperlichkeit kompensiert wird. Vgl. zur Untersuchung der genannten sprachlichen Strategien: Beißwenger 2000, S. 139-151; Gallery 2000; Sundén 2002.

15 Vgl. Welschs These, dass der Gegenstand der Theorie der Intertextualität eigentlich erst durch den Hypertext des World Wide Web ganz Wirklichkeit geworden ist: Welsch 1998, S. 236-237 ; sowie zusammenfassend zur Kontroverse um die Intertextualität des Netzes: Gallery 2000, S. 73-74.

schen Erfordernisse, die zu seiner Einführung geführt haben mögen, in dieses eine Geste, nämlich eine körperliche Handlung integriert, die eben jenes körperliche Erscheinen von Freiheit und Fähigkeit zu Absichten und Gründen darstellt, in Bezug auf welches wir normalerweise den Begriff Geist gebrauchen.[16]

Dass es sich beim Mausklick um eine solche Geste handelt, kann man etwa der Tatsache entnehmen, dass der gesamte E-Business, der das kommerzialisierte Netz bestimmt, auf der Möglichkeit beruht, durch den Klick als freie und absichtsvolle Handlung einen rechtswirksamen Vertrag einzugehen. Auch die Verführungsversuche mancher erotisch gemeinter Netzerscheinung beruhen zentral darauf, dass sie dem User zum Ersatz anderer freier und absichtsvoller Handlungen die Geste des freien und absichtsvollen Mausklicks anbieten – um ihn herbeiführen und nicht einfach gleich sehen zu lassen, was er sehen will bzw. sehen wollen soll. Und schließlich zeigt sich der Umstand, dass der Mausklick eine solche Geste der Freiheit und der Intentionalität im Netz darstellt, meines Erachtens auch in der blinden Wut, welche die meisten von uns ergreift, wenn sie die sich automatisch öffnenden *Pop-Ups* auf Internetseiten wieder weg klicken müssen – da in diesem Fall gerade das, was in den Netzen die Geste der Wahl darstellt, in perverser Weise geschehen muss, ohne dass man eine Wahl hat.[17]

Akzeptiert man, dass mit der Geste des Klicks in die Netze eine Schnittstelle integriert ist, aus der ein körperliches Erscheinen von Freiheit bzw. von Absichten und Gründen resultiert, also *Geist* im oben festgelegten Sinn, kann man eine weitere Überlegung anschließen. Diese führt eigentlich erst zur Behauptung der Expansion unseres Geistes in die Netze, um die es hier in Bezug auf den Klick gehen soll. Denn die Frage, an welchem Körper die Geste des Klicks erscheint, lässt sich offenbar zweifach beantworten. Zum einen ist es selbstverständlich unser angeborener Normaluserkörper, an dem sich der Klick zu Hause vor dem Screen als kurzes Zucken verschiedener Handmuskelbereiche manifestiert. Dies aber gleicht zu sehr anderen Gesten, in denen sich unser Geist an unserem biologischen Körper manifestiert, als dass die Rede von einer Expansion unseres Geistes dadurch gerechtfertigt erschiene. Und unserem von oben auf die Netze blickenden Gott mögen diese kurzzeitigen und vergänglichen Zuckungen viel-

---

16 Vgl. zum Begriff der Geste und ihrer Auszeichnung als körperliche Handlung der Freiheit, dort allerdings anders als hier als stets grundlose, da insofern freie Handlung: Flusser 1993.

17 Vgl. zur empirischen Untersuchung der Funktion des Klicks als Geste der Wahl im Netz: Wirth, Schweiger 1999; sowie zur Abhebung des Klicks als intentional gesteuertem Akt etwa vom quasi intentionsfreien, da rein zufallsgesteuerten bzw. mechanischen Aufruf von Informationen beim Zappen am Fernseher: Johnson 1999, S. 126-128.

leicht auch gar nicht weiter auffallen. Was ihm jedoch aus seiner privilegierten Perspektive im Unterschied zu uns kaum entgehen könnte, ist ihr viel dauerhafteres Erscheinen am Körper des Netzes – hinter dem Screen. Jeder unserer Klicks manifestiert sich als Geste unserer Freiheiten und Absichten zumindest in den so genannten *Logfiles* der *Server* des World Wide Web, lückenlosen Protokollen der Nutzung der jeweiligen Rechner, in denen auf der Basis der uns im Netz zugewiesenen IP-Adresse verzeichnet ist, wer sich wann, von wo kommend, wohin geklickt hat. Aber natürlich erscheint die Geste des Klicks nicht nur derart am Körper des Netzes, sondern auch, indem mein Rechner aufgrund des Klicks ein bestimmtes Datenpaket erstellt und versendet, das dann über die Knoten der Netzstruktur weitergeleitet wird und beim adressierten Rechner bestimmte Reaktionen auslöst. Diese Interaktionen werden mitunter, beispielsweise wenn *Amazon* aufgrund meines Warenkorbklicks ein Profil meiner Vorlieben generiert, von sehr dauerhafter Wirkung in der Speicherstruktur des Netzes sein, sich mir allerdings meist nur darin zeigen, dass eine neue, nett gestaltete Seite an meinem Bildschirm zurück gesendet wird, der gerade das nicht zu entnehmen ist.

Auf diesen Hiatus möchte ich im Zusammenhang der Frage nach der Expansion unseres Geistes durch den Klick hinaus: Wie unsere Klicks am Körper des Netzes erscheinen, bleibt uns, da wir nicht jener weitsichtige Gott sind, in der Regel verborgen – den unscheinbaren *links* und grafischen *buttons*, die wir täglich aktivieren, ist es nur vage zu entnehmen. Aber auch prinzipiell gilt, dass wir keinen Einfluss darauf haben, was infolge unserer Klicks geschieht. Denn der Klick ist zwar Geste unserer Freiheit und unserer Absichten im Netz, aber er ist dies als Funktion vorgegebener Strukturen der Seiten, die wir abrufen bzw. der Programmstrukturen, die wir derart aktivieren. Zu Datenautobahnzeiten wurde dieser Umstand meist noch emphatisch als Interaktivität bezeichnet. Da wir unser Begehren nach Aktivität und Autorschaft im Netz durch die Wahl des Klicks als Schnittstelle seiner Realisierung sogleich wieder zurück an die Maschine delegiert haben, die wir zu diesem Zweck schufen, müsste allerdings eher von der Interpassivität des Klicks gesprochen werden.[18]
Wer den *content* ins Netz stellt, den wir Normaluser nutzen, bestimmt mehr als wir, in welcher Weise unser Geist als *expanded Geist* durch den Klick am Körper des Netzes erscheint. Die binär strukturierte Geste des Klicks, letztlich ein simples Betätigen eines Schalters von 0 auf 1, ist inhaltlich so unterbestimmt,

---

18 Vgl. die Ausarbeitung dieses von Robert Pfaller geprägten Begriffs in psychoanalytischer Terminologie durch Zizek 2000; sowie den Vorschlag einer dieser Interpassivität kongenialen Delegierung des Surfens an entsprechende automatische Programme (robots) bei Fuchs 2000.

dass die gesamte Last des Ausdrucks auf die HTML-Struktur und die ihr angegliederte Computerinfrastruktur fallen muss, die durch sie aktualisiert wird. Die Zuspitzung unserer Freiheit und Intentionalität im Netz auf ein Zucken unserer Hand hat also zur Folge, dass unser durch den Klick ins Netz expandierender Geist nicht bestimmt, sondern nur bestätigt, wer wir sind, wenn wir drin sind – und das meist im Unwissen darüber, was er da eigentlich genau bestätigt.[19] Und das wäre wiederum das Neue dieses neuen Kapitels der größeren Geschichte der medialen Expansion unseres Geistes: unser freier und absichtsvoller Geist expandiert zwar durch das Interface des Klicks in einen Ausdruck am Körper des Netzes – dieser Ausdruck folgt aber gerade nicht seinen, sondern der Freiheit und den Absichten anderer, die das Netz designen bzw. designen lassen. Diese Abtretung von Freiheit und Intentionalität auf den Web-Designer und seine Auftraggeber macht keinen absoluten Unterschied des Mediums World Wide Web zu anderen Medien aus, sondern einen graduellen von allerdings einschneidender Bedeutung. Jedes Medium legt in gewisser Weise vorweg fest, auf welche Weise wir uns in ihm zu äußern vermögen, allerdings keines der traditionellen in diesem starken Maß. Die Vielzahl der Möglichkeiten der Kombinatorik, welche etwa Medien wie Buch oder Malerei mit ihren jeweiligen Codes eröffnen, kommt in der binären Geste des Klicks nicht vor. Natürlich kann auch das Netz Formular-Felder zur Verfügung stellen, innerhalb derer wir etwa die umfangreichen Freiheiten der Sprachkombinatorik nutzen können. Allerdings hängt es wiederum an der Möglichkeit des Klicks, ob diese unsere Nutzungen jemals in die Wirklichkeit des Netzes expandieren oder vergängliche Lichtspuren auf unserem Screen bleiben – und die Codestrukturen, die genau dieser Klick auslöst, bestimmen letztlich, in welcher Weise überhaupt ins Netz gelangt, was wir zuvor auf unseren Screen gebracht haben. Vielleicht genügt dem Empfänger ja die Information, wie viele Zeichen wir in das Freitextfeld eingegeben haben, um mit ihr eine bestimmte Eigenschaft in unserem Persönlichkeitsprofil zu korrelieren.

---

19 Die geschilderte Bedeutung der Codierung des *links* als Vor-Schrift unserer geistigen Expansion ins Netz, die ebf. bei Johnson 1999, S. 140-142, festgestellt wird, geht noch darüber hinaus, dass er ohnehin als Navigationsstruktur unumgehbar konstitutiv ist für die Schaffung der quasi räumlichen Struktur, welche die Bewegungsmöglichkeiten im Web definiert. Vgl. dazu Shields 2000.

3. Wieder-Aneignung – zwei Vorschläge zum praktischen Umgang mit den Grenzen der interaktiven Expansion ins Netz

Ich möchte abschließend drei mögliche Reaktionsweisen auf das, was bislang zur interaktiven Expansion unseres Geistes und Körpers ins World Wide Web durch Mausklick und *cookie* dargelegt wurde, einander gegenüberstellen und damit zu den im Titel angekündigten praktischen Implikationen kommen.

Die erste Reaktionsweise ist die der Subversion, wie sie etwa in dem Projekt »Superbot« des Leipziger Medienkünstlers Franz Alken versucht wird.[20] Superbot erlaubt Netzusern die Erzeugung fiktiver Existenzen in Form von Persönlichkeitsprofilen, die dann automatisiert durchs Netz streifen. Durch die Nutzung von Netzseiten simulieren sie reale Geister und Körper so geschickt, dass die eben geschilderten Expansionen massenhaft stattfinden, *cookies* und Daten massenhaft hergestellt werden, ohne dass reale Entitäten zu diesen Expansionen gehören würden. Dieses *Data-Mining* soll die kommerzielle oder kriminalistische Analysierbarkeit der eben geschilderten Phänomene der Expansion unserer Geister und Körper ins Netz mehr und mehr unmöglich machen, insofern wir zwischen unseren fiktiven Mitakteuren von Superbot, die letztlich bloßen Datenmüll produzieren, nicht mehr zu erkennen sind.[21]

Die zweite, gebräuchlichere Reaktionsweise auf die geschilderten Expansionen unserer Geister und Körper ins World Wide Web ist die der Regression, wie sie in den verschiedenen Techniken der Anonymisierung der Netznutzung realisiert wird. Wenn wir jeden Tag das *cookie*-Verzeichnis unseres Browsers löschen, wird damit der beschriebenen Expansion unseres Körpers ins Netz wirksam die Spitze abgebrochen. Und wenn wir mit wechselnden IP-Adressen, zwischengeschalteten Proxyservern und anderen Tricks surfen, dann wird auch dadurch unterbunden, dass unsere ins Netz expandierten Körper und Geister zum Gegenstand kommerzieller oder kriminalistischer Nutzung werden, insofern wir sie derart zu unüberschaubar vielen Datenfragmenten zertrümmern. Bekanntlich hat dies bereits zu gewissen Bestrebungen geführt, die entsprechenden Techniken der Anonymisierung gesetzlich zu unterbinden.

---

20 Vgl. *www.superbot.tk*.
21 Eine weitere Taktik der subversiven Reaktion besteht im teilweisen Austausch von *cookies* verschiedener Rechner untereinander, wozu derzeit auf *www.cookiecooker.de* aufgerufen wird.

Ich möchte im Folgenden für eine Alternative zu diesen beiden Verhaltensweisen der Subversion bzw. Regression argumentieren, obwohl ich beide unter den gegebenen Bedingungen der kommerzialisierten und vielfach anarchischen Realität des Netzes für durchaus klug halte. Allerdings erscheinen die Bedingungen, die zu dieser Klugheit herausfordern, wenig klug gewählt. Und insofern scheint eine Verhaltensweise eher geboten, die sich als die der Partizipation bezeichnen lässt. Mit ihr findet die Berufung auf eine Utopie der Interaktivität statt, die ebenfalls so alt ist wie das weltweite Netz, aber im Unterschied zu anderen eine der erhaltenswerten zu sein scheint.

Es handelt sich um die politische Utopie, dass das interaktive Netz ein Forum politischer Interaktion sein könnte, in dem wir alle als gleichermaßen verantwortliche politische Wesen von raumzeitlichen Begrenzungen entlastet, uns zur Verhandlung über das für uns Gute und Schlechte begegnen könnten.[22] Und in dieser Hinsicht zeichnet die Strategien der Subversion und der Regression ein entscheidendes Defizit aus, insofern sie zur Folge haben, dass nicht mehr wir in den Netzen agieren, sondern neben den kommerziellen *global players* lauter *nobodies*. Eine Verhaltensweise der Aneignung und Besitzübernahme unserer ins Netz expandierenden Geister und Körper, wie ich sie im Folgenden in zwei Vorschlägen skizzieren möchte, entspräche stattdessen der genannten Utopie von Interaktivität als Interaktion politischer Wesen besser. Der erste Vorschlag geht dabei von den im vorigen Abschnitt charakterisierten epistemischen Begrenztheiten aus, die durch *cookie* und Mausklick unseren Interaktionen im Netz auferlegt sind. Der zweite Vorschlag zieht stattdessen eher Konsequenzen aus dem ebenfalls im vorigen Abschnitt markierten Problem, dass wir selbst nur in begrenzter Weise Akteure der Interaktionen zu sein scheinen, die uns durch *cookie* und Klick im Netz ermöglicht werden.

3.1 Partizipation I (Rechte)

In den vorangegangenen Rekonstruktionen des *cookies* als expandiertem Körper und des Klicks als Interface eines expandierenden Geistes wurde gleichermaßen

---

22 Vgl. zur kritischen Würdigung dieser Utopie interaktiver Interaktion angesichts der kommerzialisierten Netzrealität: McChesney 2000; Weiß 1998, S. 32-36; sowie zur soziologischen bzw. politologischen Reflexion auf mögliche Realisierungspotentiale für diese Netzutopie auch noch in der kommerzialisierten Gegenwart: Loader 1998; Miller 1996; Jordan 1999.

ein erstaunliches epistemisches Defizit herausgestellt wie wir es in Bezug auf unsere realen Geister und Körper normalerweise nicht akzeptieren würden. Wir bewegen uns nicht nur aufgrund unseres notorischen Desinteresses, sondern wegen der vorgeführten privaten Codiertheit des *cookies* und seiner Abhängigkeit von einer uns nicht zugänglichen Menge an Daten und Funktionen auf dem entsprechenden Netzserver, mit einem sozialen Körper durchs Netz, von dem wir nicht nur nichts wissen, sondern absurder Weise nichts wissen können – sodass wir auch nicht wissen können, was durch die Interaktion mittels dieses Körpers im einzelnen geschieht. Die hier vorgeschlagene Wiederaneignung unseres expandierten Körpers im Netz müsste also darin bestehen, dass wir das Verfügungsrecht über unseren Körper, das wir normalerweise selbstverständlich beanspruchen, auf unseren Körper im Netz ausdehnen. D.h. aus der Anwendung der Körperbegrifflichkeit könnte die Forderung nach einem Recht folgen, das uns gegenüber jedem, der eine *cookie*-Datei auf unserem Rechner speichert, die Möglichkeit der Kontrolle damit verbundener Daten auf anderen Rechnern und der Bestimmung über deren funktionale Verwendung erlaubt – weil sie eben zu unserem Körper und damit zum Bereich unserer alleinigen Verfügung gehören.[23]

In gleichem Maße müssten wir das epistemische Defizit zu beheben versuchen, das im Hinblick auf die Expansion unseres Geistes zu Tage trat. Wenn wir den Klick als Interface begreifen, durch den sich *unser* Geist am Körper des Netzes manifestiert, können wir nicht akzeptieren, dass die beschriebene inhaltliche Unterbestimmtheit des Klicks nicht kompensiert wird, sondern wir im Gegenteil fröhlich im Unklaren darüber bleiben, Manifestationen welcher Art durch die Netzstruktur, die wir aktivieren, an den Rechnern des Netzes ausgelöst werden. D.h. wenn wir den Klick als Interaktion *unserer* Freiheit und *unserer* Absichten ansehen, können wir daraus ein Recht gegenüber jedem ableiten, der derartige Netzstrukturen bereitstellt, uns alle Folgen eines Klicks eben mit der Bereitstellung eines *links* oder *buttons* transparent zu machen.

Dieses Recht ginge wie das eben in Bezug auf *cookies* geforderte über bloß datenschutzrechtlich motivierte Verbote bestimmter Verwendungen unserer Ma-

---

[23] Einen ähnlichen Weg der Verbindung personaler Identität mit der von dieser genutzten Hardware geht die neue Richtlinie zum Datenschutz in der europäischen Union, *http://register. consilium.eu.int/pdf/de/01/st15/15396d1.pdf*, welche in § 24 die »Endgeräte von Nutzern elektronischer Kommunikationsnetze und in diesen Geräten gespeicherte Informationen« generell zum Teil der »Privatsphäre« der Nutzer erklärt und unter den Schutz durch Menschenrechte und Grundfreiheiten stellt und im Übrigen das nicht autorisierte und unerkennbare Speichern von *cookies* unter Verbot stellt.

nifestationen freier und absichtsvoller Handlung im Netz hinaus, insofern beide Rechte uns wieder zu Akteuren machen, die wissen, was sie tun, insofern sie ihren *Geist* bzw. *Körper* ins Netz expandieren lassen. Ein Betreiber einer Netzseite könnte sich vor diesem Anspruch nicht einfach dadurch zurückziehen, dass er uns einen verantwortungsvollen Umgang mit den Effekten unserer Interaktionen verspräche.

3.2 Partizipation II (Interventionen)

Die Wiederaneignung unserer expandierenden Geister und Körper sollte sich allerdings nicht nur darauf beschränken, dass wir uns zu Inhabern neuer Rechte machen. Wenn wir das hier präsentierte Ergebnis der Auseinandersetzung mit dem Klick ernst nehmen, dass es wesentlich vom Netzinhalt abhängt, wie und ob unser Geist ins Netz expandiert, können wir alle nicht länger Normaluser bleiben, sofern wir die genannte politische Utopie einer Interaktion um ihr Gutes bemühter politischer Wesen im Netz verfolgen. Vielmehr müssen wir selbst zu Autoren oder zumindest Unterstützern derartiger Strukturen der Interaktivität im Netz werden, die sicherstellen, das Expansionen von Geist ins Netz möglich sind, die wir – wohl jeder in anderer Hinsicht – für unverzichtbar halten.

Die Notwendigkeit dafür mag das Beispiel der Internetpräsenz des US-Präsidenten vor Augen führen, deren Web-Mail-Kontakt-Seite derzeit derart konzipiert ist, dass nicht mehr ein Freitext eingegeben werden kann, sondern unseren Klicks nur noch die Wahl bleibt, verschiedene, vorgefertigte Meinungsäußerungen zu bestätigen, zu denen bestimmte, die wir eigentlich äußern wollen, möglicherweise nicht gehören.[24] Dieses Beispiel, das glücklicherweise für die vorherrschenden Standards des Netzes momentan nicht repräsentativ ist, zeigt doch exemplarisch, dass aus der dargelegten Unterbestimmtheit der Geste des Klicks bei gleichzeitiger Akzeptanz der politischen Utopie der Interaktion eine Verpflichtung für die Partizipation an dem *content* erwachsen könnte, der im World Wide Web zum Klicken und damit zur Expansion unseres Geistes bereit gestellt wird.[25]

---

24 Vgl. *www.whitehouse.gov/contact*, die Struktur der Seite variiert bemerkenswerterweise je nach benutztem Web-Browser – die beschriebenen Einschränkungen sind stärker bei Benutzung des Opera-Browsers als beim MS Internetexplorer.

25 Ein in dieser Hinsicht durchaus breit zur Kenntnis genommenes Netzphänomen ist die sogenannte »Googelisierung« des Netzes, also seine Nutzung mittels einer in Monopolstellung sich befin-

Letztlich scheint auch das Resultat der Überlegungen zum *cookie* als expandiertem Körper, mit dem wir uns durch das Netz bewegen, darauf hinauszulaufen, dass wir vom Normaluser zum partizipierenden Interakteur im Netz werden sollten. Denn es muss offensichtlich nicht so bleiben, dass wir als traurige Figuren, die von oben bis unten mit *brands* von *Amazon* und anderen bedeckt sind, durch das Netz taumeln, ohne uns wirklich dafür zu interessieren, was wir als diese Figuren tun. Wenn wir im Rahmen der angesprochenen Utopie politischer Interaktivität Wert darauf legen, dass *wir* uns im Netz bewegen, sollte uns – sofern wir nicht anonyme »Robinhoodiaden« bevorzugen – daran liegen, dass wir dort mit einem Körper auftreten können, in dem wir uns wirklich wiederzuerkennen vermögen. Der Gedanke mag grobschlächtig erscheinen: aber welches Ausmaß an Erweiterung unserer politischen Interaktionsfähigkeit im Netz könnte zusammen mit entsprechenden Funktionen- und vor allem Funktionseinschränkungen, die Ausgabe von Toleranz-, Friedfertigkeits- und Gerechtigkeits-*cookies* entfalten, um zunächst einmal einigermaßen weite Kategorien vorzuschlagen.

Literatur

Barloewen, Constantin von (1998): *Der Mensch im Cyberspace: vom Verlust der Metaphysik und dem Aufbruch in den virtuellen Raum.* München.
Beißwenger, Michael (2000): *Kommunikation in virtuellen Welten. Sprache, Text und Wirklichkeit.* Stuttgart.
Featherstone, Mike/Burrows, Roger (Hg.) (1995): *Cyberspace/Cyberbodies/Cyberpunk: Cultures of Technological Embodiment.* London.
Flusser, Vilém (1998): *Kommunikologie.* Frankfurt a.M.
Flusser, Vilém (^{2}1993): *Gesten. Versuch einer Phänomenologie.* Bensheim, Düsseldorf.
Fuchs, Mathias (2000): Disembodied online. In: Pfaller, Robert (Hg.): *Interpassivität. Studien über delegiertes Genießen.* Wien. S. 33-38.
Gallery, Heike (2000): »bin ich – click ich« – Variable Anonymität im Chat. In: Thimm, Caja (Hg.): *Soziales im Netz. Sprache, Beziehungen, Kommunikationsstrukturen im Internet.* Opladen/Wiesbaden. S. 71-88.
Haraway, Donna (1991): *Simians, Cyborgs and Women: The Reinvention of Nature.* New York. S. 149-181.

---

denden Suchmaschine, wodurch weitaus einschneidender der politische Raum unserer Interaktionen im Netz begrenzt wird, insofern Google darüber entscheidet, welcher content für die Netzuser zur Erscheinung gelangt und welcher nicht. Vgl. Machill/Welp 2003.

Hayles, N. Katherine (1999): *How we became posthuman. Virtual Bodies in Cybernetics, Literature and Informatics.* Chicago.

Hayles, N. Katherine (2000): The condition of Virtuality. In: Lunenfeld, Peter (Hg.): *The Digital dialectic. New Essays on New Media.* Cambridge, Ma. S. 69-94.

Husserl, Edmund (1991): Ideen zu einer reinen Phänomenologie und phänomenologischen Philosophie. Buch 2. In: *Husserliana, Bd. IV,* Dordrecht.

Inwagen, Peter van (1980): Philosophers and the Words ‚Human Body'. In: Ders. (Hg.): *Time and Cause.* Dordrecht, Boston. S. 283-299.

Johnson, Steven (1999): *Interface Culture. Wie neue Technologien Kreativität und Kommunikation verändern.* Stuttgart.

Jordan, Tim (1999): *Cyberpower: the culture and politics of cyberspace and the Internet.* London.

List, Elisabeth (1996): Platon im Cyberspace. Technologien der Entkörperlichung in der telematischen Kultur. In: Modelmog, Ilse/Krisch-Aufwärter, Edit (Hg.): *Kultur in Bewegung. Beharrliche Ermächtigung.* Freiburg i. Br. 1996, S. 83-110.

List, Elisabeth (2000): Floating Identities, Terminal Bodies. Die Virtualisierung des Lebens im Cyberspace. In: *Das Argument 238.* S. 777-784.

Loader, Brian D. (1998): *The governance of cyberspace: politics, technology and global restructuring.* London.

Machill, Marcel/Welp, Carsten (Hg.) (2003): *Wegweiser im Netz. Qualität und Nutzung von Suchmaschinen.* Gütersloh.

McChesney, Robert (2000): So much for the Magic of Technology and the Free Market. In: Hermann, Andrew; Swiss, Thomas (Hg.): *The World Wide Web and Contemporary Cultural Theory.* New York, London. S. 5-35.

Miller, Steven E. (1996): *Civilizing cyberspace: policy, power, and the information superhighway.* New York.

Moravec, Hans (1988): *Mind Children. The Future of Robot and Human Intelligence.* Cambridge, Ma.

Münker, Stefan (1997): Was heißt eigentlich: »Virtuelle Realität«? Ein philosophischer Kommentar zum neuesten Versuch der Verdoppelung der Welt. In: Ders./Alexander Roesler (Hg.): *Mythos Internet.* Frankfurt a.M.. S. 108-127.

Scarry, Elaine (1992): *Der Körper im Schmerz. Die Chiffren der Verletzlichkeit und die Erfindung der Kultur.* Frankfurt a.M.

Schreier, Margrit (2002): Realität, Fiktion, Virtualität: Über die Unterscheidung zwischen realen und virtuellen Welten. In: Bente, Gary/Krämer, Nicole C./Petersen, Anita: *Virtuelle Realitäten.* Göttingen, Bern, Toronto u.a. S. 33-56.

Shields, Rob (2000): Hypertext Links. The Ethic of the Index and Its Space-Time Effects. In: Hermann, Andrew/Swiss, Thomas: *The World Wide Web and Contemporary Cultural Theory.* New York, London. S. 145-160.

Sundén, Jenny: Cyberbodies: Writing Gender in Digital Self-Presentations. In: Fornäs, Johan/Klein, Kajsa/Ladendorf, Martina u.a.: *digital borderlands.* New York. S. 79-111.

Vahinger, Dirk (1998): Faites vos jeux – Der Einsatz des Subjekts im Spiel mit virtuellen Identitäten. In: Zöller, Michael (Hg.): *Informationsgesellschaft – von der organisierten Geborgenheit zur unerwarteten Selbständigkeit?* Köln. S. 265-273.

Weiß, Ulrich (1998): Das Politische am Internet. Eine politikphilosophische Reflexion. In: Gellner, Winand; Korff, Fritz von (Hg.): *Demokratie und Internet*. Baden-Baden. S. 27-42.

Welsch, Wolfgang (1998): Eine Doppelfigur der Gegenwart. Virtualisierung und Revalidierung. In: Ders./Vattimo, Gianni (Hg.): *Medien-Welten Wirklichkeiten*. München. S. 229-248.

Wirth, Werner/Schweiger, Wolfgang (Hg.) (1999): *Selektion im Internet. Empirische Analysen zu einem Schlüsselkonzept*. Opladen.

Žižek, Slavoy (2000): Die Substitution zwischen Interaktivität und Interpassivität. In: Pfaller, Robert (Hg.): *Interpassivität. Studien über delegiertes Genießen*. Wien. S. 13-32.

Cyberraum versus Theaterraum –
Zur Dramatisierung abwesender Körper

Helga Finter

1. #2: Away From Keyboard

Die zweite Etappe von Jens Heitjohanns, Bodo Jentzsch' und Steffen Popps interaktivem Performanceprojekt *redirected-series* konfrontierte im Herbst 2003 die Internet-Bühne mit der konkreten Szene des Margarete-Bieber-Saals der Justus-Liebig-Universität Gießen.[1] An der Kopfseite des alten kunsthistorischen Hörsaals entrollte sich eine Performance, in welcher die Interaktion zwischen *Live-Performern* und vom Internet in Echtzeit eingespeistem digitalem Bild (und gelegentlich auch Sound) im Zentrum stand. Das Verhältnis von Theater und Internet wurde so in Form eines Experiments erforscht, das die Beziehung von Internetbühne und konkreter Bühne vor einem anwesenden Publikum als ausgestellte subjektive Erfahrung mit dem Imaginären des Internet dramatisierte.

Auf der leeren Bühnenfläche vor den ansteigenden Zuschauerreihen saßen an einem Tisch zwei männliche – Philip Schulte und Wolfram Sander – und zwei weibliche Performer – Jules Buchholtz und Irina Nemecky –, die durch blonde Nylonperücken und eine orangefarbene Reißverschlussmontur im Hinblick auf *Gender* und soziale Herkunft entindividualisiert waren. Sie reagierten vier Stunden lang *live* mit *ad hoc* improvisierten Erzählungen auf ein aus dem Internet eingespeistes Bild- und Tonmaterial, das auf eine Leinwand hinter ihnen projiziert und über Lautsprecher an den Saalseiten übertragen wurde.

Theatrale Klammer von Cyberspace und Theaterraum war die Maske: Vier Avataren – Projektionsflächen für die von den Produzenten als netztypisch ausgemachten Themen Wissen, Therapie, Gewalt und Sex – korrespondierten die vier Performer, die als deren potenzielle Repräsentanten auf der Bühne sich zu dem vom Internet gelieferten Material narrativ äußerten. So antworteten auf die über Bild und Ton gelieferten Avatar-Masken *live* Sprachmasken, die allein

---

1 Zu Motivation, Hintergrund und Durchführung des Projekts vgl. den Beitrag von Heitjohann und Popp in diesem Band.

durch die Stimme, ihr Timbre und Melos, die Intonation, die Stimmhöhe, die Atemführung etc. und den Erzählstil ihrer Geschichten differenziert waren.

Während ein Kollektiv von Internet-Akteuren Selbstrepräsentationen bzw. Repräsentationen der vier Masken über vorgefertigtes Bild- und Tonmaterial anboten, war die körperliche (Selbst-)Repräsentation der Performer, die im Halbdunkel vor der Leinwand saßen, hauptsächlich durch Sprache und Stimme gegeben. Visuelle digitale Körperbilder und präsent generierte Stimmkörper- sowie Sprachkörperbilder wurden so in Beziehung gesetzt um zu interagieren.

Vier Stunden lang war eine interessante Erfahrung zu machen: Der Cyberraum, traditionell als Schnittstelle zwischen körperlichem und phantasmatischen Raum verstanden, erwies sich über die Projektionen und Einspielungen als Abfallhalde konventionellen (audio)visuellen *Trashs* der Mediengesellschaft und verengte sich durch die Wiederholung seines ästhetisch begrenzten Materials zunehmend: Während durch das Internet Körperlichkeit und Materialität vor allem durch Formen ihrer Extreme evoziert wurde, die zwischen den Polen von pornografischer Darstellung, Bestialität, Gewalt und Tod einerseits und idealisierter Putzigkeit, kitschiger Natur, Natürlichkeit und Heimeligkeit andererseits oszillierte, öffneten dagegen die Performer durch eine Narration, die singuläres und kulturelles Gedächtnis interpellierte, einen den Cyberraum perspektivierenden theatralen Raum. Die improvisierten Erzählungen zeigten einen singulären Blick und ein singuläres Gehör, das die von Paul Virilio prognostizierte Formatierung des Blicks durch die neuen Medien (vgl. Virilio 1988)[2] auf lustvolle Weise widerlegte: Im Duell von digitaler Sehmaschine und menschlicher Erzählmaschine trugen Blick und Gehör mit Hilfe einer auf singuläres und kulturelles Gedächtnis öffnenden Sprache den Sieg davon; und dies obwohl das *setting* der elektronischen Maschine die Macht zur Steuerung des Erzählflusses gab; durch das Einspeisen von mit den Namen der vier Avatare versehenem Bild- und Tonmaterial rief sie zwar den Einsatz der Sprecher auf, doch der Rhythmus der Maschine traf auf den Atem-Rhythmus der Erzähler; ein Performance-Rhythmus resultierte aus der kontrapunktischen Interaktion von Maschine und menschlichem Atem.

Dieses *agon* zwischen digital codiertem gesellschaftlichen Imaginären und sprachlich *live* produziertem singulärem Imaginären, produzierte eine Spannung, die sich, ähnlich der eines sportlichen Wettkampfes, auf die Performanz der körperlich anwesenden Kämpfer/innen bezog: Mit welchen sprachlichen Bildern, mit welchen Erzählungen wird er/sie auf das projizierte Bild oder den übertragenden Sound reagieren? Welches Element des Materials wird Ausgangspunkt,

---

2 Zur Kritik von Virilio vgl. Tholen 2002: 101-110.

Aufhänger des neuen Assoziationsflusses werden? Wie wird er/sie die Provokation von Bildern oder Tönen parieren, deren ausgestellte Intention Lähmung des Rezipienten durch Faszination ist? Wie beim sportlichen Wettkampf, entzündete sich also das Interesse an einer psycho-somatischen Performanz, in deren Zentrum das Aufscheinen des Leibes stand. Jedoch ging es nicht wie beim Wettkampfsport um die Überwindung des physischen Körpers (vgl. Seel 1996: 188-200), sondern um die Transfiguration digital codierter imaginärer Körperbilder durch Sprache und das Aufscheinen von Sprachkörpern des Imaginären.

Eine ironische und auch komische Wirkung resultierte aus dem Kontrast von digitalen Bildern und Echtzeit-Erzählung: einerseits Bilder, die in ihrer physisch-klinischen oder biologischen Konkretheit oder in ihrem konventionalisierten Kitsch den Blick des Betrachters in seinem Begehren zu fixieren suchten, und Erzählungen andererseits, welche diese Bilder in unerhörte Kontexte rückten und damit die intendierte Faszination parierten. Die Lähmung des Blicks durch die Bilder blieb aus, weil keines den begehrenden Blick einzufangen wusste bzw. dieser Blick von den Performern selbst wieder thematisiert wurde: Denn die *live*-Performer verweigerten gerade jenen Aspekt des Bildes, den Roland Barthes im Zusammenhang mit der Fotografie als *studium* bezeichnet hatte.[3] *Studium* ist der Schock, Überraschung auslösende Aspekt der Bildkomposition, es verweist auf die Intention des Bildproduzenten bzw. auf den, der dieses Bild zur Charakterisierung eines fiktiven Selbst in einer Kommunikationssituation einsetzt. *Studium* ist die nach konventionellen Regeln erfolgte semantische Codierung des Bildes, sein kulturelles Wissen voraussetzender Realitätsverweis, in diesem Kontext vor allem bezogen auf eine extreme Körperlichkeit, eine ideale »Natürlichkeit« oder auf kulturell als makaber, gewaltsam oder widersprüchlich codierte Situationen. Die narrativen Antworten der *live*-Performer entwickelten dagegen ein Kaleidoskop von subjektiven *puncti*, von ihren Blick affektiv ansprechenden Details, die als Ausgangspunkte sprachlicher Assoziationen singuläre imaginäre surreale Räume öffneten. Ein Raum des Gedächtnisses zeichnete so narrativ ein *hors champ*, ausgelöst durch ein vom jeweiligen Begehren affektiv fixiertes Detail.

---

3 Vgl. Barthes 1988. S. 47ff. Für Barthes gibt es zwei Ebenen des Bildes, denen zwei Formen der Wahrnehmung entsprechen. Das *studium* ist die Ebene der kulturellen Kodierung, die ein Wissensfeld auf- und anruft und auf die Intention des Bildproduzenten verweist. Das *punctum* hingegen ist Resultat eines singulären Blicks, ein Detail, welches das Begehren affektiv anspricht und den Blick außerhalb des Rahmens zieht, um ein *hors champ* zu öffnen, in das singuläres Gedächtnis sich einschreiben kann.

Die Performance konfrontierte also mit Cyberraum und konkretem Theaterraum zwei Räume; dem von Totenkörpermasken bevölkerten virtuellen Raum immobiler Körperstatuen stellten sie einen von Sprachmasken gezeichneten Raum lebendiger Stimmkörper gegenüber. Der Cyberraum wurde absorbiert und in einen Sprachraum integriert, der seine Bewohner multiplizierte und vervielfältigte, den zwanghaften Anspruch der Cyber-Toten dem Lachen und Lächeln der lebendigen Sprachkörper preisgab.

Damit wurde ein besonderes Licht auf die Theatralität des Internet wie auch auf die Theatralität der Bühne geworfen: Beide werden oft analog gesehen, da ihnen das Maskenspiel gemeinsam ist. Doch die Maske reicht nicht aus, um Körperlichkeit plausibel zu machen. Denn Theatralität reduziert sich nicht auf die Maske, sie ist gerade im Theater Ergebnis eines inszenierten und ausgestellten Verhältnisses von Maske und Maskenträger.[4] Auch der zur Kennzeichnung des Datenkörpers (Leeker 2001: 265-287) oft zitierte Rekurs Gilles Deleuzes und Felix Guattaris auf Artauds *corps sans organes*[5] erweist sich für die Annahme einer »Netztheatralität« dank Cyberkörper als problematisch: Der organlose Körper bei Deleuze/Guattari ist ein »Körper ohne Bild«, Modell sind die Glossolalien Artauds; bei Artaud selbst hingegen ist der *corps sans organes* Ergebnis eines Sprachprozesses, der den Bezug zur Sprache zwischen den Polen semiotischer Körperlautartikulation und symbolischer Thesis dramatisiert. In den digitalen Medien hingegen wird die mit »Maske« und »Körper ohne Organe« implizit indizierte Theatralität, welche eine Dialektik von An- und Abwesenheit bzw. ihre Darstellbarkeit durch analoge Sprachen voraussetzt, jedoch gerade durch die Struktur des digitalen Codes verunmöglicht. Ein Blick auf die Repräsentationsstruktur analoger und digitaler Medien und ihres Verhältnisses zum Imaginären soll diese Differenz erläutern.

---

4 Vgl. zu diesem Aspekt den Beitrag von Heitjohann und Popp in diesem Band.
5 Gilles Deleuze und Felix Guattari übernehmen diesen Begriff von Antonin Artaud, der am Ende seines Schaffens die Utopie eines durch poetische Sprache und Stimme in einen subjektiven Raum projizierten Sprachkörpers in seinen mit Glossolalien punktierten Texten entwirft (vgl. Finter 1990); doch die Autoren invertieren Artauds Konzeption insofern, als sie die Utopie eines organlosen Körpers außerhalb der Sprache annehmen und ihn nicht wie Artaud als Ergebnis einer Dialektik von symbolischen und semiotischen Sprachprozessen verstehen. Für die Autoren ist der organlose Körper ein »Körper ohne Bild«, Anti-Produktion, Antipol der begehrenden Maschinen, der *machines désirantes*, (vgl. Deleuze/Guattari 1972: 13-22).

2. Das Verschwinden des Körpers im digitalen Code – und seine Rückkehr im Realen

Die Medien sprechen das Imaginäre an, insofern sie als Mittel der Repräsentation Botschaften transportieren und selbst Botschaften sein können. Analoge Medien tragen noch den Eindruck ihres Gegenstandes, als Index wahren sie Spuren einer Präsenz, Spuren von Körperlichkeit, von Materialität. Ihre Theatralität emphatisierte diese Spuren, indem sie diese als das ausstellt, was den Code der Repräsentation übersteigt, ihn sprengt, das Dargestellte in einer Dialektik von An- und Abwesenheit ambiguisiert. So konnte das analoge Foto als Realitätsbeweis gelesen werden (Roland Barthes), die analoge Tonaufnahme als Rückkehr von Verstorbenen aus dem Reich der Toten dank des Klangkörperbilds ihrer Stimme.

Zugleich evozieren analoge Medien auch den Körper ihrer »Benutzer«: In Texte schreiben sich Stimme und Stimmen des Sprechenden und Schreibenden ein.[6] Die Fotografie ist Ergebnis eines fotografischen Aktes (Dubois 1990), der mit dem nicht repräsentierbaren Blick der Apparatur den Blick des Fotografen involviert.

Analoge Medien sprechen mit der Übermittlung der Botschaft, der Information, immer auch die Sinne an, öffnen Auge und Ohr auf das Imaginäre, indem sie an die Kraft des Ähnlichen appellieren. Similarität ist gerade der Modus analoger Medien, die auf der Ähnlichkeit von darzustellendem Objekt und dem Modus der Darstellung basieren, dank des Eindrucks, den die Materie auf einem Träger lässt – Papier, Filmrolle oder -spule, Vinylplatte, Tonband – die proportional die grafischen, sonoren und sichtbaren Charakteristika des Gegenstands in kontinuierlicher Permanenz reproduzieren, um die Realität mit variabler Treue wiederzugeben.

So waren seit den Anfängen Medien Instrumente des Imaginären, Instrumente der Erforschung des imaginären Raumes: Im Zentrum stand das, was das Imaginäre strukturiert:[7] Das unerreichbare Bild eines ungeteilten Ideal-Ichs und seine Inversion – der zerstückelte Körper –, die Selbstinszenierung und die Projektion des Fremden, die Grenzen dieses Ichs und sein Horizont – der Andere, der Tod. Die Vorläufer des Fotos, z.B. Filippo Brunelleschis *camera oscura*-Experiment mit der Perspektive zwischen Baptisterium und Dom zu Florenz

---

6 Zum Beispiel untersucht von Ivan Fonagý und Julia Kristeva.
7 Zur Struktur des Imaginären, als dessen Matrix in der Psychogenese die Spiegelphase angenommen wird vgl. Lacan 1966 : 93-100/101-124

stellte so das Phantasma des ungeteilten Körpers in einer Versuchsanordnung ins Zentrum, welche anstelle des blinden leeren Flecks des Fluchtpunktes, im Spiegel das Auge des Betrachters reflektierte (vgl. Manetti 1976: 55ff). Die ersten Filme zum Beispiel, inszenierten den Tod – Thomas Edisons *Execution of Mary Queen of Scots* (1895) –, den Machtverlust über den Körper – *L'arroseur arrosé* (1895) der Gebrüder Lumière – oder in zahlreichen Filmen von Méliés die Zerstückelung dieses Körpers, seine Unsterblichkeit, seine (erotische) Allmacht.

Selbstinszenierung und Exploration der physischen Grenzen sind auch von Anfang an Gegenstand der digitalen Medien, doch unter neuen Bedingungen: Befreit vom Kontext und dem Kontakt mit dem Objekt – keine Licht- oder Tonwellen garantieren mehr die Verbindung zu irgendeinem Körper, zu irgendeiner Materialität –, scheint das digitale Medium zugleich die Fesseln des Imaginären abgeworfen zu haben: Sein Raum wird nun unendlich und offen für Allmachtsfantasien, in denen der von der numerischen Sprache ausgeschlossene und verworfene Körper und seine Begrenzungen, seine Verletzlichkeit und Sterblichkeit, zum vor allem das Netz heimsuchenden Phantom wird.

Haben noch die Vorläufer des Netzes wie der *Minitel* im Frankreich der achtziger Jahre als *Minitel rose* das Medium als Partnerbörse und Kontaktagentur genutzt, haben die ersten Videokünstler wie Vito Acconci und Jochen Gerz ihn zur Exploration der Grenzen des eigenen physischen Körpers eingesetzt, so wird heute auch die reale Verletzlichkeit und der reale Tod massenhaft zum durch digitale Aufzeichnung irrealisierten und abrufbaren Gegenstand.

Die intimsten Seiten des Körpers, von seiner Konzeption bis zu seinem Tod, seine Sexualität in den extremsten Formen, seine Verletzlichkeit und seine Sterblichkeit suchen das Netz heim. Doch die Rückkehr des vom Medium verdrängten Körpers erfolgt nicht in die Sprache des Mediums selbst wie in den analogen Medien. Die Verwerfung des Körpers durch den digitalen Code scheint seine Rückkehr im Realen zu bedingen und machen das Netz zum numerischen Speicher von Monstrositäten, die einerseits vom Ausschluss des Körpers und der Sterblichkeit durch das Medium sprechen, andererseits diesem Körper gerade durch den ausgestellten Angriff auf seine Grenzen eine psychotische Szene geben.

Digitale Medien scheinen um so mehr Instrumente der Selbstaufzeichnung und des Todes zu werden, als der Modus der Aufzeichnung den Status der Repräsentation subvertiert: Die Wahrscheinlichkeit der Darstellung ist nicht mehr Ergebnis einer Ähnlichkeit mit dem Gegenstand, welche auf einer deiktischen Verbindung basiert. Die Trennung von digitalem Code und Darstellung macht diese vorgängig, um sie durch einen binären Code von 0 bis 1 zu transcodieren. Die Logik extremer Körperlichkeit und Gewalt ist hier anzusiedeln: Insofern das Medium eine Körperlichkeit nicht mehr analog herstellen kann, muss diese Körperlichkeit in einer Steigerung von extremen Szenen verwahrscheinlicht werden.

Der einzige Körperkontakt, der verbleibt, ist der Tastendruck auf das Keyboard, der zum magischen Knopfdruck wird.[8] War ein solcher Druck auf den Auslöser schon mit Etienne Jules Mareys Fotogewehr (Frizot 1998: 242-257) analog zum Tötungsakt konzipiert – das Foto hält einen Moment des Lebens fest, indem durch angehaltene Zeit metaphorisch der Tod des Objekts produziert wird –, so erfolgen jetzt reale Aggression, Verletzung oder Tötung des zu repräsentierenden Objekts um sie zugleich digital aufzuzeichnen. Der dem digitalen Medium abwesende Körper kehrt im *corpus delicti* der Videoaufzeichnung wieder. Diese Simultaneität soll die unüberwindbare Differenz von Medium und Akt verwahrscheinlichen. Der magische Tastendruck des digitalen Instruments irrealisiert im Gefolge die vorausgehende Aggressionsgeste

Verloren geht mit den digitalen Medien die dem analogen Medium eigene theatrale Dialektik von An- und Abwesenheit. Die digitalen Medien drängen nach Körperlichkeit, doch der Körper bleibt außen vor. Der magische Druck auf die Taste simuliert einen realen Bezug zum visuellen oder sonoren Bild, welches den Körper des Rezipienten durch Schock und Überraschung traumatisch affizieren muss, da es ihn nicht durch die Materialität der analogen Körperspur des Objekts affektiv ansprechen vermag.

Allein die Körperlichkeit, die sich in die Sprache über den Klang, kodifizierte Formen des Melos und poetische Bilder einschreibt, ermöglicht, das Andere des digitalen Mediums und seiner Sprache sagbar zu machen. Für die Computerbenutzer am Bildschirm bleibt dieser Bezug noch imaginär determiniert, auch wenn er dem Wort seine innere Stimme, sein inneres Ohr und Auge leiht.

Erst im konkreten Bühnenraum wird diese Körperlichkeit durch die konkreten Stimmen der Performer, ihr singuläres Melos und Timbre in der narrativen Dramatisierung des Bezugs zu den aus dem Internet eingespeisten digitalen Bildern und Sounds zu einer theatralen Situation, in der die Dialektik von An- und Abwesenheit ins Zentrum rückt, sich als Verknüpfung von Imaginärem und Symbolischem mit dem Realen erprobt.

---

8 Vgl. insbesondere hierzu die Konzeptualisierung des »Mausklick« bei Moritz in diesem Band.

3. Theater als Gedächtnisort des Sprachkörpers

Der alte kunsthistorische Hörsaal, der architektonisch an der rechten Vorderseite noch den Treppenaufgang zum Rednerpult bewahrt hat, wurde so zugleich mit *Redirected: #2 Away From Keyboard* zu einem Gedächtnisort: Die Struktur des akademischen Genres der kunsthistorischen Vorlesung, bei der projizierte Bilder kommentiert werden, wurde hier zum Ausgangspunkt für die Auseinandersetzung mit den neuen Medien und ihrem Imaginären. Schon Laurie Anderson hatte Anfang der achtziger Jahre in einem Publikumsgespräch die Entstehung der Form ihrer – damals noch mit Stimme, *Tape Bow Violin*, Diaprojektor, Video und Keyboard arbeitenden – multimedialen Performances wie *United States I-IV* (1980-84) auf diese Vorlesungsform zurückgeführt. Mit *Redirected #2* zeigen Jens Heitjohann, Bodo Jentzsch und Steffen Popp heute, wie die Delokalisierung einer Interaktion von Internet und Theater in einen akademischen Ort und das Anlehnen an das Genre kunsthistorischer Vorlesung das Andere des digitalen Bildes, den singulären Körper und sein Begehren zur Sprache zu bringen vermag. Zugleich dekonstruiert ihre Performance zudem durch die Verteilung des Bildkommentars auf vier Avatarrollen mit singulären narrativen *live*-Stimmen auch dieses akademische Genre.

Das während der Performance beleuchtete verwaiste Rednerpult wird hier doppelt signifikant. Der Platz des Diskurses des Wissens bleibt leer, weil auf den Anspruch der Medien, den Körper zu affizieren und zu formatieren, nur eine singuläre Sprache des Begehrens adäquat zu antworten vermag. Denn dieser leere Platz markiert die Virtualität und die Nichtrepräsentierbarkeit jener Instanz, die das projizierte digitale Imaginäre motiviert – der digitale Code – und unterstreicht zugleich die Absenz jenes Signifikanten, der für den Signifikanten stehen könnte, der als Signifikant des Begehrens die Einschreibung des Körpers in Sprache ermöglicht und auf singuläre imaginäre Räume öffnet: das sprachliche Gesetz, das den Menschen als Sprachwesen von allen anderen Lebewesen unterscheidet, seinen singulären Bezug zum Körper als imaginär determiniert, ihn zu einem Subjekt des Unbewussten macht.

Die Alten hatten diesem Signifikanten des Ursprungs der Sprache den Namen Gott gegeben. Die Cyber-Kultur hingegen belegt mit den Epitheta des Göttlichen ihre technologischen Errungenschaften: Ubiquität, Instantaneität, Allgegenwart und die Omnivoyanz versprechen eine Kommunikation, die als Kommunion von gloriosen Körpern (vgl. Virilio 1991: 122-124) das Phantasma des Dante'schen

Paradieses auf Erden realisieren will. Doch die Kehrseite des Paradieses bleibt die Hölle. Der begehrende Körper ist nicht auszutreiben, solange Menschen sprechende Wesen sind. Das Theater dramatisiert ihn, gibt die Allmachtphantasien dem Lachen preis. Wie Alfred Jarrys *Ubu roi*, der Typus des modernen Strebens nach *ubiquitas*. Die narrative Dramatisierung phantasmatischer Cyberkörper durch die Performance *#2 Away From Keyboard* hat so nicht nur die Körper generierende Funktion der Sprache ins Zentrum gerückt, sondern auch den fasziniert frommen Blick auf die neuen Medien mit ihrem Lachen für einen langen Augenblick pulverisiert.

Literatur

Barthes, Roland (1988): *La chambre claire. Note sur la photographie*. Paris.
Borelli, Maria und Savarese, Nicola (2004): *Te@tri nella rete. Arte e tecniche dello spettacolo nell'era dei nuovi media*. Rom.
Deleuze, Gilles und Guattari, Felix (1972): *Capitalisme et schizophrénie: L'Anti-Œdipe*. Paris. S. 13-22.
Dubois, Philippe (1990): *L'acte photographique et autres essais*. Paris.
Duguet, Anne-Marie (2002): *Déjouer l'image. Créations électroniques et numériques*, Nîmes.
Finter, Helga (1990): *Der subjektive Raum*, Bd. II. Tübingen.
Frizot, Michel (1998): Geschwindigkeit in der Fotografie. Bewegung und Dauer. In: Michel, Frizot (Hg.), *Geschichte der Fotografie* [1994]. Köln, S. 242-257.
Lacan, Jacques (1966): *Ecrits*. Paris.
Leeker, Martina (2001): Theater, Performance und technische Interaktion. Subjekte der Fremdheit. Im Spannungsgefüge von Datenkörper und Physis. In: Gendolla, Peter et altri (Hg.), *Formen interaktiver Medienkunst*. Frankfurt a.M., S. 265-287
Manetti, Antonio (1976): *Vita di Brunelleschi. Edizione critica di Domenico de Robertis*. Florenz.
Seel, Martin (1996): Die Zelebration des Unvermögens. Aspekte einer Ästhetik des Sports. In: Ders.: *Ethisch-ästhetische Studien*. Frankfurt a.M., S. 188-200.
Tholen, Georg Christoph (2002): *Die Zäsur der Medien. Kulturphilosophische Konturen*. Frankfurt a.M.
Virilio, Paul (1988): *La machine de vision*. Paris.
Virilio, Paul (1991): Du corps profane au corps profané. In : *Nouvelles Technologies. Un art sans modèle ? Art press spécial*. Hors série 12, S. 122-124.

Redirecting the Net – Theatrale Streifzüge zwischen Biotechnologie und Semiotik

Jens Heitjohann, Steffen Popp

Versuche, Theater im Internet stattfinden zu lassen, hat es schon viele gegeben. Die meisten kranken an den gleichen Symptomen wie ein großer Teil der Netzkunst: Das Versprechen der neuen, offeneren Strukturen löst sich im Produkt nicht unbedingt ästhetisch befriedigend ein. Warum das so ist, scheint nicht restlos geklärt, denn die Diskussion über die Theatralität digitaler Prozesse (vgl. Horbelt 2001, Laurel 1993, Matussek 2000, Sandbothe 1998) ist noch immer das Feld einiger weniger Spezialisten – speziell von New Media Designern und Programmierern –, jedoch nur sehr verhalten Gegenstand allgemein kulturkritischer Arbeiten.

Eher verhalten geben sich auch die praktischen Versuche in die andere Richtung: das Netz als Zeichenträger für das Theater fruchtbar zu machen; oder auch nur die inhaltliche bzw. strukturelle Auseinandersetzung mit dem neuen Medium. Der Frage, wie man Netzstrukturen so auf eine Theatersituation projiziert, dass ihr interaktives Element aufgewertet würde – zur *Hyperfiction*[1], die mit realen Körpern und Ereignissen operiert – wurde bisher nur selten nachgegangen.

In den nachfolgenden Abschnitten soll eine Auswahl der Phänomene benannt werden, die uns in der Auseinandersetzung mit dem Cyberspace, seinen Rückwirkungen auf den realen Raum und auf das an ihm partizipierende Subjekt ver-

---

1 Fiktionale (meist erzählende) Texte, welche in Hypertext geschrieben sind und vorwiegend als Online-Lektüre am Bildschirm zur Verfügung stehen. Mittels Hypertext-Verknüpfungen sind diese Texte nicht mehr linear und können deshalb inhaltlich wie formal auf viele Arten gelesen werden. Üblicherweise verschwindet so die scharfe Trennung von Autor und Leser. Da eine Theateraufführung semiotisch als *performance text* gelesen werden kann, ist der Begriff meines Erachtens auch auf dramatische/theatrale Darbietungen anwendbar. Zur Begriffsdefinition siehe z.B. *www.a-blast.de/blast/hyperfiction.html*. Unter *www.hyperfiction.ch*, und www.cyberfiction. ch/beluga/hypfic.htm findet man kommentierte Listen. Berühmte deutsche Vertreter sind z.B: *www.berlinerzimmer.de* oder *www.netlit.de/start*.

anlassten, diesen Phänomenen in einer offenen »Versuchsreihe« – *redirected*[2] – nachzugehen.

Der Cyberspace offenbart sich zuallererst als »widernatürlicher« Raum, der als Rahmen für soziale Interaktion dient. Diesen Raum gilt es in seinen Potenzen auszuloten, um Pfade und Aktionspotenziale des Subjekts in ihm erkennen zu können. Den Cyberspace, als vernetztes digitales Areal, verstehen wir zunächst als unbekannten Ort sozialer Interaktion, an dem bestimmte Strategien und Mechanismen angewandt werden, die in diesem spezifischen Medium besonders effektiv und komfortabel einzusetzen sind. Die zentrale Frage für uns ist, ob es sich beim Cyberspace lediglich um eine neue Bühne für das dekonstruierte und dezentralisierte Subjekt handelt, welches in seiner Integrität unangetastet bleibt, oder ob der Cyberspace in der Lage ist, das Subjekt und damit Gesellschaften substanziell zu gefährden oder zu erweitern. Welche Konsequenzen ergeben sich für soziale Interaktionen, innerhalb wie außerhalb des Cyberspace, welche Art von Subjekt nimmt an ihnen teil, in welcher Umgebung finden sie statt? Diese Fragen sind Ausgangspunkt für die Projektreihe, deren mögliche Antworten zudem in theatralen Kontexten auf die Probe gestellt werden sollen.

Im Anschluss an die Darlegung zugrunde liegender Fragestellungen wird eine kurze Beschreibung bisher durchgeführter Teile des Projekts *redirected* die Konsequenzen für eine künstlerische Verarbeitung erläutern, um schließlich im letzten Kapitel einen Ausblick auf denkbare Fortsetzungen zu geben.

1. Der soziale Raum des Cyberspace als theatrale Spielwiese

Vor einer Untersuchung der Transformationen der Subjekt-Konstitution muss die durch das Eindringen des *Cyberspace* veränderte Raum-Zeit-Wahrnehmung analysiert werden. Wie verändert der *Cyberspace* das Verständnis von Raum an sich, von öffentlichem und privatem Raum, dessen Einordnung und Abgrenzung? Wie unterläuft oder erweitert er damit die menschliche Sensorik? Wie ko-

---

2 Siehe *www.redirected-series.net*. Das Projekt begann im Herbst 2003 in zwei Phasen, am Künstlerhaus Mousonturm in Frankfurt und am Zentrum für Medien und Interaktivität der Justus-Liebig-Universität Gießen während der Konferenz »Grenzen der Interaktivität« (13. bis 15. November 2003). *redirected* versuchte anhand des Erschaffungsprozesses vier virtueller Charaktere Theater und Internet zu verbinden, eine nähere Beschreibung der einzelnen Projektphasen erfolgt im weiteren Textverlauf. Siehe außerdem den Beitrag von Helga Finter in diesem Band.

diert er Bewegungen um und welchen Ort weist er dem Subjekt – dem realen, wie dem virtuellen – zu? Die Fragen zielen auf die Entstehung des Raum- und Zeitbegriffs, um die Bedingungen des Raums, die Entwicklung eines Subjekts sowie dessen möglicher sozialer Interaktion unter veränderten Bedingungen wahrnehmen und anwenden zu können.

Entgegen der Diagnose vom Verschwinden des Raums (vgl. Weibel 1987: 88ff) und somit des Subjekts als eines Zeichenträgers und Zeichensenders als eine Folge aus dem »Zusammenziehen« der Zeit gehen wir von einer eher offenen Raumvorstellung aus, in der sich der Charakter des Raumes durch die Ansiedlung von Orten manifestiert und erweitert (vgl. Tholen 2002: 111ff/123). Entsprechend analysieren wir den Cyberspace zunächst als Bühne: ein Raum potenzieller Zeichenverdichtung[3] und -verschiebung, ein phantasmatisches Areal, in dem, wie im Theater ein plurimedialer, polyfunktionaler und polysemantischer Zeichengebrauch möglich ist (bei dem jedes Zeichen selbst wieder für ein anderes eintreten kann). Die klassische Grenze zum »Publikum«, die Rampe, wird hier gebildet durch das jeweilige *Interface*.[4]

Der Cyberspace ordnet die Zeichen in einem zeitlosen Tableau, in dem das repräsentierte Subjekt seine Historizität und damit sein Sein verliert (vgl. Becker 2000). Repräsentiert wird im Netz aber ein körperliches Subjekt, dessen Körper sich nicht an demselben Ort wie dessen Repräsentation befindet, sondern an einem anderen.[5] Der Körper erschöpft sich in seinem Zeichen, und ist dementsprechend auch nicht an sich selbst gebunden; er befindet sich an einem für den Rezipienten nicht identifizierbaren Ort und ist in der Lage, Zeichen auszusenden, wird aber nicht als der Ursprung des Zeichens identifiziert. Das repräsentierende Zeichen erscheint also zunächst ohne Ursprung, gewissermaßen dem Phantasmatischen entspringend – das Subjekt im Cyberspace ist stets ein maskiertes.

---

3 Siehe Roland Barthes' Definition: »Was ist die Theatralität? Das Theater unter Abzug des Textes, eine gewisse Dichte der Zeichen und Empfindungen [...], diese Art ökumenische Wahrnehmung der Artefakte, die sich an die Sinne wenden, der Gesten, Töne, Distanzen, Substanzen, Lichter, dieses Untergehen des Textes in der Fülle seiner nonverbalen Sprache.« (Barthes 2001: 266).

4 Vgl. zum Begriff des *Interface* als Grenze zwischen »Benutzer« und »Medium« auch die Beiträge von Marotzki und Bucher in diesem Band.

5 Vgl. zu Rolle und Begriff des Körpers die Beiträge von Mertens sowie besonders Moritz in diesem Band.

Dank der Rollen, *Nicknames* und Avatare, die der Netzbesucher vorschieben kann[6], und der Möglichkeit, dem Körper ins Spiel der mentalen Prozesse zu entfliehen, bildet der *Cyberspace* eine Art »Wunschmaschinen-Raum«, in dem in der Realität nicht vollzogene Träume und Visionen ausagiert und erprobt werden können. Das Begehren löst sich von seinen körperlichen Fesseln, es wird autonom.

Guy Debord hat das System unserer modernen Gesellschaft des Spektakels beschrieben, das jeden Ausbruchsversuch aus dem Spiel von Angebot und Nachfrage, Ware und Kaufreizstimulierung in sich absorbieren kann, um es als Ereignis wieder verkaufsfähig zu machen (vgl. Debord 1996). Adornos Analyse der Kulturindustrie und Foucaults Diskurstheorie beurteilen die Veränderungsmöglichkeiten herrschender Diskurse ähnlich pessimistisch. Scheint sich nun jedoch mit dem Internet ein Flucht-Raum aufzutun, in dem das vom Poststrukturalismus schon fragmentierte Subjekt endgültig vom Materialismus befreit wird, um als Kompensation dafür in das Spiel mit den Identitäten eintauchen zu dürfen? In *Chatrooms*, Foren und E-Mail-*Communities*[7] ist dieses Spiel längst zum alltäglichen Lustfaktor der sozialen Interaktion geworden. Die durch die Digitalisierung hervorgebrachten Möglichkeiten der (Ver-)Knüpfung informationeller oder sozialer Beziehungen in Glasfaser-Geschwindigkeit stellen eine zunehmende Bedrohung des Kapitalismus dar. Kostenlose Wissens-Enzyklopädien, virtuelle Tauschbörsen und Online-Marktplätze[8], die dem Prinzip der Geschenk-Ökonomie folgen, unterlaufen den Warenfetisch und den ökonomischen Automatismus, der das Begehren des Subjekts als reinen Konsumfaktor steuert.

Dabei sind die meisten Gegenstände des freien und kostenlosen Handels im Netz selbst Simulakren. Und für den Maskierten bleibt das Paradoxon dessen, der in den Raum der Potenzialitäten flieht und dabei doch an seinen Körper gefesselt bleibt – woran er spätestens erinnert wird, wenn er die Maschine bedienen muss. Der *Cyberspace* bleibt eine Endo-Welt[9] der Simulation.

---

6 Etwa in Online-Rollenspielen, Chatsystemen, Foren, Boards, *MUDs* oder *MOOs*. Zu den Begrifflichkeiten siehe auch die entsprechenden Abschnitte im Beitrag von Marotzki in diesem Band.

7 Beispiele hierfür liefern etwa *www.chatcity.de*, *www.neu.de*, *chat.lycos.de/logbook/premium/package_cabin.asp*, *www.chip.de/community*, *www.matrix-forum.de*.

8 Vgl. etwa die entsprechenden Angebote von *www.wikipedia.org*, *www.free-culture.cc*, *www.p2p.ag*, *www.kefk.net/P2P/Website/Language/index_de.asp*

9 Interfaces sind subjektive innere Welten (Endo-Spheres), die uns die Interaktion mit anderen inneren Sphären ermöglichen. Dabei kommt es immer auf die jeweilige Teilnehmerperspektive an, ob man sich innerhalb (Endo) oder außerhalb (Exo) eines Interfaces befindet, z.B. einer Or-

Zwar lassen sich die gemachten Erfahrungen gewissermaßen als Blaupausen für Aktionen im realen Raum zunutze machen, aber die Grenze zwischen beiden Bereichen bleibt stets geschieden, die Möglichkeit wird nie zur Notwendigkeit.

2. Entmaterialisierte Subjekte

Das Paradoxon des vernetzen Subjekts konzentriert sich in der Frage nach dem materiellen Körper und seinem möglichen Verschwinden. Wie reagiert der Körper darauf, dass sich im Netz ein virtuelles Doppel ausbildet? Wie korrespondieren diese beiden Körper miteinander? Wie reagiert der Geist auf die Tatsache, dass er durch einen virtuellen Körper repräsentiert wird?

Durch die Entkopplung der Repräsentation von ihrem Ursprung stellt sich die Frage nach der Bedeutung und der Funktion des materiellen Körpers, nach den Rückwirkungen, die diese projizierte Entkörperung mit sich bringt. Wie reagiert das Subjekt auf dieses Phänomen, was setzt es dieser Erfahrung im realen Raum entgegen? Handelt es sich hierbei um den Vollzug der kartesischen Diagnose der Trennung von Körper und Geist? Wie korrespondieren diese beiden Körper, der materielle und der im Cyberspace in Textzeichen repräsentierte miteinander?

Bei Aktionen im Netz ist das Subjekt zunächst von seinen materiellen Konstituenten gelöst. Jedoch ist der Körper nicht ausgelöscht, da das im Cyberspace repräsentierte Selbst rein physiologisch an ihn gebunden ist. Wenn man von einer pointierten Körperwahrnehmung des Subjekts ausgeht, kann man Aktivität im Cyberspace als Möglichkeit betrachten, sich von seinem Körper zu lösen, wie es in minderem Maße auch die Lektüre eines Buches ermöglicht. Es kommt jedoch im Zuge dessen zu einer Verstärkung der Empfindung der Defizität des eigenen Körpers. Die Entfernung vom eigenen Körper im Übergang in ein projiziertes virtuelles Ideal erzeugt einen Phantomschmerz in Bezug auf den eigenen

---

ganisation. Beispielsweise nimmt der Mitarbeiter einer Firma eine Endo-Perspektive ein, während ein Berater, der diese Firma analysiert, aus einer Exo-Perspektive an die Firma herantritt. Jahrelang haben die Europäer neidvoll auf das amerikanische Silicon Valley geschaut, als Paradebeispiel für eine Industrieansiedlung, die Spitzenprodukte im HighTech-Sektor hervorbringt. Endo-Valleys bezeichnen den Aufbau von virtuellen Industrienetzwerken, ein Phasenübergang in der Weltwirtschaft, der ähnlich Tragweite besitzt wie die Einführung des ersten Personal Computers Ende der siebziger Jahre. Der Übergang vom Silicon Valley zu Endo-Valleys in Form von Business-Interfaces ist mittlerweile der entscheidende Faktor für das Wachstum zukünftiger Giganten des E-Business (zitiert nach *www.wissensnavigator.com*).

Körper, der ihn in seiner materiellen Existenz inkompatibel zum projizierenden und projizierten Selbst erscheinen lässt. Dieser Schmerz steigert das Begehren auf zweierlei Weise: zum einen in Bezug auf die virtuelle Repräsentation ebenso wie in Bezug auf den materiellen Körper. Es entsteht die Frage nach der Veränderung der Bedingungen von Identitätskonstruktionen im Cyberspace ebenso wie in der realen Welt; nach den Bedingungen, denen beide unterliegen, ebenso wie nach der reziproken Wirkung dieser Phänomene aufeinander (vgl. Žižek 1999a: 81-148, Žižek 1999b). Zum zweiten stellt sich die Frage nach dem Verhältnis, welches das Subjekt als sozialer Akteur zu diesen Phänomenen aufbaut, wie und ob es sich diese Phänomene zueigen macht, welchen Nutzen es daraus zieht, welche Strategien es verfolgt und wie es diese Strukturen unterläuft. Es stellt sich also die Frage nach einer »Aktionsenergie« und deren Charakter, die von der Auseinandersetzung mit dem Cyberspace ausgeht und entsprechend auf ihn einwirkt.

Die Identität einer Person unterliegt in der Repräsentation im Cyberspace nicht dem konsistenten Charakter des materiellen Körpers. Es ist möglich, die Repräsentation ein und desselben Körpers mit sich widersprechenden Konstituenten auszustatten. Ist in diesem Falle also noch die Wahrnehmung einer Identität, bzw. einer Person möglich oder kann man hier die Entwicklung einer neuen Spezies beobachten? Die Erfahrung verschiedener Versuche und Situationen soll Erkenntnis in der Frage bringen, ob die Wandlung der Konstituenten der Wahrnehmung ausreichen, um eine andere Spezies zu konstatieren oder lediglich eine Erweiterung von Erfahrungsmöglichkeiten vorliegt – im Rahmen des *redirected*-Projektes soll die »Erforschung« dieser Fragen zugleich dazu dienen, poetisch über und mit diesen Figuren zu handeln.

Ausgehend von dem aufgeworfenen Fragen stellte sich für ein künstlerisches Projekt nun die Frage, was passieren könnte, wenn man die in der »Endo-Welt« möglich gemachten Erfahrungen als konkretes körperliches Element an den realen Raum zurückkoppelte und somit die Gespaltenheit des entmaterialisierten Subjekts über die Integration von sich selbst regulierenden, vernetzten Prozessen in einer *Performance*-Situation sichtbar machte. Ließe sich dadurch etwas über das vernetzte Subjekt, über Alternativen zum herrschenden marktwirtschaftlichen Diskurs wie über die Chancen und Grenzen vernetzter Strukturen im soziopolitischen Umfeld herausfinden?

3. Das Projekt *redirected*

redirected steht programmatisch gleichsam als zitierender Netzbegriff für Server-Prozesse, die Informationen zurück an den Absender leiten, wie als Theater-Metapher für den Akt des immer neuen (sich selbst) Inszenierens. Konsequenterweise ergab sich die Konzeption der Serie als eine Reihe performativer Versuchsanordnungen oder Testreihen ohne den Anspruch, sich jeweils als ein finites Werk auszugeben oder ein solches aus der Summe der Einzelteile formen zu wollen. Die Serie will stattdessen Forschung *in actu*, sichtbar gemachter Proben-Prozess sein, ganz im Sinne der Netzwelt mit ihren kollektiven Autorschaften, nicht-linearen Erzähleinheiten und unabgeschlossenen Transformationen.

Analog zur Fragestellung nach den Raum- und Subjektkonstitutionsprozessen im Internet soll uns der Schöpfungsprozess von vier virtuellen Figuren (Avataren) als *McGuffin*[10] durch die Serie begleiten. Bisher dienen Avatare im Netz hauptsächlich zur Vereinfachung der Mensch-Computer-Kommunikation und führen den User als beratende Agenten oder virtuelle Stellvertreter durch die jeweilige Applikation. Was aber, wenn man sie ernst zu nehmen begänne und sie das Netz selber vertreten ließe? Unsere Avatare sollten also als Container oder Projektionsflächen fungieren, Daten-Verkörperungen typischer konsumorientierter Netzthemen. Sie sollten im Laufe der Serie zu Spezialisten der Bereiche Wissen (*feeding*), Therapie (*fleeing*), Gewalt (*fighting*) und Sex (*fucking*) werden.

Die erste Stufe zur Modellierung der Avatare bildete somit folgerichtig ein Forum, in dem von unserer Netz-Community über vier Wochen Material zu den vier Themen zusammengetragen und die von uns vordefinierten Namen *drDONGLE*, *Beast24w*, *AgentP* und *javajane* den jeweiligen am meisten assoziierten Bereichen zugeordnet wurde (in dieser Reihenfolge: Sex, Therapie, Gewalt, Wissen). Im weiteren Prozess sollten die Figuren immer stärker in die Realität gezwungen, die Physis konkreter ins Spiel gebracht und damit ein Übergang von

---

10 Ein Begriff, den Alfred Hitchcock erfunden hat. In seinen Filmen ist ein McGuffin entweder ein Gegenstand, eine Person oder etwas anderes, um die sich die ganze Handlung dreht, sie auch vorantreibt, aber an sich eigentlich eine eher unwichtige Rolle spielt. Beispiel: ein Mann gerät (meistens unfreiwilligerweise) in den Besitz einer Formel, hinter der mehrere Mächte her sind und er dadurch in ständiger Lebensgefahr schwebt. In dem Film erlebt er nun diverse Abenteuer um die Formel in Sicherheit zu bringen, aber wofür die Formel eigentlich gut ist, wird während des ganzen Films nicht erzählt. Es ist nämlich für die Handlung an sich auch völlig unwichtig, ob es sich um eine chemische Formel für eine Waffe handelt oder nur um ein Backrezept. Wichtig ist die Person und ihre Abenteuer, die Formel nur eben ein McGuffin (zitiert nach: *www.senseofview.de/specials.php?sid=2&lid=15*).

virtueller zu realer Performance geschaffen werden. Dadurch sollte die theatrale Struktur des Netzes gleichsam aufgedeckt wie die Differenz zur realen Theatralität aufgezeigt werden. Die Grenze nämlich bleibt stets die Präsenz realer Körper.

Den Start für die Testreihe bildete *#1: PING*, eine interaktive Installation am Künstlerhaus Mousonturm Frankfurt, die während des *plateaux*-Festivals im Herbst 2004 vier Tage lang zu begehen war.

PING versuchte, die digitale Sammlungsarbeit aus dem Forum weiter zu treiben und als kollektiv gesteuerten Kommunikations- und Ausstellungsprozess in den realen Raum einzuschreiben. Im Installations-Raum wurden vier vorproduzierte Filme gezeigt, der die Themenbereiche als Summe der Forumsbeiträge vorstellte. In den Raum waren vier Parzellen mit Computer-Arbeitsplätzen integriert, die mit je einem *Nickname* der Avatare in einem *Chatroom* im Internet gekoppelt waren. Die Besucher waren aufgerufen, die Parzellen zu betreten und in Kontakt mit den anderen Besuchern/*Chattern*/Figuren zu treten, um über die Themen zu diskutieren, sich eine Vorstellung von der zugehörigen Figur zu machen und diese im *Online-Chat* auszuagieren. Über eine Homepage als Schnittstelle hatten die Mitglieder der durch die Forums-Arbeit konstituierten Community die Möglichkeit, per Internet am *Chat* teilzunehmen. Ihnen kam die Aufgabe zu, mit Daten-Einsendungen (Bilder, Texte, Sounds) auf den *Chat* zu reagieren und an der Gestaltung der Räume teilzunehmen. Von einem Kontrollpult aus wurde das Geschehen überwacht sowie die auf einem *Web-Server* eingehenden Daten in Echtzeit »materialisiert« (ergo ausgedruckt oder auf CD gebrannt) und in den Parzellen arrangiert. Die Netz-Teilnehmer konnten das Anwachsen der Materialen in den Parzellen über bewegliche *Webcams* verfolgen.

Auf diese Weise sollte ein »Loop der Visionen« entstehen: das zu einem Zeitpunkt X ausgestellte Material in der Parzelle bei den Besuchern eine bestimme Vorstellung der virtuellen Figur auslösen, die sie anschließend im *Chat* als »Spieler« des Avatars umzusetzen versuchten, um damit bei den anderen *Chat*-Teilnehmern im Netz neue Assoziationen zu wecken, die zu weiteren Einsendungen führten, so dass das Ab-Bild der Figur immer konkreter würde.

So weit die theoretischen Überlegungen. In der Praxis hatten einige Faktoren den reibungslosen Ablauf beeinträchtigt: Eine generelle Publikumsflaute des Festivals, die unterschiedliche Medienkompetenz der vor Ort und per Internet teilnehmenden Besucher, Vermittlungsschwierigkeiten der komplexen Interaktionsschleife sowie die Eigenheiten der Chatkommunikation führten schließlich zu einer geringeren und diffuseren Ausbeute als erwartet. Das so entstandene Abbild der Netzbeliebigkeiten und -perversitäten zeigt zwar als Forschungsergebnis einmal mehr typische Schwächen vernetzter Kommunikation im allgemeinen und des Umgangs mit dem Internet auf, macht aber zugleich deutlich, das vernetzte Prozesse im Rahmen einer medialen Performance einer starken Lenkung und Kanalisierung bedürfen.

Der zweite Teil der Serie, *#2: AWAY FROM KEYBOARD,* wenige Wochen später am *Zentrum für Medien und Interaktivität* aufgeführt, nutzte grundsätzlich dieselbe Struktur kollektiver Autorschaft durch Dateneinsendungen und deren zentraler Verarbeitung durch die (Organisatoren). Nur galt es diesmal keinen Raum mit Materialien zu füllen, sondern mit dem Einschicken von Bildern und Sounds eine *Story-Engine* zu steuern. Diese wurde jedoch nicht von einer *KI-Software* gebildet – es waren vier durch Kostüm und Maske anonymisierte Erzähler, die in Echtzeit assoziativ und spontan zu den eingesendeten Bildern Geschichten generierten, die man im Internet als *Audiostream* mithören konnte.[11]

Wie bei *PING* spielte sich die Aufführung in einem realen Raum ab (dem Margarete-Bieber-Saal der Justus-Liebig-Universität Gießen), in dem mehrere Computerterminals einen Internetzugang gewährten. Die Zuschauer vor Ort hatten den Vorteil, die aktuellen »besprochenen« Bilder über eine Videoprojektion betrachten zu können – für die Internet-Teilnehmer war eine solche Echtzeit-Darstellung nicht zu realisieren. Ihnen blieb jedoch die Betrachtung der Neueingänge auf dem bereit gestellten Web-Server. Mittels einer kleinen Installation, bestehend aus den Themen-Filmen und Mappen, die einige Visionen (Bilder und Texte) zu den vier virtuellen Figuren vorstellten, war auch im zweiten Teil die erste Phase der Serie präsent.

Im Vergleich zu *PING* war das Konstruktionsschema leichter zu durchschauen, die interaktiven Möglichkeiten stärker begrenzt sowie das Verhältnis von *input* und *output* ausgewogener – das Resultat war ein skurriler Geschichten-Marathon, der durch die direkte Rückkopplung der externen Eingabe durch die Echtzeit-Erzähler entstand. Selbst die destruktivsten Einsendungen erhielten im Kontext der daraus generierten Geschichten eine mitunter äußerst ironische Brechung. So entstand zugleich ein interessanter Kommentar zu den laufenden Ver- und Rückkopplungsprozessen sowie den in den *Cyberspace* projizierten Wunschphantasien – der Abend verließ sich nicht mehr nur naiv auf eine künstlerische Selbstorganisation durch bloße Vernetzung.[12]

---

11 Vgl. zur Darstellung des performativen Settings auch den Beitrag von Finter in diesem Band.
12 Darüber hinaus funktionierte *#2: AWAY FROM KEYBOARD* zugleich als Ergänzung und Kommentar des Konferenzgeschehens des vorangegangenen Tages: während in den Panel-Sitzungen Vorträge und Diskussionen rund um Themen wie »kollektive Autorenschaft«, »kollaboratives

4. Die Entdeckung des Freizeitparks

Für weitere Teile der Serie steht eine Realisierung bislang noch aus. Die Ideen für *#3* sehen ungefähr folgendes vor: Da die vier Avatare in *#1* bereits schemenhaft umrissen und in *#2* mit Geschichten versehen wurden, sollten sie als nächstes für die Flucht aus dem *Cyberspace* präpariert und mit den dafür notwendigen Utensilien ausgestattet werden – zum Beispiel mit den Mitteln einer performativen Tauschbörse. Schließlich sollen *drDONGLE, Beast24w, AgentP* und *javajane* irgendwann in unserem utopischen Abschluss-Projekt der *INTERSHOPZONE*, das die einzelnen Ergebnisse des Forschungsprozesses nochmals performativ verarbeiten will, als steuerbare Spieler einsetzbar sein.

Die *INTERSHOPZONE* versteht sich als Versuch, die erarbeiteten Ergebnisse – die neuen Bedingungen von Identität, von Subjektkonstitution und (theatraler) Ereignisse – als deren Elemente in eine performative Maschine umzuwandeln, die die Strukturen und Prozesse des *Cyberspace* repräsentiert und in der Realwelt vollzieht. Es soll also zu einer Hypertextualisierung des theatralen Prozesses und damit der theatralen Erfahrung kommen. Wir hoffen, auf diese Weise einen Dialog zwischen den phantasmatischen Räumen des Cyberspace und denen der Theaterbesucher auslösen zu können, der die Wahrnehmungsbedingungen von beiden Seiten beleuchtet.

Die Intershopzone soll die »Lebensbedingungen« des *Cyberspace* zugleich abbilden und vollziehen. Seine Elemente werden durch die im und am *Cyberspace* erforschten Phänomene gestaltet und gleichsam an den realen Besuchern getestet. Das so als Schnittpunkt von *Cyberspace* und Realraum konstruierte Areal wird damit zu einer Art materialisierter Parallelwelt – quasi ein Auffanglager für dem *Cyberspace* entflohene Kreaturen.

Dadurch soll eine Art Freizeitpark oder Museum entstehen, in das Zeitgenossen aus der Realwelt eintreten können, um sich den veränderten Lebensbedingungen dieser »Parallelwelt« aussetzen zu können. Die Intershopzone steht damit am Scheitelpunkt dieser Forschungsarbeit als Versuch eines barock anmutenden Welterklärungsmodells, das sich einer Art theatraler Multimedia-Maschinerie bedient. Statt virtueller Avatare werden reale Stellvertreter einige

---

Schreiben« oder »digitales Urheberschaftsrecht« zu hören waren, reflektierte die *ad-hoc-Performance* den akademischen Diskurs in einer Art künstlerischer Zerrspiegel. Wenngleich nie explizit angesprochen, waren gerade diese Tagungsthemen im Geschichtenstrom stets präsent. Vgl. dazu die Dokumentation der Konferenz auf der Website *www.interaktiva.info* sowie bes. die Beiträge von Simanowski und Kuhlen in diesem Band.

von den Besuchern auswählbare Aktionen vollziehen und dabei in bestimmten Parametern steuerbar sein. Um aber den Simulationscharakter in der Repräsentation erhalten zu können, der ja im Theater durch die reale Präsenz des Schauspielerkörpers gestört wird, sollen die Körper dieser Stellvertreter vom Raum der Besucher getrennt werden – der Vollzug ihrer Aktionen wird nur über Bild und Ton in die Intershopzone eingespeist. Lediglich Administratoren und Anweisungstransmitter der Intershopzone-Maschinerie dürfen den Raum mit den Besuchern teilen.

Die Dynamik des *Cyberspace* wird dieses Modell bei jedem Versuch der Konstatierung überholen, weshalb sich das Projekt in seinem Anspruch an diesem Punkt *ad absurdum* führt. Diese Tatsache ist jedoch ebenso stets ein Antrieb für neue Versuche und Bauphasen.

Die Erforschung einer solchen Raumkombination oder -verschmelzung hat letztlich zum Ziel, neue Wahrnehmungsparameter zu finden, die die Möglichkeit und Existenz objektiver Erkenntnis ausloten helfen. Gesucht wird eine Position der Kritik, deren Möglichkeit, wie zuvor erläutert, in den Diskursen des Spektakels assimiliert und damit obsolet, bisweilen gar unmöglich geworden zu sein scheint. Davon unberührt bleibt jedoch ihre stetig größer erscheinende Notwendigkeit. Gesucht wird demnach eine Position, von der aus Kritik wieder möglich und (im metaphorischen Sinne) »verletzend« wird. Dazu müssen Mechanismen trainiert werden, die die abstumpfenden, versöhnenden und re-integrierenden Mechanismen der Spektakularisierung zu unterlaufen in der Lage sind. Die Spielwiese des *Cyberspace* scheint dafür ein prädestiniertes Experimentierfeld zu sein. Jedoch nur, wenn man die Unverbindlichkeit ihres Simulationscharakters zugleich ausstellt und zerstört – durch Rückkopplungen mit realen Effekten in unserem Lebensraum.

Literatur

Barthes, Roland (2001): Das Theater Baudelaires. In: Ders.: *Ich habe das Theater immer sehr geliebt, und dennoch gehe ich fast nie mehr hin. Schriften zum Theater.* Berlin. S. 265-274.
Becker, Barbara (2000): Cyborgs, Robots und »Transhumanisten« – Anmerkungen über die Widerständigkeit eigener und fremder Materialität. In: Dies./ Schneider, Irmela (Hg.): *Was vom Körper übrig bleibt. Körperlichkeit – Identität – Medien.* Frankfurt a.M.
Debord, Guy (1996): *Die Gesellschaft des Spektakels. Übersetzt von Jean-Jaques Raspaud und Wolfgang Kukulies.* Berlin.

Horbelt, Andreas (2001): *Theater und Theatralität im Internet*. Magisterarbeit an der Ludwig-Maximilian-Universität München (Institut für Theaterwissenschaft), unveröffentlichtes Manuskript.

Laurel, Brenda (1993): *Computers as Theatre*. Boston.

Matussek, Peter (2000): Computer als Gedächtnistheater. In: Darsow, Götz-Lothar (Hg.): *Metamorphosen – Gedächtnismedien um Computerzeitalter*. Stuttgart. S. 81–100.

Sandbothe, Mike (1998): Theatrale Aspekte des Internet – Prolegomena zu einer zeichentheoretischen Analyse theatraler Textualität. In: Willems, Herbert/Jurga, Martin (Hg.): *Inszenierungsgesellschaft – Ein einführendes Handbuch*. Opladen. S. 583–595.

Tholen, Georg Christoph (2002): *Die Zäsur der Medien Kulturphilosophische Konturen*. Frankfurt a.M.

Weibel, Peter (1987): *Die Beschleunigung der Bilder. In der Chronokratie*. Bern.

Žižek, Slavoj (1999a): *Die Pest der Phantasmen. Die Effizienz des Phantasmatischen in den neuen Medien*. Wien.

Žižek, Slavoj: (1999b): Cyberspace: Von der Möglichkeit, die Phantasmen zu durchqueren in: Tholen, Georg Christoph et al. (Hg.): *Zwischen Kunst und Medien*. München.

Interaktive Plattformen – ein Zwischenbericht

Zentrum für Medien und Interaktivität[1]

Das Zentrum für Medien und Interaktivität (ZMI) an der Gießener Justus-Liebig-Universität betreibt Grundlagenforschung zum Thema Interaktivität, hat aber auch selbst eine Reihe interaktiver Plattformen eingerichtet, die zum einen der Forschung empirisches Material liefern, zum anderen konkrete Anwendungen des häufig aufgestellten, aber selten eingelösten Interaktivitätspostulats darstellen. Was »Interaktivität« heißt, kann eben nicht *a priori* festgelegt werden, es ergibt sich aus den Erfahrungen (und Irrtümern), die mit solchen im *trial-and-error*-Verfahren betriebenen Anwendungen gemacht werden. Im Übrigen sollte praxisnahe und anwendungsorientierte Forschung stets Transferleistungen einplanen und erbringen. Die am ZMI durchgeführten Experimente und Pilotprojekte werden im Folgenden skizzenhaft resümiert. Als »Interaktive Plattform« bezeichnen wir Webseiten, die Themen öffentlicher, wissenschaftlicher und journalistischer Kommunikation aufbereiten und insofern als Portale fungieren, die »Nutzer« zu einer kontinuierlichen wechselseitigen Kommunikation einladen. Die von uns bisher eingerichteten Plattformen sind:

www.forum-giessen.de
   ein lokales Politikforum zum Austausch der Bürger der Stadt Gießen und benachbarter Gemeinden über Fragen der kommunalen Politik (1995–2001)
www.wahlthemen.de
   ein nationales Politikforum zur Bundestagswahl 2002

---

[1] Den Projektleitern der im Folgenden vorgestellten Plattformen, Benjamin Burkhardt, Eike Hebecker, Oliver Fritsch, Michael Koch und Elke Mühlleitner, sei nicht nur für die zusammenfassenden Berichte ihrer Projektaktivitäten gedankt, sondern auch für die stets kooperative, eigeninitiative und erfreuliche Umsetzung von Anwendungsideen, die im fröhlichen Arbeits-, gelegentlich auch Freizeitzusammenhang des ZMI entstanden sind. Sie haben gezeigt, wie angenehm gemeinsames wissenschaftliches Nachdenken sein kann und wie nah es günstigenfalls sogar am künstlerischen Arbeiten liegt.

www.europathemen.de
ein supranationales Politikforum zur Europawahl 2004

www.interagenda.info
ein wöchentlich aktualisierter Wissenschaftskalender mit Konferenzen, Vorträgen und weiteren Serviceangeboten für die akademische Gemeinschaft und interessierte Laien

www.bipolar.uni-giessen.de
ein digitales Archiv politischer Bilder für die Verwendung in Wissenschaft und Unterricht

www.indirekter-freistoss.de
eine Fußball-Presseschau aus Qualitätszeitungen mit weiteren Angeboten für Sportinteressierte

Im Aufbau bzw. in der Planung sind zum Zeitpunkt September 2004:

www.uni-forum-giessen.de
eine Plattform für Mitglieder der Gießener Universität und interessierte Außenstehende

www.amerika-waehlt.de
eine transatlantische Plattform zur Präsidentschaftswahl in den USA

Eine erste Systematisierung entlang der Bereiche öffentliche, wissenschaftliche und journalistische Kommunikation koppelt die inhaltliche Ausrichtung an jeweils eine Rahmen setzende Hintergrundebene und ordnet die Plattformen im nachfolgenden Raster:

Politik und Gesellschaft	Wissenschaft und Unterricht	Gesellschaft und Sport
forum-giessen.de *wahlthemen.de* *europathemen.de* *(amerika-waehlt.de)*	*interagenda.info* *bipolar.uni-giessen.de* *(uni-forum-giessen.de)*	*indirekter-freistoss.de*
deliberative Demokratie	Wissensallmende	Online-Journalismus

Die nachfolgenden Kurzdarstellungen basieren auf sieben Leitfragen mit Bezug auf Entstehung, Konzeption, Entwicklung und Akzeptanz der Prototypen:

1. Was war die Kernidee der jeweiligen Plattform?
2. Welche technischen Grundlagen werden benutzt?
3. Was ist an der Plattform »interaktiv«?
4. Wie sind Reichweite und Resonanz?
5. Welche Kooperationspartner gab es?
6. Welche Chancen hat das Produkt auf dem Markt?
7. Welche generellen Lehren können aus dem Einzelprojekt gezogen werden?

1. Politische Kommunikation – Deliberative Demokratie

1.1 Die Lokalpolitik-Plattform *forum-giessen.de*

Die Grundidee des lokalpolitischen Forums war die Erörterung eines konkreten Bauvorhabens in der Stadtmitte der Universitätsstadt Gießen am »Berliner Platz«. Zur Diskussion stand ein erweitertes Behördenzentrum und seine Nutzung für kommerzielle Zwecke (Einkaufszentrum), für Unterhaltung (Kino-Center, Sporthalle) oder als Bürgerhaus. BürgerInnen sollten im Netz eine nachhaltige Diskussion führen, die in der örtlichen Presse aufgrund ihrer Nähe zur lokalen Politik und Geschäftswelt nicht mit der notwendigen Tiefe diskutiert wurde. Diese moderierte Diskussion hatte eine nach bisherigen Erfahrungen in anderen Gemeinden zufriedenstellende, inhaltlich anspruchsvolle Beteiligung. Nach dem Abschluss der thematischen Fokussierung (das Bauvorhaben wurde zunächst für zwei Jahre gestoppt) wurde ein allgemeines Forum zu allen möglichen Fragestellungen weitergeführt, das nicht moderiert und lediglich von strafrechtlich oder ethisch problematischen Beiträgen gereinigt wurde. Die Beteiligung blieb je nach Thema hoch, verlief aber diskontinuierlich und auf inhaltlich sinkendem Niveau, bis die Betreiber – das Online-Forum *mittelhessen1.de* und die Projektgruppe des Instituts für Politikwissenschaft – den Betrieb des Forums im Jahr 2003 einstellten. Eine Hinführung zu neuen Themen und eine durchgängige Moderation scheiterte aus finanziellen Gründen; es ist nicht gelungen, aus der engagierten Bürgerschaft der Stadt Gießen einen Förderkreis zu bilden. Ein Manko war auch das weit gehende Desinteresse der politischen Repräsentanten der Stadt, der kommunalen Verwaltung und der »Honoratioren«, worin auf wiederholte Rückfrage eine starke Distanz zu den Neuen Medien erkennbar wurde. Die technische Infrastruktur wurde vollständig vom erwähnten Online-Provider *mittelhessen1.de* besorgt, redaktionelle Arbeiten wurden von Mitgliedern einer studentischen Projektgruppe und Redaktionskräften des *Gießener Anzeiger* (im selben Verlagshaus wie *mittelhessen1.de*) ausgeführt. Die Zeitung kündigte Online-Diskussionen in ihrem Lokalteil an und begleitete sie durch Druckbeiträge; redaktionelle Beiträge wurden der Netzausgabe des *Gießener Anzeiger* zur Verfügung gestellt. Interaktives Element war die streckenweise rege und eigeninitiative Beteiligung der häufig anonym bleibenden Nutzer bzw. Diskussionsteilnehmer sowie die Einrichtung zahlreicher thematisch eigenständiger Foren.

Als Lehre ist zu ziehen, dass derartige Foren erfolgreich sein können, wenn die Themen der Diskussion zeitlich begrenzt, inhaltlich eng strukturiert und zupackend moderiert werden. Die (von den Betreibern ohnehin nicht gehegte) Erwartung, Bürger und Bürgerinnen würden auf eine Möglichkeit zu freiem und ungezwungenem Austausch nur warten, konnte auch in Zeiten verstärkten politischen Interesses (in Gießen anlässlich der Direktwahl des Oberbürgermeisters 2003) nicht bestätigt werden. Erstaunlich war, dass sich Angehörige der Universität – die »Universitätsstadt Gießen« verfügt über die zweitgrößte hessische Universität, diese ist der bei weitem führende Arbeitgeber der Region – wenig an den Diskussionen beteiligten; sie bringen auch der lokalen Presse wenig Interesse entgegen. Der Grund dürfte darin liegen, dass ein großer Teil der Gießener Studierenden sich nicht mit der Stadt identifizieren, und dass sich die akademische Population, sofern sie sich für politische Fragen interessiert, nahezu ausschließlich überregional informiert. Die im ZMI aus diesem ersten Pilotprojekt gewonnene Erkenntnis war einerseits die Einrichtung überregionaler Politikforen, zum anderen ein Forum zur hochschulinternen Kommunikation zu entwickeln.

1.2 *wahlthemen.de* zur Bundestagswahl 2002

Die Kernidee von *wahlthemen.de* war es, eine den Bundestagswahlkampf 2002 begleitende Online-Plattform zu entwickeln, die informative und interaktive Angebote miteinander verbindet. Der Bundeszentrale für politische Bildung war als Auftraggeber vor allem daran gelegen, ein junges, »Internet-affines« Publikum und zugleich die gewohnte Zielgruppe professioneller Nutzer und Multiplikatoren in der politischen Bildung, Presse und Politik anzusprechen. Die Herausforderung bestand darin, qualitativ hochwertige und differenzierte politische Informationen und eher kurzweilige und kompakte Formate der Online-Kommunikation in einem Konzept zusammenzuführen und dadurch politisch interessierten Internetnutzern ein attraktives Online-Debattenangebot zu unterbreiten.

Die Lösung dieser Anforderungen lag darin, interaktive Formate wie *Chats*, Foren und Online-Umfragen (*polls*) mit informativen Inhalten wie Expertenstatements, Hintergrundmaterialien, Wahlplakaten und -werbespots in einer Phasenabfolge zu verknüpfen. Zu sechs festgelegten Themenfeldern wurden zeitversetzt die sechs Phasen »Hintergrund«, »Expertenstatements«, »Forum«, »Online-Umfrage«, »Politiker-Chat« und »Auswertung« durchlaufen und redaktionell begleitet. Durch diesen sowohl thematischen als auch zeitlichen Anschnitt konnten Informationen von unterschiedlicher Qualität und Quantität in Formaten mit unterschiedlichen Interaktivitätsgraden aufbereitet und angeboten werden. Damit wurde den Nutzern nicht nur der Zugriff über eine Vielzahl von Navigationspunkten ermöglicht, es entstanden dadurch auch unterschiedliche Wege zu einer Matrix von Inhalten, die sowohl eine oberflächliche als auch eine tief gehende Beschäftigung mit dem Material ermöglichten.

Der Informationsweg konnte vom einfachen Mausklick in einer Online-Umfrage über den *Chat* bis zum Hintergrundartikel führen oder umgekehrt von der Tiefeninformation in einem Thema zum Forum eines anderen Themas, um abschließend eventuell in der Bildergalerie aktueller und vergangener Wahlplakate »hängen zu bleiben«. Das idealtypische Nutzerverhalten läge dabei natürlich in der wiederholten Rückkehr und einer sich allmählich intensivierenden Bindung an das Angebot. Die grafische Lösung und Anordnung der Phasennavigation war ebenso wie die konträre Zuspitzung der Themen das Produkt eines offenen und gleichberechtigten Kooperationsprozesses. Die Zuspitzung der Themen in »Pro«- und »Contra«-Segmente hat sich ausgehend von Überschriften wie »Arbeit oder nicht?« oder »Sicher oder frei?« über die Expertenstatements, die Umfrage und das Forum wie ein roter Faden bis zu den »Doppel-*Chats*« durchgezogen, die eigens für das Projekt entwickelt wurden und in denen sich zwei Politiker oder Experten mit ihren Argumenten gegenüberstanden. So *chatteten* beispielsweise Günther Beckstein (CSU) und Cem Özdemir (Die Grünen/Bündnis 90) zum Thema Sicherheit oder Roland Koch (CDU) und Kurt Beck (SPD) zum Thema Arbeit.

Die technische Umsetzung des Projekts wurde mit der Berliner Agentur *wegewerk* realisiert. Maßgeblich war die technische und grafische Integration der sechs zeitlich versetzten Debattenstränge, in denen jeweils eine Reihe von Informations- oder Interaktionsangeboten durchlaufen wurden. Diese Anforderung wurde durch eine farbliche Phasennavigation gelöst, die zum Markenzeichen der Seite geworden ist. Darüber hinaus wurde eine neue Foren-Software entwickelt und erstmalig eingesetzt, die Debattenbeiträge als »Pro«- und »Contra«-Argumente zu konkreten politischen Vorschlägen sortiert. Die Umsetzung fand überwiegend durch Anpassungen und Eigenprogrammierungen auf der Basis freier Software statt. Der Mix verschiedener Formate, die zugleich in eine thematische Ordnung und eine zeitliche Dramaturgie eingebunden waren, kann als eine Art »Hybrid-Modell« von Interaktivität in einem Informationsprozesses angesehen werden, bei dem formale und inhaltliche Barrieren überwunden werden sollten.

Aufgrund der thematischen Breite, der Informationstiefe aber vor allem wegen des Prozesscharakters lag ein Schwerpunkt des Projekts auf der Redaktion und Moderation der Website. Das dokumentiert schon der Kostenanteil für diese Aufgaben, der bei über 50 Prozent des gesamten Projektvolumens lag. Sofern Interaktivität nicht nur als eine Form von Technisierung verstanden wird, sondern als Kommunikationsprozess, muss dieser ständig aktiviert, entwickelt und ausgestaltet werden. Dies gilt insbesondere für die Angebotsseite, die Informationen auswählt und aufbereitet, Kommunikationsprozesse anregt und moderiert und die Erträge auswertet, um sie erneut in den Prozess einzuspeisen. Interaktivität lässt sich daher nicht durch den Grad der technischen Ausgestaltung, sondern durch die Aktivierung, die Qualität und die Intensität von Informations- und Kommunikationsprozessen bestimmen. Nicht das Interaktivitätspotenzial einzelner technischer Module ist entscheidend, sondern deren Einbindung in (hierarchisch) moderierte oder (egalitär) selbstregulierte Prozesse. Anders sind die Erträge interaktiver Kommunikationsmodelle und -niveaus nicht zu realisieren. Es lassen sich also der Interaktivität vor- wie nachgelagerte Komponenten bestimmen, die als integraler Bestandteil einer gelingenden bzw. höherwertigen Interaktivität begriffen werden können.[2]

---

2 Vgl. hierzu die unterschiedlichen Überlegungen zur »sozialen Emergenz« (Leggewie/Bieber), »Interaktivität zweiter Ordnung« (Diederichsen), »unterstellten Interaktivität« (Bucher), »interaktiven Öffentlichkeit« (Richter), »offenen Kommunikationsräume« (Kuhlen) oder der »*Ad-hoc*-Gesellschaft« (Medosch), die allesamt den rein technisch-medial oder nutzerorientierten »Wert« interaktiver Online-Kommunikation um eine übergreifende, gesellschaftsorientierte Komponente ergänzen.

Die Reichweite von *wahlthemen.de*, das als eigenständige Plattform in der Zeit von Juli bis September 2002 aktiv betrieben wurde, kann als sehr erfolgreich bewertet werden. Dafür stehen rund 66.000 *Visits*, 1,2 Millionen *Page Impressions*, 600 Newsletter-Abonnenten und 350 Forenbeiträge. Als ebenso wichtiges Kriterium kann die positive Resonanz in der Presse sowie die Präsenz der Website im Rahmen der Wahlkampfberichterstattung in relevanten Online-Medien gewertet werden. Darüber hinaus wurde das Projekt mit dem europäischen *Multimedia Content Award* EUROPRIX 2002 in der Kategorie *Citizens, Democracy and E-Government* ausgezeichnet.

An der Umsetzung von *wahlthemen.de* waren die Bundeszentrale für politische Bildung als Auftraggeber, das Zentrum Medien und Interaktivität (ZMI) der Justus-Liebig-Universität Gießen als Projektträger und der Verein *pol-di.net e.V.* als Betreiber der Redaktion beteiligt. Mit zu der positiven Wertung durch die Öffentlichkeit (online wie offline) hat die Kooperation mit den Medienpartnern *tagesschau.de*, *Tagesspiegel* und *politik-digital.de* beigetragen. Die strategische Aufstellung mit jeweils einem Partner im Fernseh-, Print- und Onlinebereich hat sich dabei als gewinnbringend erwiesen. Dies gilt nicht nur für die Medienpräsenz selbst, sondern vor allem für das Prestige, das namhafte Kooperationspartner einbringen konnten. Hinzu kommen die Qualitätsmaßstäbe und der Anspruch an die politische Ausgewogenheit, die ein Auftraggeber wie die Bundeszentrale stellt. Diese Konstellation stellt besondere Anforderungen an das Projektmanagement, in Bezug auf den Interessenausgleich zwischen den Partnern, das Qualitätsmanagement sowie die öffentliche Aufmerksamkeit im Kontext eines Bundestagswahlkampfes.

Sehr gut funktioniert hat die zeitliche, inhaltliche, redaktionelle und technische Umsetzung des Projekts, was angesichts der Entwicklung einer neuen Website, der Bildung einer Redaktion und der Etablierung eines neuen Produkts auf dem politischen Informationsmarkt nicht selbstverständlich ist. Als überraschender Reichweitenerfolg haben sich Serviceleistungen wie die Aufbereitung von Umfrageergebnissen in der »Sonntagsfrage« und die Bereitstellung aktueller wie alter Wahlkampfspots erwiesen. Ein Highlight waren die 80 prominenten und zum Teil internationalen Expertenstatements aus Wissenschaft, Politik und Gesellschaft.

Die größte Herausforderung, die leider nur zum Teil eingelöst werden konnte, bestand im Aufbau einer konsistenten Nutzergemeinschaft. Eine engere Bindung an eine Website, die mit einer sich intensivierenden Nutzung und der Ausschöpfung der interaktiven Optionen bei einem hohen Informations- und Kommunikationsniveau einhergeht, kann sich wohl nur über einen längeren Zeitraum einstellen. Ein Projekt dieser Größenordnung und Komplexität kann nicht *pro bono* laufen oder sich aus dem reinen Idealismus der Beteiligten speisen. Von seiner Anlage her ist *wahlthemen.de* weniger als klassisches Drittmittelprojekt konzipiert gewesen, sondern als Dienstleistung, die unter Wettbewerbsbedingungen funktioniert. Dazu gehören die Qualität des Konzepts und der Leistungen sowie ein wettbewerbsfähiges Kostenmanagement. Die einzelnen Komponenten des Konzepts, der technischen Umsetzung, der Redaktion und der Moderation lassen sich daher auf andere Themenfelder und Problemstellungen politischer und öffentlicher Online-Kommunikation übertragen und kommerziell vermarkten. Ebenso sind Beratungsdienstleistungen für ähnlich gelagerte Projekte im Rahmen politischer Bildung und Kommunikation denkbar.

Wünschenswerte Ausbaustufen des Projekts liegen in der Herstellung größerer Kontinuität und Internationalität. Die Optionen einer kontinuierlichen redaktionellen Bearbeitung von Themen und der Betreuung interaktiver Formate ist bereits dargelegt worden. Der Aufwand hierfür liegt vornehmlich in der personellen Ausstattung, die bei einer reduzierten Themenvielfalt und Aktualisierungsfrequenz bei einer vollen RedakteurInnen-Stelle sowie Hilfskräften bzw. Praktikanten anzusiedeln wäre. Eine weitere Ausbaustufe liegt in der Internationalisierung eines solchen Projekts, die vor allem im Hinblick auf eine Ausweitung der Themen, Experten und Zielgruppen interessant wäre. Im Mittelpunkt könnte hier die Initiierung länderübergreifender Debatten im Rahmen einer europäischen Öffentlichkeit stehen.

1.3 *europathemen.de* zur Wahl des Europäischen Parlaments 2004

Realisierbar ist dies erneut nur mit potenten Partnern, die ein Interesse an Inhalten und deren Gestaltung haben, zumal hier noch die Transfer- und Übersetzungskosten zu Buche schlagen. Erste Schritte in diese Richtung konnten im Anschlussprojekt *europathemen.de* realisiert werden. Hier wurden mit dem Partner ARTE, dem deutsch-französischen Kultursender in Straßburg, Multimedia-Inhalte ausgetauscht, übersetzt und zweisprachige *Chats* in französischer und deutscher Sprache durchgeführt. *europathemen.de* knüpft unmittelbar an das erfolgreiche Konzept von *wahlthemen.de* an und führte die bewährten Komponenten der Debattenplattform im Rahmen der Europawahl 2004 fort. Dazu zählten sowohl die interaktiven Formate (*Chats*, Foren und Online-Umfragen) als auch die informativen Elemente (Expertenstatements, Hintergrundmaterialien, Wahlplakate und Wahlspots). Ebenfalls beibehalten wurde die Phasennavigation als strukturierendes Element und visuelles Markenzeichen. Die Themenstruktur wurde auf den europäischen Fokus abgestimmt und ebenso wie die Phasenabfolge einer Straffung unterzogen.

Ein wesentlicher Unterschied zu *wahlthemen.de* lag darin, dass es sich bei *europathemen.de* (trotz eigener Online-Adresse) nicht mehr um eine eigenständige Plattform handelte, sondern um die Integration eines aktuellen redaktionellen Schwerpunkts in das Angebot der Bundeszentrale für politische Bildung. Dies machte eine technische und visuelle Anpassung sowie deren Koordination notwendig. Eine fünfköpfige Redaktion arbeitete daran von Februar bis Juni 2004 in Gießen. Damit lag der inhaltliche Schwerpunkt der Arbeit erneut auf der Redaktion und Moderation des Angebots. Mit *ARTE Multimedia* und *netzeitung.de* konnten erneut zwei namhafte Kooperationspartner gewonnen werden. Die Zusammenarbeit bezog sich dabei nicht nur auf die Medienpräsenz, sondern auch auf die inhaltliche Kooperation. So wurden ausgewählte Expertenstatements auf den Websites der Partner präsentiert und dort mit anderen Inhalten verknüpft oder umgekehrt Bildmaterial und Infografiken gemeinsam entwickelt und genutzt. Statt der Doppel-*Chats* wurden Einzel-*Chats* durchgeführt wie beispielsweise mit Wolfgang Schäuble zum Thema Integration oder mit Herta Däubler-Gmelin zum Thema Landwirtschaft und Verbraucherschutz.

Die wichtigste Innovation lag jedoch in der Internationalisierung der Inhalte und Partner. Die insgesamt 101 Beiträge wurden von Expertinnen und Experten aus 15 Ländern verfasst. Die Politiker-*Chats* konnten Aufgrund der Kooperation mit *ARTE* synchron in französischer und deutscher Sprache angeboten werden. So konnten Politiker aus einem anderen europäischen Staat in der eigenen Sprache befragt werden und die Antwort wurde zurückübersetzt. Dies mag vielleicht nur als ein marginaler Beitrag auf dem Weg zur Bildung einer europäischen Öffentlichkeit erscheinen, es ist aber zugleich ein Beleg dafür, dass politische Online-Kommunikation über formale, kulturelle und inhaltliche Barrieren hinweg funktioniert und in einem überschaubaren Rahmen realisiert werden kann.

Die reinen Zugriffszahlen lagen in den ersten 6 Wochen bis zur Europawahl bei 60.000 *Pageviews* und knapp 700 *Chat*-Teilnehmern. Diese Zahlen können für die Unterrubrik einer Website und angesichts des allgemein geringen Themen- und Medieninteresses für die Europawahl als solide gewertet werden. Durch die Integration in einen größeren Angebotszusammenhang sind die generierten Inhalte und interaktiven Formate aber auch auf eine nachhaltigere Nutzung ausgelegt: einerseits mit der Perspektive langfristig auf die eingestellten Informationen zuzugreifen, andererseits um die interaktiven Teilformate auch für weitere Themenfelder und Anlässe zu nutzen. Eine Ausbaustufe der Internationalisierung eines solchen Projekts liegt neben einer Ausweitung der Themen, Experten und Zielgruppen in der Initiierung länderübergreifender Debatten im Rahmen einer europäischen Öffentlichkeit. Hierzu wäre jedoch mindestens in jedem beteiligten Land ein renommierter, starker Projektpartner von Nöten. Dies ist nicht nur aufgrund der entstehenden zusätzlichen Transfer- und Übersetzungskosten, sondern auch wegen der institutionellen Anbindung von Bedeutung. Am ehesten erscheinen hier bilaterale Pilotprojekte realisierbar zu sein, bei denen wie gezeigt Chats oder auch Foren auf einer gemeinsamen Informationsbasis aufbauen und zweisprachig durchgeführt werden. Für die Entwicklung von Forendiskussionen stellen neben der kontinuierlichen Präsenz und Moderation vor allem halboffene Expertenforen eine interessante Perspektive dar. So können ausgehend von einem geschlossenen Expertenforum über die Beteiligung ausgewählter Fokusgruppen, die in die Diskussion eingreifen, bis zur Öffnung der Debatte für alle Teilnehmerinnen und Teilnehmer verschiedene moderierte Diskussionsstufen durchlaufen werden. Damit kann nicht nur eine Diskussion auf einem hohen inhaltlichen Niveau generiert, sondern auch zum Mitmachen animiert werden.

2. Wissenschaftskommunikation – Wissensallmende

2.1 Der Wissenschaftskalender *interaktiva.info*

Das Angebot *interaktiva.info* ist ein interaktiver Wochenkalender für wissenschaftliche Konferenzen und Vorträge, der in Kooperation zwischen der Literaturseite der *Süddeutschen Zeitung* und dem ZMI Gießen erstellt wird. Er bietet der wissenschaftlichen Gemeinschaft und dem interessierten Publikum kostenlos Informationen über Inhalte, Veranstalter, Teilnehmer, Verlauf und Ergebnisse wissenschaftlicher Veranstaltungen aus allen Wissensdisziplinen. Kernelemente der Webseite sind:

- die wöchentlich aktualisierte *Agenda*, die mit der SZ-Auswahl übereinstimmt und deren Informationen so weit wie möglich verlinkt, so dass Interessenten Teilnehmer, Themen, den Konferenzverlauf und gegebenenfalls Zusammen-

fassungen der Beiträge genauer zur Kenntnis nehmen bzw. herunterladen können, bis hin zur elektronischen Anmeldung.
- Als *Konferenz der Woche* wird eine Veranstaltung mit besonders hohem Online-Anteil herausgehoben, wobei die bisherige Erfahrung zeigt, dass die meisten Konferenz-Veranstalter weit hinter den Möglichkeiten zurückbleiben, die digitale Medien bieten, um eine Konferenz transparenter zu gestalten und für abwesende Interessenten zugänglich zu machen.
- Die Rubrik *Call for Papers* bietet Veranstaltern die Möglichkeit einer langfristigen Einwerbung von Konferenzbeiträgen.
- Der *Pressespiegel* bereitet Besprechungen von Konferenzen aus der Qualitätspresse auf (*SZ, FR, FAZ, taz* und andere, gelegentlich internationale Zeitungen) und verschafft damit dem nicht-anwesenden Publikum einen Überblick über den Stand der Forschungen und die Kontroversen in diversen Wissensgebieten.
- Die vorgesehene Rubrik *Proceedings* kündigt wissenschaftliche Publikationen von Konferenz-Beiträgen an und bespricht sie, unabhängig davon, ob sie auf *interagenda.info* gelistet worden sind. Auch hier soll der Akzent auf Online-Veröffentlichungen liegen.

Forschungsrelevant ist vor allem das neue, per se interdisziplinäre Feld der »Wissenschaftskommunikation« und seine schon erfolgten und möglichen Veränderungen durch digitale Medien. Solche waren für die *scientific community* von Beginn an interessant, das World Wide Web und andere Internetanwendungen sind als »Wissenschaftler-Netze« entstanden. Zu erwähnen sind hier *Newsgroups, Online-Preprints* (zum Teil ohne spätere Druckfassung) und Telekonferenzen. Das gesamte Förderungs- und Publikationswesen, das herkömmlich über öffentlich oder privat geförderte Drittmittelprojekte, Druckkostenzuschüsse, Verlagssubventionen, Bibliotheken und Ankaufsetats läuft, steht vor einer Umwälzung, die bei den natur- und lebenswissenschaftlichen Zeitschriften schon längst im Gange ist. Ein weiteres Forschungsfeld ist die Soziologie wissenschaftlicher Ereignisse, beginnend mit Präsentationen wissenschaftlicher Ergebnisse auf Tagungen, Konferenzen, Workshops und dergleichen sowie in Seminaren und vergleichbaren Formen. Was verändert sich, wenn physische Ko-Präsenz im wissenschaftlichen Austausch zurückgeht? Ein drittes Feld ist schließlich die Präsentation wissenschaftlicher Ergebnisse in der breiteren Öffentlichkeit, die oftmals an »Abgehobenheit« und mangelndem didaktischem Geschick krankt und digitale Medien meist umgeht, aber auch in Effekthascherei und Sensationsmache ausartet, in diesem Fall oft unter Heranziehung digitaler Medien.[3]

Bereits im Rahmen eines EU-Projektes (REMES) eingeleitete Weiterentwicklungen von *interagenda.info* zielen in zwei weitere, möglicherweise auch kommerziell interessante Richtungen: Die erste Produktidee ist ein stärker interaktiver und europäischer Wissenschaftskalender im Netz, der Wissenschaftlern und Öffentlichkeit einen laufenden Überblick über wichtige Konferenzen, Vorträge und andere Events der *scientific community* vermittelt und darüber hinaus Formen der Wissenschaftskommunikation kritisch begleitet. Als Partner kommen hierfür europäische Printmedien und Wissenschaftsorganisationen in Frage, der Akzent liegt auf Ereignissen von gesamteuropäischer Bedeutung, besonders in den sozial- und kulturwissenschaftlichen Disziplinen. Als zweite Produktidee wird ein kommerzieller Rundum-Service für Wissenschaftsveranstalter konzipiert (mögliche Adressaten sind wissenschaftliche Vereinigungen, Universitäten und Forschungsinstitute, Akademien), die den Online-Anteil ihrer Veranstaltungen von der Gestaltung einer Webseite bis zur Ausrichtung rein virtueller Konferenzen erhöhen möchten, in sämtlichen Sparten der theoretischen, empirischen und anwendungsorientierten Wissenschaft.

2.2 Das politische Bildarchiv *BiPolAr*

Das Projekt *BiPolAr* umfasst ein digitales Archiv politischer Bilder, das die wissenschaftliche Gemeinschaft (innerhalb urheberrechtlich gesetzter Grenzen, s.u.) per Internet nutzen kann. Das Archiv wurde 2002 als Lehrforschungsprojekt am Institut für Politikwissenschaft gestartet und aus Mitteln des Förderfonds der Gießener Universität finanziert. Folgende Anwendungen sind in aufsteigender Eigenbeteiligung möglich: Man kann in *BiPolAr* wie in einem »Bilderbuch« spazieren gehen und sich von einzelnen Bildern oder ihrer Abfolge und Zusammenstellung inspirieren lassen. Man kann durch die Eingabe eines oder mehrerer »Suchwörter« gezielt nach einem Bild suchen, das zu einer eingegebenen Person, einem Ereignis oder einem Zusammenhang passt. Man kann den »Index« (mit derzeit 124 Kategorien) durchforsten, der nach Bildgattungen, Bildinhalt, Bildträger und Politikbezug untergliedert ist und zudem »Schlagbilder« (politische Schlüsselbilder und Ikonen) ausweist. Ausgewählte Bilder kann man unter »Favoriten« einstellen und für eine eigene Präsentation, einen Seminarvortrag,

---

3 Vgl. dazu insbesondere den Beitrag von Marcinkowski und Schrott in diesem Band.

eine Abschlussarbeit und dergleichen verwenden. *BiPolAr* enthält darüber hinaus einige »Produkte«, exemplarisch angelegte Bildaufsätze. Ziel ist eine visuelle Argumentation, bei der das Bild im Zentrum steht und die Abfolge von Bildern das zentrale Gerippe der Argumentation darstellt. Schließlich findet man nützliche »Links«, eine annotierte »Bibliografie« und ein »Diskussionsforum«.

In diesen Elementen liegen bisher ungenutzte interaktive Potenziale, die in der zweiten Förderphase stärker herausgearbeitet und für universitäres E-Learning nutzbar gemacht werden sollen. Die Einrichtung eines arbeitsfähigen Datenbanksystems war Hauptziel der ersten Projektphase. Die dafür notwendige Software (*zoph, php nuke*) wurde auf einem Apache-Webserver installiert und wird seitdem beständig optimiert. Das Design von *BiPolAr* wurde an den Web-Auftritt des ZMI angelehnt, so dass sich beide Online-Angebote nicht nur inhaltlich, sondern auch optisch ergänzen.

BiPolAr verbindet Politik- und Bildwissenschaft und ist zugleich eine moderne Anwendung der Archivkunde. Während es die Politikwissenschaft mit der Analyse kollektiv verbindlicher Entscheidungen zu tun hat und sich dabei fast ausschließlich auf Texte und das gesprochene Wort bezieht, macht sich die Bildwissenschaft am Bildschaffen im weitesten Sinne fest. Sie schließt dabei an die ikonografischen und ikonologischen Grundlagen der Kunstgeschichte an, hier vor allem an die Schule Aby Warburgs und Erwin Panofskys, bezieht aber neben herkömmlichen Tafelbildern und Fotografien auch Film-, Video- und Fernsehbilder sowie digitales Bildmaterial ein. Bildwissenschaft heißt nicht nur Bildbeschreibung und Bildinterpretation, sie greift interdisziplinär aus auf die an Bildern festzumachende Erörterung und Klärung gerade auch sozialer und politischer Probleme. Die Herausbildung einer »Politischen Ikonografie« ist noch jungen Datums. Geprägt wurde der Begriff von Martin Warnke, dessen Sammlung von 300.000 Bildkarten im »Bildindex zur Politischen Ikonografie« – heute teilweise abrufbar in der *Warburg Electronic Library* – den Anstoß für *BiPolAr* gab.

In einer Besprechung der Süddeutschen Zeitung hieß es über *BiPolAr* unter anderem: »Kann heute, da die mit Orkanstärke zirkulierenden Bilder weder der Zerstreuung denn der Sammlung dienen, eine (...) schöpferische Kontemplation sich einstellen? Die Antwort von *BiPolAr* ist ein diskretes, klares Ja. Das Archiv (...) ist global wie unser Kopf und zerebral wie die Erde, von der es handelt. Es ruht auf der Gewissheit, dass Bilder immer dann politisch werden, wenn man sie in politische Kontexte stellt. Und diese Bild gewordenen Kontexte sind es, die die Gegenwart scheinbar so hermetisch arrondieren« (Alexander Kissler, Kein festes Gewölbe über uns, *SZ* vom 7.7.2004).

Was ein politisches Bild ist, erschließt sich von selbst, wenn politische Akteure politische Handlungen ausführen; manchmal muss man jedoch genauer hinschauen, denn Bilder sind nicht selbstevident, sondern stets kontextbezogen und kontextabhängig. Politik wird heute vornehmlich durch visuelle Impulse erfahren, man hat es zu tun mit einer Mischung aus naiver Bildgläubigkeit (»ein Bild sagt mehr als 1.000 Worte«) und zynischer Bildverachtung, die Bilder pauschal unter den Verdacht der Fälschung und Manipulation stellt. In den meisten sozialwissenschaftlichen Publikationen und Referaten werden Bilder höchstens zur Zierde des Titelbildes oder als oberflächliche Illustration benutzt, nicht zur Argumentation herangezogen. Deshalb ist *BiPolAr* anwendungsorientiert, für die »visuelle Alphabetisierung« künftiger Lehrerinnen und Lehrer. Dazu auch noch einmal die Ermutigung des Kritikers:

> Wer aus der Geschichte lernen will, muss sie märchenhaft erzählen. Nur das Bild kann solche ›Gespenstergeschichten für ganz Erwachsene‹ beglaubigen; das Bild allein schöpft aus dem ›Leidschatz der Menschheit‹, verleiht ihm Form und macht ihn zum ›humanen Besitz‹: Die Programmatik, die Aby Warburg seinem Bildatlas zugrunde legte, ist bleibend aktuell. Kein Jahrhundert hat mehr dazu beigetragen, den Leidschatz der Menschheit zu vergrößern, als jenes der beiden Weltkriege. Und doch fand Aby Warburg, der Psychohistoriker, Kulturwissenschaftler und Bilderverknüpfer, kaum Nachfolger. (...) Nun aber könnte, aus bescheidenen Anfängen, ein ähnlich ambitioniertes wissenschaftliches Projekt heranreifen.

Zwei Desiderate seien auf diesem Weg herausgestrichen: Die knapper gewordenen Mittel der Forschungsförderung erfordern, die verschiedenen Pilotprojekte digitaler Bildarchive, die derzeit aus dem Boden sprießen, auf eine solide Basis zu stellen und fortzuführen, etwa in Gestalt einer nationalen Mediathek. Dringend notwendig ist die Verzahnung auch im Blick auf die machtvolle Konkurrenz des privaten Bilderhandels. Damit angesprochen ist ein ungelöstes Problem. Was dürfen *BiPolAr* und andere Bildarchive wem zeigen? Wir müssen uns derzeit beschränken auf Angehörige der Universität und Gäste, die ein wissenschaftliches Interesse nachweisen können, auf Nutzer also, denen man im Sinne des neuen Urheberrechtsparagrafen 52a »Privatkopien« aus Bild-Werken ausschließlich für den eigenen und wissenschaftlichen Gebrauch zur Verfügung stellt. Eine weitere Verschärfung des Urheberrechts wäre fatal für Wissenschaft und Unterricht.

3. Online-Journalismus

3.1 Die Fußball-Presseschau *indirekter-freistoss.de*

Die Online-Plattform *www.indirekter-freistoss.de* sieht sich (nach dem Vorbild von *www.perlentaucher.de*) als die Fußball-Presseschau Deutschlands und sammelt alles Lesenswerte aus der Berichterstattung der Qualitätspresse (*FAZ, SZ, NZZ, FR, taz, Spiegel* und andere, bei internationalen Großveranstaltungen auch internationale Presse). Seit 2001 entstand diese Online-Agenda des Fußball-Feuilletons, behutsam kommentiert und komprimiert. Der *freistoss* ist von einem Hamburger Journalisten als »die neutrale Instanz der Fußball-Berichterstattung« bezeichnet worden, und zwei Jahre Tätigkeit haben ihm Öffentlichkeit und Kredit verliehen. Die überregionalen Fußball-Journalisten kennen, lesen und schätzen das Angebot, wie aus informellen Rückmeldungen (E-Mails und Telefonate) zu erfahren ist; die tageszeitung empfahl »den Dellings, Netzers, Waldis, Beckmanns und Kerners (...) die virtuelle Reise nach Gießen« (16.9.2003), da sie hier ein kostenloses Qualitätsmanagement erleben könnten.

Der *freistoß* enthält die Rubriken »Ballschrank« (Archiv), »Bogenlampe« (kuriose Zitate), »Direktabnahme« (Gewinnspiel) und »Nachschuss« (Besprechungen). Als Software wurde das *Content Management System* des Servers *www.fernhoerer.de* (Homepage) und der Majordomo-Verteiler des Hochschulrechenzentrums Gießen (Newsletter) verwendet. Form und Inhalt sind seit Beginn weitgehend unverändert, allenfalls ausdifferenziert. Das Layout ist im Frühjahr 2004 optimiert worden. Der *freistoß* ist derzeit nicht interaktiv, zumindest nicht über das Maß »alter Medien« hinausgehend. In Planung ist ein Forum, das eventuell nur Fußball- und Medien-Experten sowie Fußball-Journalisten zugänglich sein soll. Ein moderiertes Forum wäre wünschenswert, weil sich vermutlich viele Journalisten zu einer Beteiligung motivieren ließen, das Presse-Echo und insbesondere die Rückmeldung einiger Redakteure lassen darauf schließen. Den höchsten Grad an Interaktivität könnte der *freistoß* bieten, wenn er seine Nutzer zur gemeinschaftlichen Produktion eines »*alternativen freistoßes*« auffordert, das heißt, die ständige Leserschaft sammelt und kommentiert erstens Fundstücke aus den Medien und zeigt zweitens den Redaktionen die Lücken ihrer Agenda auf. Dazu zwei Beispiele: Warum hat niemand Klaus Toppmöller als Bundestrainer ins Spiel gebracht? Warum hat keiner die Frage nach dem Einfluss von Spielerberatern auf die Spielwirklichkeit gestellt? Die redaktionelle Arbeit beschränkt sich bisher auf Sammeln, Wählen und behutsames Kommentieren, Redaktion und Kommentar sollen aber gestärkt werden. Denn je größer die Glaubwürdigkeit des Mediums ist, desto höher wird der Leserwunsch nach Orientierung.

Die Web-Version unter *indirekter-freistoss.de* hat etwa 3.000 Stammleser, Spitzenwert sind rund 60.000 Zugriffe am Tag. Der *freistoß*-Newsletter zählt mehr als 1.000 Abonnenten (Stand 19. Juli 2004). An den 23 Tagen Europameisterschaft (Portugal) gab es etwa 750.000 Anfragen. *www.indirekter-freistoss.de* verfügt derzeit über keinen Medienpartner. Von Mai 2002 bis Dezember 2003 veröffentlichte Spiegel-Online mehrmals wöchentlich ein *freistoß*-Dossier. Dann entschied Spiegel-Online, die Kooperation zu beenden – ohne einen triftigen Grund zu nennen. Insgesamt hat diese Kooperation den *freistoß* jedoch ans Licht der deutschen Fußball-Welt befördert. Während der EM 2004 hat der *freistoß* mit *Men's Health* Banner getauscht – eine fruchtbare und unkomplizierte Zusammenarbeit. Für das *freistoß*-Gewinnspiel stifteten vereinzelt Verlage, Trikot-Hersteller und der VfB Stuttgart Preise und Tickets.

Was die mögliche Kommerzialisierung betrifft, dürften hier die größten Spielräume aller ZMI-Produkte liegen. Der Newsletter ist eine gute Werbeplattform, weil er viele »Qualitäts«-Leser zählt. Derzeit wäre ein Preis von 25 Euro pro Ausgabe angemessen und branchenüblich. Eine Kooperation mit Firmen aus dem Bereich des professionellen Fußballsports oder mit großen Sportverbänden wäre denkbar, sofern damit nicht die journalistische Autonomie und Qualität des Angebots gefährdet wird.

4. Zusammenfassung

(1) Die Plattformen haben sich, zunächst als »Nebentätigkeit« des ZMI, spielerisch entwickelt und dabei wichtige empirische Hinweise für die Interaktivitätsforschung geliefert. Auch der fachwissenschaftliche Ertrag ist hoch: Die politischen Plattformen vermitteln wichtige Erkenntnisse über das Funktionieren und die Dynamik politischer Kommunikation in den Neuen Medien sowie zu Fragen der Policy-Analyse und Demokratietheorie (Stichworte: »argumentative Wende« der Politikfeldanalyse und »deliberative Demokratie«). *BiPolAr* trägt zur Entwicklung einer interdisziplinären Bildwissenschaft bei und wirkt auf die Politikwissenschaft zurück, in der visuelle Kommunikation bisher kaum eine Rolle spielt; *Interagenda* eröffnet Perspektiven für die systematische Erforschung von Wissenschaftskommunikation in den Neuen

Medien, und der *indirekte Freistoss* gibt Hinweise auf die Möglichkeiten von Qualitätsjournalismus im Bereich der Neuen Medien und die Umstellungen, die hier sowohl für die redaktionelle Arbeit geboten sind, als auch bei der Entwicklung des bisher kaum in den Blick genommenen Berufsfelds der Online-Moderation, dessen medienwissenschaftliche Reflexion noch am Anfang steht. Die am ZMI gesammelten Erfahrungen erlauben die Veranstaltung von (kostenpflichtigen) Seminaren der Fort- und Weiterbildung.

(2) Die technischen Grundlagen der Plattformen sind einfach und basieren in der Regel auf freier Software und »hausgemachten« Weiterentwicklungen; häufig wirken finanzielle und technisch aufwändige Datenbank-Konstruktionen und Redaktionssysteme, die professionelle Agenturen anbieten, abschreckend auf »kleine«, mit wenigen Mitteln arbeitende Veranstalter. Die Rückvermittlung der mit den Plattformen erworbenen Lösungsmuster in *Open Source*-Kanäle ist selbstverständlich.

(3) Das Interaktivitätspotenzial der Plattformen ist erheblich, die praktische Umsetzung lässt bisher zu wünschen übrig, ließe sich aber zum Teil erheblich steigern, wenn die für Redaktion und Moderation notwendigen Mittel zur Verfügung stehen. Die Plattformen bilden ein Äquivalent des »öffentlich-rechtlichen« Kommunikationssektors und helfen, den freien Informationsfluss aufrecht zu erhalten, was sie für öffentliche Einrichtungen (etwa der politischen Bildung) und bürgerschaftliche Informationen interessant macht. Aber auch kommerzielle Anwendungen sind möglich. Reichweite und Resonanz der Plattformen sind beachtlich, ohne dass für die Homepage des ZMI bisher zusätzlicher Werbeaufwand betrieben wurde. Die im Umfeld der Konferenz »Grenzen der Interaktivität« (November 2003) eingerichtete *Weblog*-Struktur hat eine für ein universitäres Zentrum außergewöhnliche Aufmerksamkeit hergestellt. Dazu tragen auch die renommierten Kooperationspartner unter den Print- und Rundfunkmedien bei, die Erfahrungen bei der Zusammenarbeit mit ihnen sind überwiegend positiv.

(4) Als generelle Schlussfolgerung aus den Pilotprojekten kann man sagen: Interaktivität ist möglich – und die Losung Erich Kästners zu beherzigen. Es gibt nichts Gutes, außer man tut es...

Autorinnen und Autoren

Albert-László Barabási, Prof. Dr., lehrt Physik an der Universität von Notre Dame (Indiana). Er arbeitet intensiv an der Entwicklung einer Theorie der Netzwerke. Bislang noch nicht auf Deutsch erschienen ist sein Buch *Linked – The New Science of Networks* (Cambridge/Ma., 2002).

Christoph Bieber, Dr., ist Wissenschaftlicher Assistent am Institut für Politikwissenschaft der Justus-Liebig-Universität Gießen und Mitglied des dortigen Zentrum für Medien und Interaktivität (ZMI, *www.zmi.uni-giessen.de*).

Eric Bonabeau, Ph.D., ist leitender Wissenschaftler der Firma Icosystem (*www.icosystem.com*), einem Beratungsinstitut in Cambridge (Massachusetts), das Methoden der Komplexitätstheorie für das Geschäftsleben nutzt.

Hans-Jürgen Bucher, Prof. Dr., lehrt Medienwissenschaft an der Universität Trier.

Diedrich Diederichsen ist Dozent an der Merz Akademie in Stuttgart und als Publizist Autor zahl- und einflussreicher Artikel und Bücher zum Themenkomplex »Jugend, Medien, Popkultur«.

Elena Esposito, Prof. Dr., lehrt Soziologie an der Universität Modena e Reggio Emilia, Italien.

Lutz Goertz, Dr., ist Abteilungsleiter Bildungsforschung bei MMB Institut für Medien- und Kompetenzforschung in Essen/Berlin (*www.mmb-institut.de*), und koordiniert dort verschiedene Forschungsprojekte zu E-Learning und Weiterbildung.

Jens Heitjohann studiert Theaterwissenschaften an der Justus-Liebig-Universität Gießen und erforscht Schnittstellen mit allen verfügbaren Mitteln.

Helga Finter, Prof. Dr., lehrt am Institut für Angewandte Theaterwissenschaften an der Justus-Liebig-Universität Gießen.

Rainer Kuhlen, Prof. Dr., lehrt Informationswissenschaft an der Universität Konstanz, ist Mitglied der Deutschen UNESCO-Kommission sowie Vorsitzender des Vereins NETHICS e.V. (Informationsethik im Netz).

Claus Leggewie, Prof. Dr., lehrt am Institut für Politikwissenschaft der Justus-Liebig-Universität Gießen und ist Wissenschaftlicher Direktor des dortigen Zentrum für Medien und Interaktivität.

Frank Marcinkowski, Prof. Dr., lehrt am Institut für Publizistikwissenschaft und Medienforschung (IPMZ) der Universität Zürich.

Winfried Marotzki, Prof. Dr., lehrt Allgemeine Pädagogik an der Universität Magdeburg (*www.marotzki.de*).

Armin Medosch lebt als Autor und Kurator in London. Zuletzt erschien sein Buch *Freie Netze. Die Geschichte, Politik und Kultur offener WLAN-Netze* (Heidelberg, 2003).

Mathias Mertens, arbeitet als Post-Doc im Graduiertenkolleg *Transnationale Medienereignisse* an der Justus-Liebig-Universität Gießen. Zudem ist er Computerspielrezensent für *De:Bug* und Kolumnist der Zeitschrift *GEE*.

Markus Möstl, Prof. Dr., lehrt Öffentliches Recht an der Universität Bayreuth.

Arne Moritz, M.A., ist wissenschaftlicher Mitarbeiter am Institut für Katholische Theologie und Ihre Didaktik an der Martin-Luther-Universität Halle-Wittenberg.

Steffen Popp studierte Theaterwissenschaften an der Justus-Liebig-Universität Gießen. Mehrere freie Inszenierungen, Klanginstallationen und Hörspiele, sowie der noch unpublizierte Roman *FABULARASA oder die Reise nach Zwischen*.

Seit Oktober 2004 arbeitet Popp als Regieassistent am Theater Trier (*www.poppart.info*).

Eike Richter, Rechtsreferendar in Hamburg, studierte Rechtswissenschaft, Praktische Informatik und Angewandte Mathematik an der Justus-Liebig-Universität Gießen. Er war wissenschaftlicher Mitarbeiter an der dortigen Professur für Öffentliches Recht und Verwaltungslehre sowie Lehrbeauftragter an der Verwaltungsfachhochschule Wiesbaden.

Roberto Simanowski, Dr., lehrt Germanistik an der Brown University in Providence, Rhode Island. Er ist zugleich Gründer und Herausgeber des Online-Magazins dichtung-digital (*www.dichtung-digital.de*).

Andrea Schrott ist wissenschaftliche Assistentin am Institut für Publizistikwissenschaft und Medienforschung (IPMZ) der Universität Zürich.